JN272526

JURISPRUDENCE

法学講義

笹倉秀夫[著]
Hideo SASAKURA

東京大学出版会

JURISPRUDENCE
Hideo SASAKURA
University of Tokyo Press, 2014
ISBN 978-4-13-032371-0

はしがき

　本書は，法学部新入生・法科大学院未修者の法学入門のための教科書であり，またかれらや上級生が法について学んだことを整理し深めるためのサイドブックである．

　本書では，基礎的なことがらを納得しつつ身に付けることと，考えつつ読むことによって思考を鍛えることとを重視した．おもしろい事項の記述や興味深い判決を読み進めているうちに，法の実際世界を広く見渡せ，法律学のセンスを血肉化できる，そういう実際に有用な，基礎と発展の勉強の場を提供することが，本書のめざすところである．

　本書はこの目的のために，良質の判決をなるべく多く素材に使った．味わい深い判決にじかに触れれば，法の問題を現実に即し具体的に考えられ，また法の専門家（法学者と法曹(ほうそう)，すなわち弁護士・裁判官・検察官などの法実務家）の思考や技術を直接学べるからである．判決は，重要判決に加え，無名だがユニークなものも豊富に集めた．日本の判決のなかにも，思考を刺激するものが探せば見つかる．また，地裁・高裁・最高裁での判決のちがい，最高裁での判事間の意見のちがい，判決とその判例評釈とのちがい等を考察すれば，事件や法の多様な見方・考え方が学べる．判決を読むのは，最初は難しいかもしれないが，読んでいればすぐに慣れる．判決文は，悪文の典型のように言われてきた．しかし，とくに最近の判決は，よく整理されたものが多い．削りすぎると判決を読んだ実感が得られないので，削るのは最小限にとどめた．

　本書はまた，現在の法や法実務の動きをも大きな歴史の流れのなかに位置づけつつ見，かつ法の根本にある原理と関連づけつつ考えることをねらう．そうすることによって，法や法実務を深く理解できるとともに，その中に働いている病理を認識できるようにもなるからである．

　本書は一見難しそうだが，読めば，分かりやすさを実感できよう．若干の歯ごたえがあるのは，上述のように，基本を習得しつつそれらをベースに知識・思考を深める二段構えの入門書をめざしているからである．

法学講義

　簡潔で平易な法律学入門書が必要なことは，否定しえない．しかし，そこで留まっていては，法律学の本格的授業に備えきれないし，法に対する興味も喚起されない．それに，軽薄短小(コンパクト)だからといって，読みやすいとも言えない．頁数が少なければその分，具体例や納得のいく説明をはしょる他ないからだ．

　また筆者の講義経験では，実際にはかなりの数の新入生が，相当の読解力をもっているし，入学後急速に法律学の知識を現に習得し，かつさらに深めることを求めている．授業を通じて「考える」ことを楽しみ，チャレンジングであることのもたらす充実感を喜びもする．スポーツ練習におけると同様，法律学の勉強でも，挑戦することによって，（挑戦をする方にもさせる方にも）興味・やる気が湧いてくる．〈一定の苦労のすえに分かるのは，楽しいことなのだ〉と知れば，調子が出て知や思考を雨後の筍(たけのこ)のように伸ばす．法の勉強にも，いったん勘所が押さえられだすと，習得が急進するという点があるのでもある．

　ましてや学部新入生のなかには，2年半，3年半後にはロースクール入試を受ける者がかなりいる．すでに難しい刑法や民法の勉強が本格化してもいる．ロースクールの未修者も，同様である．このような成長過程にある若者を対象にしその努力を支援する，やや背伸びを要するが，議論が明快なのでよく読め，読んでいるうちに思考が鍛えられる，そんなところをめざす，法学の教科書があってもよいだろう．

　本書は，14の「講」に分かれている．冒頭から読み進めてもよいが，関心に応じて適宜テーマを選んで読んでもよい．それぞれの「講」は，自習の手助けになるよう詳しく書いてある．ゼミや講義で本書を使う場合には，第4～第6講は1講分がかなり多いので，教室で取り上げる事項と学生が自習しておく事項とを適宜分けたり，各「講」を何回分かに配分したり，取り上げる判決を取捨選択したり，第5，6章は最後にまわしたりすることが考えられる．筆者の経験では，判決は90分授業の1コマで2～4件扱うのが適量である．40人以下の授業では，まず担当者に合計30分間程度の報告をさせ，そのあと全体で議論するのが良いだろう．

　なお筆者の他の教科書と同様に本書は，「A説はこう，B説はこう，C説はこう……」といった，いわゆる教科書的な羅列的記述はあまりしていない．

筆者の考えるところを──もちろん他の説を踏まえつつも──押し出しているところが多い．これは，いわゆる教科書的記述が，第一に，読み手にも書き手にも退屈だからであり，第二に，読者を刺激しゼミ等での議論を挑発できないからである．それだけに読者には，本書を通常の教科書のように取り扱って書いてあることを丸呑みするのではなく，他の人が書いた本と併せ読み，本書の説くところを相対化して自分で思考を進めていくことを，お願いしたい（本書では判決を示したあとのところに［考察］が出てくる．これらは「正解」ではなく，筆者の私見に過ぎない．したがって読者は，判決を読んで問題点を自分で調べ考え，それと対比しつつ──また他の解説と対比しつつ──［考察］を突き崩す立場から検討して欲しい）．

　本書は，筆者が先に出版した『法哲学講義』（東京大学出版会，2002）や『法解釈講義』（東京大学出版会，2009）と，扱っているテーマが一部重複している（これら2著もまた，一種の入門書であるからでもある）が，新たな資料を使い，異なる視点で書いているので，中身に不当な重複はない．

　本書は，筆者が早稲田大学法学部で新入生を対象におこなった法学入門の講義を踏まえている．熱心に授業に参加し，講義を出版するよう激励してくれた多くの学生諸君に，本書の完成を報告したい．

　東京大学出版会には，今回も出版を快く引き受けてくださったことに，深く感謝したい．多忙ななかでご教示・ご尽力くださった編集部の山田秀樹氏に，心から感謝申し上げる．

2013年8月13日

笹　倉　秀　夫

目　次

はしがき　　i

第1講　大学で法を学ぶ………………………………………………1
1.1　大学での勉強について　　1
1.2　法を学ぶとはどうすることか？　　4
1.3　授業の受け方　　15

第2講　歴史に見る法と裁判──西洋と東洋……………………17
2.1　法観念のちがい・その背景　　17
2.2　裁判と法曹の歴史　　27

第3講　今日の法の特徴………………………………………………43
3.1　はじめに──法の身近さについて　　43
3.2　法の分類　　44
3.3　近代法の構造　　52
3.4　近代法と近代社会　　55
3.5　近代法の変容　　57

第4講　法の解釈 I ……………………………………………………65
4.1　法解釈の思考構造　　65
4.2　判決に見た図左列［A］～［E］　　78
　　4.2.1　未成年者に親方が酒を勧めた事件　　78
　　4.2.2　別種の大麻草を吸って有罪の事件　　90

第5講　法の解釈 II──判決に見た図右列［イ］～［リ］…………95
5.1　文字通りの適用　　95
　　5.1.1　まずい闇たばこを放置して逮捕の事件　　96

v

5.1.2　仮処分中の山で伐採し無罪の事件　98
　5.2　宣言的解釈　99
　　5.2.1　法人の名誉権侵害で損害賠償判決　99
　　5.2.2　広島市暴走族追放条例合憲判決　102
　5.3　拡張解釈　107
　　5.3.1　大学湯事件大審院判決　107
　　5.3.2　奥入瀬渓流遊歩道の落木で重傷の事件　109
　5.4　縮小解釈　112
　　5.4.1　夫婦間契約の取り消しを認めず　112
　　5.4.2　オヤジ狩りを強盗致傷罪にせず　115
　5.5　反対解釈　122
　　5.5.1　責任能力を有する未成年者を監督する者の責任　122
　　5.5.2　府中刑務所図書差入れ不許可処分は違法　125
　5.6　もちろん解釈　129
　　5.6.1　未成年者に親方が酒を勧めた事件 II　129
　　5.6.2　母と息子のモツレに警官が介入した事件　131
　5.7　類　推　135
　　5.7.1　夫の妹を〈妻の娘〉と見て民法711条を適用　135
　　5.7.2　コピーで有印公文書偽造行使罪　137
　5.8　法意適用　143
　　5.8.1　大幅改築で建物収去・土地明渡の判決　143
　　5.8.2　漁場荒しを賃借権によって妨害排除させた判決　145

第6講　判例の解釈　153

　6.1　はじめに　153
　6.2　判例の宣言的解釈——堀越事件東京高裁判決　157
　6.3　判例の拡張解釈——多摩川水害訴訟東京高裁判決　165
　6.4　判例の縮小解釈　171
　　6.4.1　青山会事件判決　171
　　6.4.2　民法1044条の適用違憲判決　179
　6.5　判例の類推・法意適用——国立大学研究所非常勤解雇事件　183

目　次

第7講　事実の認定 ･･ 193
　7.1　はじめに　193
　7.2　足利事件第1審判決　199
　7.3　防衛医大教授痴漢無罪最高裁判決　217
　7.4　結　び　227

第8講　法と擬制（フィクション）････････････････････････ 229
　8.1　擬制とは何か　229
　8.2　現行法の中の擬制　231
　8.3　結　び――擬制に見られる法の特徴　236

第9講　法と正義 I――理論的考察 ･･････････････････････････ 239
　9.1　はじめに――〈ルール正義〉と〈帰属正義〉　239
　9.2　〈ルール正義〉と〈帰属正義〉の関係　242
　9.3　結　び　250

第10講　法と正義 II――事例による考察 ････････････････････ 253
　10.1　〈ルール正義〉を〈帰属正義〉で限定した事例　253
　　10.1.1　水俣病チッソ川本事件東京高裁判決　253
　　10.1.2　和解調書を適用させなかった判決　264
　　10.1.3　代物弁済契約を読み替えた判決　266
　10.2　〈ルール正義〉を〈帰属正義〉で限定しなかった事例――ゴルフクラブ退会事件　268
　10.3　〈ルール正義〉と〈帰属正義〉が協調する事例――戸籍訂正拒否事件　272

第11講　法と道徳 I――理論的考察 ･･････････････････････････ 275
　11.1　法はどのようにして道徳ともなるか？　275
　11.2　道徳はどのようにして法ともなるか？　277
　11.3　以上を踏まえた考察　278

第12講　法と道徳 II――事例による考察 ……………………………… 283
12.1　法と道徳の分離――離婚裁判の動きから見る　283
12.2　法と道徳の再結合――権利濫用論の歴史から見る　289

第13講　「法化」の光と影 …………………………………………………… 295
13.1　法化という現代現象　295
13.2　鈴鹿市の隣人訴訟をめぐる会話　298

第14講　司法の本来的役割――「少数者保護」を中心に …………… 309
14.1　司法と民主主義・自由主義　309
14.2　部分社会論をめぐって　318

索　　引　323

目 次

■コラム一覧■

 1 京都帝国大学の挑戦 2
 2 法律答案のコツ 13
 3 西欧の私闘 20
 4 弁論主義 29
 5 行為規範と裁判規範の区別の重要性 48
 6 「法」と「法律」の区別 51
 7 法意適用 70
 8 法と論理 74
 9 尊属殺人罪 121
10 一般条項の適用の仕方 147
11 法律用語の基礎知識［とくに有用］ 149
12 判例に対しどういう姿勢をとるべきか？ 154
13 民事訴訟における主張責任・証明責任 194
14 法医学の大権威と鑑定 211
15 身のまわりの擬制 235
16 日本で事情変更を認めた判決 271

■凡　例■

- 引用文中の〔…〕は，省略した箇所を示す．〔　〕は，筆者が挿入した箇所を示す．
- 文中の下線と傍点，太字は，筆者が強調のために使用した．
- 文中の〈　〉は，筆者が要約ないし定式化した箇所を示す．
- 参考文献は，脚注で示す．

第1講　大学で法を学ぶ

1.1　大学での勉強について

　大学での教育を考える際には，「教えること」に関わる二つの英単語，instruction と education の対比がヒントになる：

　(a)　**instruction** は，in と struo とから成る．in は「中へ」，struo は「設置する」の意であり（ラテン語），それゆえ instruction とは，〈（各人の）中へ設置する〉，すなわち〈その道に必要な知識・技術を教え込む〉ことである．instruction する人がインストラクターであり，自動車教習所，料理や水泳の教室，たいていの語学学校・予備校等々の教員がこれに当たる．かれらは，その道で必要な諸技術・知識を生徒に上手に教え込むことを仕事にしている．その際，教え込むべきことがらはあらかじめ定まっている．あとは，教え方次第であり，インストラクターの教え方がうまければうまいほど，生徒は必要事項を早く身に付ける（instruction が効果的になされる）．大学においても，それぞれの専門で必要とされる基本事項の習得のためには，そしてまた（同様に習得すべき基本事項があらかじめ決まっている）ロースクール入試・司法試験・公務員試験などの受験勉強，就職のための職業訓練，実用のための語学訓練など向けには，すぐれたインストラクターによる instruction が欠かせない．

　(b)　**education** は，ex と duco とから成る．ex は「外へ」，duco は「導く・引く」の意であるから，education とは〈外へ導き出す〉ことである．何を引き出すかというと，それは生徒の内に潜んでいる興味や能力をである．これらは，educator としての教師によって目覚めさせられて，生徒のなかで成長していく．興味・能力を伸ばすためには生徒は，自分でおもしろいと思うテーマを教師の指導によって課題に選び，教師を見習いつつ研究

していくことが欠かせない．生徒は，未知の問題をいろいろ自分で調べているうちにおもしろさを覚え，進んでさらに広く深く学ぼうとする．

　こういうかたちの教育を重視してきたのが，(1810年創立のベルリン大学に始まる) 近代以降の大学である．ここでは学生は，研究者である教師と同じ研究室において，研究に集中している教師の背中を見つつ自分で研究する．そしてこの研究活動——自分で問題を設定し，自分で解答を探る営み——を通じて，発見や創造をおこない，関心と知識を広げ，思考を成長させていく．それゆえここでは教育上重要なのは，研究を進めている教師や同輩・先輩の姿，かれらとの議論，かれらのヒントである．このような教育の仕方は今日でも，大学院では一般的に主軸であり，学部でも文学部や理学部では主軸となっている（法学部では，一橋大学の，卒論と演習によるその指導の伝統が注目に値する）．

> **■ コラム1**
> ### 京都帝国大学の挑戦
>
> 　**京都帝国大学**は，その創立（1897年）後，法学部の若手4教授が中心になって，研究主軸のドイツの大学をモデルに進んでいった．研究を通じた教育のため，卒論・演習・外書講読・自由選択科目制を重視した．われわれが言うところの **education** をめざしたのである．これが，「京都帝国大学の挑戦」と言われる道である[1]．その際京大が克服しようとしたのは，**東京帝国大学**（1886年創立）が採っていた大学モデルであった．東大は，1886年の帝国大学令第一条：「帝国大学ハ国家ノ須要ニ応スル学術技芸ヲ教授シ及其蘊奥ヲ攷究スルヲ以テ目的トス」に忠実に〈国家のための人材育成〉に重点を置いてきた．たとえば東大法学部は官僚養成を主軸とし，このため——京大とは正反対に——必修科目を厳格にし，大教室授業を中心にし，演習・外書講読や卒論は重視しないという，**instruction** に傾斜した授業をしてきた（これには，東大が創立以来モデルにしてきたフランスのナポレオン的な国家統制の強い大学のモデルも影響を与えていた）．京大の挑戦は，肝腎の法学部では学生が国家試験に通らないという結果が出て挫折したのだが（instruction も必要だったのである），その自由な学芸の校風は文学部や理学部を中軸に，やがて輝かしい成果をもたらした．

---

1) 潮木守一『京都帝国大学の挑戦』（講談社学術文庫，1997）．

ところで，リーダーのリーダーたるゆえんは，異常事態や世の激変に正しく対処できるところにある．リーダーはさらに，日常のルーティンワークに埋没しないで不断に新基軸を考え出さなければならない．これらのためには自分の頭で根本的・全体的に調べ考えて，すなわち研究して解決策をも考え出していくことが求められる．それゆえリーダー養成には，問題を自分でつくって自分で解決していくことの訓練の場（＝研究を通じて教育していく場）である education が欠かせない．リーダーにならない者も，生活のなかでそういう，ルーティーンでない，ワンパターンでいかない問題に直面し，解決策を考え出すことを迫られる．したがって education は，広く人間が創造的に生きるための知を形成するものでもある．高等教育の場である大学が<u>研究重視の教育</u>をおこなうのは，（単に研究者養成のためだけではなく）このためである（ベルリン大学モデルはもう古い，というものではないのである）．

　では，法学部の専門科目授業は，instruction なのか education なのか？既に明らかなように，答えは，「両方」である．

　法学部では，一方では，学ぶべき基本事項が多いし，ロースクール受験・司法試験・公務員試験・就職活動などに向けた訓練教育や，外国語の実用教育などもあり，**instruction** が前面に出ている．さらにロースクールや司法研修所に入ると，準備書面や契約書等の作成，法廷弁論などをも学ぶ．そういう試験・実務に備えた学習ではなくとも，どの専門教育でも基本的な事項（基本概念，技術，約束事，理論，先例等）は，身につけておかなければならない．これらのためには，効果的な instruction が欠かせない．この点では法学部・ロースクールでも，予備校と同様，上手に教えることのできる教員，優れたインストラクターが欠かせない．

　しかし，上述のように，この法学部でも求められる使命はそれだけではない．この法学部でも，卒業生のかなりの部分が上級公務員，会社の幹部，法曹，市民の中の法識者といったリーダーになっていく．これらリーダーがそれぞれの分野で，生じた問題と取り組める創造力を発揮できるためには，他方での **education** が重要なのである．たとえば弁護士は，依頼者のためにこれまでの法実務の状況を打開する必要もある．このためには，判例や学説，伝統的な思考を批判する眼，オリジナルな思考が欠かせない．こういうことのためにこの方面の勉強，education を意識したプログラムも，法学教

育で重視されているのである．法学部，そしてロースクールさえもが，研究を担っている大学に設置されているのも，このことを意識してのことである．

　法学部やロースクールの専門教育においても，上に述べたように，おもしろいテーマを選び，自分で調べていくなかで，ことがらを根元から学ぶということはある．それを支えるために，研究に従事している教師が，研究に根ざして教えるし，学生が研究の方向で学ぶ場としての「演習」のプログラムがある．

　ところで，法学部の学生は，専門科目とともに**教養科目**をも学ぶ．哲学，歴史学，自然科学などである．この教養教育とは，何か？　それは各自が——就職とは無関係に——興味をもったテーマを選んで勉強していくなかで知と思考を形成していく教育としてある[2]．「教養教育」の英訳語は，liberal arts である．これは，「自由人の学芸」の意である．古代・中世において自由人であった上層の（リーダーになる）人びとが，奴隷や農工商の民とはちがって職業労働から解放されて，自分の興味にしたがい，自分の向上・成長を目的として学んだから，そう呼ばれるようになったのである（学んだのは，数学や哲学，レトリックなどである）．したがって，これこそ，education の本来の場なのである．それゆえ，「教養教育」の反対語は，（instruction が中心となる）「職業訓練」である（「専門教育」が反対語ではないこと，上述の通りである．専門教育は，instruction と education に分かれるからである．とりわけ文学部や理学部のように，education を専門教育の主軸にした学部がある）．

　要するに，大学での勉強は，一方で，受験・就職のための勉強の側面をもつが，他方では，考える姿勢・自分で問題意識をもって研究する姿勢をつくる側面をももつ．

1.2　法を学ぶとはどうすることか？

　われわれは，道徳や法に従って行動し，生じた紛争をそれらにもとづいて

---

[2]　教養科目中の語学教育も，instruction 型と education 型とに分かれる．日本の大学では 1980 年代頃までは，語学教育を通じて外国の文化や思想に接すること，外国文化研究にも重点が置かれ，一通り文法を教えたらすぐに文学書や哲学書の講読に入っていった．これに対して最近は，聴き取れしゃべれる訓練・会話中心の実用的語学が重視される．かつては education 重視であったが，最近は instruction に傾斜しているのである．

処理して生活している．その際われわれは法に関しては，まず〈どういう関連規定があり，それらは一般的にどういう意味をもつか〉を確認し，次に，〈この事件は，それらのうちのどの規定とどう関係するか，とくに事件の特殊性を考えると，その規定はどう適用するのが妥当か〉を考える．その際われわれは，規定の本来の意味を確認しつつもそれを自分の望む解決方向に運用しようともし，その運用を他者（裁判官や行政官．かれらにとっては上級官庁）が認めてくれるよう，〈関係する規定は，こういう点で自分の見方に合致しているのだ〉と議論する．これが，法の解釈である．

　法律学の勉強では，このような法解釈ができる基礎能力をつくることが主軸になる．そのためには，① 日本と外国との，学説や先例，実務の動き，歴史，法の原理や思想について学び，② それらを活用して，個々の事件から法的な枠組を取り出して処理するための，解釈理論とその適用の仕方をも学ぶのである．この②の具体的な姿を，事例によって見てみよう．

(1) 嫌煙権訴訟（「分煙裁判」）を例にとって

　1980 年に「嫌煙権確立を目指す法律家の会」が，国鉄（今の JR）と日本たばこ産業株式会社を相手取り，〈半数以上の車両を禁煙にすること〉および〈煙充満の車両に閉じ込められた苦痛に対する損害賠償〉を求める裁判を起した（当時，たとえば新幹線では禁煙車はこだまの 1 車両だけだった）．この裁判（禁煙車両設置等請求事件　東京地裁 1987（昭和 62）年 3 月 27 日判決　LEX/DB-27801515）での議論のポイントは，次の点にある．

　(a)　そもそも受動喫煙を強いられない権利を，どう**法律構成**する（法を使って理由付ける）か？　　嫌煙権は，日本の法律においては，明文では保障されていない．そこで原告（「嫌煙権確立を目指す法律家の会」）は，嫌煙権を人権として法律構成した．これは，**法学の成果**に依拠した作業である．日本の憲法学では，1960 年代以降，**憲法 13 条**における「**幸福追求権**」を諸々の人権規定の核に当たるものとして重視する学説が形成されてきた．原告は嫌煙権を，この幸福追求権から派出する人権中の「**人格権**」の一つとして法律構成した．受動喫煙は，耐えがたいし健康にも悪いから，幸福追求を妨げる；身体や精神への加害でもある，としたのである．

　(b)　国鉄に禁煙車両増設を求めることは，どう法律構成するか？　　人

格権を侵害された場合にその侵害を排除する法的措置，差止めは，どの法律にも規定されていない．しかし，民法 198・199 条に占有（たとえば借家人がその家に住んでいる状態）をその妨害から守る制度（占有訴権）として規定されている「占有保持の訴え」と「占有保全の訴え」を，人格権をその侵害から守るために使う理論が憲法学において形成されていた[3]．原告はこれを，〈国鉄がたばこの煙がいっぱいの車両しか提供せず，結果的に自分たちをそこに閉じ込める事態を招いたのは，自分たちの人格権を侵害することに当たる．自分たちはこれからも国鉄を利用せざるをえないのだから，国鉄に対しこの人格権に固有の妨害排除請求権を行使する〉と主張した．

（c）　人格権侵害の損害賠償の権利を，どう法律構成するか？　人格権侵害に対する損害賠償は，条文にはない（そもそも法律には，「人格権」の概念がない）．そこで原告はこれを，**民法 709 条**の「権利」概念を拡張して，人格権をそれに含ませる道をとった（後述の 5.3.1 参照）．このような議論も，法律学の作業に依拠した議論である．

（d）　被告は，「**受忍限度**」の法理[4]を使って，原告の主張に対抗した．「受忍限度」も，法律には規定されていない．これもまた，判例と法律学との産物である．

（e）　東京地裁は，原告の上記（a）・（b）・（c）の理論は認めた[5]．しかし，① 受動喫煙の危険性についての証明がない，② 国鉄に乗らなくとも移動が

---

3) 69 頁以下で議論する「もちろん解釈」によってである．すなわち，物に対する支配権の一つである占有権ですら，占有訴権によって保護される．だとしたら，その物の支配者である自分自身（自分の身体・精神・名誉・肖像・プライヴァシーなど）に対する自分の支配権という重要な人格権は，訴権によってもっと保護されうる，という解釈である．

4) 受忍限度論は，次のような議論である：権利行使が相互に相手の権利を侵害することが多い；それゆえすべての権利侵害を即，違法とすることはできない；双方の権利のバランス化が必要である；我慢すべき限界を超えた侵害のみが違法となり，民法 709 条が規定する不法行為となるのだ，と．受忍限度は，世間の相場による：たばこの場合は喫煙に対する，騒音の場合は音に対する，その社会・時代・生活環境での我慢の限度がどこにあるかによる．

5) 裁判所は，人格権を次のように認めた：「一般に，人の生命及び身体についての利益は，人格権としての保護を受け，これが違法に侵害された場合には，被害者は，損害賠償を求めることができるほか，侵害行為の態様及び程度によっては，人格権に基づいて，加害者に対し，現に行われている侵害行為を排除し，又は，将来の加害行為を予防するため侵害行為の差止めをし，若しくは，侵害行為を予防するために必要な措置を講じることを求めることができるものというべきである〔…〕．原告ら主張のように，たばこの煙に曝されると健康を害し，何等かの病気にかかる危険が増加するとすれば，それは右の意義における人格権に対する侵害にほかならないものである」と．嫌煙権が健康の観点から，人格権の一つであることが確認されている．

できる，③（d）で被告が主張したように「受忍限度」内の状態である，として原告の請求を棄却した（原告が敗訴した）：

関連条文

① 憲法 13 条：「すべて国民は，個人として尊重される．生命，自由及び幸福追求に対する国民の権利については，公共の福祉に反しない限り，立法その他の国政の上で，最大の尊重を必要とする．」
② 民法 198 条：「占有者がその占有を妨害されたときは，占有保持の訴えにより，その妨害の停止及び損害の賠償を請求することができる」．同 199 条：「占有者がその占有を妨害されるおそれがあるときは，占有保全の訴えにより，その妨害の予防又は損害賠償の担保を請求することができる．」
③ 当時の民法 709 条：「故意又ハ過失ニ因リテ他人ノ権利ヲ侵害シタル者ハ之ニ因リテ生シタル損害ヲ賠償スル責ニ任ス．」

判決文の抜粋

危険性の証明がない　「そして，人格権に対する侵害があることを根拠としてその侵害行為の差止め，又はその予防のために必要な措置をとることを請求するについては，その必要性と相手方に与える影響とを考慮すると，その請求者がその侵害を受けることもあり得るという抽象的な可能性があるだけでは足りず，現実にその侵害を受ける危険がある場合であることを要すると解すべきである．」
「煙の濃度やこれに曝露される頻度等との関連において，どのような受動喫煙がその危険を伴うのかについての的確な判断を可能にするだけの証拠資料は存在しないから，被告国鉄の運行する列車内において，乗客がたばこの煙に曝されることがあっても，その影響により身体ないしは健康について右の一過性の害に止まらない障害を蒙るおそれがあるものと断定することはできない．」
受忍限度内である　「非喫煙者をしてたばこの煙に曝される状態に置くことが違法とされるかどうかについては，非喫煙者が受ける影響の程度のみならず，喫煙の風習に対する社会的な寛容の度合並びに喫煙に関する他の諸利益との均衡を総合的に判断し，侵害行為が受忍限度を超えるものであるかどうかを検討しなければならないものである．」
「原告らが将来被告国鉄の運行する列車内においてたばこの煙に曝されることがあるとしても，その被害は，受忍限度を超えるものではなく，僅かの受動喫煙によっても健康上容易に回復することのできない重大な損害を被ることが明らかであると

いうことは到底できないから，前述のとおりたばこの煙による被害を受ける現実の危険が少ない原告らにおいて，その身体ないしは健康上の侵害のおそれがあることを理由として，被告国鉄に対して禁煙車両の設置を請求することはできないというほかはない．」〔加えて，代りの交通手段があり，それを利用すれば，煙害は避けられるともした．〕

考　察

　この裁判に勝訴した国鉄（とその後のJR）は，この裁判の反響を重く受け止め，（すでに裁判中から）禁煙車両を増やしはじめた．すなわち，裁判中に新幹線や特急の禁煙車両が増え，1987年の判決時点では中・長距離列車の30％に禁煙車両が設置された．現在では，JRの車両はほとんど禁煙車両となったし，都市部の駅もほとんど禁煙となった．この事実から言えることは，次のようなものであろう：

　（a）　原告は裁判には負けたが，裁判が市民運動を巻き起こし，またマスメディアで報道されたことで世論を喚起し，その力が国鉄を動かし成果を上げた．原告は，**法的には負けたが，政治的には勝利した**のである．裁判をこのように，社会に対し問題を喚起するために利用する戦術もあるのである（この点では裁判は，政治闘争の手段なのである）．裁判は，過去に起こった紛争を始末する過去志向の**紛争処理型**だけではなく，新しい政策を提起する未来志向のものもあるのである（このような訴訟を，法学者は**政策形成型**訴訟と呼ぶ）．

　（b）　現在，禁煙・分煙は――JRの車両や駅構内を越えて――社会に浸透した．国際レヴェルでも，2005年に「タバコ規制枠組条約」が発効した．このような状況下にある現在にこの裁判があったら（もはや提訴する必要がない点は度外視して），上記のような原告全面敗訴は，ありえなかったであろう．〈受忍限度は，どの辺までか〉の評価が，今日では大きく変わっている．つまり裁判・判決は，一見法律から論理必然に結論が出て来るかのように議論されるのであるが（74頁参照），そして裁判官の多くもそのように信じて判決しているようだが，実際には，時代の観念・価値観に深く規定されているのでもある（裁判官も，社会の法感情・世論を無視できないのである）．法律の解釈は，このように法の論理と社会の意識とのあいだで，動いている．だから，

法を学ぶ者は，法律・学説・判例だけでなく，**社会の動向**，**人びとの意識**の大きな変化をも学ばなければならない．

(2) 事実婚（内縁）破棄裁判を例にとって

結婚式を挙げ夫婦として暮らしているが婚姻届を出していない状態を，事実婚ないし内縁の関係と言う．この関係にあった夫婦において，夫側が妻を，正当な理由なく離縁した（慰藉料請求事件　最高裁判所第二小法廷1958（昭和33）年4月11日判決　LEX/DB-27002684）．妻である女性は，かつては元気な女子大生だったが，嫁いで来て，婚家の嫁いびりと婚家での過酷な労働のため肺結核になったのだった（結核は当時は，不治の病としてひどく恐れられていた）．女性は，この不当な離縁に対し夫を相手取り慰謝料を請求する裁判を起こした．ところが，そうした不当な離縁からこの内縁の妻を保護する規定は，民法等のなかにはない．結婚した男女は民法で保護されているが，婚姻届を出していないと法的には結婚していると認められないので（民法739条），そうした保護の枠外にあるものとされうるのである．

裁判官は，この女性を保護しようと法律構成を探った．かつては，嫁が婚家になじむか，子供を産むかなどを見極めるため，婚家がわざと婚姻届の提出を遅らせ，気に入らないとそのままで離縁してしまう動きが一部にあった．裁判所は，こうした悪弊を除去しようとしてきたのでもある．裁判官は一方で，この関係を**婚姻の予約**ととらえ，〈夫側は，その予約契約を一方的に破棄し相手に損害を与えたのだから契約不履行の責任を負う〉とした．そして他方で，この関係を**婚姻に似た関係**としてとらえ，〈夫側は，実質的には婚姻である契約関係を正当な理由なく途中で破棄し妻に損害を与えたのだから，婚姻の一方的破棄の場合と同様，不法行為責任を負う〉とした：

> #### 関連条文
>
> 民法556条：「売買の一方の予約は，相手方が売買を完結する意思を表示した時から，売買の効力を生ずる．」同415条：「債務者がその債務の本旨に従った履行をしないときは，債権者は，これによって生じた損害の賠償を請求することができる．」同709条は，7頁に引用．

法学講義

> **判決文の抜粋**

「ところで，いわゆる内縁は，婚姻の届出を欠くがゆえに，法律上の婚姻ということはできないが，男女が相協力して夫婦としての生活を営む結合であるという点においては，婚姻関係と異るものではなく，これを婚姻に準ずる関係というを妨げない．そして民法七〇九条にいう「権利」は，厳密な意味で権利と云えなくても，法律上保護せらるべき利益があれば足りるとされるのであり（大審院大正一四年（オ）第六二五号，同年一一月二八日判決，民事判例集四巻六七〇頁，昭和六年（オ）第二七七一号，同七年一〇月六日判決，民事判例集一一巻二〇二三頁参照），内縁も保護せられるべき生活関係に外ならないのであるから，内縁が正当の理由なく破棄された場合には，故意又は過失により権利が侵害されたものとして，不法行為の責任を肯定することができるのである．されば，内縁を不当に破棄された者は，相手方に対し婚姻予約の不履行を理由として損害賠償を求めることができるとともに，不法行為を理由として損害賠償を求めることもできるものといわなければならない．本件において，原審は，上告人の行為は所論の如く不法行為を構成するものと認めたものであるが，上記説明に徴すれば，これをもつて違法とすることはできない．」

> **考　察**

（a）婚姻予約論について　　事実婚（内縁の関係）を〈正式に婚姻することを予約している状態にある〉と法律構成して保護することは，大審院民事連合部 1915（大正 4）年 1 月 26 日判決以来の判例の蓄積による．本判決も気の毒な女性の救済を図る立場から，一方で，この夫婦の関係を「婚姻予約」と法律構成し，それを不当に破棄された当事者は，予約破棄を理由として損害賠償を請求できるとした．

「婚姻予約」の語は，民法には見当たらない．ただ「予約」に関する規定は，民法 556 条（と 589 条）にある．これが使えそうだが，他方では，婚姻予約と売買の予約とは，前者は身分関係に，後者は財産関係（しかも有償契約）に関わり，異なる面が大きいから，556 条はそのままでは使えない．この点はどうするか？　従来から学者・裁判官は，この点は次のようなかたちで処理してきた：「予約」を一方的に破棄することは，「約束を守れ」という原則（「正義公平」の要請）に反する．556 条は，この原則が例示的に表出し

ている規定である．そしてこの原則は，婚姻予約においても大切である．したがって556条の根底にあるこの原則を適用すれば，婚姻予約も一方的に破棄すると損害賠償が課せられると言える，と[6]．本件で裁判官はこの理論をも使い（加えて，学説はイギリス等での，相似たケースにおける妻の救済の事例が参考になるともしてきた），夫側に賠償支払いを命じた．

(b) 準婚理論について　　事実婚を婚姻に準じたものと法律構成すること（準婚理論と言う．事実婚を婚姻関係になぞらえて扱ったのである）は，中川善之助（1897-1975）ら民法学者の学問的成果，法理論としてある．上記夫婦は実質的には，婚姻関係と変わらない暮らしをしている．しかも日本では従来，結婚式で「三三九度」を挙げ所帯をもてば結婚したものと扱われてきた．そこで民法学者は，〈このように，法的には婚姻していないが実質的には結婚（に似た関係での）生活をしてきた者は，正式の夫婦の関係を類推適用して保護すべきだ〉と説いたのである．本判決は，これをも使ったのである．

以上の二つの理論は，それぞれに説得的であり，裁判官が使いやすい．しかしそのうちでも準婚理論のほうが，女性の保護にヨリ優れている（これが新説である）．たとえば，① 準婚理論では内縁の妻は（法律婚の）妻に近い者として扱われるので，離婚の場合は慰謝料が多くなるし，離婚・配偶者死亡の際に財産分与・遺族扶助料を受けられるし，その家に住み続けられる（居住権が確保できる）．② 婚姻予約論には，婚約の段階と本件のような事実婚の段階とが区別できない欠陥がある．③ 事実婚の期間は数年続くことがある．その期間全体を「予約」段階として描くのは不自然である．そこで，準婚理論が婚姻予約論に取って代わっていったのである．

婚姻予約論・準婚理論はともに，条文を超えたレヴェルでの作業である．依拠できる条文がないので，現実の内縁関係の根底にはどういう法的構造があるかを考え，それを反映させつつ処理方を工夫するのである．この理論化作業が，実務の発展を支えたのである．このような理論化は，物理学や化学のそれと似ている面をもつ．現象の

---

[6] これを最初に明確にしたのは，大審院1915（大正4）年1月26日判決である（LEX/DB-27521865）．この判決では，「其違約者タル一方ハ被害者タル相手方ニ対シ如上有形無形ノ損害ヲ賠償スル責任アルコトハ正義公平ノ旨トスル社会観念ニ於テ当然トスル所ニシテ」と述べている．法律がないので，「条理」に依拠したのである（本書46頁，拙著『法解釈講義』173頁以下）．

根底に隠れている**構造や法則**を見出して理論的にとらえ，その知を生活に応用する点が似ているのである．そしてまた，**理論の善し悪し**によって，それを使った結果に差が出る点も，似ている．

ただ，法の世界の理論化作業は，**理科以上に実用志向**である；法の世界では理論は，ある目的を達成するために工夫を加えて構成する．たとえば先のケースでは，嫌煙を裁判で認めさせるため，本件では，追い出された内縁の妻を保護するために，構成する．

以上の事例からは，法律学の学習では次のことに努める必要がある，と言える：(a) **法律を覚える**．条文を逐一暗記する必要はもちろんないが，どういうことがらにはどういう法律がどういう法律構成で関わるかは，わきまえておく．そのためにはまた，(b) 法律の文言（語）の**意味理解を深める**ことと，(c) 法律をそれが**働く場**との関連で理解しておく必要がある．

上の (c) については，具体的には，次の五つが重要である．① 条文を法律の全体との関連で，ある法律を法律体系全体の構造との関連で理解すること，② 問題を，法生活全体および個々の法制度の仕組みとの関連，原則・約束事との関連で理解すること，③ 問題を，社会・歴史的変化との関連（結果の妥当性，時代のちがい，世界の動向）で，理解すること，④ これまでの判決・実務との関連で理解すること，⑤ 条文・法律を，立法した人たちの意図（立法者意思）との関連で考えること．

加えて，次のことも必要である：(d) **法学説**（①〜⑤の検討を踏まえて提唱される）を，相互の原理のちがいに注意を払いながら学ぶこと，(e) これらの知のすべてを動員して，具体的なケースを，**説得力**をもった議論によって処理すること，である．

こうした点に対応して，法学部期末試験・ロースクール入試・司法試験の答案の書き方（および法実務に使う文書の書き方）は，次のようなものとなる：多くの場合，**事例問題**が出される．受験者は，どういう条文・判例・学説が関係するのかを考えつつ，事例から3〜4程度の論点（結論を左右するポイント）を析出し，それら論点の一つひとつを，条文・判例，重要な諸学説を踏まえつつ，かつ政策的判断としても妥当な（＝結果がバランスよく，かつ正義にもかなった）結論は何かをも考えつつ，処理し，全体を首尾良く結論にもっていく，と．

コラム2　法律答案のコツ

　法律学関係の答案は，**いくつかあるポイント**を一つひとつ押さえるかたちで，緻密に書く．たとえば，**正当防衛**をめぐる事例問題では，答案の冒頭で，判断基準となる事項を刑法36条を思い出しつつ提示する：「正当防衛が成り立つためには，① 相手の侵害行為が急迫で，② かつ不正であり，③ 防衛行為が自己又は他人の権利を防衛するためになされたものであり，④ やむを得ずおこなった行為であることが必要である」と．そして次に，出された問題の事例から上の四つに対応する論点を，次のようなかたちで取り出して一つひとつ検討して，結論に導く：「しかるに本事件では，乙は突然甲を鉄パイプで叩こうとしたのであって，甲にとって侵害は急迫であり（①），かつ乙の侵害は甲から金を奪うという不正な行為であった（②）．甲はこの乙に対し，自分の身体と財産をまもるため（③），もっていた傘で乙の腹部に打撃を加えたのである（④）．したがって甲については，正当防衛が成立する」と．事例問題の場合は，論じるべきポイント（関係する条文や判例・学説の論点に対応していることが多い）が，示された事例の中に隠されていることが多いので，設問をよく読む．

　では，こうした問題では，「ポイント」はいくつほど予定されているのであろうか？　これを，2010年度の早稲田大学法務研究科の入試問題を例にとって見てみよう（研究科ホームページ参照）：

　　憲法の問題：「公立A中学校の教師Xは，自己の信仰する宗教のシンボルの紋章を胸につけて登校し，教壇に立って授業を行っていた．これを知ったA中学校校長Yは，Xが宗教上のシンボルを授業中生徒の目につくところに着用して授業を行うことは，学校内で宗教活動を行うことを意味し，それは宗教的中立性の原則に反するものであるとして，紋章を外して授業を行うように指示した．しかし，自己の信仰に忠実なXは，その指示に従わずにいたため，懲戒処分を受けた．以上の事例に含まれる憲法上の論点について説明し，Xに対して懲戒処分を行ったことの当否について論じなさい．」

この問題に関する同研究科の解説は，ポイントが次の三つであるとする：① 公立学校の校長（公権力）は教師個人の信教の自由を，教師職の性質からして，どの程度規制できるか，② 教師は，公立学校組織の一員であることによって，〈国家は宗教に関与してはならない〉の原則にどこまで制約を受けるか，③ これら二つ（教師個人の宗教的自由と政教分離原則と）の関係づけ，である．そして解説は，〈各論点ごとに，書かれている事実を条文・判例・法理・学説を使って緻密に検討することが重要であり，かつ，各論点をバランスよく，また論理的に相互に結びあわせつつ，結論へ進むことが求められる〉と言う．

> 一般に論述式問題は，たいてい**論点が三つないし四つ**になるようにつくられている（もちろん例外はある．大きな試験では論点が5，6のこともある）．実際，論点が一つ二つでは簡単すぎて点差がつかない．といって，五つ以上では解答に時間がかかりすぎる．そこでたいていの問題作成は，この「3，4ルール」で動いているのだ．このことを念頭に置き，〈本事例のなかには，解答すべき三つないし四つのポイントがあるはずだ〉との姿勢で立向かってほしい．
> 　ちなみにこの「3，4ルール」は，日常のスピーチのときにも当てはまる．たとえば結婚式で花嫁・花婿の長所を挙げるスピーチでは，長所を一つか二つしか挙げないと，聴衆は〈それだけしか長所のない花嫁・花婿なのか〉と思うので逆効果になる．といって五つ，六つと挙げだすと，スピーチが長くなりすぎ，聴き手は論点の整理がつかず，これも逆効果になる．三つないし四つを要領よく扱うのが，効果的なのである．

　したがって，条文・判例・学説を覚えておくこととともに，それらの各構成部分を具体的事件の諸論点と一つひとつ照らし合わせた検討をすること，および結論の妥当性を得るため良識・バランス感覚・正義判断を働かせることが，重要である．その際「妥当」と言える議論は，複数個ありうる（択一ではない）．したがって解答では，大学入試等とは異なり，〈正解が一つだけ〉という性質のものではないため，**根拠づけの説得力**が，勝敗を決する．かつ，多くの試験は，〈教科書・参考書の記述を暗記してそれを再現する〉というものでもない．**自分の考えを出す**ことが「優」の条件である．これらの点で，大学受験時代の頭を早く切り替える必要がある（なお，大学の期末試験では，「○○について論じよ」式の大きな設問もありうる．この場合も，授業や教科書を想起し，教師や著者の問題意識を考えながら3～4程度の論点を析出し，それぞれを自分の考えをも加えて論じていく．期末試験ではまた場合によっては，〈正解が一つ〉の受験時代的な問題もありえよう．この場合は，おなじみの対応でよい）．

　この作業のために備えておくべき姿勢・能力とは，次のようなものである：① **言葉にこだわること**——条文の本来の意味を熟知するとともに，問題の事件（事実）との関係での意味を考える必要がある．事実は多様なので，法文（一般的・抽象的に規定されている）を当てはめるにあたっては工夫が欠かせない．② **記憶力**——覚えるべき基本事項は，多い．それらは，覚えておかないと手も足も出ない．③ **論理的思考，推論能力**——条文の個々の概

念を事実に論理的に当てはめていく（これが，上記の「工夫」の中身である）．ここでは三段論法（後述193頁）が，基軸となる．④ **事実の分析力**，⑤ **実際的感覚**（現実を見る眼）・**バランス感覚**．

　法を学ぶ際にはこのように，言葉（概念）を大切にし，基本事項はマスターし，事実をしっかり押さえつつ，理路整然と（条文・判例・学説を押さえつつ理詰めで），しかし良識を大切にしつつ総合的に考えることが求められる．これを定められた在学年数中に，法律に関わる者の独特の感覚（日本では「リーガルマインド」と呼ばれるもの）として身に付けるのである．

　その際，社会と人間性・人権に目を向けつつ法を使うことを学ぶことが，法律家の卵には強く求められる．この点との関係で，司法という制度が少数者の権利を多数者の専制から保護する任務をもっていることの自覚が，欠かせない（なぜなら，議院内閣制を採る日本では，議会（立法）の多数派が内閣（行政）をも手中に収めるので，議会が少数者抑圧の法（基本的人権を侵害する法）をつくり，行政がそれを強制するとき，もし司法がこの多数派の立場で動くとしたら，少数者は浮かぶ瀬がなくなるが，これでは，憲法が基本的人権を保障し権力行使の規正をしていることの意味がなくなってしまうからである．この点は第14講で詳論する）．

1.3　授業の受け方

　多くの大学では，憲法・民法・刑法等の専門科目がすでに1年生から始まる．それらの授業は，たいていが講義調であり，中身も難しい．この状況に対応できるには，次のことが必要だろう．(a) 高校や受験予備校段階までの，〈先生が重要事項をとくに強調しながら繰り返し取り上げ，ていねいに覚えさせてくれるべきだ〉という発想は，〈教科書を丸暗記するだけが勉強だ〉という発想とともに，早く克服しなければならない．(b) 授業に**出席**しないと，どこが重要箇所なのか分からない——学期末試験では，**教員の問題意識**を踏まえて解答することが必要だし助けになるのだが，欠席すればそれが困難となる．法律科目は体系的であるものが多い．したがって，欠席すると次回からの理解が困難となるのでもある．(c) 大学の授業は，討論を重視した双方向的な場合はもちろんのこと，講義調である場合も，**予習と復習**が重要である（講義で考えつつ聴くには，予習が不可欠．これを欠くと，授業の途中で

方向が分からなくなり,眠くなる[7]).また,習ったことを身につけるには復習＝自分で考え直すことが不可欠である).(d) 講義の詳しいレジュメが配付されない場合は,**ノートをとる**ことが効果的である.(e) どの科目についても,全体の構造を踏まえて,個々の部分を学ぶことが,理解促進に効果的である.まず自分で対象科目の全体像をつかんでおき,今どのあたりをやっているのかを押さえることが重要である.そのためには六法を参照する習慣を身につけ,また憲法・民法・刑法（＝憲民刑）などについては全条文を何度か通読する.それぞれの基本概説書（原理が理解できるよう上手に書かれた）で,**全体の見通しを得ておく**ことも効果的である.(f) 憲法・民法・刑法を柱に,相互に関連させた受講が大切である.民法は,総則・物権・債権を一通りは押さえておきたい.刑法は,総論と各論をともに押さえておきたい.民法を学んでおくことは,商法や民事訴訟法,行政法等の勉強に役立つ.憲法や民法,刑法を深めるうえでは,法哲学・法史学・法社会学などの勉強が効果的である.

---

[7] 講義を聴いていて眠くなるのは,仕方のないことでもある.われわれは,おもしろい映画,演劇や落語でも眠ってしまう.どんなものでも,集中すればするほど,途中で疲れてしまうのでもある.したがって,講義はとりわけ眠たくなるものと心得て,予防策を講じておくべきだろう.予習で備えるとともに,睡眠を十分とる,濃いめの紅茶／コーヒーを飲む,昼食をごく軽くする,短い午睡をとるなどの対策が必要だろう.何事にも,備えが肝腎なのだ.

第2講 歴史に見る法と裁判
西洋と東洋

2.1 法観念のちがい・その背景

　たいていの日本人（東洋人）は，「法」と聞くと「刑法」や「行政法」を連想する．「△△は，法律によって禁じられています」・「わたしは，法に反するようなことはしていません」の「法」，「○○は，御法度である」の「法度」とは，刑罰をちらつかせて行為を禁じる法律（刑法），ないし国による禁止や命令である行政上の法規のことである．大化の改新以降，日本は中国の法を導入したが，それは律令（大宝律令，養老律令など）としてあった．その際，**「律」とは刑法**のことであり，**「令」とは行政法**中心であった．今日われわれは，「法律」・「法令」の語をよく使うが，これらも「律」・「令」の語に関わっている．

　東洋ではまた，「法」とは「法律」，すなわち**制定法**を意味する（仏教では「法」とは，「正しい教え」を意味するが）．

　加えて東洋では権力は，民衆に「この法をまもれ」と命じることには熱心だが，自分が法をまもることにはさほど熱心ではない．法は支配者が，民衆にまもらせるためにつくった（**法は支配の道具**）．だから，自分（支配者）がそれをまもることは，主眼ではない．権力はまた，人民の権利・人権を尊重することにも，熱心ではない．そもそも，「権利」の語の出現は明治期以降であり，人権が憲法で保障されたのは1947年以降のことである．民衆が公権をもつことが，東洋では永らく知られてこなかったのである．

　これに対し，西洋の法生活の特徴は，「法」も「権利」も，同じ単語であるところにある．たとえばドイツ語では "Recht" が，「法」も「権利」も「正しい」も「正義」も（「右」も）意味する[8]（フランス語の droit，イタリア語の diritto 等も同様である．ラテン語の ius も，法・権利・正しい，を意味する．ただ

17

し right は,「権利」,「正しい・正義」,「右」は意味するが,「法」は意味しない).「法」も「権利」も同じ単語であるということは,**法の遵守**とともに**権利尊重**が重視されたということである.そして権利が尊重されたということは,法が権力を規制したということである.実際,アメリカの独立・フランス革命等の時代,すなわち近代が始まったばかりの時点でまずつくられたのは独立宣言・人権宣言であるが,これらは,権利中の権利である基本的人権を確認し,その尊重を権力に義務づけた文書である(これに対して,日本の維新の五箇条の御誓文(1868),明治憲法(1890)は,天皇の支配,国民の義務を前面に押し出しており,権利・基本的人権尊重の宣言ではなかった.私法上の権利や立憲主義は,ある程度採用されたが).

　西洋ではまた,「法」と聞くと,人びとは**民法**を連想する.① 19 世紀以降,上記の人権宣言等に見あった近代の法律がつくられていく.その際,フランス革命後の社会を形成していくうえでもっとも重要であった法は,民法であった.すなわち,1789 年のフランス革命のすぐあと 1804 年に「フランス民法典」がつくられた(この民法典制定には,ナポレオンが熱心だったので「ナポレオン民法典」とも呼ばれる.なお,フランスでの新しい刑法は 1810 年,治罪法 = 刑事訴訟法は 1808 年制定であった).② しかも,そのはるか前,古代ローマが残した遺産[9]の一つは,「ローマ法」と呼ばれる法の大典であったが,その大部分はのちの民法に当たる法文を軸にしていた.③ 中世の大学法学部(最初の大学,ボローニャ大学は 1088 年創立)で研究され教えられたのも,この古代ローマ法(と教会法)で,なかでも民法が中心であった(上記フランス民法典も,その法学研究の成果であった).④ 中世の慣習法も,民事法主軸であった.

　東西のこのようなちがいは,何にもとづくか? そもそも西洋ではなぜ,Recht が同時に法・権利・正義を意味するのか?[10] この答えは次のような,

---

8) それゆえドイツでは,「法」と「権利」を区別するときには,法は個人を超えた客観的なルールだから das objektive Recht,権利は個人に帰属したもの,すなわち主観的(主体的)なものだから das subjektive Recht,と表記した.

9) 有名なことばに,「ローマは三度,世界を支配した.最初は武器によって,次には宗教〔国教にしたキリスト教〕によって,そして最後には法によって」というのがある.イェーリング(Rudolf von Jhering, 1818-92)が『ローマ法の精神』の冒頭で述べたことばである.

10)「法」に関わる語としては,ドイツでは(Recht とは別に)Gesetz,フランスでは(droit とは別に)loi,イタリアでは(diritto とは別に)legge,古代ローマでは(ius とは別に)lex,そし

法と権利をめぐる西洋・東洋の歴史のちがいにある：

(1) 西　洋

　西洋では中世後期まで，強い国家が出現しなかった．ここでは，部族や家，村・都市，種々の職業団体，貴族の荘園，教会など，実力をもった**部分権力**（自治をもった団体）が，自分たちでその生活圏を治めていた（古代ローマの初期も，国家の統合力は弱かった．古代の民主制や共和制の国家も，自立の生活圏を押さえきれなかった）．このようなところでは国家権力には，自立的である諸部分権力を超え法を一方的に上から制定する実力も傾向もなかった．国家は，それぞれの団体の法を承認し，それを国の法生活に反映させるのであった．

　では人びとの**自治的な法**は，どのように形成されたか？　生じた紛争は，**仲間**が集まって，それぞれの部分権力内で話し合いによって処理した．その形式には多様なものがあるが，関係者がもっとも納得しやすいのは，対立する双方のどちらの主張が正当かを，参加した人びとが中立の立場から（判決人として）ルールに照らして判定するかたちをとるときである．これが，裁判である[11]．この種の裁判では初期においては，被害者の家長が，加害者ないしその家長とともに裁判の開かれる場所に来て，両者がそれぞれの言い分を出しあうかたち（対審制）がとられた（当事者主義的に進行する．判決の執行も，初期には原告がおこなった）．個人間の紛争を関係する人びとが解決するので，裁判は民事裁判的なかたちをとる．今日では犯罪に当たる不法行為も，このようにして（各人がイニシアティブを発揮した裁判という意味で）**民事的に処理**された（いいかえれば裁判は民事，刑事に分化していなかった．たとえば制裁としては，損害賠償に罰金を加えた贖罪金が徴収された．民事と刑事が分化し，刑

　　て英語では（law と別に）statute がある．これらは原則，国家権力が制定した法律＝制定法（ヨリ一般的には法則）を意味する．したがってこれらは，「権利」の意味はもっていない．法と法律の関係は，45 頁の図のようになる．

11)　したがって，かれら判決人・陪審員を，日本語の「裁判官」という語で呼ぶのは妥当ではない．「官」とは，官僚を意味するが，西洋のこの時代の判決人・陪審員は官僚ではなかった．時代が下るにつれ，その地を支配している者（たとえば，荘園領主や都市の代官，国王）やその代行者が裁判を主宰するようになっていくが，実質的な判断者は判決人や陪審員であった．今でも陪審員裁判では，裁判官はかなりの程度，司会者にとどまる．近世が近づくと，ドイツやフランスでは，王に仕える官僚が裁判官として働くようになってはいった．しかし今日，アメリカやドイツの判事は，官僚ではない．

事制度が確立していくのは,中世も後半に入ってからである).このため全体として判決は,(この意味での)民事判決が多く,そこから生成する法は,民事法が多かった(これら判例がやがて,国家によって法律として確定されていく).

> **コラム3**
>
> ### 西欧の私闘
>
> 西洋では,上述のような,裁判による紛争処理が確立するまでは,加害者・被害者の「家」同士の**実力闘争**で決着をつけるほかなかった.これを,**私闘(Fehde, vendetta)** と言う.個人の自立が,そこまで強かったのである.私闘にはルールがあり,節度が重んじられたが,しかし,私闘に訴えるのでは社会の秩序が乱れるので,紛争をその法共同体に属する人びとの裁判で処理する制度化が進められた.とくに西欧の中世中期においては,私闘を禁止する動きが「神の平和」として展開した(拙著『法思想史講義』上巻(東京大学出版会,2009)140頁以下.シェークスピアが「ロメオとジュリエット」で描いているのは,この私闘の悲惨とその禁止の動きである).
>
> それでも西欧では,中世の初めには,被告を裁判の場に連れていくのも,裁判結果を執行するのも,原告が自分でやらねばならなかった(**強い当事者主義**).
>
> 中世の終わり以降は,刑事事件をめぐっては国家機関が逮捕・訴追・執行する.民事事件では,出廷しない被告は敗訴となるし,裁判の結果が出,被告が従わないと,国家の執行官が執行するか(差押して競売にかける.直接強制である),罰則を科して従わさせるか(間接強制),裁判が指示する状態を国家が代行してつくりだし,それにかかった費用を被告に請求するか(代替執行),する.
>
> しかし,19世紀には**決闘がリバイバル**したし,今日においても法律違反状態を国家に頼らず自分で排除する**自力救済**が,アメリカ等ではかなりの程度公認されている.中世的私闘でさえ,クレタ島,アルバニア,コソヴォ,モンテネグロ,東トルコ等にはなお残っている.

仲間裁判で法を判断する際には——法律が確立する時代までは——人びとの生活態様(慣習),それと不可分な正しさの観念=正義・道徳・宗教原理が尺度となっていた(したがって,裁判ないし法は,道徳とも切り離せなかった).人びとはそこでは,〈この紛争ではこちら側が,この点で正しい〉という判断の仕方をする.そうした処理の先例が蓄積するかたちでルールが固まっていく.このことはまた,正当とされる一定の利益享受の仕方がパターンとし

て確認されていくことをも意味する．これが，権利が次第に形成されていく姿でもある．つまり法とは，裁判で正しいと確認された行為態様のことであり，権利とは，裁判で保護を受けるに値すると確認された，利益享受の態様のことであった．ここでは権利と法とが，紙の裏表のようなかたちで一体的に慣習として固まっていったのである．

こうして人びとが「法」で連想するのは――国家権力やその法律ではなく――裁判に参加している**自分たち**のことであり，自分たちが確認しあった，慣習上の権利と慣習法のことであった（17世紀に近世の君主制が確立するまでは，村や町，町の中の大学や職業組合も裁判権をもっていた）．

以上のように，ヨーロッパの前近代（とくに中世）においては，法＝権利は**古来の慣習**としてあり，伝統それ自体が神聖である；それをまもることが正しいこと（＝正義）だ；権力もそれをまもるべきだ，とされた（「**法の支配**」の観念）．「正しさ＝正義」は，人々の秩序尊重の意識に沿い，かつ〈理にかなっている〉と納得されたことがらの蓄積物であった．こうしたものとして，権利と「法とは正に古来伝統の永遠不変の正義に他ならなかった[12]」（慣習は，今日の法生活においても重要である．制定されたルールがよく定着するのは，各自がそれに従うべく習慣化に成功したときである）．

ここでは「法」・「権利」・「正義」は，単なる利益に関わる事柄にはとどまらない．権利は，自分の人格の本質を成すとされ，法もまた，（人々が妥当なものとして承認し，それを前提にして行為をしている秩序として）神聖な価値物となる．人々の秩序尊重の意識と理にかなっているとの意識，すなわち「正しさ」の確信がもっとも根源的なものであり，それが持続した利益享受状態となったとき，〈慣習化したその事実を尊重し，その法に則るのが正しい〉という法・権利の観念を生み出すのである．そして法と権利の間には，生成上の前後関係はない．

西洋でも，古代ローマの共和制的な法観念はローマが帝政に移るにつれて後退し，また中世の法観念は近世の絶対主義国家が確立していくなかで後退した．古代帝政や近世以降の君主制下では，官僚と軍隊を軸にした国家統合が進み，とくに近世以降，中世の自治団体の分散状態は次第に克服されてい

---

12) 世良晃志郎『西洋中世法の理念と現実』（創文社，1991）61頁．

った．そうした近代化を推し進めるために，君主主導の法典編纂が進んだ．しかし西洋では，このような古代の帝政や近世の絶対主義下においても──国によって異なるが──なお部分権力が強かった．

　すなわち近世においては**等族**（議会において共同行動をとる聖職者・貴族・市民）が君主に対し，恭順を示しつつも時によっては抵抗した．等族の，慣習ないし特権としての自治・自由（これを**身分制的自由**と言う）は，絶対主義の下でも継承され発展した．そのあとに来る西洋近代は，したがって二重の性格をもつ．近代は一方においては，フランスやプロイセンに見られるように，近世の国家が推し進めた統合・社会の近代化を引き継ぎ，それを飛躍的に進展させた．しかし近代は他方では，（中世の）身分制的自由の伝統を近代に合うかたちで引き継ぎ，それを国家権力から個人の自由をまもる防波堤として生かす方向をとった．この点ではとくに**イギリス**（とその影響を受けた**アメリカ**）の自由が重要である．イギリスは，19世紀以降の西洋における近代化の一つのモデルとなり，その結果，中世的自由が基本的人権や法の支配，自治，自然法思想，陪審員制等として再生した．

　こうして西洋では，Recht, droit と聞いたとき人びとがまず思い浮かべるのは，たいていは私権であり，その集積物としての民事法であり，ただごく一部の時代には公法（ないし国家の制定法一般）であった．

(2) 東洋（日本）

　（a）統合国家　　東洋では，古来，国家統合が強力であった．王・皇帝の国家は，人びとに行為を命じたり禁止したりする規範である「律令」を中軸にして統治をおこなってきた．**法は，国家統治の手段**であった．ここでは人びとは，従わないと罰せられるから法に従う．東洋では，法と正しさとは，本来，一体でないのである[13]（ただし，王・皇帝が世間の習俗や道徳感情・宗教的原理，すなわち正しいとされてきたルールに沿った刑法等を制定することは，少なくない．またやがて，〈国家・君主がやることは，正しい〉という観念が植え付けら

---

13) 法をつくった国家や，法を援用して権利を主張する者が，「この法は正しい法である」，「法とは正しいものだ」とすることは，東洋でも見られた．加えて，後述する「ルールを尊重する」という意味での正義（〈ルール正義〉）のほうは，どこでも常にありうるものである．しかし，「この法は，本質的に権力もが尊重しなければならない正義を中身としている」と考える余地は，中国や日本では狭かった．

れる．その限りでは人びとは，正しいから，みんなのルールだから従うという意識はもつ）．

　(b) **刑事法**　　裁判のイメージもちがう．東洋でも，紛争当事者が紛争処理の結論に納得するためには，裁判のかたちをとることが重要であった．しかしここでは裁判とは，第一義的には，**国家の刑罰**に違反した人間を国家が罰するための手続であり（すなわち刑事裁判中軸であり），裁判官は初めから，君主がそのために任命した下級官僚であった．この司法官僚は，捕縛され取り調べを受けた被疑者を，法廷で被告人として，捜査資料にもとづいて自ら尋問し判決を下す．これを **糾問裁判**と言う（後述）．裁判官は，被告人を裁くとき犯行の事実に法律を忠実に適用して処断せよ，とされた（養老律「断獄律」第16条[14]参照）．したがって，刑事裁判は——キリスト教に深く規定されていた西洋の前近代ほどには——道徳との混同がひどくはなかった（刑法解釈時に道徳的判断も働いたし，刑法に，習俗・道徳・宗教的原理が反映していたかぎりでは，裁判で道徳が強制されるのではあったが）．

　(c) **民事法**　　上のように東洋では君主権が強大かつ不動であったので，人びとがこれを犯さない限り，国家体制・国家法の枠内でどう生活しようと，それは国家の関心外であった．したがって国家が民法をつくる関心も，なかった．私人間の紛争は，国家の公法の大きな枠内にある限り，原則的には民衆の間で先例や情宜によって，なるべく和解で，処理されてよいものだった．

　それで埒が明かなければ，人びとはお上の裁判所に訴え出る．この場合には，私人が他の私人を訴えるかたちになる．司法官僚である裁判官は，〈この訴えは取り上げるに値する〉と認めれば，両当事者を法廷に召喚する．法廷では，両当事者が証拠に依拠して陳述し，それを裁判官が判定する（その限りでは当事者主義的である．とはいえ**職権主義的**であり，事が明白なのにかたくなに認めない当事者には実力が行使された）．その際裁判官は，**法律**（公法である律令から解釈で引き出された，民事法のルール），**先例**の他，**情宜**も参考にする．人びとは出る判決には逆らえなかったが，裁判官としては当事者を納得させたかったからである．それゆえまた当事者は，どういう裁判結果になるか提訴に当って予想ができなかった．民衆は，〈裁判とは，自分に確たる権利が

14）　第16条：「凡断罪，皆須具引律令格式正文．違者笞三十」（読み下し文：凡ソ罪ヲ断ズルニハ，皆須ク律令格式正文ヲ引クベシ．違フ者ニハ笞三十セヨ）．

あって，その確認を裁判員たちに実証と論証を尽くして主張し，裁判員たちがそれに応えた判決を出す場だ〉との見方はもてなかった．判決は，お上の慈悲・叡慮の結果に過ぎなかった（この点で民事裁判では，道徳的原理がかなり反映した）．中国の裁判や江戸時代の裁判が**カーディー裁判**（裁判官が人情や政策的判断で処理する．後述）だと言われるのは，民事訴訟のこの特徴に関わっている（刑事事件は法律で厳格に規律され，かつ先例が重視されていたから，民事裁判ほどにはカーディー裁判ではない）．

　(d) 権利　〈各人に固有である権利によって国家（ないし君主）が拘束される〉という観念も，東洋にはなかった．国家（君主）が万能であったためである．

　かつて川島武宜が〈日本人は権利意識が弱い〉と見る立場から，その証拠の一つとして，日本人には昔から**裁判嫌い**の傾向が強いと指摘した（『日本人の法意識』岩波書店，1967）．これを大木雅夫らが批判し，① 江戸時代には，**訴訟件数**がきわめて多かったし，一揆等も多かった：このことは，権利意識の高さを意味している，② 近代以降の日本で訴訟を避ける傾向があるのは，**裁判制度**が制度面でもコスト面でも利用しにくいからに過ぎない，と指摘した．大木の言うように，裁判費用が高額で日数もエネルギーも費やすのであっては，多くの人が裁判を敬遠して当然であろう[15]．

　しかし，①で，訴訟件数が多いことをもって権利意識が高いことの証拠とする見方には，疑問も残る．だれでも自分の利益を侵害されたり，利益をめぐって衝突するときは，誰かに訴える．子供も，兄や姉からものを奪われたときには，父母に訴える．この子供のように江戸時代の民衆は，行政や裁判所がそうした事件を扱うのであれば，そこに訴え出たのである．これらは，多くの場合，父母やお上の権威・権力に頼ることで保護されたいという動きであり，利益主張はするものの，最終的には父母・お上の裁量的判断を仰ぐのである．また一揆が多いことは，人は窮迫すれば最後の手段に訴えるという関係に関わっているのであって，江戸時代の農民は，無権利下でそこまで追いつめられたのだ，との解釈も成り立ちうる．

　利益主張が「権利のための闘争」となるには，自分をも被告をも，そして権力とそ

---

15)　大木雅夫『日本人の法観念——西洋的法観念との比較』（東京大学出版会，1983）．もっとも，ではなぜ日本では裁判制度が貧困で法曹の数も少ないのかと問えば，それは〈日本人が紛争を裁判で処理することに慣れていないし，裁判を好まなかったからだ〉となる．法意識が，問題なのでもある．ただし，この日本に見られるような，裁判を嫌い，裁判外の紛争解決（和解）を探る傾向を，ただマイナス面だと評価するのは正しくない．裁判はひどい副作用をもつものだから（本書第13講参照），それを避けようとするのは賢明なことである．

の裁判所をも拘束する**客観的な（正義の）ルール**があり，自分が利益を享受している状態はその一部である；自分がこの利益享受を主張することは，そのルール，秩序をまもるためのものだ；自分は，公益のために闘っているのだ，という意識がなければならない．単に私益擁護を求めるだけでは，権利主張ではない．

確かに権利主張は日本でも，（西洋中世のように部分権力の自立が見られた）中世の鎌倉・室町時代には強かった[16]．しかし，江戸時代の中期以降，国家の集権化が強まると，上からの論理が貫徹し，このため——ルールに従うべきだという観念はあっても——〈正義・権利が権力者をも拘束しているのだ〉という思考は，島原の乱（1637-38），郡上一揆（1754-59）など，例外的にしか見られなかった．

以上の事情のため，東洋では「権利」（や「民事法」）の観念は弱かった．このような伝統は今日においても，主権者（＝君主）ないし国家がつくった「法」（＝法律）がまずあり，それが許容する範囲で私権や公権が語りうる（権利は法の反射的効果としてのものに過ぎない），という見方を生み出し続けている．〈個人の権利がまずあって，それが，事後的にできた国家を規制する〉という発想は，ここでは弱い．このため，〈個人の権利は，国家の利益（とされる「公共の福祉」）によって簡単に制限できる〉ということも，自明の理のようにまかり通る．

これらの背後にある東洋的な国家の歴史は，次のようなものであった：西洋において強い統合力をもつ国家が確立したのは，やっと近世（17世紀以降）においてであったが，東洋の諸国では，それははるか前の時代に確立していたのであり，かつそのような国家がその後も基本的に持続した．たとえば中国では，**戦国期**（前369-221年）には——それまでの（春秋期（前8世紀-前369年）以前の）封建制に代わって——強い統合力を示す国家の基盤となる**「郡県」の体制**が確立した（同様の国家統合は，日本では奈良・平安時代に始まり，戦国期に再始動し，明治以降の天皇制国家において完成した）．政治権力を集中させた国家は，部分権力を圧倒して社会を脱政治化し，整備された**官僚制・軍隊・法制度**によって統治した．ここでは国家生活においては，**君主の命令＝**

---

[16] 日本で中世と呼ばれる鎌倉時代と室町時代には，中央の国家権力が弱かった．北条家の執権は自律性の強い御家人に支えられていた．とくに応仁の乱以降は，自立権力の成長が顕著であった．すなわち，武士集団だけでなく，自治都市や環濠集落・宮座など自主・自立の動きが見られた．こうした関係を反映して日本の中世には，西洋中世にかなり似た，法や権利，裁判，政治の関係が見られた．

意思としての法律がすべての関係をつくり出す．したがって国家との関係では，権利はそれ自体として初めから存在しているのではなく，法律，それをつくる君主が認めたところに存在する．

　もちろん東洋でも，永年保護されてきた利益や法観念を無視し法的保障を拒否することは，国家といえどもなかなかできない．また上述のように，国家法を守っている限り，庶民の生活はいわば放任されていた．国家にとって庶民間の紛争は，法的関心外の出来事であり，したがって第一義的には情宜にもとづき勧解（和解）で処理されるに任された．

　すでに社会で相互に保護すべきものとされてきた関係，そのことによって「権利」として固まったものは，それを国家が法的に確認しなければ，混乱が起こるので，国家の法にも反映したのではあった．しかしそれでもこの東洋での和解の承認は，西洋のような〈国家ないし国家の法は，私人の権利・法を保障し尊重しなければならない；君主といえども私的諸権利には手を出せない〉という観念にはよらないし，〈国家権力，とくに君主は，政治的諸権利（特権）やそれを保障した法に服する〉という観念（＝「法の支配」）は，東洋では出てこない．

　西洋のように，法と権利が一体であれば，権利を主張することは，法を主張し擁護することでもあるということになる．イェーリングが『権利のための闘争』（1872）で言うように，不法に侵された自分の私権（たとえば農地）を取り戻そうとする農民は，そのことによって法ないし正義を守る闘いをしているのである．裁判は，権利のための闘争であるとともに，法ないし公益のための闘争である．ところが，東洋では，裁判は，自分の利己的な利益のための闘争であって，「お上を煩わす，公に対する迷惑行為」である．ここでは，「自分は公益のために裁判するのだ」という観念も，発達しにくい．

　東洋では人は，知らず知らずのうちに，「国家」に政治生活・法生活上の魂を規定されているのだ．われわれは，今でも重い「**国家病**」にかかっている．実際，現代の日本でも，人は無意識下に国家に依存する：国のやること・言うことは信用できる；国がつくる原発はきっと安全だ；警察が捕まえた人物は犯人にちがいない；国家による叙勲は名誉この上ない；国立の施設は最良の施設だし，そうあらねばならない，等々と．われわれは明治維新後，西洋の制度や文化を導入したが，そこに入れるべき魂は，西洋の長い伝統と

は正反対の,「国家至上」の思考のままなのである.

2.2 裁判と法曹の歴史

(1) 概　観

上に見た,それぞれの時代の裁判制度の姿は,次ページの図 2-1,図 2-2 のようになる.この図によって,裁判制度の歴史的変化を鳥瞰しておこう.

この図に出てくることがらに沿って,裁判制度の歴史の要点を押さえよう:

(a) 神明(しんめい)裁判・雪冤(せつえん)宣誓　　西欧中世初期には,原告と被告の言い分が拮抗して真偽不明の水掛け論になるときには,裁判官は**神明裁判**に移るように命じた.たとえば,被告に対し,熱湯に手を漬けさせたり,焼けた鉄をもたせたり,水に沈めたりの試験をする(日本の盟神探湯(くがたち)は,これとは異なり,原告・被告双方が熱湯に手をつけた.江戸時代の鉄火(てっか)裁判も,同様であった).双方が裁判官立ち会いでする決闘もあった.その結果によって,神が味方したと判断される側を勝たせるのである.この種の雪冤手続は,1215 年の**ラテラノ公会議**で,異端の疑いがあるとして聖職者が関わることが禁止された.そしてその代替制度としてイギリスでは,後述 (34 頁) の**陪審員制**が本格化した.神明裁判の代わりとなる手続としては,**雪冤宣誓**が広まった.被告が定められた数の人を法廷に集め,かれら全員から清廉潔白であるとの証言を得れば,無罪となる制度である.これは,中世後期まで存続した.

今日では,真偽不明の場合は,次のようになる.すなわち,① 刑事裁判では,「合理的な疑い」が払拭できるところまで検察官が有罪を証明できないときは,裁判官は,後述の「疑わしきは被告人の利益に」(＝真偽不明のときは,被告人を無罪に) によって無罪とする.② 民事訴訟では,後述のように (194 頁),どちらが主張責任や証明責任 (＝立証責任・挙証責任) をヨリ良く果たしたかで決める.

(b) 糾問裁判 (Inquisitorial procedure)　　検察官を兼ねた裁判官が被告人を審問 (inquire) して判決する.東洋では古代から近世まで通常であった.西洋では,教会の裁判では中世後期から,世俗の刑事裁判では——君主権や都市の寡頭支配が強化することにともなって——中世末から,近世まで

法学講義

図2-1 刑事裁判の変化

古代ギリシャ・ローマ前期・中世前期（国事犯罪・重罪犯罪をのぞく）	ローマ帝政期・中世教会法・中世後期・近世（東洋は，これが主軸）	近代・現代
裁判官—判決人 （ないし参審員・陪審員） ｜ 弾劾人————当事者 （被害者）　（加害者）	裁判官 ｜ 被告人（被疑者）	裁判官（＋参審員・陪審員） ｜ 検察官————被告人
法律家でない裁判官は，訴訟を主宰するだけ．両当事者主体で，その言い分を素人である判決人が聞いて決定する（当事者主義＝処分権主義＋弁論主義）．初期には真偽不明のときは雪冤手続に移り，神明裁判（被告を，水に沈めたり，熱湯に手を漬けさせたり，決闘させたりする．被告の潔白が証明されたら，原告が罰せられる）や，雪冤宣誓等を使う．	予審裁判官が自分で取り調べ，訴追し，それを受けて裁判官は法廷で自ら被告人を尋問し判決も下す（糾問裁判）．証拠は法定——（現行犯と決定的な物的証拠がある他に）本人の自白か二人の証言があるばあいに有罪——であった（証拠法定主義）．このため自白を得ようとして拷問が使われる．この近世的刑事司法への反発から，近代司法が始まった．	裁判官は，訴訟を指揮し，(弾劾人の) 検察官と被告人の言い分を聞いて判決を下す（弾劾裁判）．（のちに英米法的な当事者主義が加味されるまでは，被告人より検察官が優位にあった．）被告人の諸権利が尊重され，検察官に証明責任を負わせる．自由心証主義・「法の適正手続」・「疑わしきは被告人の利益に」等，被告人の権利尊重の制度．

図2-2 民事裁判の変化

古代ギリシャ・ローマ前期・中世	ローマ帝政期・中世教会法・近世・近代	現　代
裁判官—判決人 （ないし参審員・陪審員） ｜ 当事者————当事者	裁判官 ｜ 当事者————当事者	裁判官（＋陪審員） ｜ 当事者————当事者
法律家でない裁判官は，訴訟を主宰するだけ．両当事者主体で，その言い分を素人である判決人が聞いて決定する（当事者主義＝処分権主義＋弁論主義）．中世初期には真偽不明のときは雪冤手続を採用．	官僚裁判官が訴訟を指揮する．両当事者が向きあって弁論しあうが，裁判官が積極的に尋問し，（当事者の立ち会いなしで）証人調べし，判決を下す．裁判官の自由心証を認める．真偽不明の場合は雪冤宣誓による．	官僚裁判官（国によっては選挙で選ばれた）が訴訟を指揮する．両当事者が向きあい，自分で弁論・尋問するかたちで展開する（当事者主義）．裁判官が主張を聞いてその優劣を自由心証主義で判断する．

続いた．この裁判では裁判官は，弾劾する者でもあるから，「有罪」に傾きがちとなる．しかも糾問裁判は，後述の証拠法定主義と結びついていたので，自白を得るための**拷問**に傾斜しがちでもあった．

　(c) **弾劾裁判**　　弾劾裁判は，糾問裁判の反省から，近代に始まった．「弾劾」と言う語は難しいが，英語の accuse のことであって，検察官が被告人を accuse（告訴・追及）するという意味である（弾劾裁判の英語は，accusatorial procedure である）．この裁判では，裁判官は検察官の弾劾に根拠があるかを評価するレフリーにとどまる．それゆえ糾問裁判よりは，客観的になる．

(2) 上に出てきた，裁判をめぐる約束事

　(a) **当事者主義**　　民事裁判・刑事裁判で，原告・被告が裁判を主導する制度である．すなわち裁判官は，レフリーとして両当事者のやりとりを見，判定するだけである．とくに民事裁判では，裁判官は私的自治（後述）を尊重するので，処分権主義（訴訟の開始・範囲・終了は当事者が決める）や弁論主義に沿って動く．

コラム 4　弁論主義

　弁論主義とは，民事訴訟の一原則で，裁判所は当事者が主張しないことを職権で確認しない（当事者の自白，提示した議論・証拠のみを前提にする）という原則である．これに関わる条文としては，民事訴訟法 246 条：「裁判所は，当事者が申し立てていない事項について，判決をすることができない．」（**不告不理の原則**）や，同 179 条：「裁判所において当事者が自白した事実及び顕著な事実は，証明することを要しない．」がある．これらは，刑事訴訟法 319 条 2 項：「被告人は，公判廷における自白であると否とを問わず，その自白が自己に不利益な唯一の証拠である場合には，有罪とされない．」などと対照的である．

　弁論主義を重視する民事裁判では，① 裁判官が猛勉強して強力な理屈を見つけ，〈これを弁護士が使えば，勝つべき者が勝つことになるのに〉と思っても，弁護士がそれを自分で見つけて弁論しないと，裁判官は判決には採用できない（つまり弁護士こそが，新しい法理論を裁判所に採用させるとか，さらにはそれによって判例を見事に変更させるとかの，重要な役割をもっている）．② 裁判官はまた，事実を自分で職権調査することはできない（下記のように人事訴訟を除く）．市民が弁護士に依頼せず（**本人訴訟**で）民事の裁判をするとき（日本の裁

> 判の 6 割くらいがそうである）よくあるが，その本人が自分に決定的に有利な（あるいは不利な）事実や法律・法律構成の仕方がありそのことに気付いていないだけの場合でも，裁判官は**釈明権**を行使して指導することはぎりぎりまで差し控える．私的自治にもとづく自己責任が，原則だからである．この点で本人訴訟は，本人に時に危険である（といって弁護士を必ず付けさせる**弁護士強制主義**を民事訴訟に導入するのは，問題である．弁護士が不当な提訴をも引き受けなければならなくなり，司法が腐敗するからである）．

当事者主義の反対概念は，**職権主義**である．これは，（国によって程度は異なるが）裁判官が訴訟を積極的に指揮し事実を解明すべきとする立場である．職権主義は糾問裁判の流れを汲むが，現在では民事訴訟で（経済的弱者で，情報格差のために不利となる）原告・被告を保護するうえで役立つ面をももつので，ドイツやフランスは，当事者主義を組み込みつつも職権主義をも重視している．日本でも親子関係・婚姻関係などに関わる**人事訴訟**においては事実を基礎にすることが大切なので職権主義の要素が強い（人事訴訟法 20 条）．その他の通常の民事訴訟でも，民事訴訟法 14 条：「裁判所は，管轄に関する事項について，職権で証拠調べをすることができる．」というかたちでは，ある．刑事訴訟では職権主義はもっと強く，刑事訴訟法 298 条に「検察官，被告人又は弁護人は，証拠調を請求することができる．2　裁判所は，必要と認めるときは，職権で証拠調をすることができる．」とある（他に，299，305 条参照）．

以下は，とくに刑事裁判上の約束事である．

(b) **自白の扱い**　日本国憲法 38 条は，「何人も，自己に不利益な供述を強要されない．2　強制，拷問若しくは脅迫による自白又は不当に長く抑留若しくは拘禁された後の自白は，これを証拠とすることができない．3　何人も，自己に不利益な唯一の証拠が本人の自白である場合には，有罪とされ，又は刑罰を科せられない．」とする．自白だけで有罪にできる制度下では，それを得るため捜査機関が拷問・脅迫等を加えることになる．日本では戦後になって憲法 38 条によってこの制度はなくなったが，それでも裁判所は自白を重視するので，後述のように，問題のある取り調べが警察・検察で頻発する．これを防止するため最近では，取り調べの全過程を可視化すること（ビデオ録画）や取り調べへの弁護士立会いなどが議論されている．

(c) **法の適正手続（due process of law）**　訴訟法上の一原則であり，

第 2 講　歴史に見る法と裁判

アメリカ合衆国憲法第 5 修正（"nor be deprived of life, liberty, or property, without due process of law"），**第 14 修正**（"nor shall any state deprive any person of life, liberty, or property, without due process of law"）が有名である．その影響下で**日本国憲法 31 条**は，「何人も，法律の定める手続によらなければ，その生命若しくは自由を奪はれ，又はその他の刑罰を科せられない．」と規定した．法の適正手続に従わずにおこなわれた行政行為や民事裁判も，無効となる（収集した証拠は証拠能力を否定される）．

　（d）**罪刑法定主義**　刑法の一原則である．ベッカリーア（Cesare Beccaria, 1738-94）フォイエルバッハ（Anselm von Feuerbach, 1775-1833）ら啓蒙主義の立場の人びとが定立した原則で，被告人を国家の恣意的な刑罰権行使から守るため〈刑罰法規の運用は厳格にその文言の枠内でのみおこなわれるべし〉とする．フォイエルバッハは，1813 年のバイエルンの刑法典に，「**法律なくして刑罰なし**」（Nullum crimen, nulla poena sine lege praevia.）の原則を条文化した．この原則の帰結としては，① 不明確な刑罰規定の排除（構成要件が明確でなければならない），② 刑法における（被告人に不利な）類推適用の禁止，③ 遡及処罰の禁止（処罰法を制定前の犯罪には適用できない．遡及効の否定，法律不遡及の原則などとも言う），④ 原則として法益を実際に侵害していない限り犯罪に問わないこと，⑤ 軽い犯罪に重罰を科さないこと，などがある．

　（e）**「疑わしきは被告人の利益に」**（In dubio pro reo.）　in dubio とは「有罪か無罪か決め手がない」という意味であり，pro reo とは「被告人に有利に」という意味である．刑事裁判で真偽不明となったときには被告人を無罪とせよ，という主張である．今日ではこれは，〈（裁判官・陪審員・裁判員ら事実認定者に向かって）「**合理的な疑い**」が払拭できるところまで検察官が〈被告人は有罪である〉ことを証明できないと，被告人は無罪となる〉という原則としてある．**刑事訴訟法 336 条**は，「被告事件が罪とならないとき，又は被告事件について犯罪の証明がないときは，判決で無罪の言渡をしなければならない．」と定めている．〈灰色だが罰することはしない〉ということではなく（世間にはそう理解している人も多い），「灰色」概念を排除し，クロだと言えないものは，シロだとするのである[17]．

17）　日本でも西洋でも近世においては，**被疑者**は犯罪者扱いを受けた．このため未決囚が，悪条件の牢獄で獄死することも多かった．有罪の確証のない「灰色（グレー）」の場合，程度を減じ

図2-3 さまざまな裁判（1）

古代アテネの民衆裁判

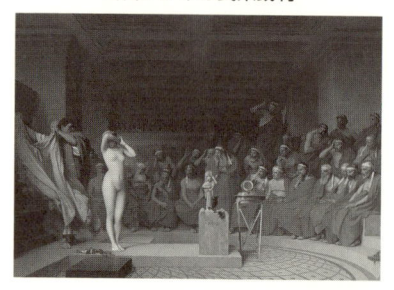

売春婦フリュネの裁判——彼女は，神冒瀆の罪で訴追されたが，評決ではその美躰のゆえに無罪となった．周りに座っているのは裁判員たち．かれらの評決で決まる．ほとんど老人男性である（裁判員には日当が与えられるので，老人の良いアルバイトであった）．
(Jean-Léon Gérôme, Phryné devant l'Areopage (Phryne before the Areopagus, 1861)
© Bridgeman／PPS通信社)

江戸時代の刑事裁判

江戸時代の刑事裁判は，奉行が検察官と裁判官を兼ねる糾問裁判である．
ちなみに，民事裁判は，原告が被告を訴え出，奉行が両当事者を喚問して尋問し，その中身によって，奉行がどちらかを勝たせる．したがって，対審の面はあるが当事者主義ではない．
(明治大学博物館所蔵『徳川幕府刑事図譜』「33 白洲の図」)

ガレリオ・ガリレイの宗教裁判（糾問裁判）

おそらく1616年の第1回目の異端審問の図．右の，帽子をかぶった僧侶（枢機卿）が，異端尋問官として，裁判官と検察官を兼ねている．
異端尋問については，映画『薔薇の名前』(1986) 参照．
(Joseph-Nicolas Robert-Fleury, A 19th-century depiction of Galileo before the Holy Office
© Bridgeman／PPS通信社)

えんま大王の裁判

冥界の王，えんまの法廷も，糾問裁判である．えんまは，人の生前の行状をえんま帳に書き留めておき，それにもとづいて裁判する．すなわちえんまは，検察官と裁判官を兼ねている．下列中央の小さい人物が裁かれている．

た罰（嫌疑罰）を科されたり，のちに有罪の証拠が出てくるまで仮に放免する処分を受けたりもした．「**無罪の推定**」(1789年のフランス人権宣言9条には「何人も，有罪の宣告を受けるまでは無罪と推定される．」とある）や「疑わしきは被告人の利益に」の原則の確認は，これらの悪弊の克服としてある．逮捕されれば，即犯人と見る悪弊をまだ克服しきれていないのが，日本を含め，かなりの国の実状ではある（これを反映して拘置所の諸条件も，未だに悪い）．

第 2 講　歴史に見る法と裁判

図 2-3　さまざまな裁判（2）

アメリカの陪審裁判

映画 "Twelve angry men"（1957）．
　審理の後の 12 人の陪審員の評議で，最初は一人だけが「無罪」の立場であった．全員一致でないと決定が出せないので評議し直す．永い議論の末，全員が挙手で「無罪」を表明．
（© AFP PHOTO/The Picture Desk）

明治時代の刑事裁判

壇上で，向かって右より，書記官，裁判官 3 名，検察官．下の方にいるのは，被告人とその弁護人．——つまりなお〈国家による糾問〉の伝統が残っている．
（明治大学博物館所蔵『徳川幕府刑事図譜』「58（2）　現世裁判所法廷の図」）

ドイツの参審員裁判

写真上部中央の 3 人が裁判官，両脇が参審員．手前中央が被告人，その左右が弁護人．
（© AFP PHOTO/THOMAS KIENZLE）

日本の裁判員裁判

裁判員制度導入に備えて行われた模擬裁判の様子（2005 年）．3 人の法服の裁判官と，6 人の私服の裁判員が並んでいる．（毎日新聞社提供）

(f) **自由心証主義**　民事訴訟ではこれは，裁判官は当事者の主張を自由に評価し，また当事者が完全には実証・論証できていないことがらについては，自分の合理的な推論で全体を構成して判断してよい，とする原則としてある．**民事訴訟法247条**には，「裁判所は，判決をするに当たり，口頭弁論の全趣旨及び証拠調べの結果をしん酌して，自由な心証により，事実についての主張を採用すべきか否かを判断する．」とある．刑事訴訟では，検察官による証明が有罪とするのに十分かどうかを裁判官が自由な心証により判断する．**刑事訴訟法318条**には，「証拠の証明力は，裁判官の自由な判断に委ねる．」とある．しかし**同319条第2項**は「被告人は，公判廷における自白であると否とを問わず，その自白が自己に不利益な唯一の証拠である場合には，有罪とされない．」と規定し，裁判官の自由心証主義に制約をかけている．

　自由心証主義の反対概念は，**証拠法定主義**である．これは西欧では中世後期・近世に発達した．法によってあらかじめ定められた種類の証拠がないかぎり有罪にはできない，とする．法定証拠としては，現行犯逮捕，本人の自白，複数者の証言があった．これらの一つがあれば有罪にできるのだが，もっとも簡単なのは，自白をとることである．そこで（西洋の近世，日本の近世・近代におけるように）権力は，自白をとろうとして拷問を頻発させた．

(g) **陪審員制**　これは，上述のように1200年代のイングランドで始まった（仲間による裁判の一種である）．近代に入って，イギリスの植民地であった，アメリカ，カナダ，オーストラリア，ニュージーランドに，そして19世紀にスイスなど近代化を推し進める大陸諸国にも，広まった．市民の中から抽選で選ばれた通常12人が，刑事裁判では事実認定をし（起訴するべきかどうかをも陪審員が判断する起訴陪審制の国もある），民事裁判では判決の中身を決める（前述の図2-1と図2-2の比較から分かるように，古い時代には民事と刑事の峻別がなかった．アメリカなどではこの観念が，現在でもなお持続している．このためたとえば，民事においても陪審員が懲罰的損害賠償の額をも決める制度がなお続いている）．評決は，満場一致による場合も，相対的多数の賛成による場合もある．

　これに対し**参審員制**は，ドイツやフランスが採用している．これらの国では，19世紀にイギリスをモデルにした司法改革が始まったが，議論の結果，

陪審員制でなく参審員制が採用された．第二次世界大戦後ドイツで導入された参審員制度では，人格的にも知識面でもすぐれた市民が公募で採用され，任期5年で，月に3回程度刑事裁判に出席する．参審員は法廷ごとに2名であり，3名の裁判官と並んで座り，5人で協議・評決によって判決を下す．

以上に対し，日本で2009年から始まった**裁判員制度**では，市民の中から抽選で選ばれた6人の市民が特定の刑事事件で裁判官とともに裁判する．これは，ドイツの参審員制とも英米の陪審員制とも異なるが，それらが一部入っている制度である．なお，日本でも1928年から第二次世界大戦中にいたるまでの間は，12人中過半数の評決で有罪を決める陪審員制があった．戦後，アメリカが統治していた間の沖縄においても，陪審員制度があった．

(3) 今日の法曹養成

法的関係はわれわれの生活の骨格となって，われわれの人生を形づくっている（第3講「はじめに」参照）．順調にいっているときには，われわれはこのことを意識しない．法的関係と，それを担う法曹とが前面に出てくるのは，問題が悪化したときである．そうした事態はわれわれの一生に1回あるかないかでしかない．すなわち，① 民事の紛争が深刻化すると，われわれは最終的には弁護士に相談にいき，対策を教えてもらい，また相手との交渉，行政等への働きかけなど，いろいろと動いてもらう．それでも埒が明かなければ，裁判に訴える（相手側を被告として訴訟を提起する）．以後は弁護士が訴訟代理人となり，とりわけ民事訴訟法にもとづいて裁判が進行する．② 刑事事件に巻き込まれると，われわれは警察に救済を求める．加害者が被疑者として逮捕され取り調べを受け，その結果によっては事件は検察官に送致され，必要があれば検察官は被疑者を起訴する．その場合，被疑者・被告人には弁護士が付く．被害を受けた者は，主として検察側の証人として出廷する．この裁判は，とりわけ刑事訴訟法にもとづいて進行する[18]．

このような裁判の形式が歴史上でどのように変化してきたかは，先に見た

---

18) 以上の民事訴訟・刑事訴訟以外にも，紛争の中身によって多様な裁判・紛争処理形式がある：行政裁判（訴訟），少年審判，労働審判，海難審判，家事審判などである．裁判外での紛争処理制度としてはさらに，和解（示談），斡旋，調停，仲裁，裁判外紛争解決（Alternative Dispute Resolution＝ADR）などがある．

とおりであるが，それを担う法曹の養成は，現代では次のようになっている：

　(a) **イギリス**　　原則として，学部段階の法学部（別の学部でもよい）で3年間学んだのち，**バリスター**（barrister，法廷で弁論する資格をもった弁護士）ないし**ソリシター**（solicitor，原則として法定外で法務処理をする弁護士）のための別々の養成所に入り，それぞれ1年の修習と2年の実務研修を受け法曹資格を得る．それらの教員は，実務法曹である（中世以来の徒弟制の名残である）．バリスター養成所を法曹学院（**Inns of Court**）と呼ぶ．ソリシターは，**ロー＝ソサイティー**に登録する．裁判官は，一定年限，弁護士としての経験を積んだ者のなかから（指名ないし公募によって）選任される（裁判官や検察官が原則として弁護士から選ばれるこの制度を，**法曹一元制**と呼ぶ）．

　(b) **アメリカ**　　大学の学部段階（4年制）には，法学部はない．法曹になるためには，どの学部卒でもよいが，卒業後，まずロースクールに進学し原則3年間学ぶ（修了生は，毎年4万5000人くらい）．ロースクールの教員は，ほとんどが研究者教員である（日本のロースクールで普通である，実務家がパートタイマー教員として教えるシステムは，アメリカでは1870年の**ハーバード大学ロースクールの改革**——学問的な法学教育重視に向かった——以来，次第に廃止されていった．それまではイギリス式の徒弟制の名残で実務家がパートタイマーで教えていた）．ロースクール修了後，それぞれの州の司法試験を受ける．司法試験合格者は，その州で弁護士登録してすぐ働く（日本のような司法研修制度はない）．裁判官や検察官は原則として，弁護士のなかから（州によって異なるが）市民による**選挙**または首長・議会の指名で選任する（法曹一元制）．

　(c) **ドイツ**　　学部段階の法学部（4年制で毎年2万人程度が入る）で通常は3年半勉強したあと，州の司法試験を受ける．合格すれば，卒業後その州の司法研修所に入り，2年間の研修を受ける．その後，第二の司法試験に合格すれば，法曹資格が得られる．裁判官のポストが空席になると，裁判官選考委員会が**公募**をし応募者のなかから選考する（したがって，裁判官は自分で辞めない限り，同じポストにいられる．意に反する転勤もない）．このため裁判官は——日本とは正反対に——独立性が高く，私人としては普通の市民としてきわめて自由に社会・政治活動もできる．

　(d) **フランス**　　学部段階の法学部（4年制）の後半から専門の法律学を

勉強し始め，最終年に国家試験を受ける（社会人・公務員も，働きながらこの試験を受けられる）．試験は司法官（裁判官・検察官．毎年200名ほど）向けと弁護士向け（毎年2000人ほど）とに分かれており，したがって合格者の研修所も，国立司法官学院と弁護士研修所に分かれる．日本に似て，法学部卒業生で法曹になる者は，ごく一部分である（学部4年間のうち，本格的な法律学履修は2年間だけである点も似ている）．

（e）日本　アメリカのロースクール修了者並みの毎年4万5000人くらいの法律学履修者（法学部卒業者）が，法曹のほか官公庁・会社の総合職などに就職する（アメリカもそうである）．官公庁・会社の総合職に就いた者は，それぞれの現場で法的訓練をも受ける．したがって日本では，法曹の数では後述のようにアメリカの10分の1にも満たないものの，全体としてみれば法律の知識を仕事に使う人間の数は，アメリカとそう変わらない．

　2004年以来日本では，アメリカをモデルにロースクールが制度化された（ただし，アメリカでは法学者・法曹の自治団体（ABA）が司法試験や法学教育を管理しているのに対し，国家病（26頁）の日本では法務省・文部科学省が厳重に管理している）．法曹の卵は，多くの者が法学部で4年間学んでそこに入り（この点もアメリカと異なる），3年間（2年間の者も多い）学んだあと，司法試験を受ける．合格者は，1年の司法研修ののち，弁護士として登録するか，裁判官・検察官として採用されるかする．弁護士教育にとって重要なのは，先輩の法律事務所に「イソベン」として入って先輩から実務教育を受けることである（この徒弟式は，イギリスに似る）．他方，裁判官・検察官は，フランスに似た，キャリア＝システムを採っている（若いときに就任し，そこで教育を受け，定年まで勤める）．この点がフランスに似ているのは，日本が幕末から明治維新後まで，官僚国家フランスの司法に大きく影響を受けたからである（東京大学法学部がフランスのナポレオン型大学をモデルにしたことについては，本書2頁参照）．ただし，2010年11月から司法修習1年間の給与が廃止され，貸与制となった．大学の学部・ロースクールも授業料は高額で，かつ大部分の公的奨学金は貸与制である．これらの点は，ドイツやフランス，イギリスと大きく異なるところである．

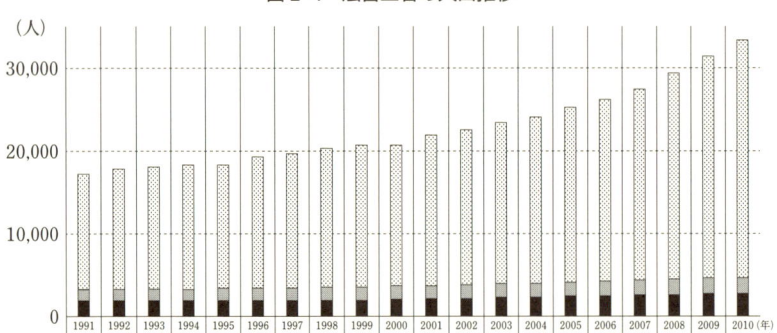

図 2-4　法曹三者の人口推移

（年）	1991	1992	1993	1994	1995	1996	1997	1998	1999	2000	2001	2002	2003	2004	2005	2006	2007	2008	2009	2010
弁護士	14,080	14,704	14,953	15,212	15,110	15,975	16,398	16,853	17,283	17,130	18,246	18,851	19,523	20,240	21,205	22,056	23,154	25,062	26,958	28,828
検察官	1,172	1,174	1,184	1,190	1,229	1,270	1,301	1,325	1,363	1,375	1,443	1,484	1,521	1,583	1,627	1,648	1,667	1,739	1,779	1,806
裁判官	2,022	2,029	2,036	2,046	2,058	2,073	2,093	2,022	2,143	2,213	2,243	2,288	2,333	2,385	2,460	2,535	2,610	2,685	2,760	2,805

弁護士数は正会員数で各年4月1日現在のもの．裁判官数は最高裁判所調べによるもので簡裁判事を除く各年の4月現在のもの．検察官数は法務省調べによるもので，副検事を除く各年の3月末日現在のもの．
出典：『弁護士白書2010』，日弁連「法曹人口政策に関する緊急提言」（2011年3月）による

(4) 日本の最近の状況

以上のうち，日本の今日における法曹と司法について，その特徴を見ておこう：

図 2-4 にあるように，司法研修所を出た者の数は，2001年から次第に増え始めた．2000年11月に日本弁護士連合会（日弁連）は，「司法試験3000人合格」を決議した（賛成7437，反対3425）．政府も2002年3月19日の司法制度改革閣議決定のなかで，この姿勢を明確にした（ただし2013年に撤回した）．2004年にはロースクールがスタートし，2006年以降，毎年5000人を超える法務博士が世に出ることになった〔現在は2000人〕．しかし司法試験合格者は今日にいたるまで2000人〔1500人〕程度に留まっており，このため合格率は2割〔4割〕台にまで下がりつつあり，社会問題となっている．

司法研修所を出た者のこの増加分を吸収したのは，もっぱら弁護士であった．**弁護士激増**の結果，法律事務所に就職できない者や，途中で弁護士を止める者，低所得者である弁護士がかなり出てきている（年間所得100万円以下の弁護士が2010年で6086人になった，と言う）．

日弁連等の努力によって，また弁護士数の増大もあって，弁護士数が過少の地方裁判所支部所在地は急速に減少した．しかし，裁判官や検察官がいな

第2講 歴史に見る法と裁判

表 2-1 諸外国の法曹人口の比較

(単位：人)

	アメリカ		イギリス[1]	ドイツ	フランス	日本	
	連邦	州					
人口	307,006,550		54,809,100	81,802,257	65,026,885	128,056,026	
法曹人口 (対人口10万比)	1,188,686 (387.19)		132,690 (242.09)	180,902 (221.15)	60,207 (92.59)	36,864 (28.79)	35,159 (27.46)
裁判官 (対人口10万比)	32,138 (10.47)		3,636 (6.63)	20,101 (24.57)	5,931 (9.12)	3,656 (2.86)	2,850[2] (2.23)
	1,829 (0.60)	30,309 (9.87)					
検察官 (対人口10万比)	32,471 (10.58)		3,057 (5.58)	5,122 (6.26)	1,990 (3.06)	2,690 (2.10)	1,791[3] (1.40)
	5,974 (1.94)	26,524 (8.64)					
弁護士 (対人口10万比)	1,124,077 (366.14)		125,497 (229.88)	155,679 (190.31)	52,286 (80.41)	30,518 (23.83)	
弁護士数／裁判官数	34.98		34.65	7.74	8.81	8.35	10.71

1) イギリスは，イングランドおよびウェールズを対象とする．
2) 簡裁判事を除いた数
3) 副検事を除いた数

※ 人口——日本：2010年10月1日現在（総務省統計局による2010年国勢調査結果／アメリカ：2009年7月現在（米統計局（U. S. Census Bureau）調査）／イギリス：2009年6月現在（英国政府統計局（Office for National Statistics）調査）／ドイツ：2009年12月31日現在（連邦統計局調査）／フランス：2011年1月1日現在（フランス全土（フランス本土及び海外県等を含む））（フランス国立統計経済研究所（INSEE）調査）

※ 日本の場合，司法書士は2003年以降，簡易裁判所で弁護人となれるようになった．従来から本人訴訟の後方支援（文書作成やアドバイス）をしてきたのでもある．行政書士，弁理士，社会保険労務士や税理士等も，外国で弁護士がやっている仕事をしている．それゆえ，それらをも含めると，人口比でフランスの1.6倍となる．

以上の出典：判例調査会『裁判所データブック2011』．

い支部はまだ多く残っているし，地裁支部すら存在しない人口30万人を越える大都市も日本にはかなりある．

　裁判官数を世界で比較すると表2-1のようになる．日本の裁判官は人口比でドイツの10分の1に過ぎない（訴訟件数も，対人口比で15分の1）．検察官・弁護士（対人口比で8分の1）もドイツ等に比して著しく少ない．

法学講義

図 2-5　裁判所所管歳出予算の国家予算に占める割合

(%)
0.8 ― 0.761%
0.7 ―　　　 0.615%
0.6 ―　　　　　　0.581%
0.5 ―　　　　　　　　0.423%　0.416%　　　0.416%　　　　　 0.397%
0.4 ―　　　　　　　　　　　　　　　　　　　　　　　　　　　　　　
0.3 ―　　　　　　　　　　　　　　　　　0.389%　　　0.375%　　　　　　0.350%
0.2 ―
0.1 ―
0.0 └─┬───┬───┬───┬───┬───┬───┬───┬───┬───┬─
　　 1965　1970　1975　1980　1985　1990　1995　2000　2005　2010 (年度)

出典：『弁護士白書 2010』，日弁連「法曹人口政策に関する緊急提言」

図 2-6　東京地裁における事件構成の変化

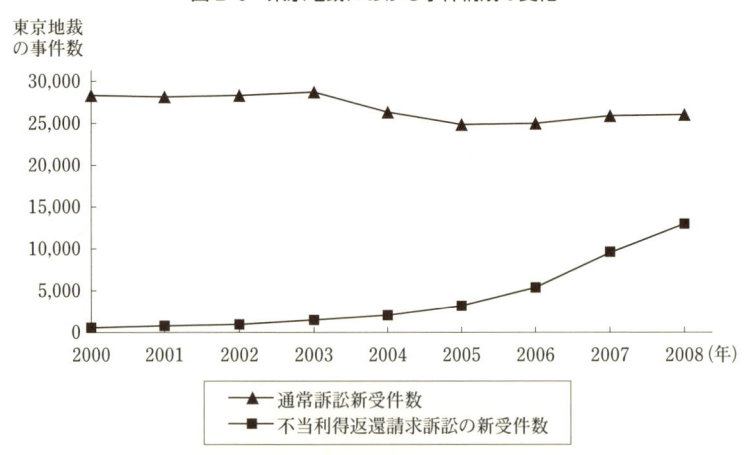

東京地裁
の事件数

30,000
25,000
20,000
15,000
10,000
5,000
　0
　　 2000　2001　2002　2003　2004　2005　2006　2007　2008 (年)

　　―▲― 通常訴訟新受件数
　　―■― 不当利得返還請求訴訟の新受件数

出典：日弁連「法曹人口政策に関する緊急提言」（一部省略）

　図 2-5 から分かるように，国家予算に占める司法関係予算の比率は，この間に減少している．そもそも国が司法制度改革に，あまり熱心ではないのである．
　上記の 2002 年閣議決定は「現在の法曹人口が，我が国社会の法的需要に十分に対応することができていない状況にあり，今後の法的需要の増大をも考え併せると，法曹人口の大幅な増加が急務となっている」との認識に立っていた．司法に対する需要増が見込まれる理由としては，① 規制緩和が一つの時代傾向であるが，それは（行政による）「事前の規制」を廃し，（司法に

よる)「事後の救済」に重点を置くものであるから，訴訟件数・司法制度が拡大するし，させなければならない，② グローバリゼーションに対応できる，新しい型の法律家の需要が急増する，③ 弁護士を増やせば，「二割司法」[19]が解消され，「法の支配」が徹底する，④ 弁護士を増やせば弁護士報酬も安くなるので，市民が利用しやすくなり，訴訟件数が増大する，などが主張された．

　しかし，訴訟件数は，図2-6が示すように，サラ金への過払い金の取り戻しの裁判（不当利得返還請求訴訟）が一時的に増えたことを除くと，むしろ低下している（1998年からの13年間で30％近く下落した）．法律相談等での弁護士利用も，増えてはいない．弁護士を必要とするような事件が身近に起こっていない，とする市民は相変わらず多い．企業内弁護士も，2001年以来700人ほど増えて2012年に771人となったが，弁護士数の増加にかんがみると，きわめて少ない；採用を必要としない企業が97％近いという．この間の弁護士数の増大からすると，これらは驚くべき逆説的現象である[20]．

---

19) これは，〈日本では社会に生じた問題の2割しか法廷に上がって来ず，あとの8割は地元のボス・顔役や暴力団等による非公然の「解決」や，被害者の泣き寝入りで処理されている〉との認識に立つキャッチ・コピーである（この認識には批判も多い）．
20) 司法制度改革をめぐっては，今後訴訟件数が増大するとの見込みに対し，当初から次のような疑問が出ていた：① 司法制度改革は規制緩和と結びついているが，規制緩和は労働者保護や消費者保護，公害等防止のための企業規制等を緩めるものだから，裁判，弁護士の活動の基盤を崩す；② 景気の悪化や少子高齢化によって，これから訴訟件数は減る；③ 訴訟件数の増加は，良いことではない．裁判が増えるということは，紛争の火に油を注いでヨリ大きな不幸に向かう人生が増えることに他ならない；④ 裁判所は統合によって減少し，裁判官は増えないのだから，司法に対する疎遠感は解消しない；⑤ 弁護士数の増大は逆に弁護士報酬を高くする（事務所経営等の費用は変わらないのに，弁護士一人あたりの依頼者が減るのだから，高くなる）と．また，弁護士の急増は弁護士職の魅力を削ぐので，司法を志望する人数が減り，質も低下する；このため法曹界は先細りする，との指摘もあった．鈴木秀幸他『司法改革の失敗』（花伝社，2012）；同『司法崩壊の危機』（花伝社，2013）．

第3講 今日の法の特徴

3.1 はじめに──法の身近さについて

　法は，われわれの生活にどの程度関わるか？　これを，諸君の半生を見ながら検討してみよう．まず諸君の誕生にいたる過程から，始めよう：

>　…結婚をあせった男女が婚活の催しに参加して（婚活サービス会社との準委任契約＝民法656条）出会い，相互に見初めあった．やがて婚約となり（婚姻予約．民法556条との関連づけが問題）指輪を交換する（贈与契約＝民法549条以下．所有権取得＝民法206条以下）．結婚式はホテルで執り行い（ホテルとの新型の契約（一種の無名契約＝非典型契約）），その夜はそこに泊まる（賃貸借契約＝民法601条．理論的には，一室一晩の占有権取得＝民法180条以下）．姓は夫方のを選び（民法750条），市役所に婚姻届を出す（民法739条．戸籍法74条）．アパートを借り（賃貸借契約・借地借家法．占有権取得），家具等は月賦でも買う（民法555条以下．割賦販売法等．所有権取得）．まもなく身ごもった妻は，病院にいく（病院との準委任契約．母子保健法，健康保険法）….
>
>　諸君が生まれ，親子関係ができ（民法772条以下），子として親権に服し（民法818条以下），扶養される（民法877条以下）．やがて保育所・幼稚園をはじめとして学校に進む（学校との準委任契約．ただし契約は，両親がする：行為能力＝民法4条．教育基本法・学校教育法等）．祖父母が買ってくれたカバンを背負い制服を着て（店との売買契約＝民法555条以下．贈与契約．所有権取得）登校する．駅までは歩いて（道路交通法），駅からは地下鉄を使う（商法上の運送契約）．大学へは現役で入れたが，入学後，講義に出たものの（学問の自由＝憲法23条．教師は，労働法による契約），眠ってばかりで自信をなくし，試験でカンニングし処分され留年となる（学内規則＝校則．これも法である）．このため学資はアルバイトでまかない（雇用契約・労働法），食事はコンビニで済ます（売買契約）．やっと就職し働き出すが（労働法等），2年目にして通勤中に車にはねられ，病院に担ぎ込まれ4週間の治療（準委任契約）を余儀なくされる（不法行

> 為による損害＝民法709条．それにともなう諸関係として：自動車損害賠償保障法，弁護士との委任契約＝弁護士法，裁判の民事訴訟法等々）．〔加害者は，刑事裁判にかけられ（業務上過失致傷＝刑法211条，刑事訴訟法），また免許停止の行政処分を受ける（道路交通法等）．加害者と契約を結んでいる保険会社は，自動車に欠陥があったとして製造元を訴える（不法行為法・製造物責任法，民事訴訟法）．製造元は，リコールを余儀なくされる（道路運送車両法等）〕．その後，順調に回復し勤務再開．やがて同期の恋人と，めでたく結婚となる….

　法的関係は，このようにわれわれの生活の骨格となって，われわれの人生を形づくっている（上のそれぞれの局面に，衣食住にはじまるさらに細かい生活関係（パン，ミルク，新聞，テレビ，電気，水道，服等々に関する契約）の法が，肉・血となって日常を構成している）．上の事例からは，① 圧倒的に重要なのは**民法**であることも分かる．**民法こそが，生活上の基本法**，日常の法である．② 民法のなかでも，お金と物・サービスとの交換（売買・賃貸・請負・委任等），広義の**売買の関係**が圧倒的である．③ 同じ事件が，同時に民事法，刑事法，行政法に関わることもある．④ 刑事法・行政法・憲法等は，民法と異なり相対的に非日常の法である（陰で日常を支えているのだが）．

　こうした法の重要性は，生活がうまく機能している限り，目立たない．法は，芝居の黒子である．人びとが法を身近でないもの，まともな人間には無用のものだと感じるのは，人びとが適法的に行動することを習慣としており，その基盤上で生活が衝突なく順調にいっているからであり，その限りにおいてである．ということは，どこか調子が狂うと，法が前面に出て来，最終的には法廷が決戦場となる（たとえば，通学電車を普通に利用しているかぎり，法を身近には意識しない．しかし，車内で手が触れ痴漢容疑で逮捕されれば，とたんに刑事訴訟法のほとんどの条文，迷惑防止条例ないし刑法の強制わいせつ罪，示談，損害賠償の民事訴訟，大学での処分＝学則など，法が一斉に諸君に向かって働き出す）．この最後の決戦場では，法律・法律家は黒子から主役へと変身して躍り出す．

3.2 法の分類

　以下では，われわれの時代の法はどういう特徴をもっているか，とくにわれわれの民法や憲法はどう成立し，どういう構造をもち，その構造は時代が

移り変わるなかでどう変化してきたか，を考える．

(1) 法の全体図

法（法源＝法的判断の拠り所）は，全体としてどういう関係にあるか？　図3-1 を，見てほしい．

図 3-1　法の全体図

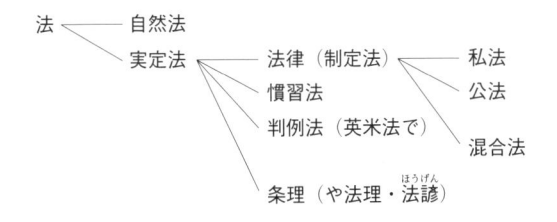

```
法 ─── 自然法
　 └─ 実定法 ┬─ 法律（制定法）┬─ 私法
　　　　　　 ├─ 慣習法　　　　├─ 公法
　　　　　　 ├─ 判例法（英米法で）
　　　　　　 │　　　　　　　　└─ 混合法
　　　　　　 └─ 条理（や法理・法諺(ほうげん)）
```

《説明》

　(a)　法は，自然法と実定法に分かれる．

　•**自然法**は，〈人がつくったものでなく，世界に永遠普遍の法としてもともとあり，すべての人間はそれを尊重しなければならず，それに反する国家法は無効となることもある〉と古代から考えられてきた法である．そして自然法上の人間の権利（人間が本来的にもっている，つまり国家によって付与される権利としてではない権利）を**自然権**と呼ぶ．自然法・自然権は書かれざる法・権利であるが，今日では自然権の大部分が憲法のなかに基本的人権として明記されている（実定法化されている）．

　•これに対して**実定法**は，人がつくった法のことである．

　(b)　実定法は，法律（制定法），判例法，慣習法，条理に分かれる．

　•**法律**は，広義では制定法一般，すなわち憲法，国会での立法のほか，条約，命令（政令，内閣府令，省令），規則（衆議院・参議院規則，裁判所規則，人事院規則），通達など行政庁がつくったルール，条例（地方自治体がつくった法律）などを指す．狭義では，国会が社会向けにつくったルールを指す．

　•**判例法**は，英米法系の国（イギリス，アメリカ，カナダ，オーストラリアなど）で，判決の中の，結論に関わる重要な事実の法的処理方を示す命題の箇所（後述するレイシオ＝デシデンダイ）を指す．この部分は，その後の裁判を拘束するので，「法」とされるのである．これに対し，大陸法系の国（日本，ドイツ，フランスなど）では，判例法は認められていない（詳細は，第6講参照）．

45

- **慣習法**は，法生活上で繰り返されてきたやり方（事実たる慣習）が，裁判所で法源として採用されて成立する．私法の分野では，私的自治が尊重されるし，法生活が多様で複雑なので，慣習法を尊重することが避けられない[21]．

- **条理**とは，実定法システムの根底に働いていると判断できる基本原理を意味する．たとえば，法律も慣習法も判例もない場合，裁判官は，〈この制度が当然前提としているものがある．それを原理として使って判断すると，こうなる〉，〈法生活が基底にしている「正義公平の原則」がある．それに照らすと，こうなる〉というかたちで判断する（本書10頁．拙著『法解釈講義』第3章参照．法理・法諺については，本書52頁）．

上記の法以外の，約款[22]，労働協約，定款，団体規約，校則等は，法源か？　それは，「法源」の定義による．これらは，関係諸個人の間でしか拘束力をもたない．この点でこれらのルールは，他の法源とは異なる．しかし他方で，生じた法的問題を解決するためには，これらはきわめて重要な判断基準となる．したがってこれらはまた，裁判において裁判官の判断基礎となる．これらの点では，一種の法源ではある．

（c）　法律は，私法，公法，混合法に分かれる．**私法**とは，基本的に対等な個人同士の私的利益をめぐる関係を規定した法であり，民法，商法，戸籍

---

21) **慣習**について，① 民法92条は，「法令中の公の秩序に関しない規定と異なる慣習がある場合において，法律行為の当事者がその慣習による意思を有しているものと認められるときは，その慣習に従う」と規定し，同263条は，「共有の性質を有する入会権については，各地方の慣習に従うほか，この節の規定を適用する」と規定している．根抵当や譲渡担保は，必要度が高いので，慣習が積み重ねられ，やがて判例で公認され，根抵当は条文化された（民法398条の2～22）．② 商法1条2項は，「商事に関し，この法律に定めがない事項については商慣習に従い，商慣習がないときは，民法（明治二十九年法律第八十九号）の定めるところによる．」と規定している．③ イギリスでは憲法生活をはじめほとんどの法生活が，永年蓄積されてきた慣習や法原則（と判例法）にもとづいて営まれてきた（近年，法典化も進んでいる）．④ 慣習法は，国際法においても重要である．⑤ しかし刑法では，罪刑法定主義に反するので慣習法の適用は認められない．⑥ 憲法では，98条が「この憲法は，国の最高法規であつて，その条規に反する法律，命令，詔勅及び国務に関するその他の行為の全部又は一部は，その効力を有しない．」と規定しているので，憲法に反する慣習（や既成事実）は，本当は認められない．

22) **約款**とは，企業が多数の消費者との契約を想定してあらかじめ作成した契約条項集である．通常は，消費者がこれを承認したうえで契約した，とされる．しかし実際には，消費者は読まないし，読んでも理解できないことが多い．そこで，約款作成に当たっては消費者契約法による規正，業界や行政による規制がある．不公平な約款条項は，裁判で〈企業が説明義務を果たしていない〉として効力が否定されることもある．

法，不動産登記法等が入る．**公法**とは個人のレヴェルを超えた共同体（とくに国家・公共団体）の活動を規定した法であり，しばしば権力発動に関係している．憲法，行政法，刑法，刑事・民事訴訟法，国際法等が入る．**混合法**とは，公法的要素と私法的要素をともにもった法である．たとえば労働法は，民法の雇用契約等を原型にする法であるが，勤労者の保護のためには労働基準監督署，労働委員会などの公的機関が，民法の論理を超えて法運用に関係する．

(2) 法の別の諸区分

ついでに法の，さまざまな観点からの別様の区分も覚えておこう：

(a) 成文法と不文法　　法律は，文書化されるかたちで制定されるから**成文法**である．自然法，慣習法，条理は文書化されない（制定されない）から**不文法**である．

(b) 実体法と手続法　　民法や刑法は生活のあり方に関わるから**実体法**であり，民事訴訟法・刑事訴訟法は，実体法が定めたルールや権利に関わって生じた諸問題（とくに紛争，関係の創設・変更，犯罪）を——実体法に照らして（＝実体法を適用して）——裁判する際の手続に関わるから**手続法**である．

(c) 一般法と特別法　　民法・刑法のように，広く市民一般の行為に関わる原則を定めた法が**一般法**であり，それらを特殊な人間関係向けに加工した特則が**特別法**である．たとえば商法は，民法の規定を商人・会社・保険・海上や航空の輸送関係など向けに特則化した法であり，労働法は，民法の雇用関係等を近代的労使関係向けに特則化した法であり，ともに民法という一般法に対する特別法である．経済刑法は，刑法という一般法に対する経済犯罪向けの特別法である．特則であるから，その分野では特別法は一般法に優先する（ちなみに，「**後法は前法を破る**」という原則がある．特別法は，たいていは一般法の後に制定されるので，「**特別法の優先**」原則は，この原則とまず矛盾しない．しかし，もし一般法が特別法のあとに制定された場合にどうなるかといえば，この場合も特別法が優先する．このため，特別法の改正が欠かせない．）．

(d) 任意規定と強行規定　　この区別が重要なのは，主として民法においてである．① 民法は，後述のように私的自治・意思自由を原則としているから，多くの場合，当事者は，ある条文に定められたのとは別様の法律行

為(法的効果を発生させる意思表示)を双方の合意(契約)によってすることができる．その合意が認められるような(ゆるい指示の)条文が**任意規定**である．② これに対し民法でも，重要な原則・関係のあり方を定めていたり，公序良俗・第三者保護・弱者保護の観点から規定されたりしている条文については，それに反する契約・法律行為が認められない(法律行為は無効となり，裁判で不利になる)[23]．たとえば民法967条(「遺言は，自筆証書，公正証書又は秘密証書によってしなければならない．」)から始まる諸規定(遺言の公序に関わる)に反する法律行為は，無効となる．こうした強い効果をもつ条文が，**強行規定**である．「強行」とは，規定通りに行為せよと強要するとの意味ではなく(私的自治を原理とする民法にはそのような条文はない)，違反したら民事裁判等で無効となるという意味である(違反は，関係者が争わないかぎりは，効力をもち続けるのである．他方，商法や労働法等の強行規定では，時に罰則が伴う)．

(e) 行為規範，裁判規範，組織規範　　たとえば憲法52条:「国会の常会は，毎年一回これを召集する．」のように，関係者に行為を命じている規範を**行為規範**と呼ぶ．公法には，これが多い．他方，民法145条:「時効は，当事者が援用しなければ，裁判所がこれによって裁判をすることができない．」のように，もっぱら紛争処理に際して裁判官等の行為・判断の指針となるものを**裁判規範**と呼ぶ(私的自治を重視する民法は，ほとんどが第一義的には，行為規範ではなく裁判規範である．裁判で不利になることを避けるため普段からそれに従う，という点では間接的には行為規範でもあるが)．また**組織規範**とは，立法・行政・司法の組織を形成・運用するルールを定めた条文のことである(たとえば憲法43条:「両議院は，全国民を代表する選挙された議員でこれを組織する．」がそうである)．これも，公法には多い．

> **コラム5**
> ### 行為規範と裁判規範の区別の重要性
> 　民法中には，行為規範と裁判規範を正しく区別していないと理解できない規定がある．たとえば，① **民法754条**:「夫婦間の契約は，いつでも一方から取り

---

[23] **民法91条**は，「法律行為の当事者が法令中の公の秩序に関しない規定と異なる意思を表示したときは，その意思に従う．」と明記しているので，民法では「公の秩序に関しない規定」は任意規定，公の秩序に関する規定は強行規定である．

消しできる」の規定は，〈夫婦間では約束は守らなくともよい〉との行為規範ではなく，〈夫婦間の約束は愛情の問題であって，裁判で強制させるべき法的問題ではない〉という思想（131頁の「法律は家に入らず」参照）にもとづく裁判規範である（この条文は無用だ，との意見もあるが）．② **民法 550 条**：「書面によらない贈与は，各当事者が撤回することができる」という規定も，〈その約束は守らなくともよい〉との行為規範ではなく，〈書面という証拠がないため水掛け論になった場合には，贈与する側を勝たせるのが公平にかなう〉とした裁判規範である．③ **民法 960 条**：「遺言は，この法律に定める方式に従わなければ，することができない．」は，「方式に従」えと命じている行為規範ではなく，〈裁判になったとき，それに反する遺言の効力を認めない〉とする裁判規範である（この手の強行規定はすべて，〈効力を認めない〉とする裁判規範である）．くり返すが民法（とりわけ財産法）は，〈この規定どおりに行為せよ〉と国家が市民に迫るような法でなく，市民同士の自主性，私的自治を前提にした，活動補助の法である．

刑法は，規定のかたちは，たとえば 199 条：「人を殺した者は，死刑又は無期若しくは五年以上の懲役に処する．」のように裁判での量刑を規定している点で，第一義的には裁判規範である．しかし人びとは，罰せられるのを避けようとして，人を殺そうとしない，という面もある．この点では刑法は，実際には行為規範としても機能している．

(f) **憲法と法律**　**憲法**は国の最高法規として**法律**などを方向づける（日本国憲法 98 条：「この憲法は，国の最高法規であつて，その条規に反する法律，命令，詔勅及び国務に関するその他の行為の全部又は一部は，その効力を有しない．」）．すなわち効力の強さの順は上から，憲法，法律，命令，条例である．条約も法律の一種だが，他の法律との関係は微妙である（下記参照）．

(g) **国際法と国内法**　**国際法**とは，（主権を有している）国家間での条約や国際慣習法，法理（legal principles．後述 52 頁），国際組織の諸ルールなどを指す．国際法の名宛人は原則として，関係する国家である（個人ではない）．① 国際法が国内法と同様，法であるか否か，については議論がある．（国内）法の一特徴は強制力を有していることであるが，国際法は違反した国家を取り締まる上位機関をもたないため，その種の強制力を欠いているからである．しかし，強制力をもたない国内法もたくさんあるのだから，この点は

気にする必要はない．② 国際法をめぐるもう一つの問題は，国内法に対し上位の法としてあるか否かである．この点については，EU（欧州連合）に見られるように国際組織の権限が強まっていけばともかく，現時点では各国家（EU諸国を含め）が主権を有しているため，国際法は国内法化されてはじめて国内での効果を発する．それゆえそのままでは，上位の法だとは言えない．

　国によっては，憲法等で国際法尊重の姿勢を明示している．たとえば日本国憲法98条2項は，「日本国が締結した<u>条約及び確立された国際法規は，これを誠実に遵守</u>することを必要とする．」と規定している．しかし，条約は，政府が締結し国会が承認する．したがって他の立法と同様，憲法に違反すれば無効となる．上記のように98条1項は，「<u>この憲法は，国の最高法規であつて</u>」としている．この点で，98条の1項と2項の双方からは，〈憲法を最高法規としつつも，それに矛盾しないかぎり国際法を尊重し遵守する〉という立場が出ているのである．

　(h) 権利の分類　　権利も，法の分類に対応して分類できる．まず，自然権と実定的権利とに分かれる．実定的権利は，法律に明記された権利，慣習上の権利，判例で認められた権利に分かれる．

　実定的権利は，別の観点からは，① 私権，② 公権，③ 社会権に分かれる．① **私権**とは私法上の権利であり，人格法・身分法・財産法の区別に対応して，人格権・身分権・財産権に分かれる．**人格権**とは，自分の身体・精神・名誉・肖像・自己決定等に対する権利である（5-6頁）．**身分権**とは，親権や配偶者の権利のように家族員がその地位に関し相互に有している権利である．**財産権**とは，所有権等，財物に対する権利である．② **公権**とは，国家が統治者として国内外の諸主体・公共物に対してもつ権利，および国民が国家と国内外の諸主体とに対してもつ権利である．後者の典型例としては，基本的人権や参政権がある．③ **社会権**とは，（後述の）社会法によって保護された，（生存権や労働権等の）国民やその団体の権利である．

　実定的権利は，また別の観点からは，支配権，請求権，形成権，抗弁権に分かれる．**支配権**とは，物権や無体財産権のように，物を排他的に支配する権利である．**請求権**とは，他人の行為を求めうる権利である．**形成権**とは，単独での意思表示で法的効果をもたらす権利である．**抗弁権**とは，相手の請求の動きに対抗しうる権利である．

コラム6　「法」と「法律」の区別

　法について考える際には、「法」と「法律」を区別することが重要である．先に見たように、**法律**とは、広義には制定法、狭義には国会の立法のことである．これに対して「**法**」とは、自然法、制定法、慣習法、判例法、条理の総体、ないし法秩序そのものを意味する．

　ドイツでは、法律（制定法）を意味する Gesetz と、法を意味する Recht を区別する．ここで Recht は、(Gesetz をも含む）大きな「法秩序」を意味している．たとえば「**Gesetz には欠缺があるが、Recht には欠缺はない**」とのことばがあるが、これは、法律の条文が欠けている場合でも、法の全体ないし法生活全体の学問的考察から解決の方向性が出てくる、との考えによっているのである（これ自体は、別にまちがった考えではない）．

　これに対し**日本**では、両者を区別する発想が弱い．たとえば、① ○○大学法学部法律学科（もう一つの学科は、政治学科であることが多い）という名称をよく見かける．これをドイツ的に厳密に読むと、この大学の学生は、広く法や法の原理を学ぶためこの学部に入ったのに、法律（制定法）だけを学ぶ学科に属してしまったことになる．実際には、「法律」学科とは「法」学科の意である．② 日本では、法律学と法学の区別も、難しい．「**法律学**」は、法学部で学ぶ、法に関するすべての科目を意味する．これに対し「**法学**」は、「法律学」と同義の場合（たとえば、基礎法学、理論法学、実務法学、法学概論などのように）と、それとは区別して、法律学の入門のための科目を意味させる場合（「法学入門」とか「法学」とかと呼ばれる．なお本書では、「法学」をこの入門科目の意味で使うので、「法律学」の語を法に関するすべての科目の意味で使う）とがある．ちなみに、以上に対しドイツでは区別立ては厳密であり、法律学は Rechtswissenschaft である．Gesetzeswissenschaft は、まったく別のもの、物理学のような「法則科学」を意味する．

　つまり日本では——法学部の教授たちさえ——「法」と「法律」の区別がしづらいのである．だがこの日本でも、「法」と「法律」の区別は、実は次のようなかたちでは、踏まえられ、生かされている：

　(a)　「法律」に従えば罰せられる行為も、「法」によって罰すべきでないとされることがある．これに関わる例の一つが、後述する（246-247頁）〈構成要件該当性—違法性—有責性〉の思考である．**構成要件**に該当するとは、ある行為が法律の文言に形式的に見て抵触していることである．たとえば、人を傷つける行為は、刑法204条に形式的には該当する（204条の構成要件には該当する）．しかし、正当防衛で相手を傷つけると、**違法性**が阻却される（違法でないとされる）から

処罰されない，となる．行為が「法律」に形式的には違背しているが，法生活全体から判断すると（＝すなわち「法」的には），その行為は許された行為であるとされるからである（刑法36条は，この考えを背景にしている．換言すれば，「法」と「法律」が区別されるところでは，たとえ36条がなくとも，正当防衛は許容される，と言える．誰でも自分をとっさの違法行為から守る，法生活にとって本源的な権利をもつものだからである．なお，正当防衛と正義の関係については，246頁注75参照）．

　(b)　権利について，「法律」に明記されて保護されてはいなくとも，「法」によって権利とされることがありうる．この思考も，「法」と「法律」の区別に関わる．あとでも見るように（107頁以下），民法709条に言うところの「権利」は，当初は所有権や賃借権といった，民法等に権利として明示されているものに限られるとされてきた．これに対し，その後判例で，709条の「権利」に該当するのは，広く法秩序上で大切に扱われている利益（たとえば老舗に関わる権利，日照権など）も含まれる，とされるようになった．すなわち，「法律」の規定によるだけではなく，法秩序に照らして——すなわち「法」的に——保護されるべき利益をも権利だとするようになったのである．この(b)は，(a)のネガ画像である．

　(c)　法源としての条理（46頁）や法理（legal principles）・法諺（法格言）を正しく位置づけるうえでも，「法」と「法律」の区別が不可欠である．**法理**とは「事情変更の法理」(10.2参照)・「禁反言の法理」(10.3参照)・「解雇権濫用の法理」(6.5参照)．「他人物売買無効の法理」といったもの（学説・判例の産物）であり，**法諺**とは「後法は，前法を廃止する」・「法は，些事にこだわらず」・「原因止めば，法止む」といった法の格言，実務で定着した常識のことである．これらは，条文には書かれていないので「法律」ではないが，法曹が判断・行為の準則としてきたルールであり，実務上で重要である（たとえば英米法では，盗品は善意で取得してもそれの所有権者とはなれない．取得行為は，「他人物売買無効の法理」によって無効となるからである——それにもとづく判例が積み重ねられてきたのである）．つまりこれらも，事実上「法」の一部である．

3.3　近代法の構造

　われわれは，どういう特徴をもった法の下で生活しているのか？　われわれの時代の法は，総称して「近代法」と呼ばれる．近代法とは，近代市民革命後の社会（近代社会）で主軸となった法のことである[24]．近代法の代表的

なものとしては，革命期以降のフランス等の憲法・民法・刑事訴訟法・民事訴訟法，第二次世界大戦前の日本の民法（家族法を除く）・商法・民事訴訟法，戦後日本の憲法・民法・刑法・訴訟法などがある．

近代憲法の特徴は，自由・平等・人権の保障と国民主権，法の支配＝立憲主義（そのための三権分立）の確認にある．**近代民法の特徴**は，人としての自由・平等・自由な所有・契約の自由の保障にある．**近代刑事訴訟法の特徴**は，法の適正手続・罪刑法定主義・被疑者／被告人の人権尊重・「疑わしきは被告人の利益に」（前述31頁）の原則・一定の当事者主義・公開制・自由心証主義・裁判官の独立などの採用にある．**近代民事訴訟法の特徴**は，当事者主義・弁論主義・公開制・自由心証主義・裁判官の独立などの採用にある．

これら近代法に共通するのは，① 独立した自由で平等な個人を原点にしていること，② その個人が自分の世界を自分で支配していることの確認，③ 個人相互の関係は自由な意思の合致によって構成されるという原則の確認，である．

この点を鮮明に示すのは，なかでも民法である．というのも民法は，〈人格〉・〈所有〉・〈契約〉の3要素（人間存在の3要素である，〈主体〉・〈客体〉・〈相互関係〉に対応する）を中軸にしているのだが，それらの中身が次のようなものであるからである：

（a）**人格**　近代民法は，現実の人間から，自由で平等な主体という理念を取り出し，それを「人」（〈人格〉）と名づけ，法の基点に据えた．この結果，各人は基本的にその自由な意思によって法律行為をし，その責任を（故意ないし過失があるかぎりで）引き受けるものとされた．これが，日本民法3条1項：「私権の享有は，出生に始まる」に示された，すべての人が**権利能力**をもつという原則の宣言である（しかし各国で女性には**行為能力**や**訴訟能力**が制限されていた（自分で契約や裁判ができなかった）．日本では戦後1947年に，民法1条の2に「本法ハ個人ノ尊厳ト両性ノ本質的平等トヲ旨トシテ之ヲ解釈スヘシ」と

24）　産業資本主義が確立するのは，産業革命後のことであり，近代市民革命のはるか後のことである．たとえば，イギリスでは，名誉革命は1688年，産業革命の期間は1770年頃-1830年頃である．フランスにおける市民革命（フランス革命）は1789年，産業革命の期間は1830年頃-1850年頃である．したがって厳密には，「近代法＝近代資本主義法」ではないし「近代市民社会＝産業資本主義社会」でもない．しかし1789年からの近代民法や刑法，憲法等は，1850年以降の産業資本主義社会の骨組みとなって，今日にいたるまで妥当している．

図 3-2　民法の構造

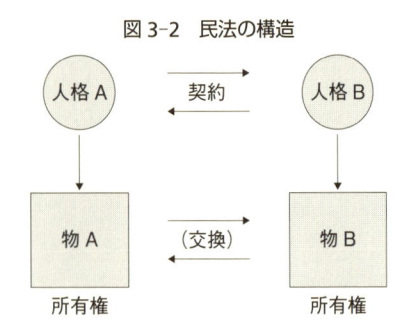

　　　人格 A　――契約――　人格 B
　　　　↓　　　　　　　　　　↓
　　　物 A　　――（交換）――　物 B
　　　所有権　　　　　　　　　所有権

明記された（現民法 2 条：「この法律は，個人の尊厳と両性の本質的平等を旨として，解釈しなければならない。」）．

　(b) 所有　〈人格〉が外物と関係する仕方も，自由な意思にもとづく．すなわちかれは，ある財物を自由に——自分の意思にのみもとづいて——保有し使用し処分することを保障される（日本民法 206 条：「所有者は，法令の制限内において，自由にその所有物の使用，収益及び処分をする権利を有する」）．これが，物に対する完全な支配権としての近代的〈所有権〉である．

　(c) 契約　この自由な〈人格〉は，他の自由な〈人格〉と，自由な意思にもとづいて関係する．すなわち〈人格〉は，自分の意思に反して他人に服従すべきでないので，他の〈人格〉に対して義務——例えばその所有物を相互に交換する義務——を負うのは，ただ相互に自由な意思を合致させ同意しあう，すなわち〈契約〉にもとづく場合にのみである（その根底には，「契約はまもられるべし」（Pacta sunt servanda.）の原則が働いている．契約が自由な意思の合致であることは，たとえば日本民法 555 条：「売買は，当事者の一方がある財産権を相手方に移転することを約し，相手方がこれに対してその代金を払うことを約することによって，その効力を生じる」や，同様な表現の第 623 条（雇用）から読み取れる）．

　人びとが〈契約〉——契約を中核とする法律行為——によって自分たちで法関係を設立・変更・解消していくことは，国家も尊重しなければならない．これが，（契約の自由をも含む）**私的自治**である．この原理を前面に押し出せば国家は，市民の私的活動の場，市民社会の背後でそれを支える役割に，自分の活動を限定する（その活動は，法律によって厳格に規正される）．そのような国家を，夜警国家，自由放任主義（レッセ＝フェール）の国家と呼ぶ（とい

っても，そういう国家が西欧で多少とも実際に見られたのは 1850-70 年の間だけであった）．この関係下ではまた，〈人は自由であり，他人に危害を加えない限り何でもできる〉という考え方が原則となる．他人に対しては，故意ないし過失で損害を与えた場合にのみ責任を負う．これが**過失責任主義**の原則である．

その際，この契約が有効であるのは，契約の相手方が自由な意思によって行動できる独立状態にあり，かつその〈人格〉がかれの所有物を完全に支配している場合だけである（自分が自由に処分できないものについて契約しても，履行できないから）．したがって，契約の自由・私的自治は，自由な人格と所有の自由を前提にしている．

以上に見た近代法に対して，前近代の法——古代ローマ法は別として——においては人格や所有，契約は，抽象的にはとらえられなかった．王・貴族・騎士と庶民は，いわば相互に別人種であった（かつ王・貴族・騎士・男性市民以外は，本来の人間とはされなかった）．所有といっても，貴族の土地，教会の土地，都市の土地は，それぞれ別の法に服していた．村の共有地や入会地は，特別の土地であった．契約は，効果をもつためには，合意に加えて特定の様式を充足する必要があった．法の抽象化は，自由な商取引の発達にともなって次第に進行していったのではあるが．

3.4 近代法と近代社会

近代に入ってこのような法が発達したのは，なぜか？　その背景としては，近代に入って個人の自由・平等の自覚，社会が個人から成り立ち個人の総意で運用されているとする思想や制度，が強まったことが挙げられる．これには，近代に近づいた頃のさまざまな思想的・経済的・社会的・政治的変化が反映している．たとえば，**思想的**には，① ルネサンスにおける「個性」の覚醒，自由の意識，共和主義思想の発展，② 宗教改革を通じて高まった，各人の内面的自由を重視する動き，③ 近世に入って（ホッブズ，ロック以来の）自然法論の提唱に見られるように，個人の基本権や各個人が契約によって社会をつくるとする思想が高まったこと，④ ルソーやカント，ヘーゲルが，「個人の自由な意思」を原点にして法の全体を描き出す哲学を唱え，それがとりわけドイツ法学に影響を与えたことなどが，注目に値する．また，

図 3-3　売買の構造

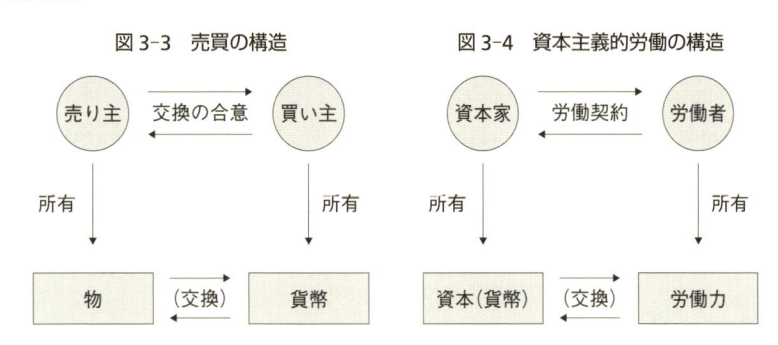

売り主 ─交換の合意→ 買い主
　│所有　　　　　　　│所有
　↓　　　　　　　　　↓
　物 ─(交換)─ 貨幣

図 3-4　資本主義的労働の構造

資本家 ─労働契約→ 労働者
　│所有　　　　　　│所有
　↓　　　　　　　　↓
　資本(貨幣) ─(交換)─ 労働力

経済的・社会的・政治的には，① 国民市場経済の発展にともない，その担い手である人々に経済的自由や自由な契約の観念が浸透したこと，② 絶対主義国家は君主を絶対的にしたので，かれの臣民たちはそのことによってかなりの程度，横並びで平等になったこと，③ 逆に，絶対主義国家に抵抗する人びと（都市民や農民・貴族）が自治や権利（特権），伝統的な法を主張し，それが基本的人権や「法の支配」の観念の形成に寄与したこと，などが重要である．こうした時代の要請と，古代ローマから中世・近世へと受け継がれてきたローマ法の論理・構造とがマッチし，そこから近代民法が発達し，それを中軸に他の近代法も発達していった．

では，今から 2000 年以上も前のローマの法，それにもとづく近代民法が，なぜ今日でも通用し，さらには目下，中国やベトナム，モンゴル，ロシア・中東欧などに浸透しつつさえあるのだろうか？

現代社会の特徴は，人間関係の圧倒的部分が**売買**（賃貸借や請負，委任を含む）のかたちをとって展開していることにある．これは，本第 3 講の冒頭で確認したことである．この売買は，図 3-3 のように，売り主がその所有する商品を，買い主の所有する貨幣と交換する関係である．交換は，身分などにこだわらない対等な関係の下で両当事者相互の合意があったときにおこなわれる．したがって売買が前提にしているのは，① 双方がともに自由な意思をもった平等な主体であり，② その商品・貨幣に対し自由な所有を確保しており，③ 交換は契約にもとづいておこなわれているということである．売買の構造は以上だけで，説明できる．とするとこの構造は，先の図 3-2 と同じかたちのものである．

また，資本主義的生産の営まれる際の人間関係（資本・賃労働関係）は，上

の図3-4のようなものとなる．資本家（雇用者）は自分が所有する貨幣を賃金として払って，労働者（勤労者＝被用者）がもつ労働力を一定期間，買い取る（賃借する）．それゆえかたちのうえでは，資本家と労働者はともに自由な主体として所有者同士であり，合意によってその所有物（貨幣と労働力）を交換する．産業資本主義社会のこの基本構造は，つまり図3-3の売買（商品交換）であり，かつ図3-2の民法の構造とも対応している（そもそもこの関係は，近代以前から民法中の雇用契約の関係としてあった（民法623条：「雇用は，当事者の一方が相手方に対して労働に従事することを約し，相手方がこれに対してその報酬を与えることを約することによって，その効力を生ずる．」））．これらのことが，現代の資本主義体制の下でも古い民法が妥当することの基盤を成しているのである．

3.5 近代法の変容

(1) 社会法の形成

近代民法は，上記のような抽象的な法であることによって，地域や国家を超えて妥当する普遍的なルールとして機能し，恣意や差別の排除と結果の予測とを可能にする行為規範・裁判規範となり，また自由な競争の土俵を準備するとともに，競争の結果に対する自己責任を引き受けられる主体を形成しえた．自由と平等は，これによって実質化された．したがって，抽象的で形式的であることは，近代民法の欠陥ではなく長所，光の部分であった．

ところが19世紀も終わりに近づくと，高度化した資本主義は内部の矛盾を深刻化させ，それが社会問題となって顕在化する．こうして近代民法原理だけでいくのでは問題があることが，明確になった．長所も，置かれた場が変われば，短所になるのである．この結果，近代法は，時代の要求に応じさまざまな変容を見せていく．ここから出てきた新しい態様の法は，総称して「**社会法**」と呼ばれる．社会法の時代においても，近代法の基本である民法や憲法，刑法は——部分的修正を受けつつも——そのまま妥当し続ける．しかしその外側には新しい特別法として，労働関係の法（労働法）や経済法，借地借家関係の法，消費者保護関係の法，社会保障法等が登場する．

（a）**労働関係の法** 民法が前提にしていた「市民」は，実際には市民

革命の前から経済的弱者（貧者）と強者（富裕者）とに分かれていたし，産業革命後の社会では，労働者と資本家に分化する．貧者と富者，労働者と資本家は，民法雇用法の主体としては平等であっても実際には対等になりえないほど経済的実力に差があり，放置しておけば貧者・労働者に不利な契約・過酷な労働実態が避けられない．そこで平等を実質のものにする工夫が必要となる．そのためには，**労働者を法的に肩入れ**しなければならない．一人ひとりでは弱い労働者が団結して交渉し同盟罷業の圧力をも利用しつつ要求を認めさせるのは，この実質的平等への一つの道である．実際，19 世紀後半以降，労働条件の改善を求めて労働組合を結成し闘争に立ち上がった労働者の力によって，やがてそのような法的措置が特別の法として認められるようになっていった（日本国憲法 28 条の労働基本権規定や，それにもとづく労働法もその一つである）．また，採用の仕方や労働の態様を公正で健康的なものにするため，基準を定め，それの遵守を使用者等に罰則によって強制する法律や，公的な支援，監督・審査の制度（たとえば労働基準監督署や職業安定所，労働委員会）なども導入された．

(b) **経済的弱者に配慮する法**　労働関係の法の他にも，独占禁止法や各種の事業法（これらを総称して**経済法**と呼ぶ），消費者保護法，農業基本法などが，国家によるそれぞれの**経済的弱者の支援・保護**の法律として登場する．借地法・借家法や中小企業支援の諸法も，罰則規定や監督制度はないが，それぞれの経済的弱者に配慮した法律である．加えて過失責任主義も，相対的に弱い被害者を保護する立場から修正され，不法行為における**証明責任の転換**（自動車事故の場合など，加害者に故意・無過失等の証明責任を課すこと）や，**無過失責任**（損害を発生させた者が，たとえ過失がなくとも賠償する制度．製造物責任法 3 条，大気汚染防止法 25 条などに規定されている）を一部取り込んでいく[25]．

---

25)　不法行為による損害賠償は，先に述べたように（20 頁），(a) 西洋の古代初期や中世初期には，① 被害者の損失を補填する機能，②「やられたらやり返すのが正義だ」という感覚に対応する面，③ 共同体秩序を乱した者に対する懲罰の意味，をもっていた（アメリカの懲罰的損害賠償はこの名残である）．しかし，(b) 近代に入ると過失責任主義（本書 54 頁）が強まる．そして (c) 現代に入ると，発生した損失を誰がどのように負担すれば関係者に酷ではなくなるかといった経済的判断や，弱者を保護する社会法的判断からも，損失補填が考えられることも強まった．この際には，誰に責任があるかの観点は，第二義的になっていく．不法行為における証明責任の転換（加害者の過失を被害者が証明することがいちじるしく困難な不法行為裁判で，

(c) **機会均等のための法**　すべての人間は市民として自由に競争できる主体であるといっても，貧富の差や障害により教育を受けられず，また活動上不自由で，それゆえ社会における競争の出発点でハンディキャップを負っている人々がいる．それらの人びとを，実際にも対等の主体に近づけるため，たとえば，経済的弱者に対する育英奨学金・授業料免除，障害者に対するバリアフリー・自立支援・生業支援，黒人や女性に対するアファーマティブ＝アクション（差別され不利に扱われてきた人びとに機会均等を実質的に保障するため，入試や採用・昇格試験で特別枠を設ける制度）等が実施される．

(d) **社会保障・社会保険関係の法**　「市民」の自由な活動，自由競争の原理は，自分の判断で自由に行動し，その結果に自己責任を負うところにある．しかし競争は必ず，少数の勝者の陰に多数の敗者を生む．立場に互換性があるかぎり，すなわち敗者がまた勝者となれるかぎりは，問題はない．だが現実には，敗者は落伍していく；貧窮状態の固定化・拡大に呑み込まれ，敗北者の階層に陥っていく．こういう状態は，人道上も治安上も，無視しえない．自分の成功・能力・幸運に満足するだけの富者もいるが，なかには「一将功成って万骨枯れる」関係，すなわち自分たちの成功の影に多くの人の犠牲・悲惨があることに気付く富者も出てくる．そうでない者も，多くの貧者に囲まれて富を誇ることが危険であることを感じ始める．貧困や疾病の状態に陥ることが，その本人の責任ではなく，偶然（天災や激しい社会変動）の所産であることも多く，貧窮の中にあり続けることを個人の責任として放置することもできない．この背景下で，20世紀に入ると，すべての人が人間らしく生きる権利をもち（人間として生存できる最低限は保障される），自分たちは人間としてそれを支援する連帯的義務を負っているとする**生存権**や，さらには，すべての人が本来的に幸福を追求する存在であることを確認しそれを最低限保障しあおうとする**幸福追求権**の思想が強まった．こうして貧困や失業に対する諸策，生活保護・児童養護施設，被災者支援や健康保険・失業保険等の社会保険，などが発達する．

(e) **社会的所有権観念の成立**　これらの諸点において経済的強者の自由を制限し弱者を支えるのは，国家である．そのため，国家の活動が拡大す

経済的強者である加害者（企業）に自分には過失がなかったことを証明する義務を負わせる）や無過失責任の採用も，同じ方向への動きである．

るようになる．近代国家はまた，富国強兵をめざし社会資本や公共物を完備させようとし，公用収用（公用徴収）・供出など所有権の制限を必要とする．こうして（所有権は絶対ではなく社会に対する義務を負う，すなわち行使に当たっては弱者保護・公共の利益尊重に配慮すべきだ，とする）「社会的所有権」観念が成立していく．

　これら社会権・社会法は，1919年のドイツのワイマール共和国憲法における保障を出発点とし，第二次世界大戦後に，**日本国憲法25条**を含め，各国で広く保障されるようになったものであり[26]，それゆえすぐれて20世紀の産物，一つの**現代法**である．

　近代民法が人間を個人として，また抽象的な法的主体（人格）としてとらえているのに対し，社会権・社会法は，人間を集団的ないし社会生活上のその具体的な生き様に着目してとらえ，ハンディキャップを負っている人々に法的な支援を施すことによって生活を支え活動上の実質的な平等を実現しようとする．近代民法が自由競争とその結果に対する自己責任を原則にしているのに対し，社会権は自由競争の制限，真の自由競争のための基盤づくりをし，かつ自由競争の結果に対し**社会的連帯**の立場からの手当てをする．その手当てを施す主体は国家や地方公共団体であるから，社会権・社会法においては**国家の積極的な役割**（福祉国家）が前提になっている．

(2) 高度化した資本主義下の法

　(a)「大きな政府」の段階　　1929年の世界大恐慌以降，自由放任の資本主義では深刻な危機が回避できないこと，それゆえ最終的には**国家**がさまざまな経済政策で体制の維持・強化をはからなければならないこと，が明らかになった．たとえば**アメリカ**のニューディール政策では，ケインズ経済学を参考にして積極的な財政支出による経済の活性化が実施された．他方**フラン**

---

26) ただし，アメリカ合衆国のように，いまだに国民健康保険などが整備されておらず，その導入に激しい抵抗が続いている先進国もある．自由競争・自己責任の自由主義原理への信仰が，一部に根強いからである．ヨーロッパが（自由主義原理を修正する）社会連帯の思想・社会法立法に向かった20世紀前後に（1930年頃まで），アメリカは若い資本主義国家としてまだ自由主義原理で走り続けえた．このため自己調整の時機を失したのである．アメリカ以外の国でも，今後，（規制緩和・「反福祉国家」の新自由主義などの動きがそうであるように）自由主義原理への信仰がさらに強く再生すれば，社会法原理は顕著に後退していくだろう．

スなどでは，国有化政策によって国家主導で経済活動を活性化する道がとられた．**日本**はもともと，明治における経済近代化からして，国家主導（財政支出と国有化）の道をとっていたが，戦後1955年頃からその方向をさらに推し進め，多額の公共投資をともなう国土開発・産業基盤創出の政策によって重化学工業主軸の工業立国化を推し進めた．工業の原料を輸入し国内で製品化し輸出して利益を上げることで日本を富裕国にしていこうと考えたのである．そのためには庶民に対する重労働・重税と企業優遇の税制，赤字公債の発行，財政赤字，乱開発なども辞さずとされた．日本のこの政策の結果は，今日にいたる，一方での東京在籍の大企業の繁栄・その恩恵にあずかった一部の人びとの富裕化と，他方での自然破壊，公害，原発事故，勤労者の非人間的な勤務状態，農村部の衰退（過疎化・廃村），低所得者層の固定化，激しい競争社会化・心の貧困化等であった．

　この政策にともなってほとんどの先進国では，**行政・財政が肥大化**し（「大きな政府」の出現），さまざまな経済政策を推進するための法が増えていった．これらの法も，**現代法**の構成部分である．加えて，公害・社会問題に対処する法や，社会資本の充実を求める運動（都市中間層市民を軸にした）に応える法など，社会法もさらに増大した．こうして法をめぐる様相が近代初期とは大きく変わった（前述のように，それより前は，私的自治の民法を基本とし，国家は犯罪や軍事，教育，公共施設管理などを背後で担当するだけだった）．

　(b)「小さな政府」の段階　1973年の石油危機以降，先進諸国で〈ケインズ経済学にもとづく経済成長の時代は終わった〉との主張が強まった．持続する不況，激化する国際競争，巨大化した財政赤字，肥大化した行政の非効率性（官僚主義）などが目立つようになり，また社会法的諸政策による経済規制や財政支出，高齢化にともなう世代間格差が問題視される状況になった．このなかで強まっていった「小さな政府」をめざす動きは，**新自由主義**（neoliberalism）と呼ばれる．アメリカのレーガン政権（1981-89），イギリスのサッチャー政権（1979-90），日本の中曽根政権（1982-87）等が，その政策の最初の推進主体となった．

　今や政策の主軸となるのは，① 公営の企業や施設の民営化，② 環境保全・民生保護のための規制や社会権力（大企業）の規制などを緩和ないし撤廃すること，③ メリットシステムの重視，大企業・富裕層を優遇すること

表 3-1 段階ごとの法の特徴

近世法	近代法	現代法		
		社会法	「大きな政府」下の法	新自由主義下の法
不平等	形式的平等	実質的平等[1]	法の柔軟化・機動性	形式的平等
集団・連帯	自由と自己責任 自由競争	連帯・共同[2]	ナショナリズム	自由と自己責任
権威国家 介入	夜警国家・レッセフェール ＝小さな国家	福祉国家 強者の規制 ＝大きな国家	経済的強者のための法 ＝大きな国家	福祉面では小さな国家 治安・国防・企業支援では大きな国家
重商主義	自由市場	法による経済規制	法による経済支援	規制緩和・民営化
身分ごとの法＝具体的・個別的法	抽象的で一般的な法	具体的な法	具体的な法	抽象的な法
規制・介入 統制	国家の不介入	強者規制	法の政策化[3]	規制の緩和・撤廃

注 1) 労働法，借地借家法，消費者保護法，奨学金制度（教育の機会均等），独占禁止法，男女雇用機会均等法などは，実際の力の差を直視し，弱者を支援することによって実質的な平等をめざす．これらは，自由競争の主体をさまざまなかたちでつくりあげようとする点では，近代法の原理をめざすとも言える．
　2) 国民健康保険法，失業保険法，労働災害補償保険法，生活保護法，障害者基本法（1993），激甚災害に対処するための特別の財政援助等に関する法律（1962）など社会保険や社会保障，財政支援は，国民が，苦境に陥ったときに相互に援助しあうために，拠出金（掛金ないし税金）を出しあって備えておく制度である．これらは，本人の責任でない原因によって困窮状態に陥った人を相互扶助，連帯の力で相互に支援する．個人の尊厳をまもる点では，近代法をめざすとも言える．
　3) 法が国政上の或る政策（とくに開発政策）を実現するための手段となる「法の政策化」が見られた典型事例としては，国土総合開発法（1950，全国総合開発計画），新全国総合開発計画（1969），第三次全国総合開発計画（1977），第四次全国総合開発計画（1987）などがある．

による，経済上のインセンティブ強化などである（総じて「市場原理」の強調が特徴である）．この動きが強まるなかで，労働法や経済法，環境法などの規制の緩和，社会保障法上の諸削減が顕著になっている．

　日本ではさらに，1986年から1991年にかけてのバブル景気が崩壊したあ

と深刻な不況が 20 年以上続き，新自由主義は，この不況下で 2003-05 年の小泉政権とそれ以降の政権によって強化された．アメリカでもブッシュ＝ジュニア政権が，新自由主義を原理にした．しかし新自由主義が現代法のもう一つの柱となるかは，まだはっきりしない．EU は新自由主義に対しかなりの程度距離をとっているし，アメリカではリーマン＝ショックによってブッシュ＝ジュニア政権の新自由主義への反発が強まり，オバマ政権を生み出した．日本でも，小泉政権の政策への国民の反発によって，自民党はいったん政権を失った．しかし日本では，その後の民主党と自民党の政権はともに，新自由主義を再々度前面に押し出し基軸にしている．加えて，国防や治安のため軍事力・警察の強化，産業基盤の整備・強化，国土開発のための財政支出は続いており，この点では「大きな政府」をなお持続させてもいる．

第4講 法の解釈 I

4.1 法解釈の思考構造

(1) 思考構造の図

　法律は，できるだけそのまま適用できるよう，立法時に厳しくチェックされている．しかし，(a) 明確で，これまでその意味をめぐって争いがなかった法律も，新たな時代において似た事件に直面したとき，① 今回の事件には別の面があるので，別の適用の仕方が必要ではないか（今までとはちがった解釈や，別の法律との関係づけを再検討する必要があるのではないか），② 時の変化を考えると，今まで通りの適用の仕方でよいのか，などが問われることもある．③ 学説・思想・生活の新たな影響で，法律の読み方が変わることもある．④ そもそも原告と被告とでは，読み方が異なる．さらに，(b) 規定のなかにはもともと意味が不明確なものも多い．(c) 個々の事件はあまりにも多様で，それらをすべてカバーする法律はもともと期待できない．こうして，法律を適用するに当たっては，解釈の作業が欠かせない（以下では，第一義的には法律（制定法）が対象になるが，慣習法や判例をめぐっても解釈は，同様に問題となる）．

　この法解釈をするとき，法律家の頭はどう回転しているか？　これについては，拙著『法解釈学講義』（東京大学出版会，2009）の 4 頁で提示した図が，なお有効であると思われる．そこで，それを若干改訂したうえで，ここでも使って説明する．

　図 4-1 は，法律に照らした問題処理が次のように進行することを示す：
　相談者がある紛争をめぐって法律家のところにやって来たとき，法律家は，相談者の事実説明を聞いて，知識とこれまでの経験を踏まえた直感（勘＝ひらめき）とによりつつ，紛争のパターン，関連しそうな諸法律，落としどこ

図4-1 構造図

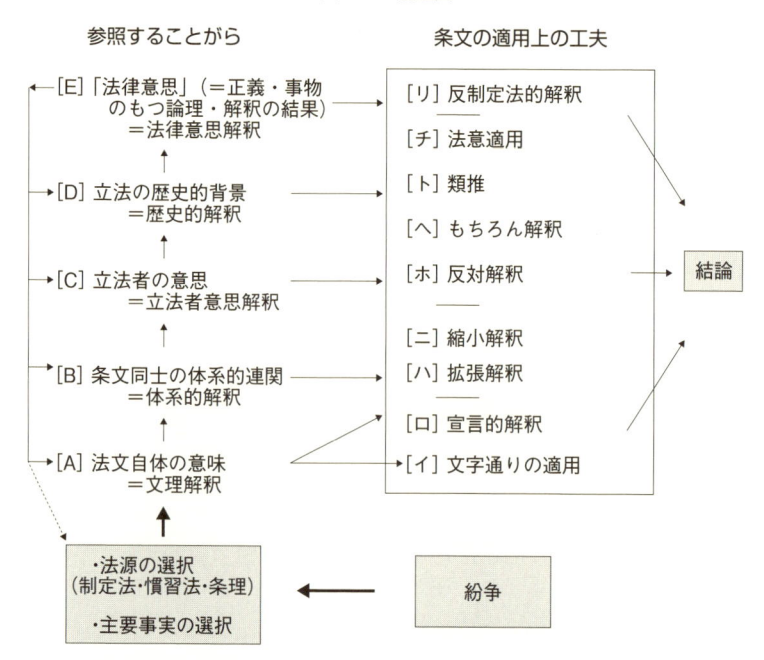

参照することがら

- [E]「法律意思」(＝正義・事物のもつ論理・解釈の結果) ＝法律意思解釈
- [D] 立法の歴史的背景 ＝歴史的解釈
- [C] 立法者の意思 ＝立法者意思解釈
- [B] 条文同士の体系的連関 ＝体系的解釈
- [A] 法文自体の意味 ＝文理解釈

条文の適用上の工夫

- [リ] 反制定法的解釈
- [チ] 法意適用
- [ト] 類推
- [ヘ] もちろん解釈
- [ホ] 反対解釈
- [ニ] 縮小解釈
- [ハ] 拡張解釈
- [ロ] 宣言的解釈
- [イ] 文字通りの適用

→ 結論

・法源の選択（制定法・慣習法・条理）
・主要事実の選択
← 紛争

ろを（仮説的に）予想しながら頭の中で方向性を出す．そして，① 事実を整理し重要なポイント（主要事実）を絞り込み，② それに対応させて関連する法律（条文）を絞り込み，それら条文の中身を明確にとらえ，③ それら条文の中身に事実を照合させて事実の法的性格を明確にとらえ，④ 結論への論理化を進めていく．

　その際に，関連する法律（条文）のなかには，今回の紛争との関連では意味が明確でないものがある．この場合，法律家は，第一に，図4-1 の左の（[A]～[E]の）五つを参考にして検討して，意味を確認しようとする．すなわち，順に，[A] 条文のことば自体は本来何を意味しているかを考える（これを**文理解釈**と言う）．[B] 他の条文との論理的関連から意味が推定できないかを考える（**体系的解釈**．論理的解釈とも言う）．この作業は，条文の意味を明らかにするのに必要だが，同時に，法を運用する際には法律同士の体系的な整合性（とくに合憲性）が必要なので，この点からも欠かせない．[C] 立法者の意図を踏まえれば，どういう意味となるかを考える（**立法者意思解釈**）．

[D] 立法時の歴史的背景（法律の中身に大きく作用することがある）との関連から意味に関し何が言えるかを考える（**歴史的解釈**）．[E] 政策的判断からするとどう意味をとるべきかを考える．すなわち，① 正義との関連（＝法運用上の整合性＝後述の〈ルール正義〉と，国民の正義感情との一致＝後述の〈帰属正義〉とによるチェック），② 規定の本来の狙い（目的．これに関わる解釈を「目的論的解釈」と言う．これを [E] そのものだとする人が内外に多いが，それは [E] の一構成要素にすぎない），および事物のもつ論理との関連，③ 解釈の結果の妥当性との関連で，意味を考える（この [E] を**法律意思解釈**と言う．〈問題になる法律がそもそも前提として意思している（と解釈者には思われる）もの〉を読み取る，という作業だからである）．

これらの考察の全体ないしその一部によって，解釈の方向性を固めるのである（このように [A]〜[E] を，参考（法発見の手がかり），さらには解釈の根拠とする)[27]．

[A] には語の，① 日常生活上の（通常人の）意味，② 法律家が共有している意味，③ 科学者・その道の専門家が共有する意味などがある．基軸にすべきなのは①である．法の名宛人は，通常人だからである．**[B]** でもっとも重要なのは，問題となる法の意味を憲法の条文との関連で考える作業である（憲法に反しておれば違憲とする．憲法に反していない場合でも，基本的人権を制約する法を憲法を踏まえて縮小解釈などをする）．**[C]** は，法律の冒頭（第1条）に書かれている場合がある（目的条項と呼ばれる）．もし書かれていなければ，立法の際の諸資料などから確認する．**[D]** は，（歴史的背景の確認であるから）歴史的研究手法による．**[E]** では，何が正義かの判断や政策的判断

---

[27] [C] 立法者の意思（主観的意図）を重視する立場を**主観説**，（立法者の意図を超えた客観的な諸事情である）[A]・[B]・[D]・[E]，とくに [E] を重視する立場を**客観説**と言う．どちらかというと，近世の絶対主義期には，（法典編纂前には理論化が主軸だったので客観説が支配的だったが，編纂後は）編纂者・立法者としての王の意思を重視したので主観説が支配的であった．近代に入ると，一方では議会重視，〈ルール正義〉尊重の立場から主観説がなお有力ではあるが（とくにドイツ・イギリス），他方では，客観説も——とくに日本・アメリカでは——有力である．思うに，立法者の意思は尊重されるべきだが，① その法律や条文が違憲であることもあるし，② 時代に合わなくなっていることもあるし，③ 立法者の真意が不明であったり，意図と規定の表現が矛盾することもある．そこで状況に応じて，[A]・[B]・[D]・[E] を参照して [C] を相対化することや，それを宣言的解釈や縮小解釈・拡張解釈，場合によっては反制定法的解釈などによって合理化することが欠かせない（つまり，[A]・[B]・[D]・[E] は，[C] の確認・補充に役立つこともあるが，ときには [C] を限定するのに使われるのでもある）．

に関わるので，ここでは解釈者の決断・価値判断が前面に出る．

　法律家は，法律に忠実であろうとするから，［A］～［E］のうち，まず［A］を重視し，その検討から出発し順に上にいく[28]．最後の［E］では，解釈する者の思想・価値観や法感情が大きく作用するのだが，この［E］でも，〈このケースをめぐっては，人びとの正義判断はどういうものか〉，〈自分のこの選択は，政策的に妥当か〉などの判断は，〈論証と実証において反証可能な〉という意味で客観的なものであることを求められる．

　第二に，上のようにして意味を確認した条文が，問題になる事実と論理的にうまく結びつくよう，その条文の適用に当たって**レトリック上の工夫**をする（この工夫によって説得的な適用が可能になる．説得力が確信できなければ，作業全体をやり直す）．それには，［イ］～［リ］までの九つの処理方がある（条文への忠実度がもっとも高いのが［イ］であり，上にいくにしたがって，解釈者が条文に加工を加える度合いが強まる）．

　［イ］文字通りの適用とは，［A］に関して争いがないし（つまり，意味するところが明確なので，それに素直に従ってことがらを処理できるし），かつ［B］～［E］を検討しても問題がなく適用に当たって意味を（広げたり狭めたりの）加工する必要もないので，そのままストレイトに——すなわち三段論法のかたちだけで——条文を適用することである（ちなみに，この［イ］を，［A］文理解釈と混同してはならない．通常は［A］から［イ］にいって処理するのだが，たとえば，［A］に関し対立があれば，［イ］は不可能となり，［ロ］に頼ることになる．［A］はまた，［ハ］・［ニ］・［ト］等の右列のすべてで前提として踏まえられる．［A］＝［イ］ではけっしてないのである）．

　［ロ］宣言的解釈とは，条文の意味について争いがある場合や，規定が多義的であったり漠然としている場合や，語が明らかに誤って使われて立法さ

28）［A］～［E］は，文学や歴史学上の解釈でも同様に使われる．たとえば，ある小説を解釈するときにはわれわれは，［A］と同じく，作品に書かれている語句を手がかりにして理解しようとし，［B］作者の他の作品を参考にして意味をとろうとし，［C］作者の意図を，「序文」や「あとがき」，手紙や日記などから推測しようとし，［D］書かれた時代の背景，すなわち同時代の精神や執筆の契機となった事件などを手がかりに理解しようとする．［E］の政策的判断は，法解釈の場合とは異なって，あまり前面には出ないが，〈あえて現代的に読み込む〉ような場合には，出る．つまり「法的思考」は，さほど法に特殊な思考ではないのである．

れている場合や，［A］〜［E］を検討すると（以下すべてこの検討が前提になる）再考の余地がある場合など，［イ］文字通りの適用ができないケースで，解釈者が意味を（修正・補充・選択等によって）確定し，あとはそれを適用して（つまり拡張や縮小，類推などはせずに）処理する解釈である．

　［ハ］**拡張解釈**は，通常の観念からするとaとは異なるbを，「ここではaに含めてよい（＝aの概念に入る，別言すればaの一種である）」と判断して，aについて規定している条文をbに適用することである．aの通常の概念の範囲を若干拡張するから，拡張解釈と言う．

　［ニ］**縮小解釈**は，aについて規定している条文を，aの一部には適用しないことである．aは実はa-1, a-2, a-3から成り立ち，そのうちa-3にはaについての条文は使えない，というふうにaの概念を縮小して運用するから，縮小解釈と言う．

　以上四つは，適用する条文は現存している（法律に欠缺がない）場合に属する．その条文を，そのまま使うか，意味の再定義（明確化）／拡張／縮小を加えて使うかするのである．そうした加工で概念を確定したあとは，三段論法でいく．

　［ホ］**反対解釈**とは，aについて定めている条文は，aの反対物となる（aとのちがいが大きい）bには適用すべきでない，とすることである（bを除外している立法者の意向がうかがわれる場合もあるが，そうでない場合には解釈者が［A］〜［E］を検討して除外する）．

　［ヘ］**もちろん解釈**には，二つのものがある：① aが禁止されているなら，もっと危険であるbは当然禁止されるべきである（あるいは，cが許されるなら，もっと安全であるdは当然許される）とする場合（小から大を導き出す）と，② eが許されているなら，もっと危険でないfは当然許されるべきであるとする場合（大から小を導き出す）とである．

　［ト］**類推**（類推適用）とは，aとbとは異なるが，かなり似ている点があることを手がかりにしてbをaと同様に扱うというレトリックである．古代ローマ時代から，「似たものは，同様に扱え」という法の原則があった．

　［チ］**法意適用**とは，aについての規定（一つまたは複数）の根底にある一般原理（＝法意）を抽出し（帰納させ），それをaとは（類推もできないほどに）異なるbの処理に――原理を同じくすることを根拠に――使うことである（拙著『法解釈講義』では，これに当たるものを古代以来の中国の語を使って「比附(ひふ)」

と呼んだ．本書ではこれを，中身をイメージしやすい「法意適用」という表現に置き換えた）．法意適用は，解釈作業をかなりダイナミックな創造的なものにでき，それゆえ民法等ではかなり使われている．

> **コラム7** 法意適用
>
> 　法意適用に当たる手法は，ドイツでは18世紀以降，Rechtsanalogie（法類推）ないしGesammtanalogie（総合類推）として活用され今日にいたっている．単なる類推（Gesetzesanalogie）とはちがい，複数の条文から一般的な命題を抽出して，別の，類推ができないほどに異なった，しかし原理は共有しあっているケースに適用するのである．19世紀後半のドイツの私法学者イェーリングは，古代ローマ法の諸法文から「契約締結上の過失」（契約が成立するまでの段階での相手の過失責任を問う），「船荷の二重売買において，船の遭難時に売主が両方の買主から代金を取れること」の否定などを，この手法で引き出した（拙著『法解釈講義』第1章参照）．
> 　日本人も昔から日常において，似た手法を使ってきた．たとえば，① 都々逸のなかには，法意適用的思考がかなり見られる（ダジャレも多いが）：「うちの亭主とこたつの柱　なくてならぬがあって邪魔」，「つとめする身は田毎の月よ　どこへまこと〔真の愛情〕が映るやら」，「わしとおまえは羽織の紐　固く結んで胸に置く」といったものである．亭主とこたつの柱，夜の「つとめ」をする遊女と田毎の月，人と紐とは，それぞれ相互に似ておらず，一見なんの関係もない．しかし或る観点から見ると「なるほど関連がある」として納得するのである．似ていないから，類推では解けない．そこで根底にある原理，「意」が問題となるのである（それがそれぞれの句の後半（下の句）に出ている）．② この「意」を直接押し出すのが，「○○とかけて△△と解く．その意は，□□である」とする「なぞかけ遊び」である（これにもダジャレが多いが）．「法意」の「意」も，実はここでの「意」に通じており，同じ発想の営みなのである．③ 多くのことわざのなかにも，この思考が見られる：「雉も鳴かずば撃たれまい」，「雨降って地固まる」，「覆水盆に返らず」などは，自然物についての記述であるが，われわれはそれを抽象化してそこから一般的命題を引き出し，自分たちの生き方の一般原理として使う．寓話などのアレゴリーも，これと同じ思考によっている．われわれは広く，人生の教訓をこういうかたちで増やしている（比喩における擬人化とは異なる．比喩は，直喩も隠喩も，類推の作用である）．

第4講　法の解釈 I

　以上 [ホ]～[チ] の四つにおいては，適用できる条文はない（法律に欠缺がある）．しかし民事事件では，適用する条文がなくとも，裁判官はどちらかを勝たす判決を下さなければならない．そこで裁判官は既存の他の規定を手がかりに処理するのである（これに対して刑事事件では，適用する条文（罰則規定）がなければ，裁判官は原則として無罪判決を下さなければならない．したがって，以上の四つは，被告人に不利な方向では，原則として使えない）．

　[リ] **反制定法解釈**とは，ある条文がもはや時代遅れであると判断して，その条文を適用しないことである（もっとも，しばしば裁判官は，実際には反制定法解釈をやっているのに，かたちのうえでは宣言的解釈などをして，適用を実質的に排除する道をとる）．違憲判決では，憲法と関連づけた [B] 体系的解釈を経て，反制定法解釈がおこなわれる．

　以上，[イ]～[リ] の検討から分かるように，これらのそれぞれにいたる前に，解釈者は左列 [A]～[E] の検討によって作業の方向づけ・根拠づけを得ている[29]．

　事例　　われわれは，左列と右列を相互にどう関連させあって行為しているか？　事例で考えよう：
　(a)　ある公園に「他の来園者に危険ですので，犬はつないでください」と掲示してあった．これを読むとわれわれは，立法者の意図が，犬が噛みつく危険を防止することにあると知る（その際にはわれわれは，立法者の意図に着目している，すなわち [C] 立法者意思解釈をしている）．そしてそれを踏まえて，次のように諸動物の扱いを判断する：
　① 子犬・小犬は，犬だが噛みつく危険がないので，つながなくともよい．

---

29)　拙著『法解釈講義』25-26 頁で指摘したが，法解釈を論じるとき，図 4-1 の左列と右列とを混同する人が多い．しかし，両列は簡単に識別できるし，識別しなければならない．① 左列の [A]～[E] は法律の文言の意味を探る際に参考にする，ないしは意味確定の根拠づけに使う事項であるから，複数のものを（できれば五つ全部を）**併用**するほうが説得的である．これに対し右列の [イ]～[リ] は，適用のための文言の扱い方であるから，どれか一つしか使えない（たとえば，拡張解釈と縮小解釈，類推は併用できない）．② [A]～[E] には，「○○を**参考に**」・「△△を**根拠に**」の言い方ができる（たとえば「立法者意思を参考に」と言える）が，[イ]～[リ] にはそういう言い方はできない（たとえば「類推を参考に」とは言えない）．逆に，[イ]～[リ] には「**適用**」の語が使える（「拡張して**適用**」，「類推して**適用**」と言える）が，[A]～[E] には使えない（たとえば「体系的考察を適用」とは言えない）．なお，図の左列と右列とを明確に区別した先駆的業績は，五十嵐清『法学入門』（第3版：悠々社，2006）である．

とする．これは，［ニ］縮小解釈である（「犬」の概念を縮小し，子犬・小犬への適用をしないのである）．

② 猫やウサギは，〈噛みつく危険〉がない．そこで犬とのこのちがいを重視して，つながなくともよいとするのは，［ホ］反対解釈である．

③ 狸は，「犬」には入らないが，犬と似ており，噛みつく危険も同様にあるからつなぐべきだとするのは，［ト］類推である．

④ シロクマは，犬よりもはるかに噛みつく危険が大きいので，当然つなぐべきだ（そもそも連れて来るべきでない），とするのは，［ヘ］もちろん解釈である．これに対し，子供シロクマの「ピース」は，危険がないのでつながなくともよいとするのは，②におけると同様，反対解釈である．

ちなみに，a公園に「犬はつないでください」と掲示してある場合，
① a公園ではただ「犬はつないでください」としか規定されておらず，意図が確かではないが，b公園には「他の来園者に危険ですので，犬はつないでください」と掲示してあれば，これを参考にしてa公園の掲示の理由を理解する（この比較作業は，［B］体系的解釈である．b公園を参考にa公園の掲示の［C］立法者意思を推定する，とも言える）．そしてわれわれは，それを踏まえて諸動物の扱いを，上の（a）におけると同様に判断するのである．

② b公園のような掲示物がなければ，a公園の掲示だけを前提にして，まず，その規定の狙いを考え，それが他の人に噛みつくことを防止することにあると，経験・常識を踏まえて判断する（ここでわれわれは，［E］法律意思解釈のうちの（法律の目的を考えて解釈を方向づける）**目的論的解釈**をしているのである）．そしてそれを踏まえて，諸動物の扱いを（a）におけると同様にする．

③ この公園で犬が人に噛みついた事件があって掲示が出された，という事実を知っている人が，それを踏まえて掲示に従って犬をつなぐなら，［D］歴史的解釈から［イ］文字通りの適用にいったのである．

(b) スーパーの入口に「犬，お断り」と掲示してある場合，われわれは，立法者の意図が衛生の保全にある，と経験・常識を踏まえて判断する．これも，［E］のうちの目的論的解釈である（「衛生のため，犬お断り」と掲示があれば，［C］立法者意思解釈でいける）．そしてそれを踏まえて，

① 子犬・小犬　　衛生の観点からやはり問題があるので，〈子犬・小犬も犬にちがいない〉として，「お断り」だとする．［イ］文字通りの適用である．

同じ子犬・小犬が，(a)の公園の場合は縮小解釈で「つながなくてもよい」となったが，ここでは文字通りの適用で「犬，お断り」となるのである．これは，規定の目的が異なることによる．

② 盲導犬　利用者の生活に不可欠なので（これも［E］中の政策論的判断である），例外扱いする．盲導犬は犬であるものの，ここでは「犬」から除外する．［ニ］縮小解釈である．

③ 猫・ウサギや狸　これらが衛生上問題なのは，犬と変わらない．この点では犬と似ていることを理由にして，同様に「お断り」だとする．［ト］類推である．

同じ猫・ウサギが，(a)の公園の場合は反対解釈で「つながなくてもよい」となったが，ここでは類推で「お断り」となるのである．これも，規定の目的が異なることによる．

④「犬，お断り」の根底に〈衛生上問題のあるもの，ないしペットは，お断り〉という一般的な命題を読み取ってそれを適用して，〈犬だけでなく，汚いものである生き物をつれて入ること一般がダメ〉という意味だと判断するのは，［チ］法意適用である．たとえばヘビを首に巻いて入ろうとして，〈ヘビはおよそ犬とは似ていないが，「犬，お断り」の根底には「ペットは一般に，お断り」の一般命題が込められている．それを適用すれば，ヘビもだめとなる〉とする場合である．

なお，上の(a), (b)において，普通の犬を連れてきてごく自然に（問題なく）つないだりスーパーに入らなかったりしたら，［A］文理解釈から［イ］文字通りの適用にいったのである（この場合は，［C］立法者意思解釈等を踏まえる必要もない）．実生活上は，このような，ごく自然に処理可能なケースがほとんどである．

(c)　荘園領主が農民に「駄馬（荷物を運ぶ馬）を各自一頭ずつ連れてこい」と命じた．ラバしかもっていない農民，ロバしかもっていない農民は，それらを連れてきても「よし」とされるか？　① ラバは母親が馬，父親がロバである．しかも体格，体力はかなり馬に似る．したがって，本ケースでは「荷物を運ぶ」目的に関連させると，75％近くは馬に似ると判断できるから，「駄馬」として扱われうる．すなわちラバは，（［E］のうちの目的論的解釈を踏まえた）拡張解釈によって認められる可能性が大きい．② これに対し

て，ロバは，本ケースでは「荷物を運ぶ」目的から判断すると，力が馬にはるかに劣るし体格も異なるから，馬に似ているのは20％以下であり，本件では「駄馬」の概念には入れられないし類推も不可能である[30]．

以上のように法律家は，問題となるケースの特性に応じて，［A］～［E］のどれとどれを強調するか，また［イ］～［リ］のどれによるかを使い分けるのである．その際には，概念の明確化や論理が重要ではあるが，歴史認識や政策的判断も重要な意味をもつ．この政策的判断のためには，時と場・関係者の特徴，人びとの正義判断，適用結果の予測を組み込みながら決断していく良識的判断が重要なのである．良識のことを prudentia と呼ぶ（これに対し，論理学・数学的推論の知を，scientia と呼ぶ）．法律学（ないし法学）を英語で jurisprudence と言うが，これは，上のような処理に見られる「法の（= juris）良識（= prudentia）」を念頭に置いているからである．

▍コラム8▍ 法と論理

　法の適用では（三段論法による）論理が主軸だと考え，やがては裁判官の代わりにコンピュータ（法律エキスパート＝システム）が活躍するようになるとする人がいるが，そういう場面は限定されている．せいぜい，［イ］文字通りの適用がごく単純にできる場合だけである．法解釈では，① ［A］～［E］をどう関係させるか（どう組み合わせるか，どれをどのように前面に押し出すか），② 当事者間の個別事情をどう勘案するか，③ 証明責任をどう分担させるか，④ 最終的に［イ］～［リ］のどれをどう使うかなどを考えることが必要である．［イ］文字通りの適用をするときですら，〈それでいって問題がないか〉を，［E］などを踏まえて判断する必要がある．判例を解釈するときも，［E］などを踏まえて，判例の射程を広げたり狭めたりする．これらでは，（論理とともに）良識・勘を生かす人間の判断力（形式知に対する暗黙知），さらには決断が欠かせない．それらすべてをにらみつつ「落としどころ」を探るのである．これは，コンピュータがやれることではない．論理的思考を鍛えた理科や経済学の出身者が法の世界に入るときには，この点での頭の切り替えが必要である．

---

[30] これに対し，神社で「下馬」とあるときには，（馬やラバだけでなく）ロバからも降りなければならない．これは，危険や不潔の防止が目的の規定であり，その観点からするとロバは馬にかなり（30％程度）似ているからである．すなわちこの「下馬」のケースでは，馬の規定のロバへの類推適用（［E］のうちの目的論的解釈を踏まえた）が可能なのである．

図 4-2 配置図

相互の類似度

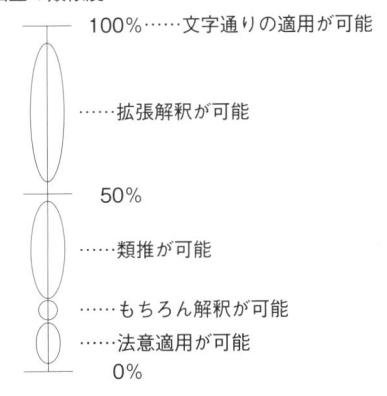

- 100%……文字通りの適用が可能
- ……拡張解釈が可能
- 50%
- ……類推が可能
- ……もちろん解釈が可能
- ……法意適用が可能
- 0%

　最後に，拡張解釈，類推，もちろん解釈，法意適用の相互の関係について，まとめるかたちで次の点を確認しておこう：**拡張解釈**は，問題となる観点から見てａ・ｂ間で似ている点（これを本質的類似性と呼ぶ．問題となる二つのことがらをめぐって両者間に確認できる，文脈からして重要である近似性のこと）がきわめて高ければ（数量化して言えば，民事では75％程度以上，刑事では90％台のとき），ｂをａの概念に入れて処理する解釈である．**類推**は，ａ・ｂ間で本質的類似性がさほど高くなくとも，ある程度は確認できれば（30〜40％台であれば），ａとｂは異なるが，ａになぞらえてｂを処理することができると判断して処理する解釈である．**もちろん解釈**は，ａとｂが相当に異なり，ａになぞらえてｂを処理することもできない（類推できない）場合で，① ｂを禁止する必要性がａより高い場合，ａさえ禁止されているのならｂも当然禁止されるとして，また② ｄを許可する理由がｃより高い場合，ｃさえ許可されているならｄも当然許可されるべきだ等々として，処理する解釈である[31]．

31）　もちろん解釈はよく，類推の一種だとされるが，これは，まちがいである．先の「公園では犬をつないでください」の例で言えば，もちろん解釈＝〈犬をつなぐべきなら，シロクマはもちろんつなぐ〉と，類推＝〈犬と狸は似ているから，狸もつなぐ〉とでは，論理がちがう．シロクマは，〈犬と似ているからつなぐ〉ということではなく，〈危険性が犬よりはるかに大きいので，当然つなぐ〉とするのだから，ちがいが大きいことがむしろ前提にある．そしてこのちがいに着目すれば，ほとんどの人が〈つなぐ〉を導けるので，推論の自明性が類推よりも高い

法意適用は，a, b間での類似性がさらに低く（15%程度以下），aになぞらえてbを処理することもできない（類推できない）ため，aの規定の根底にある一般原理を抽出しそれに従ってbを処理する解釈である．それゆえ法意適用は，いわば最後の手段の一つとして使うものなのである．以上の関係を図で示せば，図4-2のようになる．

(2) 法解釈の主観性・客観性をめぐって

　法解釈が解釈者の主観に左右される実践的行為なのか，それとも客観的な学問的作業でもあるのかが，昔から外国でも日本でも争われてきた．日本では，法解釈論争と呼ばれる有名な論争もあった．これは，来栖三郎の1953年の「法の解釈と法律家」（日本私法学会での報告．『私法』11号，1954）から始まった．来栖は，解釈者の主観（スタンス）が解釈に際し大きく作用すること，したがって解釈者はその解釈に自己責任を自覚すべきことを説いた．法解釈論争の途中から，利益衡量（考量）論が有力になっていった．法解釈の作業とは，まず対立する利益のどれをどう優先させるかの衡量＝価値判断によって結論の方向を定め，あとは，あたかもそれが条文から論理的に帰結したかのように理由づけ（法律構成）する作業だという立場である．法解釈論争に似た議論としては，ドイツでは19世紀末以来，エールリッヒらの自由法論が解釈者の価値判断が重要であることを問題提起した議論がある．アメリカでは1930年代以降，リアリズム法学が法解釈の主観性を指摘した．

　しかし，来栖の議論や利益衡量論を含めこれまでの法解釈論の多くは，大雑把過ぎる．われわれの4-1の構造図を前提にすれば，[A]〜[E]，[イ]〜[リ]のそれぞれに分けて検討することが欠かせない．また，刑事裁判等と民事裁判では，求められる客観性の度合が異なるから，これも分けて論じる必要がある．加えて，解釈の主観性・客観性の要請が，時代によって・国の司法や政治の状況によって・裁判官の態様によって異なる実態，弁護士と裁判官での作業のちがいなどをも踏まえて，考えなければならない．

　このうち4-1の構造図を踏まえた検討では，次のようになる：
　(a) 左列 [A]〜[E] をめぐって　　[A]について：ことばのそれ自体

のである．このためもちろん解釈は，刑法において被告人に不利になる場合も，類推とは反対に，利用可能なのである．5.6.1参照．

の使われ方を考えるのだから，もっとも客観的判断に関わるように思える．しかし，① 語の通常の意味によるか，法律家の使ってきた意味によるか，それとも学問的な意味によるかは，解釈者の選択に関わる（これら三つのどの意味を重視するかは，[B]～[E]，とくに[E]の考察の結果に依存してもいる）．② そもそも[A]だけで処理すべきかどうかも，[B]～[E]（とくに[E]の考察：文字通り適用しても正義に反しないか・今後問題が起こらないかなどの考察）に依存している．[A]は古来，文理解釈ないし「文法的解釈」と呼ばれてきたが，このように考えると，実際には文理・文法だけが問題であるわけでないことが分かる．

[B]について：条文同士の関連を論理的に推論する点で，客観的な作業に見えるが，しかし実際には，① どの条文と関連づけるか，② 関連づける条文をどの程度重視するか（たとえば，わいせつ罪の刑罰規定の適用に当たって，憲法の人権条項をどの程度重視するか）は，[C]～[E]，とくに[E]の考察による．

[C]・[D]について：立法者の意思，その歴史的背景の確認作業は歴史認識のようでもあり，歴史研究が客観性を重視する点では，客観的作業であるように見える．しかし，立法者の意思や立法の背景事情を今日では，あるいはこのケースでは，どの程度重視するべきかは，[E]の判断によるところが大きい．

[E]について：何が正義か，この法律が本来目的としているのは何か，このように解釈して問題はないかなどは，解釈者の主観的判断によるところが大きい．しかし他方，① 問題があるかないかを判断するに当たっては，たとえば世間の人の正義感情をできる限り正確に把握しておかなければならない．また，その解釈の方向をとった場合，将来どういう問題が起こるかは，科学的に考察しておかなければならない．この点では，判断の客観性が重要である．② [E]に依拠した解釈をする人は，[A]～[D]までの検討をすでに踏まえている．したがって，[A]～[D]の検討が許容する枠内での判断となる．この点でも，[E]でもまた，[A]～[D]がもつ客観性が，重要な規定力を有しているのである．

(b) 右列[イ]～[リ]をめぐって　他方，構造図右列の，[イ]～[リ]をめぐっても，① なぜそれに依拠することが可能かは，筋道立てて説

明できないといけない．たとえば，拡張解釈をする場合には類似度がかなり高いこと（類推をする場合には必然的な本質的類似性があること，法意適用の場合は一般原理の抽出が説得的であること）と，作業の結果が妥当である根拠とが示されなければならない．② 先ず［A］〜［E］を検討し，その落としどころとして［イ］〜［リ］のどれかに依拠するのだから，右列の選択に当たっても［A］〜［E］のもつ客観性がすでに枠を与えている．

以上のような点を踏まえると，法解釈の作業とは，客観性を重視しつつも不可避的に主観性がともなう作業，両者の緊張関係の中で営まれる作業だということになる[32]．われわれがこれまでに使ってきた「法的思考」の主要部分は，以上の作業の中に見られる思考の総体のことなのである．

4.2 判決に見た図左列［A］〜［E］

4.1で示した法の解釈は，実際に裁判官によってどう遂行されているか？ この点に関しここではまず，前述（66頁）の構造図の左側，［A］〜［E］が一つひとつ緻密に検討されている，二つの模範的な判決を素材にして見てみよう．これら二つを精読することは，本書の議論が実務を反映していることを確認させるとともに，諸君の頭脳の回転を法律家的なものにするのに役立ちもするだろう．

4.2.1 未成年者に親方が酒を勧めた事件

本判決（未成年者飲酒禁止法違反被告事件　宇都宮家庭裁判所栃木支部 2004（平成 16）年 9 月 30 日判決　LEX/DB-28105006）は，下記の「公訴事実」や「前提事実」から明らかなように，塗装業の親方が，住み込ませて雇用している未成年者に親睦会で酒を飲ませ，未成年者飲酒禁止法 1 条 2 項違反で起訴された事件に関わる（第 1 審で無罪が確定）．

---

[32] こうした法解釈作業に，法律学の研究者（学説）はどう関わるか？　研究者は，法解釈作業に関してもそのあらゆる部分を考察対象にする．［A］〜［E］，［イ］〜［リ］，さらには前提になる事実（歴史・外国法の）認識，そこで問題になる価値や方法に関する哲学など，すべてを対象にする．それらのすべてが関心事項であり，どの部分の考察も時には実務に役立ちうるのである．

第4講 法の解釈 I

> 関連条文

未成年者飲酒禁止法1条2項:「未成年者ニ対シテ親権ヲ行フ者若ハ親権者ニ代リテ之ヲ監督スル者未成年者ノ飲酒ヲ知リタルトキハ之ヲ制止スヘシ」

家庭裁判所の裁判官は,(a) まず,上記規定中の「親権者ニ代リテ之ヲ監督スル者」がどこまでの人を含むかをめぐって対立があり不明なので,本書66頁の図4-1の,左側の([A]～[E])5つを順に検討する.すなわち文理解釈,体系的解釈,立法者意思解釈,歴史的解釈,法律意思解釈を逐一おこなっていく.(b) そしてこの検討を踏まえて,「親権者ニ代リテ之ヲ監督スル者」の意味の確定(概念の明確化)をする(これは,図4-1の右側の[ロ]宣言的解釈の道を採ったのである).(c) 裁判官は最後に,本件の事実が,その明確にされた概念にあてはまるか,諸要点ごとに一つひとつ検討し(これを,包摂(Subsumption)の作業と呼ぶ),結論として,概念には全体として当てはまらない(本件の事実は問題の法律に包摂されない=「犯罪の証明がない」)として被告人を無罪にした.こうした点で本判決は,われわれが先に見た法解釈の思考構造をみごとに現前させている.法解釈の仕方を考えるうえで大変参考になる,モデル的な判決だと言える.

> 判決文の抜粋

「第1 本件公訴事実
　本件は,未成年者飲酒禁止法(大正11(1922)年法律第20号,以下単に「法」という場合はこの法律を指す.)1条2項の「未成年者ニ対シテ親権ヲ行フ者若ハ親権者ニ代リテ之ヲ監督スル者未成年者ノ飲酒ヲ知リタルトキハ之ヲ制止スヘシ」(罰則は法3条2項)に係る罪に関する事案で,その訴因変更後の公訴事実は,要旨,「被告人は,A塗装の経営者として未成年者である同店従業員のB(当時17歳)及び同C(当時16歳)を親権者に代わって監督する者であるが,平成15年2月9日午後6時過ぎころから同日午後10時30分過ぎころまでの間,栃木県下都賀郡a町所在の被告人方及び同町内所在のスナック店舗内において,上記Bら2名に対し,同人らが未成年者であることを知りながら,酒類であるビール,焼酎等を提供して飲酒させ,これを制止しなかった.」というのである.
第2 証拠によって明らかに認められる前提事実

1　そこで検討すると，(証拠―略) によれば，以下の事実が認められる．
「被告人は，平成7年ころからA塗装の名称で建築塗装業を経営しているものであるが，平成13年夏ころからB (本件当時17歳) を，平成15年1月28日ころからC (本件当時16歳) を，いずれもA塗装の従業員として雇用していた．被告人は，B及びCが未成年者であることを知りながら，平成15年2月9日午後6時ころから同日午後8時30分ころまでの間，仕事を終えて戻ってきたB及びC並びに同従業員D及び同Eに対し，栃木県下都賀郡a町大字bc番地d・e号室の被告人方において，日本酒，ビール等を振る舞って飲酒させ，その後場所を代えて，同日午後9時ころから同日午後10時30分ころまでの間，被告人の実父が経営するスナックであり，その日は定休日であった同町大字fg番地hの「F」店舗内において，上記4名らに対し，さらに焼酎等を振る舞って飲酒させた．」
2　上記認定事実によれば，被告人がB及びCに対し，同人らが未成年者であることを知りながら，酒類を提供して，飲酒させたことは明らかである．〔…〕
　そして，法1条2項の「未成年者ニ対シテ親権ヲ行フ者」とは，通常は父母らの親権者 (民法818条) を指し，また，「親権者ニ代リテ之ヲ監督スル者」の中に，法律上の親権代行者 (親権者が子の親権を代行する場合 (民法833条)，未成年後見人 (民法857条等)，未成年後見人が未成年被後見人の親権を代行する場合 (民法867条)，児童福祉施設の長 (児童福祉法47条) 等) が含まれることは，その文言等から見ても明白であると言えるが，被告人は，B及びCの親権者でも法律上の親権代行者でもない．」
「第4　当裁判所の判断
1　法1条2項の「親権者ニ代リテ之ヲ監督スル者」の意義について
(1)　一般に，成文法の解釈は，条文上の用語，字句に密着してその意味を考え (文理解釈)，また，論理上の整合性や法の目的に適合した規定の意味を追求しなければならない (論理解釈，目的論的解釈)．しかし，刑罰法規の解釈の場合は，罪刑法定主義 (憲法31条) の要請に従う必要があり，国民の予測を超えて適用範囲を不当に拡げることがないようにするため，刑罰法規の解釈はできるだけ厳格であるべきで，成文法規の文言の可能な意味の範囲を超える解釈は許されないとされる (類推解釈の禁止)．
　したがって，法1条2項の「親権者ニ代リテ之ヲ監督スル者」の意義を解明するにあたっても，まず，その法規の文理解釈を基本としなければならない．しかし，この「親権者ニ代リテ之ヲ監督スル者」の字句のみからは，必ずしもその意味ないし範囲が明確とは言い難い．そこで，さらに，法の制定趣旨，目的，立法の沿革，立法当時の社会的実態とその後の変化，法改正の有無，関連法規との関係等を十分に考察して，その法規の持つ可能な意味の範囲が明確になるように解釈していかな

ければならない(明確性の理論).

(2) そこで,まず,法1条2項の文理を見ていくと〔**文理解釈**〕,法1条2項の「親権者ニ代リテ之ヲ監督スル者」という文言は,他の規定で親権代行者を示す場合に用いられている「……に代わって親権を行う」という文言(民法833条,867条1項等参照)とは明らかに異なっており,その文言自体から,親権代行者のみに限定する趣旨ではないと解される.

そして,次に,親権代行者以外のどのような者が「親権者ニ代リテ之ヲ監督スル者」に該当するかについて検討するに,法1条2項は「未成年者ニ対シテ親権ヲ行フ者若ハ親権者ニ代リテ之ヲ監督スル者」というように,親権者の次にこれと並べて「親権者ニ代リテ之ヲ監督スル者」に未成年者の飲酒を制止すべきことを規定しており,「親権者ニ代リテ之ヲ監督スル者」にも,親権者と同じ刑罰を科している(法3条2項).したがって,この規定の構造自体からみても,「親権者ニ代リテ之ヲ監督スル者」とは,親権者と同等か,あるいは,少なくともこれに準ずる程度に一般的,包括的に未成年者を監督することが期待されるような特別な関係ないしは立場にある者を意味していると解すべきである.また,「親権者ニ代リテ之ヲ監督スル者」とは,親権者がいないか,いたとしても何らかの理由によって,親権者が当該未成年者を監督できないような場合に,これに代わって未成年者を監督する者を意味すると解すべきである.「親権者ニ代リテ之ヲ監督スル者」の「代リテ」との文言は,本来の監督権者である親権者が監督できない場合であることを当然の前提としていると解されるのである.

また,論理的に考えてみても〔**体系的解釈**〕,本来未成年者を監護教育する権限及び義務を一般的,包括的に有しているのは親権者であるから(民法818条ないし820条参照),未成年者が飲酒をしようとしている現場に親権者がいる場合には,その未成年者の飲酒を制止するという作為義務を負うのは親権者のみであって,他の者は,たとえその未成年者の親族,知人等親しい関係にあったとしても,親権者に監督を任せておけばよく,倫理的,道徳的な義務は別として,法律上はそのような作為義務を一切負わないことは明らかである.それにもかかわらず,例えば,その場に親権者がいなくなると,それだけで直ちに親族らが未成年者の飲酒を制止すべき作為義務を負うに至るというのはあまりにも不合理であるし,その作為義務を負う者の範囲をどこまでにするかなど,基準が非常に不明確になる.したがって,その親権者以外の者が,親権者と同様の作為義務を負い,かつ違反した場合に同じ刑罰を科されるのは,単に親族等であるというだけではなく,その者が親権者と同等か,あるいは,少なくともこれに準ずる程度に一般的,包括的に未成年者を監督すべき権限及び義務を有するという特殊な関係ないし立場にある場合に限られると考えられるのである.

前記の親権代行者は，正に，親権者がいないか，あるいは，親権者がいても親権を行使できない場合で，かつ，法律上親権者と同等の監督義務を持つとされた者であるから，親権者と同等の責任を負うのである．

(3) ところで，弁護人は，この親権者以外の者が，法1条2項の「親権者ニ代リテ之ヲ監督スル者」に当たるための監督権限，義務は，何らかの法律上の権限，義務でなければならない旨主張するが，法1条2項の文理解釈上，弁護人の主張するような法律上の権限，義務でなければならないという限定は認められないし，実質的にもそのような限定をすべき理由は見当たらず，親権者との間の契約（依頼）により監督している場合や，契約もなくて単に事実上，民法の事務管理者（民法697条）等として監督しているような場合であっても妨げないと解する．要は，前記のとおり，親権者と同等か，あるいはこれに準ずる程度に一般的，包括的に未成年者を監督することが期待される立場にあるか否かによるべきであり，その監督権限の由来や根拠は問わないのである．

　このことは，法1条2項と類似した規定を持つ民法714条（責任無能力者の監督者の責任）の文言からも明らかであると言える．すなわち，同法同条1項は，無能力者を監督すべき法定の義務ある者（親権者及び未成年後見人等）の責任を規定し，これと区別して同法同条2項では，法1条2項の「親権者ニ代リテ之ヲ監督スル者」と類似した文言を用いて，「監督義務者ニ代ハリテ無能力者ヲ監督スベキ者」（代理監督者）の責任を規定しており，この2項の「監督義務者ニ代ハリテ無能力者ヲ監督スベキ者」とは，法定の義務者以外の者を意味することが明らかなのである．

(4) そして，より具体的に，親権代行者以外のどのような者が，法1条2項の「親権者ニ代リテ之ヲ監督スル者」に該当するかという問題についても，刑罰法規と民事法規との相違，監督の対象の年齢層，監督内容及び目的等の相違はあるが，上記民法714条2項の解釈が一応参考になる．同法同条2項の「監督義務者ニ代ハリテ無能力者ヲ監督スベキ者」（代理監督者）の意義については，一般に，法律によって無能力者を託された公立小学校等の教員，少年院の職員等のほか，1項の親権者，未成年後見人等との契約（依頼）によって無能力者を預かる託児所の保母，幼稚園の教員等がこれに当たると解されているのである（加藤一郎「不法行為」増補版161頁以下（法律学全集22-⟨2⟩有斐閣），山本進一「注釈民法（19）」261頁（有斐閣），同「民法（7）」166頁（有斐閣双書）等参照）．

　また，未成年者飲酒禁止法制定に当たっての立法府での議論〔立法者意思の検討〕の状況もこれを解釈するに当たっての参考資料とされなければならないが，同法は，未成年者喫煙禁止法（明治33年3月7日制定）の法案提出者でもある根本正衆議院議員によって，明治33年に初めて帝国議会に提出された法案が，毎年否決・再提出を繰り返して，大正11年3月30日に至ってようやく成立したものであ

るが，成立時の大正11年の第44回ないし第45回帝国議会衆議院，貴族院議事録においては，法1条2項の意義については，ほとんど議論された形跡がない．そこで，それ以前の議事録等の資料を見ていくと，明治34年2月18日の第15回帝国議会衆議院「未成年者飲酒禁止法案委員会会議録（速記）第2回」によると，当時の同法案では，「未成年者ニ対シテ親権ヲ行フ者」のみが未成年者の飲酒を制止すべき者とされていたが，その「親権ヲ行フ者」の解釈につき，提案者である前記根本正委員長が，「両親トカ，兄トカ，後見人トカ云フモノデアリ」云々と答弁しており，また，明治37年12月23日の第21回帝国議会衆議院「未成年者飲酒禁止法案委員会会議録（速記筆記）第2回」によると，現行の法文と同旨の「親権者ニ代リテ未成年者ヲ監督スル者」が加わり，その解釈につき，同じく根本正委員が，「之ハ主ニ学校ニ居ルトコロノ教官デアルトカ，後見者デアルトカ，父兄デアルトカ云フ者ヲ，指シタ積モリデアリマス」と答弁しており，ここに父兄を入れているのはやや疑問であるが，<u>ここでは学校の教師も含まれるとしている</u>．なお，明治33年に成立した上記未成年者喫煙禁止法の審議においては，明治32年12月15日の第14回帝国議会衆議院「幼者喫煙禁止法案審査特別委員会速記録第2号」によると，法1条2項と全く同義である同法案3条2項の「親権ヲ行フ者ニ代リテ未成年者ヲ監督スル者」の意義に関し，「本案ノ責任ヲ負フモノト云フモノハ父，父ガゴザイマセヌケレバ母，詰リ父母トモアラザルトキハ，後見人等ニ於テ是等ノ人ヨリ依頼ヲ受ケテ未成年者ヲ監督スルモ（ノ）」が責任を負うことになり，（中略）<u>「学校教員ノ如キモノハ，茲ニ含ミマセヌ」</u>，（中略）<u>「雇主ト云フモノハ受ケナイ」</u>などと答弁しており，学校教員は，一般監督者と被監督者との関係とは違って，徳義上の責任を負わせるべきではなく，生徒の悪行に対して責任を負わせるのは不穏当であるとし，また，雇主も同様であるとして，かなり限定的に解釈していたことが窺われるのである．

(5) なお，<u>検察官は，前記のとおり，近時，少年犯罪の増加，凶悪化が著しく，重大な非行へとつながる飲酒を社会全体で防止する必要性が高まっており，未成年者飲酒禁止法の改正がなされ，営業者による酒類の販売禁止違反の罰則が引上げられたという社会情勢に照らし，飲酒による未成年者の心身への悪影響から未成年者を保護するという，法の制定趣旨を実現するためには，法1条2項を限定的に解すべきではない旨主張しており</u>，確かに，時代の推移によって，少年を取り巻く環境は著しく変化し，その中で少年非行は増減を繰り返し，現在は，少子化の進む中で，少年非行の絶対数はそれほど多いとは言えないが，凶悪化，低年齢化等の傾向が顕著であるとされている〔**法律意思解釈・政策的判断**〕．しかし，未成年者を飲酒の害悪から保護すべきであるとする法の制定趣旨，目的自体は，現在も，何ら変化していないと認められ〔**歴史的解釈**〕，その目的を社会全体の努力で実現していかな

ければならないということも，成立当時から現在まで共通して言えることであり，未成年者の飲酒を制止しなかった者をどの範囲まで処罰し，どの範囲までは倫理，道徳等に任せて処罰まではしないかという問題に関しては，立法当時も現在も，その社会情勢，すなわち，立法事実に大きな変化があるとは認められないのである。このことは，未成年者飲酒禁止法の近時の改正は，酒類の販売業者の関係に限られており，法1条2項の監督者の範囲については，立法当時から現在まで一度も改正されていないことからも言えることである。したがって，法1条2項の監督者の範囲を，立法当時よりも安易に拡大して解釈することは許されないと解する。

(6) 小結

したがって，以上を総合して考察すると，法1条2項の「親権者ニ代リテ之ヲ監督スル者」とは，親権者や親権代行者のように，未成年者に対する監督権限や義務が法定されていなくても，親権者らが欠けたり，親権者らがいても何らかの理由で未成年者を監督できないときに，親権者に準じて一般的，包括的に未成年者を監督すべき立場にある者が，これに当たると解するべきであり，その監督権限の由来は，必ずしも法律上の義務である必要はなく，親権者や親権代行者から契約等によって依頼されたり，あるいはそのような依頼がなくても，事実上親権者らに代わって未成年者を手元に引き取り，同居させるなどして，日常一般的，包括的にこれを監督する者などが，これに当たると解するのが相当である。〔…〕

ただし，ここで問題とされている監督の内容は，あくまでも未成年者の飲酒を制止するという，未成年者の生活面に関する一般的，包括的なものでなければならないから，監督内容としてそれを含まないような場合は，法1条2項の「親権者ニ代リテ之ヲ監督スル者」には該当しないというべきである。弁護人が例示する学習塾や書道塾の教師，趣味のサークルの指導者や先輩，町内会の役員や隣人等は，通常親権者等から未成年者の飲酒の制止等をも含めた生活面全般についての監督を依頼されているとは考えられないから，この意味で，「親権者ニ代リテ之ヲ監督スル者」には含まれないと解されるのである。そして，同様に，本件の被告人のような，未成年者の雇主は，上記の住込店員等の場合とは違って，通常は，職務上の監督権限及び義務を有するのみで，日常的な生活面についての監督権限及び義務は有さないから，「単なる雇主」はこれに含まれないと解されるのである（上記・安西「改訂特別刑法4」155頁同旨）。〔…〕

2 被告人が，B及びCを「親権者ニ代リテ之ヲ監督スル者」に該当するか否か。

(1) 以上を前提に，被告人が，B及びCを「親権者ニ代リテ之ヲ監督スル者」に該当するか否かにつき判断すると，前記認定のとおり，被告人は，A塗装の名称で建築塗装業を営み，B及びCを雇用する雇主であるが，単に雇主であるというだけでは，B及びCを「親権者ニ代リテ之ヲ監督スル者」には該当しない。逆に，

雇主であるからといって,「親権者ニ代リテ之ヲ監督スル者」になり得ないわけでもない.要するに,被告人が単なる雇主という立場を超えて,B及びCを親権者に代わって監督するような特別な関係ないし立場にあったか否かが問題である.
(2) そこで,この点につき判断すると,（証拠―略）によれば,以下の事実が認められる.
ア 被告人の未成年の従業員に対する監督状況等
「被告人が経営するA塗装では,従前から若年の従業員を多く雇い入れており,本件当時8人の従業員がいたが,そのうちB及びCを含む3名が未成年者で,4名が20歳代であった.そして,A塗装は,宇都宮市所在のG建築塗装工業等から下請けの仕事を受注していたが,同社の社長から,特に18歳以下の従業員は生活面も含めて指導,監督するように注意を受けていた.また,同社から東京都内等の現場の仕事を受注した場合には,同社の用意した埼玉県朝霞市内のアパートに従業員を宿泊させる必要があったが,そのような場合,被告人は,腰痛等もあってあまり現場へは行かず,専ら営業の仕事をしていたため,同行はしないが,年長の従業員を通じて,Bら未成年者を含む従業員に,同アパート内では飲酒しないように生活面の注意もしたり,Bその他の従業員に電話をして,その様子を確認したりしていた.その他,雇い入れた従業員が仕事を十分に覚えないうちに辞めてしまうと,採算がとれず,受注に必要な人員確保もできなくなるため,長く定着させる必要もあって,被告人は,日頃から仕事が終わった後,未成年者を含む従業員らを自宅兼事務所に呼んで,しばしば夕飯を食べさせながら,仕事の話をして従業員との親睦を図ったほか,従業員の個人的な悩み事の相談にも乗ったりしていた.また,夕飯を振る舞う際には,未成年者も含めて従業員に飲酒をさせることもしばしばあった.自宅以外でも,被告人の実父が経営する本件スナック「F」等へ従業員を連れて行って飲酒させたりして,従業員らとの関係を深めていき,若い従業員らからも慕われていた.なお,A塗装には従業員寮などはなく,基本的に従業員は全員通いであった.」
イ Bの生活状況及び被告人のBに対する監督状況等について
「Bは,中学校2年生のころから非行が現れ始め,タバコやシンナーを吸ったりし,中学3年生の冬ころから,両親に反発して,友人宅で無断外泊することなどを繰り返し,中学校にもあまり登校しなくなり,平成13年4月に高校に進学したが,すぐに登校しなくなって,暴走族にも加入し,自動二輪車の無免許運転等を頻繁に繰り返し,同年6月末ころには両親の反対を押し切って高校も退学してしまい,同年8月ころまで就職もせず,昼間寝て夜活動するといった荒れた生活を続けていた.そして,Bは,同月19日ころから,友人の紹介でA塗装で働くようになったが,その後1週間から2週間ほど経過したころ,被告人が仕事帰りにBを自動車で自宅まで送りがてら,B方へ赴き,在宅していたBの両親と玄関先で,Bの仕事振

りや，今後の雇用のことなどについて，互いに，「ちょろちょろしていますけど，仕事は真面目にやっていますか。」「真面目にやっているので大丈夫です。」程度の簡単な挨拶を交わして帰って行った．その後，被告人は，Bの両親に，Bを通じ，Bが現場で勤務することの承諾書を書いて貰って提出を受けたことはあったが，それ以外は，本件時まで，Bの両親と一度も会っておらず，電話や手紙のやりとりなども一切したことはなかった．Bは，被告人の給料の支払いが遅れがちだったことなどもあって，平成14年6月ころから8月ころまでの2か月間ほどA塗装を辞めたこともあったが，その後またA塗装に復帰し，本件当日まで月に20日程度一応まじめに勤務し，その間，被告人は，Bを説得して，同年5月ころには暴走族を脱退させ，言葉使いや挨拶なども注意して良くなっていった．また，被告人は，Bが，暴走族に加入していたころに犯した自動二輪車の無免許運転等により，同年6月に家庭裁判所で保護観察処分を受けたことも聞かされており，Bに対し，無免許運転や女性との奔放な交際等について注意したり，悩み事の相談に乗ったりしていた．Bの誕生日には，スナックに連れて行き，Bの友達も呼んで誕生会を開いてやったりした．〔…〕」
ウ　Cの生活状況及び被告人のCに対する監督状況等について〔…〕
(3) 判断
ア　Bとの関係について
　以上認定した事実により，まず，被告人とBとの関係についてみると，被告人は，Bを雇い入れて間もないころ，B方でその両親と会って一度挨拶を交わしているが，それは玄関先の立ち話程度で，その内容も，雇主と使用人の両親との間で交わされる通常の挨拶の範囲を超えてはおらず，特別に，Bの仕事面のみならず，日常生活面についても両親に代わって監督することを依頼されたりしたものとは認められず，その後，Bの両親からBが現場で働くことの承諾書を書いて貰ったことはあったが，それ以外には，本件までの約1年半の間，全く接触もしていなかった．確かに，被告人は，個人で建築塗装業を営んでおり，従業員も少ない零細企業の特殊性等から，Bとの関係は，一般の大企業の経営者と社員の関係などより濃密で，職務上必要な指導監督に止まらず，仕事が終わった後夕飯を食べさせたり，相談に乗ったり，その他日常生活面についても指導，助言等をしていたため，Bから，両親よりも頼られていた側面が認められ，Bの両親も，日常生活面も含めた指導を被告人に期待していたことが窺われる．しかし，被告人は，従業員とともに現場に出ていることは少なく，これらの被告人のBに対する指導等は，主に一日の仕事が終わった後以降に限られていたと見られ，このようなことは，程度の差はあっても，未成年者を雇用する個人営業の雇主であるならば，通常行う範囲のことであるとも考えられ，被告人の場合ややそれが濃密であったが，このような濃密な人間関係を形成していたとしても，それが，被告人とBの労使関係を質的に変化させて，被

告人にBの私生活についての監督権限や義務を発生させるものとは考えられない．そして，被告人がBを自宅に泊めたことは一度もなく，Bは，本件当時は，生活関係がかなり改善されてきていて，両親と同居し，家から仕事に通い，両親とよく話もするようになっていたというのであるから，現実的にもBは，親権者である両親の監督に服していたものと認められるのである．

　なお，被告人の警察官に対する供述調書中には，「従業員にその保護者に代わり監督する立場にありながら，未成年者に酒を飲ませ……」「未成年者を雇用した以上は，私が経営者ですから，その間は，保護者に代わって，生活実態を監督していかなければならないことも充分に分かっていたのです．」「保護者に代わり監督する立場にありながら……」などと，被告人がBらの親権者に代わって指導監督すべき立場にあったことを認めるような内容の供述部分があるが，これらは，法律知識が十分でなく，本件の争点等を良く理解していない被告人に対し，捜査官が都合の良い見解を押しつけたことによって作成されたものに過ぎないと認められ，その証拠価値は乏しいと言わざるを得ない．

　したがって，以上によれば，検察官が主張する，被告人がBの親権者から個別的にBの生活全般を含めた監督を強く依頼されていたというような事実は認められず，その他事実上にしても，被告人が，単なる雇主という立場を超えて，Bの親権者に代わってその生活面等についてまで指導監督すべき立場にあったとは認められないから，被告人は，Bとの関係において，未成年者飲酒禁止法1条2項の「親権者ニ代リ之ヲ監督スル者」には該当しない．

イ　Cとの関係について〔…〕

第5　結論

　よって，以上によれば，本件公訴事実については，犯罪の証明がないことに帰するから，刑事訴訟法336条により被告人に対し無罪の言渡しをする．」

考　察

　本判決で裁判官は，「親権者ニ代リテ之ヲ監督スル者」の概念の中身確認，すなわち［ロ］宣言的解釈をし，被告人はその概念に当てはまらないとして無罪にしたのであるが，それに先だって図4-1の左列の［A］〜［E］のそれぞれを，次のように検討した．

　裁判官はまず，〈法解釈をするときには，なによりも条文に忠実であるべきである；そのためには，まず字句の通常の意味に沿って処理すべきである；しかし，それだけでは意味が明らかにならない場合や，妥当でない場合がある；その際にはさらに，［B］体系的解釈，［C］立法者意思解釈へと順

に進みつつ処理する必要がある；そしてまた，解釈に当たっては，字句を超えて体系的整合性や，法の目的をも考えなければならない〉と教科書的に述べる（80頁の判決文中の「一般に，成文法の解釈は」以下，「(明確性の理論)」までを参照）．そしてそのうえで，次のように［A］〜［E］の解釈を進める．

　［A］文理解釈　　裁判官はまず，文理解釈をおこなう：① 未成年者飲酒禁止法1条2項の「親権者ニ代リテ之ヲ監督スル者」という文言は，民法833条や867条1項等の「……に代わって親権を行う」という文言とは明らかに異なっている．それゆえ「親権者ニ代リテ之ヲ監督スル者」は，「その文言自体から」して，民法833条や867条1項等とは異なって「親権代行者のみに限定」されてはいない，と読める．他方，② 未成年者飲酒禁止法1条2項は，「親権者ニ代リテ之ヲ監督スル者」を親権者と並記しており，かつ「親権者と同じ刑罰を科している（法3条2項）」．この事実からして，「親権者ニ代リテ之ヲ監督スル者」は，「親権者と同等か，あるいは，少なくともこれに準ずる程度に一般的，包括的に未成年者を監督することが期待されるような特別な関係ないしは立場にある者」を意味している，と．

　［B］体系的解釈　　裁判官は次に，体系的解釈に移る．「親権者ニ代リテ之ヲ監督スル者」という文言は，親権者について規定した民法818条ないし820条などと照らし合わせつつ判断すると，「親権者と同等か，あるいはこれに準ずる程度に一般的，包括的に未成年者を監督することが期待される立場にあるか否かによるべきであり，その監督権限の由来や根拠は問わない」の意だとする．裁判官は加えて，「親権者ニ代リテ之ヲ監督スル者」と同じような表現である，民法714条2項の「監督義務者ニ代ハリテ無能力者ヲ監督スベキ者」（代理監督者）の表現を参考にする．そしてこの民法714条2項の規定に該当するものとしては，「法律によって無能力者を託された公立小学校等の教員，少年院の職員等のほか，1項の親権者，未成年後見人等との契約（依頼）によって無能力者を預かる託児所の保母，幼稚園の教員等」があるとする有力な学説を挙げ，「親権者ニ代リテ之ヲ監督スル者」はこれに準じて運用できる，と解釈する．

　［C］立法者意思解釈　　裁判官は続いて立法者意思解釈に移り，「議事録等の資料」を検討する．そしてそれらのなかには，「学校教員ノ如キモノハ，茲ニ含ミマセヌ」，「雇主ト云フモノハ受ケナイ」（＝雇主は，そのような責任を

負わない）などの答弁が記録されていることを見いだし，この事実から，「学校教員は，一般監督者と被監督者との関係とは違って，徳義上の責任を負わせるべきではなく，生徒の悪行に対して責任を負わせるのは不穏当であるとし，また，雇主も同様であるとして，かなり限定的に解釈していたことが窺われる」ということを確認する．

　[D] 歴史的解釈・[E] 法律意思解釈　裁判官は最後に，歴史的解釈と法律意思解釈とを併せておこなう．裁判官は，検察官の「近時，少年犯罪の増加，凶悪化が著しく，重大な非行へとつながる飲酒を社会全体で防止する必要性が高まっており，未成年者飲酒禁止法の改正がなされ，営業者による酒類の販売禁止違反の罰則が引上げられたという社会情勢に照らし，飲酒による未成年者の心身への悪影響から未成年者を保護するという，法の制定趣旨を実現するためには，法1条2項を限定的に解すべきではない」との主張を検討する．そして本法の目的は，検察官が言うような治安のためのものではなく，あくまでも「未成年者を飲酒の害悪から保護」しようという点，すなわち未成年者保護，にあると裁判官は判断する．裁判官によれば，この「法の制定趣旨，目的自体」は，「現在も，何ら変化していないと認められ」る．裁判官はこのような歴史的解釈・法律意思解釈に依拠して，検察官が主張するような本条の目的論的解釈（検察官は，それによって本条の規制範囲を広げ本件に適用しようとした）に反対するのである．

　これらの検討の結果，裁判官は「(6) 小結」において，法1条2項の「親権者ニ代リテ之ヲ監督スル者」の意味を次のような意味だと確認する：

> 「親権者や親権代行者のように，未成年者に対する監督権限や義務が法定されていなくても，親権者らが欠けたり，親権者らがいても何らかの理由で未成年者を監督できないときに，親権者に準じて一般的，包括的に未成年者を監督すべき立場にある者が，これに当たると解するべきであり，その監督権限の由来は，必ずしも法律上の義務である必要はなく，親権者や親権代行者から契約等によって依頼されたり，あるいはそのような依頼がなくても，事実上親権者らに代わって未成年者を手元に引き取り，同居させるなどして，日常一般的，包括的にこれを監督する者などが，これに当たると解するのが相当である．」

　次に，裁判官は以上を踏まえ，事件の要点（主要事実）が，上記のように解釈された意味での本条のポイントに対応しているか（それらに包摂されるか）を一つひとつ検討し（上記のように解釈した条文を念頭に置きつつ，事実を確

定していくなかから，両者の対応をチェックしていくのである），そしてまとめとして，本件の被告人は，① 親権者から「契約等によって依頼」されておらず，② また「日常一般的，包括的にこれを監督する者」でもなかった（ことが確認される）ので，本件は本条には包摂されない；よって被告人は無罪である，と結論づけたのである[33]．

4.2.2 別種の大麻草を吸って有罪の事件

本件（大麻取締法違反被告事件　福岡高裁 1993（平成 5）年 8 月 23 日第二刑事部判決　LEX/DB-27825575）で被告人は，自分が吸った「大麻草」は，「カンナビス・インディカ・ラム」であって大麻取締法 1 条が規定する「大麻草（カンナビス・サティバ・エル）」とは種を異にしており，したがって自分の行為は大麻取締法違反ではない，と無罪を主張した．本判決は，この主張を認めなかった（本件は，第 2 審で確定した）．良い教材なので，全文を掲載する：

関連条文

① **大麻取締法 1 条**：「この法律で「大麻」とは，大麻草（カンナビス・サティバ・エル）及びその製品をいう．ただし，大麻草の成熟した茎及びその製品（樹脂を除く．）並びに大麻草の種子及びその製品を除く．」

② **刑法 38 条 3**：「法律を知らなかったとしても，そのことによって，罪を犯す意思がなかったとすることはできない．ただし，情状により，その刑を減軽することができる．」

判決文

「
　　　　　　　　　　主　文
　　　本件控訴を棄却する．

　　　　　　　　　　理　由
　本件控訴の趣意は，弁護人林正孝作成の控訴趣意書記載のとおりであり，これに

---

[33] なお本裁判官は，被告人の重要な供述部分に関し次のように指摘している：「法律知識が十分でなく，本件の争点等を良く理解していない被告人に対し，捜査官が都合のよい見解を押しつけたことによって作成されたものに過ぎないと認められ，その証拠価値は乏しいと言わざるを得ない」．裁判官は，警察が被告人を罪に陥れようと工作したと認定したのである．これは，しばしば起こる問題である（本書 213 頁以下参照）．

対する答弁は，検察官飼手義彦作成の答弁書記載のとおりであるから，これらを引用する．所論は，要するに，原判決は，被告人がみだりに大麻約九九・二〇九グラムを所持した旨認定しているが，大麻取締法一条によれば，同法が所持を禁止している大麻草は「カンナビス・サティバ・エル」のみであると解されるところ，被告人が所持していたのは「カンナビス・インディカ・ラム」であるから，原判決には事実の誤認がある，というのである．

しかしながら，大麻取締法の立法の経緯，趣旨，目的等によれば，同法一条にいう「大麻草（カンナビス・サティバ・エル）」とは，所論が主張する「カンナビス・インディカ・ラム」をも含む「カンナビス属」に属する植物全てを含む趣旨であると解される（最高裁判所昭和五七年九月一七日第二小法廷決定・刑集三六巻八号七六四頁参照）のであって，所論は，同条に関する独自の解釈を前提に事実誤認をいうもので，前提を誤った主張といわざるを得ない．

ところで，所論は，大麻取締法一条の大麻草の意義を右のように解することは，類推解釈であって罪刑法定主義に違反する旨主張する．しかしながら，刑罰法規の解釈においては，文理解釈が唯一のものではなく，その立法の経緯，趣旨，目的等をも踏まえた上での目的論的解釈も許されると解される．そして，我が国で最初に大麻について法的規制が加えられたのは，昭和五年に第二あへん条約の発効に伴い制定された麻薬取締規則（昭和五年内務省令第一七号）によってであり，「印度大麻草，其ノ樹脂及之ヲ含有スル物」が同規則所定の麻薬として，その製造等に規制が加えられ，その後，昭和一八年法律第四八号（旧薬事法）による規制を経て，昭和二〇年厚生省令第四六号（昭和二〇年勅令第五四二号ニ基ク麻薬原料植物ノ栽培，麻薬ノ製造，輸入及輸出等禁止ニ関スル件）において「印度大麻草（カンナビス・サティヴァエル及其ノ樹脂其ノ他ノ一切ノ製剤ヲ謂フ）」の栽培等が全面的に禁止され，次いで，昭和二一年厚生省令第二五号の麻薬取締規則により，麻薬取扱者等以外の者が右と同様の印度大麻草を所有し又は所持することが禁止された上，昭和二二年厚生農林省令第一号の大麻取締規則により，免許を受けた大麻取扱者以外の者による大麻草（印度大麻草を含む）等の販売，所持等が禁止され，その後，昭和二三年にいわゆるポツダム省令を集大成した際，大麻取締法が同年法律第一二四号として制定されたこと，大麻に関するこれらの法的規制においては，第二次世界大戦までは印度大麻草のみがその規制の対象とされていたが，昭和二〇年厚生省令第四六号以後の立法においては，「大麻草（カンナビス・サティバ・エル）」と定義された植物が規制の対象とされるに至ったこと，他方，当審において取り調べた関係証拠によれば，「カンナビス・サティバ・エル」は，スウェーデンの植物学者リンネが一七五三年二名法に基づき与えた学名であり，当時カンナビス属に属する植物は「サティバ種」のみであると考えられており（一属一種説），その後，「インディ

カ種」及び「ルーディラリス種」の存在について報告がなされたが，これら「インディカ種」や「ルーディラリス種」が「サティバ種」とは別の種であるとする見解（一属多種説）が強力に主張されるようになったのは一九七〇年代に入ってからのことであり，それまでは一属一種説が植物分類学における支配的見解であったと認められること〔**歴史的解釈**〕，そして，大麻取締法が制定された際に，「インディカ種」や「ルーディラリス種」を同法による規制の対象から除外する趣旨で同法一条の定義が採用されたことを窺わせる資料はない〔**立法者意思的解釈**〕ばかりか，かえって同法が立法目的とする大麻の乱用による保健衛生上の危害の防止等を達成するためには，幻覚作用の本体であるテトラヒドロカンナビノール（THC）を含有しているカンナビス属の植物全てを規制の対象とする必要があったこと〔**法律意思解釈＝そのなかの目的論的解釈**〕を総合すれば，同法一条にいう「大麻草（カンナビス・サティバ・エル）」を前記のように，カンナビス属に属する植物全てを含むと解することは，合理的な目的論的解釈の範囲内であって，これが類推解釈に当たるとは解されない．

なお，所論は，「サティバ種」，「インディカ種」，「ルーディラリス種」の間には，背の高さ，葉の形等において明らかな形態的差異があり，植物分類学についての知識が乏しい国民に対して，「インディカ種」や「ルーディラリス種」が「サティバ種」の変種であって，大麻取締法一条にいう「大麻草（カンナビス・サティバ・エル）」がその全てを含むとの認識を求めることは不可能を強いることになる旨主張する．しかしながら，植物分類学を研究している人々の間ではともかく，一般には，カンナビス属の中に，所論が主張するような「サティバ種」，「インディカ種」，「ルーディラリス種」があること自体認識されているとは考えられず，むしろこれら全てのカンナビス属の植物を含めた意味で「大麻」と理解されていると考えられる．その意味では同法一条にいう「大麻草（カンナビス・サティバ・エル）」の意義を前記のとおり解することの方が，むしろ通常の判断能力を有する一般人の理解に沿うものであって〔**文理解釈――一般人の意味による**〕，所論には賛同できない．論旨は理由がない．

ところで，被告人は，当審公判廷において，本件当時，大麻取締法において所持が禁止されているのは「カンナビス・サティバ・エル」だけであって，被告人が所持していた「カンナビス・インディカ・ラム」は，それを所持していても処罰されることはないと思っていた旨述べて，大麻所持の故意がなかったかのような供述をしているが，同法にいう「大麻草」の認識としては，それがカンナビス属に属する植物であること，すなわち一般に「大麻」と呼ばれている植物であることを認識していれば足りると解されるのであるから，被告人が，その所持にかかる植物をカンナビス属に属するものであると認識していた以上，被告人には，被告人の所持する

第4講　法の解釈 I

植物が同法一条にいう「大麻草」であるとの認識があったものと認めることができる．また，仮に被告人が本件当時当審供述のような認識を有していたとしても，被告人は，「マリファナ・ナウ」（当審弁三号の初版本）等の書物を読むなどして，そのように誤解していたというに過ぎないのであるから，そのことが故意の成立を否定するものともいえない．

なお，原判決の「法令の適用」の項二行目に「同法二五条一項」とあるのは「刑法二五条一項」の誤記と認める．

よって，刑訴法三九六条により本件控訴を棄却することとして，主文のとおり判決する．

（裁判長裁判官池田憲義　裁判官濱崎裕　裁判官川口宰護）」

考　察

本判決で裁判官は，本書66頁の図4-1の左列に関わる検討を模範的なかたちで示している．すなわちここで裁判官は左列のうちの，［A］文理解釈，［C］立法者意思解釈，［D］歴史的解釈と，［E］法律意思解釈中の目的論的解釈をおこない，それらを踏まえて，「大麻草（カンナビス・サティバ・エル）」は「カンナビス・インディカ・ラム」をも含むとの宣言的解釈をして，被告人を有罪にした．すなわち，

　［A］文理解釈　　裁判官は，現在ではことばそのものからすれば（＝植物学の今日的水準からすれば），「カンナビス・サティバ・エル」と「カンナビス・インディカ・ラム」とは種を異にすることを認める．しかし裁判官は，同時に，「通常の判断能力を有する一般人」は，「サティバ・エル」と「インディカ・ラム」は区別できず，「大麻草（カンナビス・サティバ・エル）」の語が「すべての大麻」を意味すると考えてきた，と見る．それゆえ，「大麻草（カンナビス・サティバ・エル）」とは「大麻（大麻草）」一般のことだと解釈しても一般人の予測＝期待に反しない，としたのである．被告人は植物学的な意味を問題にする文理解釈をし，裁判官は一般人の意味に焦点を当てた文理解釈をしている．

　［C］立法者意思解釈　　次に裁判官は，「大麻取締法が制定された際に，「インディカ種」や「ルーディラリス種」を同法による規制の対象から除外する趣旨で同法一条の定義が採用されたことを窺わせる資料はない」とし，立法者も3種を区別しておらず，「大麻草（カンナビス・サティバ・エル）」に

よって「大麻」一般を意味させていた、と読む。

　[D] 歴史的解釈　　裁判官は「「インディカ種」や「ルーディラリス種」が「サティバ種」とは別の種であるとする見解（一属多種説）が強力に主張されるようになったのは 1970 年代に入ってからのことであり，それまでは一属一種説が植物分類学における支配的見解であった」と言う。1945 年の立法当時は，一属多種説はまだ出ておらず，したがって「大麻草（カンナビス・サティバ・エル）」は，「大麻草」の全種を含むものとして世に通用していた。それが本法律に反映しているのだ，と見たのである。

　[E] 法律意思解釈　　裁判官は，「同法が立法目的とする大麻の乱用による保健衛生上の危害の防止等を達成するためには，幻覚作用の本体であるテトラヒドロカンナビノール（THC）を含有しているカンナビス属の植物全てを規制の対象とする必要があった」と言う。大麻草吸飲の危害を防止する目的のためには，生物学上の厳密な区別は必要ないとしたのである。これが，[E] 法律意思解釈中の目的論的解釈である[34]。本判決においては，「立法目的」は，意味を明らかにする際の参考として，このように使われている[35]。

　裁判官は，以上のように条文が意味するところを確定したうえで，本件に関わる「カンナビス・インディカ・ラム」も大麻取締法 1 条の「大麻草（カンナビス・サティバ・エル）」に含まれるとして，すなわち「大麻草（カンナビス・サティバ・エル）」を宣言的解釈して，有罪としたのである。

---

34)　本判決は，「「大麻草（カンナビス・サティバ・エル）」を前記のように，カンナビス属に属する植物全てを含むと解することは，合理的な目的論的解釈の範囲内であって，これが類推解釈に当たるとは解されない」と述べている。ここでは〈目的論的解釈か類推解釈か〉のかたちで両者を同じレヴェルで扱っている。これは，本書注 29 で見たように，誤りである。なぜなら，66 頁の図で，目的論的解釈は右列に，類推解釈は左列に，入るものだからである。下線部は，正確には，「目的論的解釈からする宣言的解釈であって，類推解釈ではない」とすべきであった。

35)　別の事件に属するが，下級審のこのていねいな検討に対して最高裁の判決は，次のように論証抜きのものであった：「大麻取締法の立法の経緯，趣旨，目的等によれば，同法一条にいう「大麻草（カンナビス，サテイバ，エル）」とは，カンナビス属に属する植物すべてを含む趣旨であると解するのが相当であり，同条の構成要件が所論のように不明確であるということはできないから，所論は前提を欠」くと。（大麻取締法違反被告事件　1982（昭和 57）年 9 月 17 日第二小法廷決定）。なぜ「相当」と言えるのか，説明がない。ここから分かるように，法解釈の勉強の素材としては，下級審判決のほうが適していることが多い。

第5講 法の解釈 II
判決に見た図右列 [イ]〜[リ]

　前講で示した法の解釈の思考は，実際に裁判官によってどう使われているか．この点に関し，先に4.2では，66頁の図4-1の左側，[A]〜[E]の使われ方を見た．本講では右側，[イ]〜[リ]が判決の中でどう使われているかを検討し，かつ，[イ]〜[リ]の技法のそれぞれが判決のなかできわめて重要な役割を果たしている様を見ておこう．これらの検討もまた，諸君の頭脳の回転を法律家的なものにするのに役立つことだろう（以下の事例は，拙著『法解釈講義』第2章の諸事例と重ならないものを選んである．なお，[リ]反制定法解釈については，『法解釈講義』に挙げた事例のほかに良いものが見当たらないので，ここでは扱わない．ただし，反制定法解釈の判例解釈版の例を，「6.2　堀越事件東京高裁判決」・「6.4.2　民法1044条の東京高裁判決」のそれぞれの末尾で示した）．

5.1 文字通りの適用

　文字通りの適用の事例は，無数にある．法律とは，そういう素直な適用ができるよう，立法時に磨き上げられているものである．日常の法律業務は，その磨き上げのおかげでスムーズにいく．しかし裁判官は事件によっては，意図的にことばを厳密に文字通りに適用することを通じて，(a) 正義（後述の〈帰属正義〉）を実現しようとしたり，(b) 逆に，厳しく罰しようとしたりすることもある．本件ではこの (a) の2例を扱う．他方 (b) の例としては，後で紹介する，①「6.2　堀越事件東京高裁判決」で扱う猿払事件最高裁判決，②「6.4.2　民法1044条の東京高裁判決」，③「10.1　水俣病チッソ川本事件東京高裁判決」で関連して見る同最高裁判決中の藤崎萬里反対意見などがある．

5.1.1 まずい闇たばこを放置して逮捕の事件

被告人は，闇で（＝非合法で）買ったたばこ10本のうち5本を吸ったが，あまりにも辛かったので，残り5本を「捨てる気持で」家の食器用戸棚（水屋）に放り込んだ．7日後に「専売監視員」にその水屋の中のものを見つけられ，たばこ専売法66条違反として起訴され原審で有罪とされた．最高裁（たばこ専売法違反被告事件　1955（昭和30）年11月11日第二小法廷判決　LEX/DB-27680710）は，これを同条にある「所持」には当たらないとして，無罪とした．

関連条文

当時のたばこ専売法66条：「何人も，この法律の規定により認められた場合を除く外，たばこ種子，たばこ苗，たばこ，葉たばこ，公社の売り渡さない製造たばこ若しくは巻紙又は製造たばこの製造用器具機械を所有し，所持し，譲り渡し，又は譲り受けてはならない．」

判決文の抜粋

「職権により調査すると，原判決は，被告人が法定の除外事由なく，昭和二五年一一月八日肩書自宅において，専売公社の売渡さない製造たばこ五本（証一号）を所持していたという本件公訴事実を認定し，被告人に対し，有罪の言渡をしたのである．しかしながら，原判決挙示の証拠によれば，同日，被告人自宅戸棚の中に判示たばこ五本が存在した事実は，これを認定し得るけれども，第一審第一回公判調書中の被告人の供述記載によれば，被告人は魚釣に行つた際闇煙草十本を買つてその内五本は喫つたけれどもあまり辛くて喫めないので残りの五本は捨てる気持で戸棚の中にほうり込んであつたものである旨の供述があり，更に同第二回公判調書中，検察官の質問に対する被告人の供述記載並びに第一審証人谷岡亀四郎の供述記載の趣旨もこれとその軌を一にするものであり，その他本件全証拠を勘案しても，<u>本件たばこは，被告人が判示の日これを事実上支配の意思をもつて，判示の場所において所持していたものとは認めることはできない</u>．すなわち，本件公訴にかかる事実は，これをみとめる証拠不十分であると断ぜざるを得ない．

　よつて，刑訴四一一条三号に則り，原判決破棄の上，同四一三条但書，四一四条，四〇四条，三三六条により被告人を無罪とすべきものとし主文のとおり判決する．」

考察

　刑法において「所持」とは，財物を**「支配の意思」**（＝或る意図があって，自分の管理下に置いておこうとする意思）をもって実際にないし法律上，自己の支配下に置いていることである（つまり，**刑法における「所持」**は，民法でいう占有に当たる．すなわち，**民法の「所持」**には二義があり，「支配の意思」をともなった所持は「占有」と呼ばれ，「支配の意思」をともなわない所持が「所持」と呼ばれる）．したがって刑法においては，所持のためには「支配の意思」が必要であり，事実上支配下にあるだけでは所持ではない．本件で言えば，吸う意図（あるいは売る意図等）をもって自分の支配下に置くことが，闇たばこの所持である．

　本件で被告人は，闇たばこ 5 本を自分の家の戸棚の中に置いていたのであるが，それは，最高裁によれば，「捨てる気持で戸棚の中にほうり込んであつた」ものだった．したがって，そこには「支配の意思」が欠如しており，刑事法（たばこ専売法 66 条）上の「所持」には当たらない，と．

　最高裁のこの厳密な解釈の根底には，罪刑法定主義の尊重とともに，〈闇たばこ 5 本程度で罪に問うのは，どうか〉という判断（法律意思的考察）があったと思われる．後述（246 頁注 76）の「たばこ葉一厘事件」と似たケースである．そうだとすれば最高裁は，この正義判断に導かれ，その結果，「所持」の要件を厳密に（＝文字通りに）適用して，「支配の意思」が欠如していたとして，無罪にしたのである．

　「たばこ葉一厘事件」では，控訴審が被告人を文字通りの適用によって有罪とし（＝一厘であれ罪は罪，と考えた），それを大審院が可罰的違法性の判断に依拠して無罪にした．これに対し本件では，高裁が「たばこは依然被告人の支配下にあり被告人がこれを所持していた」として被告人を有罪にし，これを最高裁が，構成要件，とくに「所持」の概念をヨリ厳密に審査し，「事実上支配の意思をもつて，判示の場所において所持していたものとは認めることはできない」と，文字通りの適用によって（＝構成要件に該当しない，として）無罪にした．とった手法はあい異なるが，両方の上告審はごく軽微な犯罪をともに無罪にしたのである．

5.1.2 仮処分中の山で伐採し無罪の事件

ある人が，自分が占有していた山林に対する仮処分を受けていた．すなわちその山林は，裁判所の執行官の管理下に置かれていたのである．ところがかれは，「山林内に立入り工作してはならない旨の仮処分が執行されていることを知りながら」，許可なく立入って松約 30 本を伐採して搬出した．この行為に対し検察官は，刑法 242 条にもとづき刑法第 36 章を森林法 197 条に「類推適用」（東京高裁のことば）して，かれを起訴した．東京高裁（森林法違反被告事件 東京高等裁判所 1975（昭和 50）年 11 月 5 日第七刑事部判決 LEX/DB-24005447）は，この検察官の法解釈を「罪刑法定主義に反する」として拒否し，被告人を無罪にした：

> **関連条文**

① **現行刑法 242 条**：「自己の財物であっても，他人が占有し，又は公務所の命令により他人が看守するものであるときは，この章〔第三十六章「窃盗及び強盗の罪」〕の罪については，他人の財物とみなす．」
② **森林法 197 条**：「森林においてその産物（人工を加えたものを含む．）を窃取した者は，森林窃盗とし，3 年以下の懲役又は 30 万円以下の罰金に処する．」

> **判決文の抜粋**

「刑法二四二条は，規定の沿革および立法趣旨に徴して，本来所有権の保護を目的とする同法二三五条等の処罰の範囲を拡張し，自己の所有する財物に対しても窃盗罪の成立することがあることを定めた特別規定と解されるのであるが，同条はその適用範囲を「**本章ノ罪ニ付テハ**」と限定しているのであるから，刑法第三六条〔章〕の定める窃盗罪等に限つて適用があるものと解するのが相当であり（詐欺および恐喝の罪については別に同法二五一条の準用規定がある．），森林窃盗罪が窃盗罪の一類型であるからといつて，このように処罰の範囲を拡張する趣旨の規定を明文がないのに同罪に類推適用することは，罪刑法定主義に反するから許されないといわなければならない．また，刑法二四二条は総則規定ではないから，同法八条の適用のないことも当然である．

もつとも，森林法に明文がなくても，刑法二四四条が森林窃盗罪に適用されるとする判例（最高裁判所第三小法廷昭和三三年二月四日判決，刑集一二巻二号一〇九

第 5 講　法の解釈 II

ページ）があるので，森林窃盗罪が沿革的にみて窃盗罪の一類型であることにかんがみると，刑法二四二条を森林窃盗罪に適用しても不合理ではないようにも考えられる．しかし，刑法二四四条は，被告人と被害者との間に所定の親族関係があれば刑を免除し，又は告訴を待つて論ずるという処罰阻却事由ないし訴訟条件に関する規定であるから，同条を森林窃盗罪に適用することは，被告人に利益な解釈である．これに反し，同法二四二条は処罰の範囲を拡張する実体的規定であるから，これを森林窃盗罪に適用することは，被告人に不利益な解釈であることが明らかである．」

考　察

　これまでの判決には，刑法 244 条にもとづき刑法第 36 章を森林窃盗罪に適用したものがあった．この点については東京高裁は，その判決は「被告人に利益な解釈」をおこなったものであって，本件のような被告人に不利益な解釈をする場合の先例とはならない，とした．この前提のうえで高裁は，刑法 242 条が「本章ノ罪ニ付テハ」（現行：「この章の罪については」）と限定している点に着目して，これは「本章」以外の規定については準用を排除する意向を意味しているとして，本件においては，242 条によって刑法第 36 章を森林窃盗罪（刑法 235 条窃盗の軽減規定）へ適用（準用）することはできないとした．242 条の「本章ノ罪ニ付テハ」を，厳格に文字通りに適用したのである（最高裁（森林法違反被告事件　1977（昭和 52）年 3 月 25 日第一小法廷決定 LEX/DB-24005443）も，この文字通りの適用を支持し，被告人を無罪とした）．

5.2 宣言的解釈

5.2.1 法人の名誉権侵害で損害賠償判決

　ある新聞社が，非営利法人である都内の一病院について，テロ集団であるかのような記事を書いてその名誉を毀損した．東京高裁はこの名誉権侵害行為に対し，民法 723 条にもとづき謝罪広告を出すことを加害者に命じた．しかし高裁は，病院側の，民法 710 条にもとづく名誉権侵害による損害賠償請求については，710 条は慰謝料に関する規定であるとの前提に立って，「法人にはもとより精神上の苦痛というようなものを考えることができないから

これに金銭を賠償せしめて慰藉せしめるというようなことは無意味なことである」として，認容しなかった．これに対して原告病院が上告したところ，最高裁（謝罪広告並びに慰藉料請求事件　最高裁第一小法廷1964（昭和39）年1月28日判決　LEX/DB-27001945）は原判決を破棄し，民法710条の「財産以外の損害」の概念を定義し直して適用し，法人にも名誉権侵害にもとづく損害賠償請求が710条によって可能であると判示した：

関連条文

民法710条：「他人の身体，自由若しくは名誉を侵害した場合又は他人の財産権を侵害した場合のいずれであるかを問わず，前条の規定により損害賠償の責任を負う者は，財産以外の損害に対しても，その賠償をしなければならない．」同723条：「他人の名誉を毀損した者に対しては，裁判所は，被害者の請求により，損害賠償に代えて，又は損害賠償とともに，名誉を回復するのに適当な処分を命ずることができる．」

判決文の抜粋

「民法七一〇条は，財産以外の損害に対しても，其賠償を為すことを要すと規定するだけで，その損害の内容を限定してはいない．すなわち，その文面は判示のようにいわゆる慰藉料を支払うことによつて，和らげられる精神上の苦痛だけを意味するものとは受けとり得ず，むしろすべての無形の損害を意味するものと読みとるべきである．従つて右法条を根拠として判示のように無形の損害即精神上の苦痛と解し，延いて法人には精神がないから，無形の損害はあり得ず，有形の損害すなわち財産上の損害に対する賠償以外に法人の名誉侵害の場合において民法七二三条による特別な方法が認められている外，何等の救済手段も認められていないものと論結するのは全くの謬見だと云わなければならない．

　思うに，民法上のいわゆる損害とは，一口に云えば侵害行為がなかつたならば惹起しなかつたであろう状態（原状）を（a）とし，侵害行為によつて惹起されているところの現実の状態（現状）を（b）とし　$a-b=x$　そのxを金銭で評価したものが損害である．そのうち，数理的に算定できるものが，有形の損害すなわち財産上の損害であり，その然らざるものが無形の損害である．しかしその無形の損害と雖も法律の上では金銭評価の途が全くとざされているわけのものではない．侵害行為の程度，加害者，被害者の年令資産その社会的環境等各般の情況を斟酌して右金銭の評価は可能である．その顕著な事例は判示にいうところの精神上の苦痛を和らげるであろうところの慰藉料支払の場合である．しかし，無形の損害に対する賠

第5講　法の解釈 II

償はその場合以外にないものと考うべきではない．そもそも，民事責任の眼目とするところは損害の塡補である．すなわち前段で示した a−b＝x の方式における x を金銭でカヴァーするのが，損害賠償のねらいなのである．かく観ずるならば，被害者が自然人であろうと，いわゆる無形の損害が精神上の苦痛であろうと，何んであろうとかかわりないわけであり，判示のような法人の名誉権に対する侵害の場合たると否とを問うところではないのである．尤も法人の名誉侵害の場合には民法七二三条により特別の手段が講じられている．しかし，それは被害者救済の一応の手段であり，それが，損害塡補のすべてではないのである．このことは民法七二三条の文理解釈からも容易に推論し得るところである．そこで，判示にいわゆる慰藉料の支払をもつて，和らげられるという無形の損害以外に，いつたい，どのような無形の損害があるかという難問に逢着するのであるが，それはあくまで純法律的観念であつて，前示のように金銭評価が可能であり，しかもその評価だけの金銭を支払うことが社会観念上至当と認められるところの損害の意味に帰するのである．それは恰も民法七〇九条の解釈に当つて侵害の対象となるものは有名権利でなくとも，侵害されることが社会通念上違法と認められる利益であれば足るという考え方と志向を同じうするものである．

　以上を要約すれば，法人の名誉権侵害の場合は金銭評価の可能な無形の損害の発生すること必ずしも絶無ではなく，そのような損害は加害者をして金銭でもつて賠償させるのを社会観念上至当とすべきであり，この場合は民法七二三条に被害者救済の格段な方法が規定されているとの故をもつて，金銭賠償を否定することはできないということに帰結する．

　果してそうだとすれば，原判決は判示の事実関係のもとで，被上告人の侵害行為に因り上告人の名誉を毀損されたと云いながら，上告人には法人であるの故を以て無形の損害の発生するの余地がないものとし，上告人の本訴金員の請求を一蹴し去つたのは，原判決に影響を及ぼすこと明らかな重要な法律に違背した違法ありというを憚らないものであつて，論旨は結局理由あるに帰し，原判決は到底破棄を免れない．」

考　察

　従来，民法 710 条の「財産以外の損害」は，慰謝料のことだとされてきた．それを前提にすると，法人が侮辱され名誉を毀損されても，慰謝料は請求できない．なぜなら，法人は，自然人とは異なり，痛みの感覚，悲しみや恥ずかしさの感情をもってはおらず，それゆえそれらに関わる「慰謝」は，問題にならないからである．しかし，それでは法人は，やられ損となる．

そこで最高裁は，710条の「財産以外の損害」を次のように定義し直した．すなわち最高裁はまず，710条が「損害」を慰謝料に限定していないことを[A] 文理解釈で示した：

> 「民法七一〇条は，財産以外の損害に対しても，其賠償を為すことを要すと規定するだけで，その損害の内容を限定してはいない．すなわち，その文面は判示のようにいわゆる慰藉料を支払うことによって，和らげられる精神上の苦痛だけを意味するものとは受けとり得ず，むしろ<u>すべての無形の損害を意味する</u>ものと読みとるべきである」，と．

そして最高裁はそのうえで，「財産以外の損害」の「損害」とは何かについて，「侵害行為がなかつたならば惹起しなかつたであろう状態（原状）を(a) とし，侵害行為によつて惹起されているところの現実の状態（現状）を(b) とし a−b＝x　そのxを金銭で評価したものが損害である」とした．

これを踏まえて最高裁は，このような「損害」には，有形の損害と無形の損害とがある；無形の損害としては，（自然人にしか認められないところの）慰謝料だけではなく，**その他の無形の（精神的および物質的）損害**もある；そうした（慰謝料以外の）無形の損害も，金銭的評価は可能である（＝「侵害行為の程度，加害者，被害者の年令資産その社会的環境等各般の情況を斟酌して右金銭の評価は可能である」），と改めて確認した．そしてこれにもとづき，法人の名誉権侵害の場合は，「金銭評価の可能な無形の損害の発生すること必ずしも絶無ではなく，そのような損害は加害者をして金銭でもつて賠償させるのを社会観念上至当とすべきであ」る，とした．

最高裁はこのように，ことがらのもつ論理を踏まえた緻密な思考によって，民法710条の「損害」の意味を再確認し（＝宣言的解釈をおこない），この意味での710条を本件に適用して，〈法人には慰謝料は認められないとしても，他の無形の損害が確認できるから，法人の名誉を毀損した者は，それにともなう損害を710条にもとづいて賠償すべきだとしたのである．

5.2.2 広島市暴走族追放条例合憲判決

40名の暴走族が広島市の公共広場で集会を開き，市職員が中止・退去命令を出したのを無視し，解散しなかった．そこで警察は，そのリーダーを広島市暴走族追放条例違反で逮捕した．起訴されたリーダーは，同条例16条

1項1号，17条，19条の各規定は，文面上も内容上も憲法21条1項と31条とに違反し違憲だと主張した。最高裁（広島市暴走族追放条例違反被告事件最高裁判所第三小法廷2007（平成19）年9月18日判決　LEX/DB-28135434）は，上記条文の文言が曖昧であることを認めつつも，他の条文からその中身は確定できるので，問題ないとした（条文は，判決文中に示されている）：

判決文の抜粋

「1　弁護人田中千秋の上告趣意のうち，広島市暴走族追放条例（平成14年広島市条例第39号．以下「本条例」という．）16条1項1号，17条，19条の各規定が文面上も内容上も憲法21条1項，31条に違反するとの主張について
(1) 原判決が是認する第1審判決によれば，被告人は，観音連合などの暴走族構成員約40名と共謀の上，平成14年11月23日午後10時31分ころから，広島市が管理する公共の場所である広島市中区所在の「広島市西新天地公共広場」において，広島市長の許可を得ないで，所属する暴走族のグループ名を刺しゅうした「特攻服」と呼ばれる服を着用し，顔面の全部若しくは一部を覆い隠し，円陣を組み，旗を立てる等威勢を示して，公衆に不安又は恐怖を覚えさせるような集会を行い，同日午後10時35分ころ，同所において，本条例による広島市長の権限を代行する広島市職員から，上記集会を中止して上記広場から退去するよう命令を受けたが，これに従わず，引き続き同所において，同日午後10時41分ころまで本件集会を継続し，もって，上記命令に違反したものである．
　本条例は，16条1項において，「何人も，次に掲げる行為をしてはならない．」と定め，その1号として「公共の場所において，当該場所の所有者又は管理者の承諾又は許可を得ないで，公衆に不安又は恐怖を覚えさせるような集又は集会を行うこと」を掲げる．そして，本条例17条は，「前条第1項第1号の行為が，本市の管理する公共の場所において，特異な服装をし，顔面の全部若しくは一部を覆い隠し，円陣を組み，又は旗を立てる等威勢を示すことにより行われたときは，市長は，当該行為者に対し，当該行為の中止又は当該場所からの退去を命ずることができる．」とし，本条例19条は，この市長の命令に違反した者は，6月以下の懲役又は10万円以下の罰金に処するものと規定している．
　第1審判決は，被告人の行為が上記の本条例19条，16条1項1号，17条に該当するとして，被告人に懲役4月，3年間刑執行猶予の有罪判決を言い渡した．
　なお，本条例2条7号は，暴走族につき，「暴走行為をすることを目的として結成された集団又は公共の場所において，公衆に不安若しくは恐怖を覚えさせるような特異な服装若しくは集団名を表示した服装で，い集，集会若しくは示威行為を行

う集団をいう。」と定義しているところ，記録によれば，上記観音連合など本件集会参加者が所属する暴走族は，いずれも暴走行為をすることを目的として結成された集団，すなわち社会通念上の暴走族にほかならず，暴力団の準構成員である被告人は，これら暴走族の後ろ盾となることにより事実上これを支配する「面倒見」と呼ばれる地位にあって，本件集会を主宰し，これを指揮していたものと認められる。(2) 所論は，本条例 16 条 1 項 1 号，17 条，19 条の規定の文言からすれば，その適用範囲が広範に過ぎると指摘する。

なるほど，本条例は，暴走族の定義において社会通念上の暴走族以外の集団が含まれる文言となっていること，禁止行為の対象及び市長の中止・退去命令の対象も社会通念上の暴走族以外の者の行為にも及ぶ文言となっていることなど，規定の仕方が適切ではなく，本条例がその文言どおりに適用されることになると，規制の対象が広範囲に及び，憲法 21 条 1 項及び 31 条との関係で問題があることは所論のとおりである。しかし，本条例 19 条が処罰の対象としているのは，同 17 条の市長の中止・退去命令に違反する行為に限られる。そして，本条例の目的規定である 1 条は，「暴走行為，い集，集会及び祭礼等における示威行為が，市民生活や少年の健全育成に多大な影響を及ぼしているのみならず，国際平和文化都市の印象を著しく傷つけている」存在としての「暴走族」を本条例が規定する諸対策の対象として想定するものと解され，本条例 5 条，6 条も，少年が加入する対象としての「暴走族」を想定しているほか，本条例には，暴走行為自体の抑止を眼目としている規定も数多く含まれている。また，本条例の委任規則である本条例施行規則 3 条は，「暴走，騒音，暴走族名等暴走族であることを強調するような文言等を刺しゅう，印刷等をされた服装等」の着用者の存在（1 号），「暴走族名等暴走族であることを強調するような文言等を刺しゅう，印刷等をされた旗等」の存在（4 号），「暴走族であることを強調するような大声の掛け合い等」（5 号）を本条例 17 条の中止命令等を発する際の判断基準として挙げている。このような本条例の全体から読み取ることができる趣旨，さらには本条例施行規則の規定等を総合すれば，本条例が規制の対象としている「暴走族」は，本条例 2 条 7 号の定義にもかかわらず，暴走行為を目的として結成された集団である本来的な意味における暴走族の外には，服装，旗，言動などにおいてこのような暴走族に類似し社会通念上これと同視することができる集団に限られるものと解され，したがって，市長において本条例による中止・退去命令を発し得る対象も，被告人に適用されている「集会」との関係では，本来的な意味における暴走族及び上記のようなその類似集団による集会が，本条例 16 条 1 項 1 号，17 条所定の場所及び態様で行われている場合に限定されると解される。

そして，このように限定的に解釈すれば，本条例 16 条 1 項 1 号，17 条，19 条の規定による規制は，広島市内の公共の場所における暴走族による集会等が公衆の平

穏を害してきたこと，規制に係る集会であっても，これを行うことを直ちに犯罪として処罰するのではなく，市長による中止命令等の対象とするにとどめ，この命令に違反した場合に初めて処罰すべきものとするという事後的かつ段階的規制によっていること等にかんがみると，その弊害を防止しようとする規制目的の正当性，弊害防止手段としての合理性，この規制により得られる利益と失われる利益との均衡の観点に照らし，いまだ憲法 21 条 1 項，31 条に違反するとまではいえない〔…〕.」

考　察

ここでの「限定解釈」が，宣言的解釈に当たる．最高裁は，条文の文言が不明確なので，他の条文を参照して，（体系的解釈），その条文の意味を確定しようとした（「限定解釈」が縮小解釈を指す場合もある．それは，既に確定している語句を，ある観点から改めて狭めて適用することである（例：「成人に限定」）．これに対し本件では語句の範囲が不明確なので，裁判所が明確化しようとしているのである．すなわちここで「限定」とは——「期間限定」・「地域限定」という場合のように——「範囲確定」の意味である）．最高裁は，条文の意味確定が可能だから，本条例は憲法 31 条や 21 条等に違反しない（合憲である）としたのである．

しかし広島市のこの条例は，次の諸条文について疑問が残る：

(a) 条例の 2 条 7 号は，暴走族の定義として，「暴走行為をすることを目的として結成された集団<u>又</u>は公共の場所において，公衆に不安若しくは恐怖を覚えさせるような特異な服装若しくは集団名を表示した服装で，い集，集会若しくは示威行為を行う集団をいう．」と規定している．① ここで「暴走行為をすることを目的として結成された集団」が暴走族であることは明らかだが，それとは別個に規定されている，「公共の場所において，公衆に不安若しくは恐怖を覚えさせるような特異な服装若しくは集団名を表示した服装で，い集，集会若しくは示威行為を行う集団」（「暴走行為をすることを目的と」はしていない）が，別個のものだとすると，具体的に何を意味するのか分からない．②「公衆に不安若しくは恐怖を覚えさせるような」という規定は，何がそれに該当し，何が該当しないのかの基準を欠いている．それは，当局のその都度の判断に委ねられている．これら①と②が相まって，一風変わった，独特の意匠の集会を開催しようとする人は，自分の集会が規制対象に入るのではないか，と迷ってしまうことになる．

(b) 同16条1項は,「何人も,次に掲げる行為をしてはならない」と規定している. ① 先には暴走族を名ざしにしていたのだから」(2条7号), ここで「何人も」の表現を使うと, 暴走族以外の者も規制対象になりかねない. ② 同条1項1号は, 上記禁止事項として,「公共の場所において, 当該場所の所有者又は管理者の承諾又は許可を得ないで, 公衆に不安又は恐怖を覚えさせるようない集又は集会を行うこと」と規定している. ここでも「公衆に不安又は恐怖を覚えさせるような」は, 当局のその都度の判断に委ねられている. この点と,「い集」(自然な集まり) もが禁止されている点とがあいまって, 奇抜な仮装で会場に集まることも, 本条例に引っかかる恐れがある.

　(c) 同17条は,「特異な服装をし, 顔面の全部若しくは一部を覆い隠し, 円陣を組み, 又は旗を立てる等威勢を示すことにより行われたときは, 市長は, 当該行為者に対し, 当該行為の中止又は当該場所からの退去を命ずることができる.」と規定しているが,「特異な服装」とは何なのかはっきりしないし,「特異な服装」をすること,「顔面の全部若しくは一部を覆い隠」すこと,「円陣を組」むことがなぜ刑罰の対象になるのかも問われる.

　これらの点が憲法31条・21条・13条等に違反すると, 被告人は主張したのである. 最高裁判決は, これらの問題点を認めるものの, 他の条文を参照すると本条例が, ①「広島市内の公共の場所における暴走族による集会等が公衆の平穏を害してきたこと」に対処するため制定されたこと, ②「暴走族」・「暴走行為」が対象であること, が明らかであるので, 濫用でそれ以外の市民に適用される危険は少ない; また, ③ まず市長が中止・退去命令を出し, それに従わなかった者のみを処罰するので, 運用態様は謙抑的となる等として, 憲法違反でないとした.

　確かに,「暴走族」・「暴走行為」がターゲットであることは本条例を読めば誰にも分かるから, 当局が自重している限りは問題はない. しかし, 上述の (a)・(b)・(c) の問題はなお残っているので, 本条例が客観的に言って権力の恣意を制約しきれないのも事実である. 刑罰法規は, 市民の犯罪を予防するとともに, 権力の恣意的行使を排除すべきものでもあるが, この後者が不十分な点で本条例には問題がある. 〔本判決には2名の判事が, ① 法廷意見 (多数意見) のような解釈は一般人がすぐにはできないから,〈刑罰法規が明確でなければならない〉という原則に違反している, ② 稚拙な立法は解釈で補完するのでな

く，端的に作り直させるべきだとして，反対した.〕

5.3 拡張解釈

5.3.1 大学湯事件大審院判決

　本判決（損害賠償請求事件　大審院第三民事部 1925（大正 14）年 11 月 28 日判決 LEX/DB-27510908）は，民法 709 条の「権利」概念を拡張して事件を処理した．原告は先代から，京都大学近くで「大学湯」の名で風呂屋を営業していた．この公衆浴場は賃借物であったので，契約期間の終了により原告は立ち退くことになった．ところがその際，家主は契約に反して施設・老舗（のれん代のことで，店のブランド価値，つまりその店が積み上げてきた営業努力による集客力がもつ価値を意味する．地域ごとの相場がある）を，買い取ることも，原告が他人に売却することを認めることもないままに原告を立ち退かせた．そしてこの家主は，次の賃借人を自分で見つけ「大学湯」の名のまま営業させた．原告が，自分が築き上げてきた老舗の権利を売って得られるはずの利益を家主によって不当に侵害されたとして，不法行為による損害賠償を請求したのに対し，大審院は次のように判示してこれを認容した：

> 関連条文

当時の民法 709 条：「故意又ハ過失ニ因リテ他人ノ権利ヲ侵害シタル者ハ之ニ因リテ生シタル損害ヲ賠償スル責ニ任ス」

> 判決文

判決理由の全文：「不法ナル行為トハ法規ノ命スルトコロ若ハ禁スルトコロニ違反スル行為ヲ云フ斯ル行為ニ因リテ生シタル悪結果ハ能フ限リ之ヲ除去セサルヘカラス私法ノ範囲ニ在リテ其ノ或場合ハ債務ノ不履行トシテ救済カ与ヘラルルコトアリ又其ノ或場合ハ絶対権ニ基ク請求権ニ依リテ救済カ与ヘラルルコトアリ此等ノ場合ヲ外ニシテ別ニ損害賠償請求権ヲ認メ以テ救済カ与ヘラルルコトアリ民法ニ所謂不法行為トハ即此ノ場合ヲ指ス即<u>不法行為トハ右二個ノ場合ニ属セス而モ法規違反ノ行為ヨリ生シタル悪結果ヲ除去スル為被害者ニ損害賠償請求権ヲ与フルコトカ吾人ノ法律観念ニ照シテ必要ナリト思惟セラルル場合</u>ヲ云フモノニ外ナラス夫適法行

法学講義

為ハ千態万様数フルニ勝フヘカラスト雖不法行為ニ至リテハ寧ロ之ヨリ甚シキモノアリ蓋彼ハ共同生活ノ規矩ニ違ヒテノ行為ナルニ反シ此ハ其ノ準繩ノ外ニ逸スルノ行為ナレハナリ従ヒテ何ヲ不法行為トコフヤニ就キテ古ヨリ其ノ法制ノ体裁必シモ一ナラス或ハ其ノ一般ノ定義ハ之ヲ下サス唯仔細ニ個個ノ場合ヲ列挙スルニ止ムルモノアリ或ハ之ニ反シ広汎ナル抽象的規定ヲ掲ケ其ノ細節ニ渉ラサルモノアリ又或ハ其ノ衷ヲ執リ数大綱ヲ設ケテ其ノ余ヲ律セムトスルモノアリ吾民法ノ如キハ其ノ第二数ニ属スルモノナリ故ニ同法第七百九条ハ故意又ハ過失ニ因リテ法規違反ノ行為ニ出テ以テ他人ヲ侵害シタル者ハ之ニ因リテ生シタル損害ヲ賠償スル責ニ任ストコフカ如キ広汎ナル意味ニ外ナラス其ノ侵害ノ対象ハ或ハ夫ノ所有権地上権債権無体財産権名誉権等所謂一ノ具体的権利ナルコトアルヘク或ハ此ト同一程度ノ厳密ナル意味ニ於テハ未タ目スルニ権利ヲ以テスヘカラサルモ而モ法律上保護セラルルーノ利益ナルコトアルヘク否詳ク云ハハ<u>吾人ノ法律観念上其ノ侵害ニ対シ不法行為ニ基ク救済ヲ与フルコトヲ必要トスト思惟スル一ノ利益ナルコトアルヘシ</u>夫権利トコフカ如キ名辞ハ其ノ用法ノ精疎広狭固ヨリ一ナラス各規定ノ本旨ニ鑑テ以テ之ヲ解スルニ非サルヨリハ争テカ其ノ真意ニ中ツルヲ得ムヤ当該法条ニ「他人ノ権利」トアルノ故ヲ以テ必スヤ之ヲ夫ノ具体的権利ノ場合ト同様ノ意味ニ於ケル権利ノ義ナリト解シ凡ソ<u>不法行為アリトコフトキハ先ツ其ノ侵害セラレタルハ何権ナリヤトノ穿鑿ニ腐心シ吾人ノ法律観念ニ照シテ大局ノ上ヨリ考察スルノ用意ヲ忘レ求メテ自ラ不法行為ノ救済ヲ局限スルカ如キハ思ハサルモ亦甚シト云フヘキナリ</u>本件ヲ案スルニ上告人先代カ大学湯ノ老舗ヲ有セシコトハ原判決ノ確定スルトコロナリ老舗カ売買贈与其ノ他ノ取引ノ対象為ルハ言ヲ俟タサルトコロナルカ故ニ若被上告人等ニシテ法規違反ノ行為ヲ敢シ以テ上告人先代カ之ヲ他ニ売却スルコトヲ不能ナラシメ其ノ得ヘカリシ利益ヲ喪失セシメタルノ事実アラムカ是猶或人カ其ノ所有物ヲ売却セムトスルニ当リ第三者ノ詐術ニ因リ売却ハ不能ニ帰シ為ニ所有者ハ其ノ得ヘカリシ利益ヲ喪失シタル場合ト何ノ択フトコロカアル此等ノ場合侵害ノ対象ハ売買ノ目的物タル所有物若ハ老舗ソノモノニ非ス得ヘカリシ利益即是ナリ斯ル利益ハ吾人ノ法律観念上不法行為ニ基ク損害賠償請求権ヲ認ムルコトニ依リテ之ヲ保護スル必要アルモノナリ原判決ハ老舗ナルモノハ権利ニ非サルヲ以テ其ノ性質上<u>不法行為ニ因ル侵害ノ対象タルヲ得サルモノナリト為セシ点ニ於テ誤レリ更ニ上告人主張ニ係ル本件不法行為ニ因リ侵害セラレタルモノハ老舗ソノモノナリト為セシ点ニ於テ誤レリ本件上告ハ其ノ理由アリ</u>」

考察

本判決で大審院が,（2005年改正前の）民法709条中の「権利」には「**法律**

上保護せらるべき利益」も含まれるとした点は，拡張解釈による．それまでの法律家的常用からすれば（すなわち［A］文理解釈だけからでは），「権利」とは法律に「○○権」と明記されているもの（「所有権」・「占有権」・「賃借権」等々）だけを意味した．しかし，実際の法生活のうえでは，「○○権」には入らないけれども，きわめて大切で，金銭的価値もある利益（老舗処分によって「得ヘカリシ利益」がその一つである）に関しても，侵害があると〈侵害は，不当だ〉という反応を生む．実際，明文で「○○権」と規定されていない一定の利益も，取引社会では尊重されており，それゆえ，法生活上では（＝法秩序全体としては）保護されている．この点でこれらは，70〜80％は「権利」と似ており，拡張解釈に要する前述の類似の度合をクリアーしている．大審院は，そのような利益をも「権利」の概念に入れて保護したのである（2005年にはこの判例を反映させた，民法709条の改正があった）．

5.3.2　奥入瀬渓流遊歩道の落木で重傷の事件

奥入瀬渓流遊歩道に沿って生えている天然ブナの大木から太い枝が折れて落下し，観光客が重傷を負った．本判決（損害賠償請求事件　東京地方裁判所民事第43部 2006（平成18）年4月7日判決　LEX/DB-28111604）は，国は国有地上の竹木の管理に，青森県は県営遊歩道の管理に，瑕疵があったと認定した（本判決は高裁と最高裁で支持された）．

関連条文

民法717条：「土地の工作物の設置又は保存に瑕疵があることによって他人に損害を生じたときは，その工作物の占有者は，被害者に対してその損害を賠償する責任を負う．ただし，占有者が損害の発生を防止するのに必要な注意をしたときは，所有者がその損害を賠償しなければならない．2　前項の規定は，<u>竹木の栽植又は支持に瑕疵がある場合</u>について準用する．」

判決文の抜粋

「二　被告国の工作物責任
(1) 次に，被告国の本件事故についての竹木の栽植，支持の瑕疵による責任の有無につき判断する．

(2) まず，被告国は，民法七一七条二項にいう「竹木」には，天然木は含まれない旨主張するが，同項の「竹木」につき，特にそのような限定解釈すべき事由はないものの，その責任は，栽植，支持についての瑕疵を要件とするものであるから，<u>栽植，支持の対象とされていない，単に自生している天然木については，同項の責任の対象から除外される場合があること</u>は否定しえず，このことは，<u>同条一項が工作物という人工的作用を加えたことにより成立した物についての責任を定め，二項においてこれを準用していることからも首肯しうるところである</u>．しかし，<u>天然木であっても，占有者等が一定の管理を及ぼし，その効用を享受しているような場合には，これに対する「支持」があることにほかならないから，その場合には，同項の責任を肯定しうるというべきである</u>．
(3) そこで，本件について検討すると，本件ブナの木は，被告国の栽植にかかるものではなく，自生した天然木ではあるが，これを含む山林は，三八上北営林署長において管理しているもので，森林と人との共生林として景観，風致を維持しており，しかも，同営林署は，このような抽象的な管理に加えて，自らも環境省や被告県の主催する合同点検に毎年参加しているのであり，本件ブナの木を含む山林の遊歩道に近接した部分につき，現実に危険性を認識し，これに対処する方策を採っていたのであって，<u>このようなことを含む管理行為は，少なくとも本件ブナの木を含めた本件遊歩道に近接した山林部分に存する自然木に対して「支持」をしているものといわざるをえないから</u>，本件ブナの木が自然木であっても，これを本件事故現場のような多くの人が立ち入る場所にある立木として通常有すべき安全性を欠いた状態にあるときには，その支持の瑕疵に基づく責任が肯定されるというべきである．
(4) そして，本件においては，前提事実(3)ア(ア)及び前記一に認定したとおり，本件事故現場付近を含む本件遊歩道及び本件空白域には多くの観光客等が立入り，散策や休憩のためにこれらの場所を利用していたこと，奥入瀬渓流石ヶ戸を散策する観光客等の頭上の樹木を枝葉が広く覆っていたこと，本件事故当時は晴天でほぼ無風状態であったことなどの事実を併せて考慮すると，多くの観光客等が散策や休憩のために立ち入る場所に存在した本件ブナの木としては，その有すべき安全性を欠いた状態にあったといわざるをえないから，本件ブナの木の支持に瑕疵があったものとして，被告国には，本件ブナの木の占有者としての賠償責任を負うものといわざるをえない．そして，本件事故の発生について，予見可能性及び回避可能性がないとはいえないことは，前記一(2)において説示したところと同様である．
(5) よって，被告国は，本件ブナの木の支持についての瑕疵に基づき，本件事故により原告らに生じた損害を賠償する責任を負う．」

考察

国については，民法717条第2項の「竹木の栽植又は**支持に瑕疵**がある場合について準用する」が問題にされている．従来，この条文の「竹木」には，天然木は含まないとされてきた．なぜなら，717条1項が工作物について規定しており，2項はこの1項を準用するとしているのであるから，2項でも「工作物」に相当するような「竹木」が対象である．その際「工作物」とは，人が材料に手を加えて地上・地下に形作った施設のことである．したがってここでの「竹木」も人が植栽し手を加えているものを指す．よって天然木は，それ自体としては「工作物」に相当しない，と．したがって天然木については，「竹木の栽植又は支持」も，問題にならなかった．

しかし東京地裁は，一般論として，この天然木でも「占有者等が一定の管理を及ぼし，その効用を享受しているような場合には，これ〔竹木〕に対する「支持」があることにほかならない」とした．「竹木の栽植又は支持」の概念を，ここまで広げた（拡張解釈した）のである．植えたのでない点では若干異なるが，「支持」行為はあった．したがって75％程度は，〈竹木の支持〉に当るので，拡張解釈が可能なのである．

東京地裁はそのうえで，本件のブナの木の事例はこれに包摂しうるかどうかを検討する．地裁の事実認定によれば被告の国は，本件ブナの木を遊歩道の景観・雰囲気をつくりだす重要な財物と位置づけ，その下を人が歩くようにしており（「森林と人との共生林として景観，風致を維持しており」），かつ国の「営林署は，このような抽象的な管理に加えて，自らも環境省や被告県の主催する合同点検に毎年参加してい」た．このように国は，占有者として木に「一定の管理を及ぼし，その効用を享受してい」たのであるから，〈竹木の支持〉に相当する行為をしていた．したがって枝が折れ通行人を傷つけた点について，国による「竹木の栽植又は支持に瑕疵」があったからそういう結果を招いたのであり，国は責任を負うとした．

ちなみに，**青森県に対しては**東京地裁は，遊歩道（県が国有地を借りて設置していた）の管理責任を問う法律構成をした．問題のブナの木は，厳密には遊歩道の外の土地上にある天然木であったが，地裁は，その土地も遊歩道の一部として機能しており，

したがって「公の営造物」である遊歩道の管理に瑕疵があったと言える，として国賠法2条1項を適用したのである（**国家賠償法2条1項**：「道路，河川その他の公の営造物の設置又は管理に瑕疵があつたために他人に損害を生じたときは，国又は公共団体は，これを賠償する責に任ずる．」）：

「〔50メートル先にあった県営の〕休憩所を利用する観光客等の多くは，同休憩所を利用するとともに，本件事故現場付近を散策するに際して本件遊歩道及び本件空白域に立ち入る者も多く，散策のほか休憩にあたっても，これらの場所を利用していたこと，被告県は，本件事故現場付近を含む本件空白域において，卓ベンチ等を設置していたことが認められ，これらの各事実によれば，本件事故現場を含む石ヶ戸一帯は，全体として，奥入瀬で休憩施設等の設備を備えた唯一の渓流散策地として機能していたものというべきであって，被告県は，本件事故現場付近を含む本件空白域についても，これを事実上管理し，これを含めた周辺一帯を，本件遊歩道と一体として観光客らの利用に供していたものというべきである．」

事故があった箇所は，県が卓ベンチ等を設置し，しかも県営休憩所の近くであったのだから，通常の観念からすれば県の遊歩道の一部とみることは，ごく自然である．したがってこの点は，県営の「遊歩道」たる「公の営造物」の「管理」上の「瑕疵」に対する，国賠法2条1項の文字通りの適用である．

5.4 縮小解釈

5.4.1 夫婦間契約の取り消しを認めず

ケンカしていた夫婦が話し合ってヨリを戻すことになり，その際に夫から妻に山林2筆を贈与する契約をした．しかしまもなく夫婦は再び不和となり，離婚裁判が始まった．この時期に夫は，**民法754条**を根拠にして贈与契約の取り消しを主張した．これに対し最高裁（山林所有権移転登記手続履行請求事件　最高裁第一小法廷1967（昭和42）年2月2日判決　LEX/DB-27001117）は，民法754条にある「婚姻中」の語を次のように縮小解釈して（754条は本件のような関係には適用されない性質のものだとして），夫の契約取り消し請求を認めなかった：

関連条文

現行民法 754 条:「夫婦間でした契約は，婚姻中，いつでも，夫婦の一方からこれを取り消すことができる．ただし，第三者の権利を害することはできない．」同 1 条 2 項:「権利の行使及び義務の履行は，信義に従い誠実に行わなければならない．」

判決文の抜粋

「民法七五四条にいう「婚姻中」とは，単に形式的に婚姻が継続していることではなく，形式的にも，実質的にもそれが継続していることをいうものと解すべきであるから，婚姻が実質的に破綻している場合には，それが形式的に継続しているとしても，同条の規定により，夫婦間の契約を取り消すことは許されないものと解するのが相当である．ところで，原審の所論事実認定は挙示の証拠によつて肯認することができ，原審の確定したところによれば，上告人，被上告人は夫婦であるが，上告人が被上告人との間で締結した本件贈与契約を取り消す旨の意思表示をしたのは，右当事者間の夫婦関係がすでに破綻したのちであるというのであるから，右意思表示は無効であるとした原審の判断は正当であり，原判決になんら所論の違法はない．所論は，ひつきよう，原審の専権に属する証拠の取捨判断，事実の認定を非難し，原審で主張しない事実を前提とし，あるいは独自の見解に立つて原判決を攻撃するに帰するから，採用することができない．」

考察

一般の理解では，離婚届けが受理されるまでは「婚姻中」である．しかし最高裁は，「実質的に」婚姻が破綻しておれば，もはや民法 754 条に関しては「婚姻中」ではないと判示したのである．

こういう判決の背後に働いているのは，夫婦のどちらが悪いか（関係を悪化させたのは，どちらか）の正義判断である．この判断が裁判官の心証形成を規定し，それが解釈を方向づけた．悪い側からの取消は，信義則違背・権利濫用だと評価されて排除されたのである．

（a）すなわち，**第 1 審**（岡山地方裁判所勝山支部 1962（昭和 37）年 1 月 26 日判決　LEX/DB-27202022）は，仲直りしたあと，関係を再破綻させたのは妻だとし，したがって妻に厳しい立場から，夫が 754 条によって取消しても，

問題ないとした（754条の文字通りの適用をした）：

>「民法七五四条によれば夫婦間の契約は婚姻中何時でも夫婦の一方からこれを取り消しうる旨を規定しているのであるが，これは通常の夫婦間の契約について法律的拘束を認める必要がないことに基づくものであろう．ところが原告と被告間には本訴反訴の離婚訴訟が係属（当裁判所昭和三一年（タ）第三号，昭和三二年（タ）第一号）していることが当裁判所に顕著な事実であり，原告と被告との夫婦関係は全く破綻していると認められるのであるから，このように破綻した夫婦間においても民法七五四条により契約の取り消しをなしうるかは問題であるが，この場合においても婚姻中である限り同条の適用があり，<u>ただ取り消し権を行使する夫婦の一方に社会通念および信義則からみて取消権の行使を許すことが不当と認むべき特段の事情がある場合に限りこれを許さないと解すべきである．</u>」
>
>「しかるに右覚書が作成されて後僅か一カ年にして原告は被告のもとを去り，前記離婚訴訟を提起し，被告は同様反訴を提起して抗争するにいたつたことは当裁判所に顕著な事実であるが，右離婚訴訟の経過によれば，<u>離婚の責は原告が負うべきものが多いと認められること</u>，右覚書は前記事由によつて作成されたものであること，その他弁論の全趣旨を総合して考えると，<u>被告が取消権を行使することを以て不当とはいえないのである．</u>」

(b) これに対して**第2審**（広島高等裁判所岡山支部二部 1965（昭和40）年3月12日判決 LEX/DB-27202023）は逆に，再破綻にいたった責任が夫にあるとし，夫に厳しい立場から，かれによる取消を認めなかった：

>「控訴人は昭和二五年頃から被控訴人との間に和合を欠き，円満な夫婦生活を営むことができないので，昭和二七年頃義兄の藤久虎一にその事情を打ち明け相談したところ，同人の斡旋により，夫婦は今後円満に暮すべく話がまとまり，その際被控訴人〔夫〕より控訴人〔妻〕に別紙目録一，二記載の原野山林を贈与する旨の契約が成立した．
>（ロ）．控訴人はその後被控訴人に対し右原野山林の所有権移転登記手続を求めたが，<u>被控訴人はこれを拒み，また被控訴人は当時その手許で養育していた姪の訴外影家貞子を控訴人に無断で養女として入籍しようとする等控訴人に対する不信行為があつたため，夫婦間の溝は次第に深くなり，</u>控訴人は昭和三〇年六月二二日頃被控訴人方を出て実家の藤久方に戻つたこと，〔…〕」
>
>「被控訴人は民法七五四条により右贈与を取り消すと主張し，本件記録によれば，昭和三六年四月一四日の原審一三回口頭弁論期日に右取消しの意思表示のなされたことが認められるが，当時すでに被控訴人と控訴人との双方より離婚の訴えが

提起され，該訴訟は岡山地方裁判所津山支部昭和三一年（タ）三号本訴，同三二年（タ）一号反訴各事件として係属していたことが明らかであるから，夫婦関係は全く破綻にひんしていたものというべく，このような時期になされた贈与を取り消す旨の意思表示は，民法七五四条の法意に照らして，その効果を生じないものといわねばならない．」

「民法七五四条の法意に照らして」とあるところの，754条の精神とは，〈国家権力は円満な夫婦には介入しない〉というものである．第2審は，この「法意に照ら」せば，円満でなくなった夫婦には裁判所の介入もありうるとして介入して，悪い側の権利行使を制限した．すなわち，夫の取消権を否認したのである（この高裁判決では縮小解釈は，まだ明確ではない）．

(c)　これらに対し**最高裁**は，「原審の所論事実認定は挙示の証拠によって肯認することができ，原審の確定したところによれば」と第2審の事実認定を踏まえ，754条の「婚姻中」には〈破綻した婚姻関係中〉は含まれないとする縮小解釈によって，本件を処理した．

5.4.2　オヤジ狩りを強盗致傷罪にせず

本件において被告人（未成年）は，仲間とオヤジ狩りをおこない，一人の「オヤジ」をつかまえ暴行したが，パトカーを目にして金品を奪わないで逃げた．裁判官は，本判決（強盗致傷被告事件　大阪地方裁判所2004（平成16）年11月17日判決　LEX/DB-28105011）において，刑法240条：「強盗が，人を負傷させたときは無期又は六年以上の懲役に処し，死亡させたときは死刑又は無期懲役に処する．」の「人を負傷させたとき」を，諸事情を考慮して厳格に解釈し，本件における被害者が受けた程度の「負傷」は——負傷であるものの——本条の「負傷」には当たらないとした（本件は，第1審で確定した）．

> 判決文の抜粋

「これらの事実を総合すれば，C被害者の負った傷害は，受傷当初は血が滲み出ていたとはいえ，それも水で洗い流せば，そのまま放置しても足りる程度のものであって，診断書上は前記のような全治期間が記載されているとはいっても，日常的には，医師の治療はおろか，患者が自分で行う救急絆創膏の貼付等すら要しない，いわば「かすり傷」程度の極めて軽微なものであったと評することができる（以上認

定・評価したような C 被害者の傷害を，以下「本件傷害」という．）．

(3) 本件における実際的問題点

そこで，以上を前提に本件の争点について検討を行う．

強盗致傷罪における「負傷」の程度を傷害罪における「傷害」と同程度と解してよいか否かは，強盗致傷罪に関する典型的な論点であり，既に多数の裁判例や学説の集積がみられるところである．

ただ，これら判例・学説を通覧しても，本件は特にその問題点が先鋭に表れている事案であるように思われる．すなわち，後記「量刑の理由」に記載のとおり，確かに被告人の本件暴行は悪質かつ危険なものであったとはいえ，幸い強盗は未遂に終わり，傷害も上記のとおり極めて軽微なもので済んだことから，被害者は，捜査・公判を通じ一貫して被告人の行為を宥恕し，公判廷では，被告人に対し執行猶予判決が言い渡されることを希望するに至っているのである（なお，被害者は，被害弁償等も一切求めていない．）．加えて，被告人は，本件犯行当時 19 歳の少年であったものであり，これまで，その劣悪な生育環境にもかかわらず，前科はおろか非行歴も全く有しておらず，犯行直後から一貫して事実関係を素直に認めているだけでなく，公判段階では，直接被害者に謝罪するなどその反省悔悟の情も顕著である．これらの諸事情に鑑みるならば，仮に起訴検察官が起訴裁量を適切に働かせて本件を強盗未遂罪（又は強盗未遂罪と傷害罪）で起訴してきたならば，本件は躊躇無く執行猶予が選択された事案ではなかったかと思われる．

そうすると，本件における最大の問題は，たまたま被害者が被告人の前記暴行により「かすり傷」程度の本件傷害を負ったというだけで，およそ被告人に対し執行猶予の途を閉ざしてしまってよいのか，また，仮に執行猶予は付さないにしても，上記のような犯情の下で，被告人に対しいきなり懲役 3 年 6 か月もの実刑に処することが，真に刑事裁判の正義にかない，刑法上の根本原則に背馳するところがないと言い切れるのかどうかである．そして，もしその不当性が著しいというのであれば，単に法律上やむを得ないこととして，その結論を座視するようなことは許されず，すべからく強盗致傷罪の「負傷」要件につき目的論的縮小解釈を施して，本件につき強盗致傷罪の成立を否定し，強盗未遂罪と傷害罪でこれを処断することが妥当ではないかと考えられるのである．

そこで，以下，種々の観点から，その妥当性について検討を加える．

(4) 立法経過からの検討

〔…〕以上によれば，もともと現行刑法の制定段階では，強盗罪・強盗致傷罪とも執行猶予を付しうる余地はなかったのであるが，昭和 22 年の刑法改正により，強盗罪については，実際上の裁判では情状によっては執行猶予をぜひ付したいという事例も多いなどとの理由で，執行猶予を付し得る余地が認められるようになる一

方，強盗致傷罪に関しては，それが「極悪な重大犯罪」であっておよそ執行猶予にはなじまないとの理由で執行猶予を付しうる途が閉ざされてしまうことが認められる．しかしながら，たとえ形式的には強盗致傷に当たる事案であっても常に「極悪な重大犯罪」ばかりでないことは裁判実務家の誰しもが共通に認識しているところであって，上記のような改正経過に照らすと，強盗罪と強盗致傷罪との差別化要因である「負傷」の内容があまりに貧弱なものであって，他の犯情や一般情状に照らしても到底「極悪な重大犯罪」とは評価できないような事案に関しては，そもそも当該傷害は強盗致傷罪における「負傷」には当たらないとして強盗致傷罪の成立そのものを否定し，強盗罪と傷害罪等にこれを分かって，執行猶予を付しうる余地を認めることが相当であると考えられよう．

(5) 他罪の量刑傾向との均衡という観点からの検討

前述のとおり，強盗致傷罪の成立を前提にする限り，被告人に科しうる刑の最下限は懲役3年6か月の実刑であるが，この量刑が同種他罪と比較しても許容し得る範囲内と認めうるのかが次に問題となる．両当事者の同意を得て職権で取り調べた別紙「通常第一審における主要罪名別有罪人員量刑分布一覧表（懲役・禁錮）　地裁（平成14年度分）」は，最高裁事務総局『平成14年司法統計年報　2刑事編』等に基づき罪名別に量刑の分布状況を一覧表にしたもの（司法研修所刑事裁判教官室が研修資料として毎期の司法修習生に配布しているもの）であるが，同表によれば，個々の事例に関する個別情状（ことに前科関係）は一切不明であるものの，各罪ごとの大まかな量刑傾向は把握し得ることから，同表に基づき，懲役3年6か月の実刑が各罪の量刑傾向のどの辺りに位置するのかを見た上，その量刑傾向と本件事案を対比した場合に懲役3年6か月という量刑がどのように評価されるのかを検討することとする．

ア　強盗未遂罪の量刑傾向との対比

まず，本件事案に最も近いと思われる強盗未遂罪においては，懲役3年6か月が属する「3年超5年以下」の有罪人員数は全体の28.3%であり，これを超えるものもせいぜい6.6%に止まることから，懲役3年6か月という量刑は，強盗未遂罪全体の中ではかなり重い部類に属していることが分かる．実務感覚に照らしても，本件のように成人後間もない初犯者について懲役3年6か月もの実刑を言い渡すのは，犯行態様が悪質（例えば，常習的に反復している場合や凶器を用いている場合など）で，しかも，被害者が被告人を宥恕していない場合に限られるのではないかと考えられる．

このような強盗未遂罪の量刑傾向に照らすと，本件のように極めて軽微な傷害を生じさせたというだけで被告人のような初犯者に対しいきなり懲役3年6か月の実刑に処するというのは，本件が悪質・危険な態様で行われたことを考慮に入れても，

明らかに重すぎるといわざるを得ないように思われる.

イ　傷害罪の量刑傾向との対比

　次に，本件においては財物奪取行為に着手できていないため，外形的には傷害行為に近似していることから，傷害罪の量刑傾向についても見ると，懲役3年6か月が属する「3年超5年以下」の有罪人員数は全体の1.6%に過ぎず，これを超えるものも0.1%しかないため，懲役3年6か月というのは，傷害罪の中でも最も重い量刑に位置付けられるものと評価することができよう．実務感覚からしても，初犯でありながら傷害罪のみで懲役3年6か月の実刑に処するような事例は，よほど傷害結果が重篤で，かつ，犯行態様も悪質なレアケースに限られるものと考えられる.

　このような傷害罪の量刑傾向に照らすと，本件程度の傷害結果を惹起しただけで，初犯であるにもかかわらず懲役3年6か月の実刑に処するのは，たとえそれが強盗目的で行われ，かつ，犯行態様が悪質・危険であったことを考慮に入れても，あまりにも重いといわざるを得ないように思われる．

ウ　窃盗罪の量刑傾向との対比

　さらに，本件の強盗態様は，被害者の不意を突いて財物を奪うという点で，ひったくり窃盗と類似する面があることから，窃盗罪の量刑傾向についても見ると，懲役3年6か月が属する「3年超5年以下」の有罪人員数は全体の5.6%に過ぎず，これを超えるものも0.8%しかないため，傷害罪の場合と同様，懲役3年6か月というのは，窃盗罪の中でも最も重い量刑に位置付けられるものと評価することができよう．実務感覚からしても，初犯でありながら窃盗罪のみで懲役3年6か月の実刑に処せられるのは，悪質な態様でよほど高価な金品を窃取し，かつ，被害弁償等も全く行われていないようなレアケースに限られるものと考えられる．

　このような窃盗罪の量刑傾向に照らすと，本件のように財物奪取が失敗に終わり，しかも初犯であったにもかかわらず，それが単に強盗目的で行われ，かつ，極めて軽微な本件傷害を生じさせたというだけで懲役3年6か月の実刑に処するというのは，本件が一般のひったくり以上に悪質・危険な態様で行われたことを考慮に入れても，あまりにも重いといわざるを得ないように思われる．

エ　小括

　以上を総合すれば，発生した傷害がいかに軽微なものであっても，ともかく強盗目的で暴行が行われた場合には，一律に最下限でも懲役3年6か月の実刑を免れないとすることは，同種他罪の量刑傾向に比しても重きに過ぎるというべきであり，特に，本件のように他に被告人のために酌むべき事情が種々存する場合には，なおさらであると指摘することができる．

(6) 法解釈学的見地からの検討

　以上に加え，法解釈学的見地からしても，これまでの一部下級審裁判例や学説が

既に指摘しているとおり，(a) もともと強盗罪の要件としての暴行は相手方の反抗を抑圧するに足りる程度の強度を備えたものでなければならないのであるから，それに伴い軽微な傷害が生じることは当然予想されているものと思われ，そうであれば，軽微な傷害は強盗致傷罪における「負傷」の対象から除外するのが相当であると解されること，(b) 傷害罪に関してはその法定刑の下限が科料まで設けられており（この点は暴行罪と同一である.），極めて軽微な傷害も処罰の対象に予定されているのに対し，強盗致傷罪と強盗罪との間には傷害の有無により法定刑の下限の差が懲役2年も存しているのであるから，ここで予定されている「傷害」には軽微な傷害は含まれないと解するのが素直な理解であること，以上のとおり解することができる．

(7) 昨今の立法動向からの検討

更に加えて，今国会（第161回国会）に，凶悪・重大犯罪の法定刑引き上げ等に関する刑法等の一部改正法案が内閣から提出されているところ，同法案中では，強盗致傷罪の法定刑の下限を懲役7年から懲役6年に引き下げる刑法240条の改正案も含まれていることは公知の事実である．これは，法制審議会刑事法部会において，上記法定刑の引き上げが審議された際，強盗致傷罪に関しては，執行猶予を付す余地がない現行法の法定刑の不合理性が指摘され，全会一致で上記のとおりの附帯決議がなされたことに基づくものである（この点も公知の事実）．

仮に同法案が法律として成立したとしても，本件のように成立前に行われた犯罪については附則の規定により現行法が適用されることになるが，このように強盗致傷罪の法定刑の不合理性を理由とする法改正が現に国会で審議されるまでに至っている事実は，現行法の法解釈においても十分参酌されなければならないと解される．

(8) 結論

以上を総合すると，現行の刑法240条については，これに関連する立法の経過や罪刑法定主義の一内容たる罪刑均衡の原則に照らして考えると，強盗致傷罪の刑の最下限に酌量減軽を施しても懲役3年6か月を下回ることができず，執行猶予を付しうる余地がないことはもとより，<u>犯情のいかんにかかわらずいきなり懲役3年6か月もの長期の実刑にすることを余儀なくされる点で著しい不合理性が存すると</u>いわざるを得ないように思われる．この点は，前述のような法解釈学的見地や近時の立法動向に鑑みても，十分に裏付けられていると解される．

そして，このような不合理性は，現行法の下では，強盗致傷罪の「負傷」要件に目的論的縮小解釈を施し，医師の診療を要せず，日常生活にもほとんど支障を来さないような軽微な傷害については，同罪の「負傷」には該当しないと解することによってこれを解消するほかないのではないかと考える．

この点に関しては，いずれも刑集不登載（裁判集刑事には登載）の判例であると

はいえ，既に少なからざる最高裁判例（近時のものでは，最決平成6年3月4日裁判集刑事263号101頁）が「軽微な傷でも，人の健康状態に不良の変更を加えたものである以上，強盗致傷罪における傷害にあたる」旨説示していることは，当裁判所も十分承知しているところであるが，<u>いずれの判例も本件とは事案を異にするものであり</u>（なお，上記の最高裁判例及びこれと同旨の下級審の裁判例は――事案の詳細が不明であるものもあるが――各事案を子細に見ると，上記平成6年の最高裁決定を初めとして，事案自体としては本来的に実刑相当と解されるものが少なくないように思われる．），仮にいわゆる「理由付けのための一般的法命題」に判例性が認められるというのであれば，当裁判所は上記判例に賛同しかねるというほかない．

そうすると，<u>本件傷害は，前記のとおり，極めて軽微な傷害であって，被害者はこれによって日常生活にもほとんど支障を来さなかったというのであるから，本件は強盗致傷罪にいう「人を負傷させた」場合に該当せず，強盗未遂罪と傷害罪が成立するに止まると解するのが相当である．</u>

よって，検察官の主張は理由がなく，当裁判所は，前記「有罪と認定した事実」に記載のとおりの認定・判断を行った次第である．」

考　察

大阪地裁は，この少年が出来心で初犯に出，今は深く反省しているし，被害者もそれを受け止め，赦しの態度を示していることを踏まえ，〈罰するのではなく，少年の更生を別のかたち（執行猶予を利用して再教育する道）で追求したい〉との判断から出発した．

ところが刑法240条をそのまま適用すると，「犯情のいかんにかかわらずいきなり懲役3年6か月もの長期の実刑にすることを余儀なくされる」ことになる．これは，問題である．そこで大阪地裁は，この条文の「人を負傷させた」とは，相当に重大な傷害を与えた場合を言うのであって，本件のように「いわば「かすり傷」程度の極めて軽微なものであったと評することができる」場合は，240条の「人を負傷させた」には該当しない，と判示した．大阪地裁は，体系的解釈や立法者意思解釈を踏まえ，刑法240条を縮小解釈したのである．

大阪地裁がこの縮小解釈をするにいたったのは，上述のように（本書66頁の図4-1の）［E］法律意思解釈に導かれたからである．すなわち地裁は言う：240条については「強盗致傷罪の刑の最下限に酌量減軽を施しても懲役3年6か月を下回ることができず，執行猶予を付しうる余地がないことはも

とより，犯情のいかんにかかわらずいきなり懲役3年6か月もの長期の実刑にすることを余儀なくされる点で著しい不合理性が存在するといわざるを得ないように思われる」と，このように判断を明示しつつ縮小解釈をしている点で，本判決は裁判官の法解釈の根底に働いている心理・思考を示しており，興味深い．

　本判決のこの思考は，有名な**尊属殺人被告事件最高裁判決**（1973（昭和48）年4月4日，LEX/DB-27760999）のそれと重なっている．後者の判決が関わっているのは，父親に強姦され続け数人の子供までもうけさせられた女性が，恋人と結婚しようとしたところさらに父親から暴行され，ついにその父親を殺害した事件である．当時の刑法には**200条**があり，「自己又ハ配偶者ノ直系尊属ヲ殺シタル者ハ死刑又ハ無期懲役ニ処ス」とあった（通常の殺人に関する刑法199条は，「人を殺した者は，死刑又は無期若しくは5年以上の懲役に処する」となっている）．この被告人に最高裁は同情し，執行猶予を付けたかった．しかし，200条による限り刑が重くなりすぎ，付けられない．そこで最高裁は，200条は刑が不当に重い点で憲法14条違反だとしてこれを無効とし，その代わりに199条を適用して執行猶予を付けた（なお，この違憲判決を受けて，**1995年の刑法改正の際に**，対尊属犯罪はすべて削除された）．

　両事件で裁判官は，ともに被告人の罪を軽減したかった．しかし，一方，尊属殺人事件では「直系尊属」や「殺シタル」を縮小解釈することは不可能だったので，最高裁は，違憲判断で「直系尊属」を除去して被告人に別の，通常の殺人罪を科した．他方，本オヤジ狩り事件では，大阪地裁は「人を負傷させた」を縮小解釈して被告人に強盗致傷罪ではなく，強盗未遂罪と傷害罪とを科したのである．

コラム9
尊属殺人罪

　日本で尊属殺人をヨリ重く罰してきたのは，古代中国・古代日本の（家族倫理にもとづく）「律」の伝統の名残による．前近代の世界では（古代の西洋でもかなりの程度），人をその地位に応じて，言葉遣い，道徳上の振る舞い方，法的保護などのうえで厳格に差異化して扱う傾向があった（これは日本の敬語のなかに，なお強く残っている）．この伝統下で，**尊属への敬意を特別視する道徳**が刑法にも反映した．これが，尊属殺人等の制度である（刑法200条，205条2項，218条2項，220条2項）．これに対して近代に入ると，すべての人間に共通に内在する絶対的な人間的価値が尊重されるようになった．それは各人の中にあって絶対的（無限の価値をもったもの）であるから，父母と子の間でも，法的な扱い上で

優劣はなくなる（**無限には，大小のちがいがないからである**）．

　つまり，1995年に刑法200条等が削除されたことは，父母尊敬の念が弱くなったこと（父母の価値が通常人の価値に引き下げられたこと）を意味するのではなく，父母も子も人間としてともに無限の価値の持ち主であることが明確化したことの帰結である．絶対の価値としての生命は199条によって保護されているから，200条は，（憲法14条に反するだけでなく）そもそも不要なのである．

5.5 反対解釈

5.5.1 責任能力を有する未成年者を監督する者の責任

　新聞配達をしていた中学生（未成年者だが責任能力はある[36]）が，金欲しさに，同僚である集金係の少年を殺し集金を奪った．この事件に関し，加害少年の父母は，〈民法714条の反対解釈によれば，自分たちは責任を負わない（負うのは，子供だけ）〉と主張したが，広島高裁は，下記の判決（慰藉料請求事件　広島高等裁判所松江支部 1972（昭和47）年7月19日判決　LEX/DB-27200807）においてこの主張を退け，加害少年とその父母とはそれぞれ民法709条にもとづいて不法行為責任を負う，と判示した．最高裁も，この判示を支持した．

> **関連条文**
>
> **民法714条**：「前二条の規定により責任無能力者がその責任を負わない場合において，その責任無能力者を監督する法定の義務を負う者は，その責任無能力者が第三者に加えた損害を賠償する責任を負う．ただし，監督義務者がその義務を怠らなかったとき，又はその義務を怠らなくても損害が生ずべきであったときは，この限りでない．2　監督義務者に代わって責任無能力者を監督する者も，前項の責任を負う．」

> **判決文の抜粋**
>
> 加害者の父母の主張：〔控訴理由中で〕「控訴人甲野太郎，同花子において原審相被

---

[36] 未成年者でも民事では，おおよそ12歳以上なら責任能力を有しているとされる．奥野久雄「子供どうしのキャッチボール中の死亡事故と親の不法行為責任（民事判例研究）」（『法律時報』55巻6号，1983）．

告甲野一郎に対する監督義務の懈怠があつたとしても、これと一郎の殺人行為との間には定型的なつながりがない。もともと親権者の未成年者に対する監督義務懈怠による損害賠償責任は民法七一四条の定めるところであるが、同条は直接の行為者が責任無能力者であることを前提としているのであるから、直接の行為者が責任能力者である場合に、監督義務懈怠を理由として親権者に損害賠償責任を認めることは不当である。」

〔上告理由では〕「二．わが民法は、個人責任の原理のうえに民法第七〇九条以下の不法行為責任の規定をもうけているが、未成年者に責任能力が欠落している場合に、民法第七一四条はその監督義務者に補充的な責任を負わせる。すなわち、民法第七一四条が監督義務者の賠償責任を、未成年者が責任を負わない場合に限ったことの理由として、民法修正案理由書は、「前二条の規定に依りて無能力者が自ら不法行為の責に任ずべきときは監督義務者は固より賠償の責任を負うべき理由なきにより本条前段の規定に依り監督義務者が責任を負ふべき場合を限定せり」という。換言すると、「責任無能力の制度は、主体的責任を規範侵害の具体的な行為主体性にそくしてとらえるための不可欠な構成なのであるが、そこに一つの矛盾をつくりだす。なぜなら、それによって加害者の権利主体性は守られても被害者の権利主体性は、守られないことになる（被害者に発生した損害は転嫁の相手方を失う）からである。この矛盾を解決するため、不法行為責任の世界では加害者の責任無能力を保護者の責任能力によって補充させる制度として民法第七一四条の規定がもうけられたのである」（川村泰啓「商品交換法の体系」上、一〇〇頁）。

三．そうだとすると、原判決が説示するが如き解釈すなわち未成年者に責任能力がある場合に、監督義務者も並列して責任を負担するとする解釈は成立する余地はない。なぜなら、民法第七一四条は、個人主義的過失責任の形態をとっているけれども、その過失は、当該違法行為自体についての過失ではなく、一般に監督を怠ることを意味し、しかも監督義務者の過失は、損害の遠いかつ間接の原因にしか過ぎないからである。

四．しかるに、原判決は監督義務者たる上告人らの義務違反と未成年者たる一郎の行為により生じた結果との因果関係のみを云々して、当該違法行為自体についての上告人らの過失を論ずることなく、上告人らに民法第七〇九条の一般の不法行為責任を肯定したのは、法律の解釈に違背した違法な判決である。」

＊

広島高裁の判断：「民法七一四条は、未成年者が責任無能力者である場合、これを監督すべき義務のある親権者等において右監督義務を怠らなかつたことを証明しない限り、右未成年者が第三者に加えた損害を賠償する責任のあることを明らかにしているが、右規定は、未成年者が責任能力者である場合、監督義務者の義務違

と未成年者の行為によつて生じた結果との間に相当因果関係の存するときは右未成年者の不法行為責任とともに監督義務者についても一般の不法行為責任〔民法709条〕の成立することを排除するものではないと解される〔…〕.」

　最高裁の判断（慰藉料請求事件　第二小法廷 1974（昭和 49）年 3 月 22 日判決 LEX/DB-27000443）:「未成年者が責任能力を有する場合であっても監督義務者の義務違反と当該未成年者の不法行為によって生じた結果との間に相当因果関係を認めうるときは，監督義務者につき民法七〇九条に基づく不法行為が成立するものと解するのが相当であって，民法七一四条の規定が右解釈の妨げとなるものではない．そして，上告人らの甲野一郎に対する監督義務の懈怠と一郎による乙山高男殺害の結果との間に相当因果関係を肯定した原審判断は，その適法に確定した事実関係に照らし正当として是認できる.」

考　察

　加害少年の父母は，民法 714 条は「責任無能力者がその責任を負わない場合において，その責任無能力者を監督する法定の義務を負う者は，その責任無能力者が第三者に加えた損害を賠償する責任を負う」となっているから，反対に責任能力者がその責任を負う場合は，帰結も反対となり，〈責任能力者を監督する法定の義務を負う者は，その責任能力者が第三者に加えた損害を賠償する責任を負〉わない，との反対解釈をした．

　しかし，高裁と最高裁は，この解釈を退けた．714 条は，責任無能力者が「その責任を負わない場合」について規定しているだけであって，そこから，未成年の責任能力者がその責任を負う場合にはその〈責任能力者を監督する法定の義務を負う者〉が免責されると読み取れるものではない，というのが高裁・最高裁の解釈である．

　実際，「A であれば，B である」は，「A でなければ，B でない」しか帰結させないわけではなく，事物によっては「A でなくとも，B である」も帰結させる．たとえば，① 論理の問題として，「シェパードであれば，犬である」は，「シェパードでないならば，犬でない」しか帰結させないわけではなく，「シェパードでなくとも，犬である」もありうる．これは，論理学上，「対偶」と「裏」のちがいとして扱われることである．② さらに日常の場では，「病気であれば，病院にいく」は，「病気でなければ，病院にいかない」しか帰結させないわけではなく，「病気でなくとも，（さまざまな理由・目的

第5講　法の解釈 II

で）病院にいく」もありうる．したがって日常の場の推論では，何を帰結させるかは，ことがらと場の特性に応じて個別的に判断する必要がある．

ところで加害少年の親側は，その反対解釈をするに際して，[C] 立法者意思を重視してもいる．すなわち，この問題に関し714条に関する民法修正案理由書には，「監督義務者が責任を負ふべき場合を限定せり」とある．そこで加害者側は，714条は監督義務者の負担軽減をはかった条文であり，監督義務者が責任を負ふのは，「責任無能力者がその責任を負わない場合」だけだと規定しているのだと解釈した．

これに対し高裁と最高裁は，[E] 法律意思的考察によって動いた．すなわち，〈未成年者に責任能力がある場合には，監督義務者が責任を負わないとすると，たいてい未成年者には資力がなく賠償責任を果たせないので，被害者に酷である（これに対し未成年者に責任能力がない場合は，常に監督義務者が払う）．したがって被害者を保護する立場からは，未成年者に責任能力がある場合には，未成年者と監督義務者とが並んで709条によって責任を負担する余地を残しておかなければならない〉としたのである．

ここでの反対解釈をめぐる議論は，**論理的な問題**というより，被害者と加害者のどちらの利益を重視するかの，**価値判断の問題**としてある．

5.5.2 府中刑務所図書差入れ不許可処分は違法

ある人道的なボランティア団体が受刑者に図書差入をしようとしたところ，府中刑務所長は，〈その団体がどういう団体か，受刑者の管理上問題があるのかないのか〉が分からないことだけを理由にして，それらの図書を受刑者に閲覧させず，また，そういう措置をとったことをその団体に伝えもしなかった（当該図書は，釈放時に交付すべく闇に置かれた）．この処分に対し，あとで事実を知った受刑者が国を相手取って損害賠償の裁判を起こした．東京高裁は，本判決（損害賠償等請求控訴事件　東京高裁1981（昭和56）年11月25日判決 LEX/DB-27603979）において，府中刑務所長のとった措置は違法であると判示した：

> 関連条文

当時の監獄法施行規則 146 条 2 項：「前項ノ調査ノ結果其差入力在監者ノ処遇上

害アリト認ムルトキハ之ヲ許サス」同142条：「在監者ニハ拘禁ノ目的ニ反シ又ハ監獄ノ紀律ヲ害ス可キ物ノ差入ヲ為スコトヲ得ス」

判決文の抜粋

「しかし差入を許さずとしながら，差入申出のあつたことを受刑者に告げることもなく，刑務所長が釈放時に受刑者に交付することを予定して目的物を受刑者のために保管することは，そのような保管の途中で目的物が滅失した場合における権利義務の不明確の問題を生ずることを考えると，法及び規則の予定するところとは到底考えることができないし，又刑務所長が法及び規則によらないで，差入人又は受刑者の金品を預り保管することの許されないことはあらためて喋々するまでもないであろう．

三　本件において府中刑務所長のとつた処置は，前述した意味において，既に正当とはいいがたいが，本件各図書の差入についてこれを許さなかつたことが正しいとすれば，その後の保管関係に誤りがあつたからといつて，控訴人に物質的にも精神的にも損害があつたとすることはできないはずである．そこで次に府中刑務所長が本件各差入を許可しなかつたことの適否を考えてみる．

　受刑者を一般社会から隔離し，これを一定の場所に拘禁することが制度として是認される以上，差入又は私物の使用が無制限に許されるはずがなく，法がこれらについて制限規定をおいているのは当然であるが，前述したように差入が許されたからといつて目的物が自動的に受刑者に到達する訳ではなく，図書についていうならば，閲読の許可があつてはじめて受刑者はこれに接することができるのであつて，それ故当然のことながら，差入に対する制限よりも閲読に対する制限はより一層きびしいものとされている．すなわち，差入に関する規則第一四二条は「在監者ニハ拘禁ノ目的ニ反シ又ハ監獄ノ紀律ヲ害ス可キ物ノ差入ヲ為スコトヲ得ス」と規定するが，閲読許可に関する同第八六条は「文書図画ノ閲読ハ拘禁ノ目的ニ反セス且ツ監獄ノ紀律ニ害ナキモノニ限リ之ヲ許ス」と規定していて，その差異は明瞭である．つまり，「拘禁ノ目的ニ反シ又ハ監獄ノ規律ヲ害ス」るか否かが明らかでないものは差入許可の対象になりうるが，閲読許可の対象にはなりえないことが明らかである．そうして規則第一四二条をそのように解する以上，同第一四六条第二項の「……其差入カ在監者ノ処遇上害アリト認ムルトキハ之ヲ許サス」との文言についても，「在監者ノ処遇上害」があるか否かが不明な場合は，その差入は許可の対象たりうると解するのが当然であろう．なお，法第五三条第一項が「……命令ノ定ムル所ニ依リ之ヲ許スコトヲ得」と定めているのは，差入許否の基準を命令に委任するとの意であると解すべく，一定の事由のある場合には必要的禁止とするが，その

他の場合には許否一切を刑務所長の裁量に委ねることとし，右必要的禁止の事由についてのみ命令に委任した趣旨であるとは到底解しえられないから，刑務所長は規則第一四六条第二項にあたらない差入については，第一四二条等他の禁止規定にあたる場合は格別，差入人と受刑者との間の人的関係を理由にこれを拒むまでの裁量権を有しないと考えるほかはない．
四　しかるところ，本許弁論の全趣旨ならびに前出西村証言によれば，府中刑務所長が本件各差入を不許可扱いとしたのは，もつぱら本件各差入人が控訴人の処遇上害があるか否かが判明する程度にその続柄等が府中刑務所長に了知されていなかつたことを理由とするもので，他にこれを不許可とすべき事由は存しなかつたことが認められ，このことは結局本件各差入が差入人と受刑者との人的関係の面から考えて，受刑者の処遇上害があるかどうかが不明であつたことを意味し，従つて前述の規則の解釈に従う限り，本件差入はこれを不許可とすることはできなかつたのに，府中刑務所長はその権限を逸脱して，違法にこれを不許可としたものであるといわざるをえず，かつ府中刑務所長には，これにつき少くとも過失の責があつたといわざるをえない．」

考　察

　東京高裁は，監獄法施行規則146条2項：「前項ノ調査ノ結果其差入カ在監者ノ処遇上害アリト認ムルトキハ之ヲ許サス」を反対解釈し，「害アリト認」められないときは，「之ヲ許」すとなるとした．すなわち，〈其差入が在監者の処遇上害がない場合〉はもちろんのこと，〈害があるかないか不明の場合〉も，「害アリト認」められないときに当たるから，府中刑務所長は「之ヲ許」し閲読許可を出すべきだった，と．

　その根拠は，第一に，[B]体系的解釈による．すなわち，(a)閲読許可に関する同86条は「文書図画ノ閲読ハ拘禁ノ目的ニ反セス且ツ監獄ノ紀律ニ害ナキモノニ限リ之ヲ許ス」と規定しているのに対して，(b)差入に関する規則142条は「在監者ニハ拘禁ノ目的ニ反シ又ハ監獄ノ紀律ヲ害ス可キ物ノ差入ヲ為スコトヲ得ス」と規定しており，両者の規定上の「差異は明瞭である」という点にある．

　上の(a)の86条は，「文書図画ノ閲読」が例外的にのみ許されることを明記している．したがって，その反対解釈は，〈「拘禁ノ目的ニ反セス且ツ監獄ノ紀律ニ害ナキモノ」と確認できないものは閲読できない〉となる．つまり〈拘禁の目的に反し，または監獄の紀律に害がある〉もの，および〈反す

るか否か，害があるか否か，分からないもの〉は閲読できない，となる．これに対して，上の（b）の142条は，そこまでの自由制限はしていない．立法者が，二つの条文をこのように異なった表現で規定しているのは——偶然の所産ではなく——両条文を意図的に区別しようとしたからである．この事実を踏まえれば，142条の反対解釈は，〈「拘禁ノ目的ニ反シ又ハ監獄ノ紀律ヲ害ス可キ物」とはっきり分かっているものでないかぎり，差入可能〉というものだとするのである．

したがって，(b) の142条と同じかたちの表現をとる146条2項（146条2項：「其差入カ在監者ノ処遇上害アリト認ムルトキハ之ヲ許サス」は，142条：「在監者ニハ拘禁ノ目的ニ反シ又ハ監獄ノ紀律ヲ害ス可キ物ノ差入ヲ為スコトヲ得ス」に対応する書き方にすれば，「在監者ニハ処遇上害ス可キ物ノ差入ヲ為スコトヲ得ス」となる）は，142条と同様に（すなわち〈「処遇上害ス可キ物」とはっきり分かっているものでないかぎり，差入可能〉として）扱われるべきなのである．だとしたら，本件のように「処遇上害ス可キ物」かどうか分かっていないものは，差入可能とすべきだ，と．

第二に，受刑者の基本的人権への配慮にある．受刑者は支障のない限り差入物を受ける人権をもつ；差入許可は刑務所長の単なる恩恵行為ではない，と東京高裁は考えた．本件の場合，刑務所長は，差入をした団体がどういうものなのか調べることもないままに，分からないからとして不許可にし，また権限なくしてそれを保管処分に付し，その処分について差入した団体にも受刑者にも知らせなかった．すべてを刑務所長の裁量に委ねるのでは，このような怠慢による人権侵害を容認することになる．それゆえ，差入に関する刑務所長の行為もまた，受刑者の人権の観点から裁判所が審査すべきだ，と見たのである．

のちに最高裁（損害賠償等請求事件　1985（昭和60）年12月13日最高裁第二小法廷判決　LEX/DB-27100024）は，高裁のこの反対解釈を排斥した．すなわち最高裁は，「規則一四六条二項は，同条一項の調査の結果当該差入れを許すと受刑者の処遇上害があると認められる場合には，当該差入れを許してはならないという当然のことを明らかにした規定であり，それ以上に，右の害があると認めることができない場合には，当該差入れを許さなければならないことまでも規定したものではなく，後者の場合には，刑務所長は，法五三条一項に基づき，合理的な裁量により当該差入れの許

否を決することができるものと解すべきなのである」とした.

 確かに，142条の反対解釈として，〈其差入が在監者の処遇上害がない場合〉だけでなく〈害があるかないか不明の場合〉も差入を認めるべきだということには論理的には直ちにはならない．しかし最高裁のように，所長が害があるかないか——調べればすぐ分かるのに——調べようともせずに，分からないことを理由に差入を不許可にし権限なしに保管したことをも容認するのは，人権の観点からして問題である．最高裁は，① 受刑者の人権を考えると，刑務所運営上，制限が欠かせないもの以外は受刑者もアクセス可能であること，② したがって所長には142条に関して〈害があるかないか〉の調査をする義務があること，③ 所長がそれを怠ったこと，は，認定しておくべきだった．

 以上のように本件からも，反対解釈に当たっては，単に論理が決め手になるのではなく，体系的解釈（本件では憲法との関係）や法律意思解釈（本件では人権尊重の政策的判断）が本質的に作用している事実が確認できる．この点をめぐってここで，数学や論理学を専門にした人に次のことを忠告しておこう：広く法律解釈の全般において，論理だけで問題を処理しようとしてはならない；前述のように（本書74頁），法律解釈は，純 scientia の営みではなく，**良識**を生かしつつ問題の全体からことばの意味をも探る，prudentia の思考が欠かせない，と．

5.6 もちろん解釈

5.6.1 未成年者に親方が酒を勧めた事件 II

 以下の部分は，4.2で扱った判決の一部である（未成年者飲酒禁止法違反被告事件　宇都宮家庭裁判所栃木支部 2004（平成 16）年 9 月 30 日判決　LEX/DB-28105006）．本件で被告人が結局は無罪となったこと，前述の通りであるが，訴追されたのは，次の行為のゆえである．すなわち被告人は，面倒を見ている未成年者に親睦の席で酒を勧めた．ところが未成年者飲酒禁止法1条2項は，未成年者の飲酒を目撃したら「制止スヘシ」となっているものの，酒を勧めることについては規定していない．しかし検察官は，もちろん解釈でかれを訴追した．そして裁判官も，この解釈には賛成した．〈未成年者の飲酒

を「制止」しなくてさえ犯罪なのだから，酒を勧めるのはもっと悪い行為であり，当然罰されるべきだ〉と誰でもが評価できるので罪刑法定主義に反しない，と見たのである：

関連条文

未成年者飲酒禁止法 1 条 2 項：「未成年者ニ対シテ親権ヲ行フ者若ハ親権者ニ代リテ之ヲ監督スル者未成年者ノ飲酒ヲ知リタルトキハ之ヲ<u>制止スヘシ</u>」

判決文の抜粋

「法 1 条 2 項にいう「飲酒を制止しない」とは，文理上は，未成年者が自発的に飲酒することを知りながら，これを止めさせないという不作為を意味することは明らかであるが（大阪家庭裁判所昭和 39 年 12 月 23 日判決（家裁月報 17 巻 7 号 181 頁），福岡家庭裁判所久留米支部昭和 43 年 5 月 6 日判決（家裁月報 20 巻 11 号 217 頁）等参照），<u>本件のように，より積極的に未成年者に酒類を提供して飲酒させた場合が不処罰となるのは不合理であるから，当然これに含まれるものと解する</u>（水戸家庭裁判所昭和 33 年 9 月 20 日判決（家裁月報 10 巻 9 号 130 頁）も同旨）.」

考　察

刑罰法規を被告人の不利益となる方向にもちろん解釈した事例の一つである．同様に被告人に不利益となる方向にもちろん解釈をした撚糸事件最高裁判決（1960（昭和 35）年 7 月 14 日　LEX/DB-27611202. 拙著『法解釈講義』96 頁以下参照）[37]）をめぐっては，賛否両論がある．もちろん解釈もまた（類推や法意適用，反対解釈と同様），法律が欠缺しているのに，論理操作で別の条文を適用するのであるから，罪刑法定主義の観点からどう考えるべきかが問われるのである．しかし，本件におけるもちろん解釈については，ほとんどの人が反対しないであろう．違法であることが，一般の人にも自明だからである．

この事実が意味しているのは，次のことである．被告人に不利な類推や法

---

[37]）労働基準法 33 条所定の「災害等による臨時の必要がある場合の時間外労働」には該当しないのに，すなわち違法に，女子労働者に長時間の時間外労働および休日労働を強いながら，同法 37 条所定の割増賃金を支払わなかった使用者が，もちろん解釈によって〈同法 119 条 1 号の罪（33 条所定の合法の時間外労働に対し割増賃金を支払わない罪）に当然に該当する〉として起訴された事件．高裁は，処罰規定がないとして無罪にし，最高裁は，もちろん解釈で有罪にした．

意適用が禁じられるのは，法律が欠缺しているときに，一般の人の思考を超えた論理操作によって別の法律で有罪にすることが罪刑法定主義からして問題だからである．だとするならば，一般の人が十分予測できる本ケースのような場合（そう多くはないであろう）は，罪刑法定主義上，問題がないことになるのである（筆者はここで，類推禁止原則を，目的論的解釈にもとづいて反対解釈をしているのである)[38]．

5.6.2 母と息子のモツレに警官が介入した事件

　第1審の横浜地裁の認定（暴行，公務執行妨害事件　横浜地裁 1962（昭和 37）年5月7日判決　LEX/DB-27660861）によると，息子に暴力行為があったものの家族内部のモツレであり，警察官が介入すべきでなかったのに介入して大騒ぎになった事件である．事件の中身は，次のようなものであった：同居の息子が非行気味なので，思いあまった母が諭してくれるよう，交番に赴いて警官に頼んだ．その警官が息子を諭そうと家にやって来た．それを目にした息子は，警官が自分を逮捕しに来たのだと勘違いして，逃げ出した．その際，「勘違いだ」として押しとどめる母を払いのけようとして倒してしまった．警官はそれを見て，息子がまた暴力をふるっているとこれまた勘違いし，その「暴行」を止めようとして息子の髪を引っ張ったので，かれと格闘になった．息子はここで，いよいよ逮捕が始まった，とさらに勘違いした．こうして事態は最終的には，警察官が息子を，母親に対する暴行と，自分に対する公務執行妨害とで逮捕するところにまでいたった．

　横浜地裁は，「外形的には暴行罪の条件を具えている」し「公務執行妨害罪が成立するかのようである」，しかし本件は，「**法律は家に入らず**」（公権は，家のもめごとにむやみに介入しない）が妥当するケースであり，この程度のことでは，それゆえ息子の母親に対する暴行罪は，本来成立しえない；したがって，暴行罪容疑で息子を逮捕しようとした警官の行為は違法だということになり，このため公務執行妨害罪は成立しない，として息子を無罪にし

---

[38] なお，本件では，いったん酒を勧めたあとは，少年が飲んでいるのを目撃することになるから，飲んでいるのを知りながら「之ヲ制止」しない行為も，すぐあとで発生する．この点に焦点を当てて「文字通りの適用」によって訴追することも，可能ではある．しかし訴追理由は，メインである，飲酒を勧めたことであった．

た：

判決文の抜粋

「被告人は
第一，昭和三十六年十二月十日午後一時頃横浜市神奈川区六角橋三五二番地の自宅において，母中川チヨウ（当四九年）が被告人の非行を説諭して貰うため連れて来た神奈川警察署勤務神奈川県巡査小林修（当二六年）をみて，自己を逮捕に来たものと考え逃げ出そうとした際前に立塞がつた同女に対し，その顔面を手で殴打して乱暴を加え，
第二，その際，玄関からこれを目撃し「おふくろさんに何をするのだ」といいつつ，急いで土足のまま上つて来て，被告人に手をかけた同巡査と格斗し，その間に同巡査の拳銃を引つぱるなどの所為をしたことが明らかである．
　判示第一の所為は外形的には暴行罪の条件を具えているし，第二の所為については公務執行妨害罪が成立するかのようである．しかし，当裁判所は，いずれの所為も違法性を阻却し，犯罪を構成しないものと考える．
以下に説明することとする．
〔三〕第一の行為について．
一，右第一の行為は，同居の子が母親に対して犯した乱暴で，その事実だけを他の一切の事情から切離して観察すれば，暴行罪の要件を具備しているようにみえる．しかし，同居の親子間において犯された行為は，同様の行為が非親子間において犯された場合には一律に犯罪を構成する程度のものであつても，より強い刑法の保護に値する事案と刑法の保護に値しない事案があるもので，その判断は特に慎重にされなければならない．子が親に対して犯した行為であるということ自体によつてだけ評価すべきではない．刑法は犯されたすべての行為を処罰しようとするものでなく，刑法の保護に値しない行為は違法性を阻却し犯罪を構成しないものであるから，蓋し当然のことといわばならない．一般に「法律は家に入らず」，といわれるが，これはある行為が家庭員の精神的きずなと家庭の平和を破綻させ健全な親族共同生活の維持を困難にする程度のものである場合，すなわち家庭内部の事件として止めることが家族の利益に反し，しかもこれを放置することが社会共同生活の秩序と正義に悖る場合のほか，国家権力は敢て家庭内の出来事に干渉しないという趣旨である．刑法の領域においても同様の場合がないではない．本件のように一見暴行罪の要件をみたすようにみえる行為であつても，手段方法程度，発展の見込のほか，それが累行された行為のなかの一事象なのか，計画的なものか偶発的なものか，発生の契機・事件の経過その後の状況および加害者被害者のあいだの身分関係，生活関

係，加害者の性格・習癖素行などすべての事情を総合して観察し，右の趣旨に反しないものであれば，刑法の保護を要求する価値ある法益の侵害があつたとはいえず，この場合違法性を阻却し犯罪を構成しないものである．このような程度の行為を不問に附するのは，犯罪の検挙，起訴，不起訴の問題ではなく，刑罰法の解釈に関する問題で，これを不問に附することが現行刑法の精神と現代法律思想に適し，法解釈の原理に適するものである．なお，昭和二十二年の刑法改正によつて暴行罪の法定刑が引上げられ，かつ非親告罪となつたが，これは，暴行はすべて罪として処罰することとしたものでなくて，社会的に無視できない程度の暴力が親告罪であることによつて不当に処罰を免れることがなく，適正な法の適用が行われるようにするためであることはいうまでもない．

二，なお，刑法に，右の趣旨を違法性阻却事由として直接規定した条文はないが，自己の財産権をみずから侵した場合や，親族間の財産犯に対する態度にこれを窺知することができるのである．

すなわち，

（イ）自己所有の非現住建造物等失火，同損壊によつて公共の危険を生じさせたときは処罰——現住建造物，他人所有の非現住建造物の失火・損壊と同じく——する（刑法第一一六条第二項，第一一七条第一項後段）こととしながら，自己所有の非現住建造物放火でも公共の危険を生じないときは罰しない（同法第一〇九条第二項）としていることや，（ロ）自己所有物についても差押を受け物権を負担し又は賃貸などしてある物について放火，溢水による侵害，損壊・傷害は他人の物に対する場合と同じように処罰され（同法第一一五条，第一二〇条，第二六二条），（ハ）窃盗および強盗の罪について，自己の財物であつても他人の占有に属し又は公務所の命により他人が看守したものであるときは他人の財産と看做すとし（同法第二四二条），（ニ）自己の物であつても公務所から保管を命ぜられた場合にこれを横領したものは他人の物の横領と同じく処罰される（同法第二五二条）などの規定は，その影響が自己一身に止まる場合は侵害される物の価値の大小に拘わらず国権により干渉しないが，社会秩序の維持に重大な支障がある場合は行為者を非難しようとするものである．

（ホ）直系血族同居の親族等の間の財産犯（窃盗，詐欺，恐喝，賍物に関する罪）について刑を免除するとしている（同法第二四四条，第二五五条，第二五七条）．この場合勿論犯罪は成立する．この規定は親族間の内部的事実に対して国権が干渉することは適当でないという刑事政策的見地から刑を免除するものである．しかし，本件を解するにあたつて，当裁判所は，現行法ではいろいろの事情が親族内部で処理しきれない程に重大で，また社会的影響も無視できない程の事件さえも刑が免除されるという点を無視できないのである．〔…〕それ程の事案であつても前記親族

間においては刑が免除されるのに，刑法が暴行罪にこのような規定を置かないのを，軽微で，家庭の平和，親族共同生活の秩序維持に影響がなく，勿論社会的に危害のない事案についてまでも一律に刑法上の保護をしようとしているものと解することはできない．むしろそのような場合には犯罪自体が成立しないものと解することが刑法の精神に適うと考えるのである．
(ヘ) 親族が犯人蔵匿・証憑湮滅の罪について刑を免除することができる（刑法第一〇五条）とされている．刑法はこのような国家の作用を妨害する重大な行為についてさえ，これは人情の自然であり道義的に責めることができない場合があるとして，敢て譲歩しているのである．これは上叙の諸規定から窺えると同様に，親族の行為は刑法が非親族間の行為とは違つた観点から評価していることを教えるものである．」

「被告人の母に対する本件乱暴は罪とならないものである．(ロ) 又，右の各事実から明らかなように，被告人を暴行罪現行犯として逮捕する必要はないし，小林巡査もその意図はなかつた．もとより暴行罪は緊急逮捕の対象となる罪でもない．(ハ) そして小林巡査が被告人に手をかけたとしてもその時期は乱暴が終了した後でかつそののちに一層強度の乱暴が加えられそうな事情もない．

小林巡査はどの点からも実力を行使することは許されないものである．しかるに小林巡査は（前記のような勢で）被告人の髪に手をかけ制止的行為に出たのであるから，右は適法な職務範囲を逸脱し違法である．違法な職務行為はたとい同巡査が警察法第二条，警察官職務執行法第五条の適法な職務行為と解してその挙に出たとしても公務の執行と解することはできない．違法な行為に対してはその相手方が正当防衛をすることができることは当然であつて，本件の場合被告人の身体・自由に対する急迫不正の侵害があるということができるので，これを防衛するため被告人が同巡査と格斗し拳銃を引張つたことはこれを正当防衛で罪とならないものといわねばならない．」

考 察

横浜地裁は，「本件を解するにあたつて，当裁判所は，現行法ではいろいろの事情が親族内部で処理しきれない程に重大で，また社会的影響も無視できない程の事件さえも刑が免除されるという点を無視できないのである．〔…〕それ程の事案であつても前記親族間においては刑が免除されるのに，刑法が暴行罪にこのような規定を置かないのを，軽微で，家庭の平和，親族共同生活の秩序維持に影響がなく，勿論社会的に危害のない事案についてまでも一律に刑法上の保護をしようとしているものと解することはできない．」

と述べている．親族間での窃盗・詐欺・恐喝・贓物に関する罪のような「親族内部で処理しきれない程に重大で，また社会的影響も無視できない程の事件さえも」，刑が免除される．犯人蔵匿・証憑湮滅の罪のような「国家の作用を妨害する重大な行為についてさえ」も，そうである．だとすると，本件のような，日常的によくある，親と子供とのいさかいで乱暴が混じる程度のものは，当然刑が免除されてしかるべきである，と言うのである．

これは，他の条文を参照した体系的解釈からする，〈ヨリ大きな害のある行為でも罰せられない．ましてや，ヨリ小さな害しかないものは，当然罰せられない〉という，「大から小を導き出す」もちろん解釈である．

本判決における「法は家に入らず」の議論は，大変興味深い．横浜地裁は，この事件は世間によくある家族生活上の1コマに過ぎず，この母と息子がその後も仲良く暮らしていること，被告人である息子は軽率だがまじめであること，を重視している．判決は言う，

> 「本件を契機として親子間の感情が疎隔していつたり，新らしい家庭の不和が起つたという事情は全くない．母は当初から処罰を求める意思がなく母姉共に公判期日毎に法廷を心配の面持で熱心に傍聴している．」
> 「被告人は最近職を得て真面目に働いているが，なお物の見方考え方には未熟な面が多いし，努力不足にかかわらずまん然実力以上に扱われたいと思うわからなさが見うけられる．大業も基礎から地道に築いて始めて達成されるものであることを自覚し，辛棒強く着実に努力して一人前の社会人として大成し，父の霊と母の期待に応えることを，当裁判所は希望するということである．」と．

その後の家族の状態の認識や，息子の行状に関する，このような人間的配慮を込めた心証形成（[E] 法律意思解釈に関わる）が，上記解釈を帰結させたものと思われる（本判決は，のちに東京高裁で，〈違法性は阻却されない〉として破棄された．高裁は，息子の行為は暴行・公務執行妨害に当たるとして，懲役2ヶ月，執行猶予1年の有罪判決を出した）．

5.7 類　推

5.7.1 夫の妹を〈妻の娘〉と見て民法711条を適用

バイクにはねられて，信子が死亡した．この交通事故の加害者（上告人）

に対して，信子の夫，子3名と，夫の妹（信子の義理の妹）である美代子（被上告人）が損害賠償を請求した．本判決（損害賠償請求事件　最高裁第三小法廷 1974（昭和49）年12月17日判決　LEX/DB-27000402）は，信子の夫と3人の子に対しては民法711条を文字通りに適用したが，美代子については，信子の実子になぞらえて（したがって信子を美代子の実母になぞらえて）711条を適用して（＝711条を信子と特殊な関係にある美代子に類推適用して），救済した．

関連条文

現行民法710条：「他人の身体，自由若しくは名誉を侵害した場合又は他人の財産権を侵害した場合のいずれであるかを問わず，前条の規定により損害賠償の責任を負う者は，財産以外の損害に対しても，その賠償をしなければならない．」同711条：「他人の生命を侵害した者は，被害者の父母，配偶者及び子に対しては，その財産権が侵害されなかった場合においても，損害の賠償をしなければならない．」

判決文の抜粋

「不法行為による生命侵害があつた場合，被害者の父母，配偶者及び子が加害者に対し直接に固有の慰藉料を請求しうることは，民法七一一条が明文をもつて認めるところであるが，右規定はこれを限定的に解すべきものでなく，文言上同条に該当しない者であつても，被害者との間に同条所定の者と実質的に同視しうべき身分関係が存し，被害者の死亡により甚大な精神的苦痛を受けた者は，同条の類推適用により，加害者に対し直接に固有の慰藉料を請求しうるものと解するのが，相当である．本件において，原審が適法に確定したところによれば，被上告人鈴木美代子は，信子の夫である被上告人鈴木房雄の実妹であり，原審の口頭弁論終結当時四六年に達していたが，幼児期に罹患した脊髄等カリエスの後遺症により跛行顕著な身体障害等級二号の身体障害者であるため，長年にわたり信子と同居し，同女の庇護のもとに生活を維持し，将来もその継続が期待されていたところ，同女の突然の死亡により甚大な精神的苦痛を受けたというのであるから，被上告人美代子は，民法七一一条の類推適用により，上告人に対し慰藉料を請求しうるものと解するのが，相当である．」

考察

重い身体障害者の美代子はこの交通事故で，自分を母親のような態様で介

第 5 講　法の解釈 II

護してくれていた義理の姉信子を失い，途方に暮れている．明らかに裁判官は，この美代子に同情している．民法 711 条は，保護対象を限定しているが，裁判官はこの同情の立場から（[E] 法律意思解釈を踏まえて），「民法七一一条の類推適用により」，美代子にも 711 条による慰謝料を認めたのである．すなわち最高裁は，美代子とその義理の姉信子との関係を，子と母の関係になぞらえて処理した．それは，美代子が「長年にわたり信子と同居し，同女の庇護のもとに生活を維持し，将来もその継続が期待されていたところ，同女の突然の死亡により甚大な精神的苦痛を受けた」という事実にもとづいている．最高裁は本件では，義理の妹と義理の姉との関係は，母とその母を失った子供との関係に，同じとは言えないがかなり似ていると見たのである．

　これに対して原審（仙台高等裁判所第二民事部　1973（昭和 48）年 11 月 8 日判決 LEX/DB-27200889）は，
　　「被控訴人鈴木美代子については，原審における証人鈴木清治の証言および弁論の全趣旨によると，同被控訴人は同項認定の如き身体状態から，従前より亡信子の庇護を唯一の頼りにその生活を維持し，将来もその継続が期待されていたことが認められ，これに反する証拠はなく，この事実と，右認定の同被控訴人の精神的苦痛の程度とを考慮すると，民法七一一条の規定にかかわらず，同被控訴人にも，亡信子死亡による固有の慰藉料請求権を認めるのが相当である．」
とした．なぜ 711 条に反して慰謝料を認めるのかを説明していないのである．

5.7.2　コピーで有印公文書偽造行使罪

　ある男（元司法書士）が，「供託金の供託を証明する文書」を提出する目的で，別の，本物である供託金受領証から供託官の記名印部分と公印押捺部分とを切り取り，自分で虚偽の供託事実を記入した供託書用紙の下方に添付し，この用紙をコピー機でコピーする方法により，真正な供託金受領証の写しであるかのように見えるコピー 5 通を作成した．そしてそれらを 4 度にわたり，役所に提出または交付行使した．原審は被告人を無罪としたが，最高裁は本判決（業務上横領，詐欺，有印公文書偽造，同行使被告事件　1976（昭和 51）年 4 月 30 日第二小法廷判決　LEX/DB-24005410）で，被告人の行為は刑法 155 条違反だとして，被告人を有罪にした．

法学講義

関連条文

刑法 155 条：「行使の目的で，<u>公務所若しくは公務員の印章若しくは署名を使用して公務所若しくは公務員の作成すべき文書若しくは図画を偽造し，又は偽造した公務所若しくは公務員の印章若しくは署名を使用して公務所若しくは公務員の作成すべき文書若しくは図画を偽造した者は，一年以上十年以下の懲役に処する</u>．〔…〕」

判決文の抜粋

「本件公訴事実のうち，所論指摘の有印公文書偽造，同行使の事実の要旨は，被告人は，供託金の供託を証明する文書として行使する目的をもって，昭和四八年七月二六日ころから同年一二月二八日ころまでの間，五回にわたり，被告人方行政書士事務所等において，旭川地方法務局供託官阿部英雄作成名義の真正な供託金受領証から切り取つた供託官の記名印及び公印押捺部分を，虚偽の供託事実を記入した供託書用紙の下方に接続させてこれを電子複写機で複写する方法により，右供託官の作成名義を冒用し，あたかも真正な供託金受領証の写であるかのような外観を呈する写真コピー五通を作成偽造したうえ，そのころ，四回にわたり，北海道上川支庁建設指導課建築係ほか三か所において，同係員ほか三名に対し，右供託金受領証の写真コピー五通をそれぞれ真正に成立したもののように装つて提出または交付行使した，というものである．」

「おもうに，公文書偽造罪は，公文書に対する公共的信用を保護法益とし，公文書が証明手段としてもつ社会的機能を保護し，社会生活の安定を図ろうとするものであるから，公文書偽造罪の客体となる文書は，これを原本たる公文書そのものに限る根拠はなく，たとえ原本の写であつても，<u>原本と同一の意識内容を保有し，証明文書としてこれと同様の社会的機能と信用性を有するものと認められる限り，これに含まれるものと解するのが相当である</u>．すなわち，手書きの写のように，それ自体としては原本作成者の意識内容を直接に表示するものではなく，原本を正写した旨の写作成者の意識内容を保有するに過ぎず，原本と写との間に写作成者の意識が介在混入するおそれがあると認められるような写文書は，それ自体信用性に欠けるところがあつて，権限ある写作成者の認証があると認められない限り，原本である公文書と同様の証明文書としての社会的機能を有せず，公文書偽造罪の客体たる文書とはいいえないものであるが，<u>写真機，複写機等を使用し，機械的方法により原本を複写した文書（以下「写真コピー」という．）は，写ではあるが，複写した者の意識が介在する余地のない，機械的に正確な複写版であつて，紙質等の点を除けば，その内容のみならず筆跡，形状にいたるまで，原本と全く同じく正確に再現さ</u>

れているという外観をもち，また，一般にそのようなものとして信頼されうるような性質のもの，換言すれば，これを見る者をして，同一内容の原本の存在を信用させるだけではなく，印章，署名を含む原本の内容についてまで，原本そのものに接した場合と同様に認識させる特質をもち，その作成者の意識内容でなく，原本作成者の意識内容が直接伝達保有されている文書とみうるようなものであるから，このような写真コピーは，そこに複写されている原本が右コピーどおりの内容，形状において存在していることにつき極めて強力な証明力をもちうるのであり，それゆえに，公文書の写真コピーが実生活上原本に代わるべき証明文書として一般に通用し，原本と同程度の社会的機能と信用性を有するものとされている場合が多いのである．右のような公文書の写真コピーの性質とその社会的機能に照らすときは，右コピーは，文書本来の性質上写真コピーが原本と同様の機能と信用性を有しえない場合を除き，公文書偽造罪の客体たりうるものであつて，この場合においては，原本と同一の意識内容を保有する原本作成名義人作成名義の公文書と解すべきであり，また，右作成名義人の印章，署名の有無についても，写真コピーの上に印章，署名が複写されている以上，これを写真コピーの保有する意識内容の場合と別異に解する理由はないから，原本作成名義人の印章，署名のある文書として公文書偽造罪の客体たりうるものと認めるのが相当である．そして，原本の複写自体は一般に禁止されているところではないから，真正な公文書原本そのものをなんら格別の作為を加えることなく写真コピーの方法によつて複写することは原本の作成名義を冒用したことにはならず，したがつて公文書偽造罪を構成するものでないことは当然であるとしても，原本の作成名義を不正に使用し，原本と異なる意識内容を作出して写真コピーを作成するがごときことは，もとより原本作成名義人の許容するところではなく，また，そもそも公文書の原本のない場合に，公務所または公務員作成名義を一定の意識内容とともに写真コピーの上に現出させ，あたかもその作成名義人が作成した公文書の原本の写真コピーであるかのような文書を作成することについては，右写真コピーに作成名義人と表示された者の許諾のあり得ないことは当然であつて，行使の目的をもつてするこのような写真コピーの作成は，その意味において，公務所または公務員の作成名義を冒用して，本来公務所または公務員の作るべき公文書を偽造したものにあたるというべきである．

　これを本件についてみると，本件写真コピーは，いずれも，認証文言の記載はなく，また，その作成者も明示されていないものであるが，公務員である供託官がその職務上作成すべき同供託官の職名及び記名押印のある供託金受領証を電子複写機で原形どおり正確に複写した形式，外観を有する写真コピーであるところ，そのうちの二通は，宅地建物取引業法二五条に基づく宅地建物取引業者の営業保証金供託済届の添付資料として提出し異議なく受理されたものであり，また，その余の三通

は，いずれも詐欺の犯行発覚を防ぐためその被害者に交付したものであるが，被交付者において，いずれもこれを原本と信じ或いは同一内容の原本の存在を信用して，これをそのまま受領したことが明らかであるから，本件写真コピーは，原本と同様の社会的機能と信用性を有する文書と解するのが相当である．してみると，本件写真コピーは，前記供託官作成名義の同供託官の印章，署名のある有印公文書に該当し，これらを前示の方法で作成行使した被告人の本件行為は，刑法一五五条一項，一五八条一項に該当するものというべきである．したがつて，本件写真コピーは公文書偽造罪の客体たる公文書に該当しないとして被告人の刑責を否定した第一審判決を是認した原判決は，法令の解釈適用を誤り，所論引用の判例と相反する判断をしたものといわなければならず，論旨は理由がある．」

考　察

本判決に先立つ**原審**（札幌高裁 1975（昭和 50）年 9 月 18 日第三部判決　LEX/DB-24005412）（および第 1 審）が当該行為については被告人は無罪であるとした理由は，次の通りであった：

（a）　そもそもフォートコピーは，世間で原本として通用しない：「何人もコピーはコピーとしか認識していないのが通常である．すなわち写真コピーは，たとえ写の認証文言を欠く場合でもその記載内容・形式，体裁からみて，そこに複写したところと同じ内容の文言の記載された原本の存在を推認させ，その原本を正確に複写した旨の作成者の意識内容を保有する文書と解しうるとしても，もとより原本そのものの作成名義人の意識内容を直接表示するものではありえない．原本とは全く別個独立の書面なのである．」本件で被告人がコピーしてつくった書類を首尾良く使えたのは，たまたま担当の公務員が不注意だったという偶然の所産に過ぎない．

（b）　コピー上に公印の像が見られるが，それは，公印が押してある文書をコピーし，そこの公印像をハサミで切り取って上記私文書に貼り付け，それをコピーしたものであるので，公印そのものではない．よって被告人の添付行為は，刑法 155 条が規定する「公務所若しくは公務員の印章若しくは署名を使用」する行為には該当しない（使用したのは印章そのものではなく，それのコピーに過ぎない）．

（c）　コピーは，本来誰でもがする権限をもっている．つまりコピーした文書は，公務員にしか作成権限がない公文書ではない：「コピーの作成権限

を有する者を公務所または公務員に限定すべき根拠も発見しがたい．」よって被告人がつくった文書は，155条にあるところの<u>「公務所若しくは公務員の作成すべき文書若しくは図画」</u>には当たらない．

(d) コピーは，本来誰でもがする権限をもつ以上，コピーした文書の作成名義人は，コピーした当人（被告人）でしかない：「本件写真コピーの作成名義人を原本のそれ（旭川地方法務局供託官阿部英雄作成名義）と同視するのは相当でな」い．コピーは，コピーとしてしか通用しない以上，コピー上に或る公務員が作成したとの表記があっても，もともとその公務員はそのコピーの作成名義人ではない．原本の関係とは異なるのである．

札幌高裁はこう解釈し，「被告人が勝手に作成した内容虚偽の私文書であると解しえても，刑法所定の公文書に該当するものでない」と判示した（同種の事件についての1979（昭和54）年5月30日最高裁第1小法廷決定（LEX/DB-24005626）での団藤・戸田裁判官の意見も，同趣旨である）．

これに対して**最高裁**は，

(a) 被告人の行為は，有印公文書偽造行使罪設置の目的に照らして，同様な程度に保護法益を侵害する悪質なものだから被告人を罰すべきだ，とした：「公文書に対する公共的信用を保護法益とし，公文書が証明手段としてもつ社会的機能を保護し，社会生活の安定を図ろうとするものであるから，公文書偽造罪の客体となる文書は，これを原本たる公文書そのものに限る根拠はなく，たとえ原本の写であつても，原本と同一の意識内容を保有し，証明文書としてこれと同様の社会的機能と信用性を有するものと認められる限り，これに含まれるものと解するのが相当である」．すなわち，〈悪質な行為・悪い人間だから，何とか罰しなければならない〉という［E］法律意思解釈に相当強く依拠しているのである．

(b) 最高裁はまた，この種のコピーは実際に社会でオリジナル同様に機能していると認定した：「証明文書としてこれと同様の社会的機能と信用性を有するものと認められる」と．これは，高裁の認定とは正反対の認定である．われわれの経験に照らし，最高裁の認定は，明らかに事実に反している．

(c) 最高裁はさらに，本件では実際に目的が達成された事実を重視した．すなわち担当官が注意を怠ったため，それを本物扱いしてしまった：「被交付者において，いずれもこれを原本と信じ或いは同一内容の原本の存在を信

用して、これをそのまま受領したことが明らかである」と．ここで最高裁は，条文の意味を，その文理や論理によってでなく，実際の効果，もっと言えば偶然の所産，から逆算してとらえようとしている．

　以上の判断によって最高裁は，公文書のコピーも，公文書に含まれる（「本来公務所または公務員の作るべき公文書を偽造したもの」に入る）とした．最高裁はこうして，「公文書」概念にそのコピーをも入れる拡張解釈をおこなったつもりである（被告人に不利な類推は，刑法では許されないのであるから，類推をやっているとは，最高裁も考えていないはずである）．

　しかし，原審が言うように，公文書のコピーは，ほとんどの場合，公文書としては通用しないし，私人が勝手につくることが許されている（これに対し，公文書は，公務員にしか作成権限がない）．すなわち**コピーは本来，「公文書」の概念に入らない**．印章のコピーを使ったことが155条1項の前半の「偽造した公務所若しくは公務員の印章」に該当するとしても，後半の「公務所若しくは公務員の作成すべき文書若しくは図画」は，本件では出現していない．出現したのは，公文書としては機能しえないコピー（でつくった私文書）だけである．それを使ったところ，担当官の不注意によって，たまたまうまくいっただけのことである．

　最高裁はこれを，次の点で**公文書に似ている**ことを理由に，155条を適用して有罪にした：① コピーであるから，外観が偽造公文書にかなり似ている，② 行使の目的が似ている，③ 本件での行使の効果も似ている（＝成果があったこと——たまたま担当官がチェックを怠ったためではあるが）．しかし，この程度の類似性では，拡張解釈に必要な本質的類似度は充たされてはいない（50％をはるかに下まわる）．換言すれば，最高裁が実際にやっているのは，これらの乏しい相似点——偶然の所産や誤った認定をも判断材料に組み込んでの——に依拠して155条を適用する解釈，類推適用である．この種の類推が刑事法において許されないこと，前述の通りである．

　最高裁はその際，〈「公文書に対する公共的信用を保護」するうえでは，この種のコピー作成を罰するのは効果がある〉とする政策的判断・目的論的考察に相当に強く導かれている．66頁の図4-1で言えば，最高裁はここで，［E］法律意思解釈から類推解釈に向かい，結論にいたった（＝目的論的類推解釈をやった）．刑罰法規に関しては，文理解釈や体系的解釈の結果をもっぱ

ら法律意思解釈に依拠して排除し反対の結論（＝有罪）に向かうことは，罪刑法定主義の建前からして許されないことである（しかし本判決は，今でも判例として機能している）．

（なお，類推解釈に関わる判決としては，他に，「1.2.(2) 事実婚破棄裁判」「5.1.2 仮処分中の山で伐採し無罪の事件」「6.5 国立大学研究所非常勤解雇事件」などがある．）

5.8 法意適用

5.8.1 大幅改築で建物収去・土地明渡の判決

本判決（東京高等裁判所第6民事1954（昭和29）年4月30日判決　LEX/DB-27204670）で東京高裁は，被告（土地の借り主）が地主に無断で大幅改築をしたことを——直接には該当する条文がないため——無断転貸・譲渡に関する民法612条を使って「違法」と判断し，建物の収去と土地の明渡を命じた．

> 関連条文

民法612条：「賃借人は，賃貸人の承諾を得なければ，その賃借権を譲り渡し，又は賃借物を転貸することができない．2　賃借人が前項の規定に違反して第三者に賃借物の使用又は収益をさせたときは，賃貸人は，契約の解除をすることができる．」

> 判決文の抜粋

「然るに成立に争のない甲第十三号証，第十七号証，乙第九号証，原審証人大村賀九一，長井歳勇（第一回），若色貞次，佐々木周道，当審証人大村賀九一の各証言及び原審に於ける控訴人及び被控訴人各本人尋問の結果並びに当審に於ける検証の結果によれば，被控訴人が当初右地上に建築した前記建物をその後旧態を全然留めない程度に改築して別紙目録記載の木造瓦葺二階建階下十坪九合九勺，二階九坪四合五勺なる長年月の使用に耐え得べき本建築物にし，被控訴人夫婦に於て之に居住していることを認め得べく（但し被控訴人が当初の建物を二階建に改築したことはその認めるところである），右認定を左右するに足る証拠は存しない．而して被控訴人の右行為は前記賃貸借契約の特約に違反しているものと言うべきであり，且前

記の右賃貸借契約締結に至る迄の経過及び契約の目的期間等に照らすときは被控訴人の右行為は右契約に於ける賃貸人賃借人間の信頼関係を裏切ること甚しいものと解すべく，<u>このような場合には賃貸人に於て賃貸借契約を解除し得る権利のあることは右信頼関係の保護を目的とした民法第六百十二条の法意に徴し疑のないところであつて</u>，本件に於ても控訴人が昭和二十三年十一月九日被控訴人に対し右賃貸借契約を解除する旨の意思表示をしたことは当事者間に争のないところであるから，之により同日限り前記賃貸借は終了し，従つて被控訴人は控訴人に対し右建物を収去して右土地を明渡すべき義務あるに至つたものと言わなければならない．

　然らば被控訴人に対し右賃貸借契約の解除による右建物収去土地明渡を求める控訴人の本訴請求は正当であるから之を認容すべきであり〔…〕」

考　察

　民法 612 条は，「賃借権の譲渡及び転貸の制限」に関する規定である．したがってこの規定は，「当初の建物を二階建に改築したこと」には適用できない．類推適用も，できない．なぜなら，「譲渡及び転貸」と「改築」とは，ちがいが大きすぎるからである．

　しかしこの 612 条からは，賃貸人に無断で賃借権を譲渡・転貸するような賃借人の行為は「信頼関係」を損なうものである，という一般的な原理が読み取れる（612 条は，その原理の一表出だと読める）；したがって賃借人が「信頼関係」を損なうような行為（ここでの無断の大幅増改築）をした場合には，賃貸人は，この一般的原理にもとづいて「信頼関係」が損なわれたとして，「契約の解除をすることができる」と東京高裁は考えたのである．これが，「民法第六百十二条の法意に徴し」という意味であり，法意適用による処理である（「法意に徴し」とは，根底にある一般的原理＝法意を，規定対象とは異質である関係に適用して，の意である）．

　本件の上告を受けた最高裁（建物収去土地明渡請求事件　最高裁第三小法廷 1956（昭和 31）年 6 月 26 日判決　LEX/DB-27002911）は，「<u>上告人の右行為は賃貸人賃借人間の信頼関係を裏切ること甚しいものと解して，このような場合には賃貸人において賃貸借契約を解除し得る権利あるものとして被上告人のなした賃貸借契約解除の意思表示を有効と判示したものであつて，原審の右判断は十分首肯することができる</u>」と判示した．すなわち最高裁は，〈民法 612 条の「法意」は，「賃貸人賃借人間の信頼関係を裏切ること甚しい」賃借人の行為は解除原因となるというものである〉と解し，

この法意を適用して処理した．最高裁も，同様に法意適用をおこなったのである．

5.8.2 漁場荒しを賃借権によって妨害排除させた判決

　長崎県で，漁業組合から漁業権を賃借してカマス漁をしていた漁師（原告）が，何の権限もない被告（上告人）に漁場を荒らされ，賃借権にもとづいて妨害排除の仮処分を請求した．これに対し上告人（被告）は，賃借権にもとづく請求は，債権の性質上，できないはずだと主張した（「賃借人ノ訴ハ純然タル占有ニ因ルノ外ナク左スレハ物ノ事実的支配関係ニ基キ占有訴権（保持保全回収）ヲ行使スル旨趣ニ於テセサルヘカラサルニ拘ラス本件訴状ニハ右旨趣ノ記載ヲ欠キ却テ本権ノ確認ヲ請求シアルコトニ徵シ極メテ明瞭ナリ故ニ<u>占有権ニ基ク訴ナリト前提シテ仮処分決定ヲ弁護スル議論ハ其前提ニ於テ誤レリト云ウニ在リ</u>」）．大審院（仮処分当否ノ件　大審院第三民事部 1921（大正 10）年 10 月 15 日判決　LEX/DB-27523328）は，被告のこの主張を認めず，原告を勝訴させた：

判決文の抜粋

「<u>然レトモ権利者カ自己ノ為メニ権利ヲ行使スルニ際シ之ヲ妨クルモノアルトキハ其妨害ヲ排除スルコトヲ得ルハ権利ノ性質上固ヨリ当然ニシテ其権利カ物権ナルト債権ナルトニヨリテ其適用ヲ異ニスヘキ理由ナシトス</u>記録ヲ査スルニ被上告人等ハ上告人等ヲ相手方トシテ福江区裁判所ニ対シ本件仮処分ノ申立ヲ為シ其理由トシテ陳述スル所ニ依レハ被上告人等ハ長崎県南松浦郡有川村東浦漁業組合ノ権利ニ属スル同村鯛ノ浦郷字耳石ヨリ同村太田郷字ヤビツ迄ノ海面（鯛ノ浦湾）ノ鯠〔カマス〕専用漁業権ヲ同組合ヨリ賃借シ同漁業ヲ為シ来リタルニ<u>上告人等ハ何等ノ権利ナキニ拘ラス被上告人等カ漁業ヲ為スニ際シ之ヲ妨害スルヲ以テ其妨害ヲ禁止スル為メ仮処分ノ申立ヲ為スト云ウニ在リテ</u>同裁判所ハ其申立ニ基キ右妨害禁止ノ仮処分決定ヲ為シタルコト明瞭ナリトス左レハ右決定ハ冒頭説示ノ理由ニヨリ之ヲ正当ナリト認ムヘク原院カ右仮処分決定ヲ認可シタル第一審判決ヲ相当ナリトシ上告人等ノ控訴ヲ棄却シタルハ洵ニ正当ニシテ本論旨ハ結局其理由ナシトス」

考　察

　まず，議論の前提として，次のことがある：既述のように（5 頁）占有権には，民法 198 条以下によって妨害排除請求権等（占有権の侵害を排除できる

占有訴権）が認められている．しかし賃借権（を含む債権）は，債務者に対してのみ効力をもつ権利であり（債権の相対効），それにもとづいては第三者に対抗して妨害排除請求はできない，とされてきた．

本件では原告は，一定の漁場に対する漁業権を賃借しており，それゆえその漁場を排他的に使用できる．いいかえれば原告は，賃借権にもとづいてその漁場を占有できる．そこで原告は，その漁場で無権限で漁をする漁場荒らしに対しては，占有権を根拠にして妨害排除の請求をすればよかった．しかし原告は，誤って賃借権を根拠にして妨害排除の請求をし，原審はこれを認めてしまった．

被告は，この不備を突いた．司法部の今日まで続く，判例上の立場である**旧訴訟物理論**では，訴訟物（訴訟で解決を求められている権利関係）は，実体法上の或る請求権にちゃんと根拠をおいている必要がある．被告はこれを踏まえることによって，占有権でなく（妨害排除請求の法的根拠たりえない）賃借権で妨害排除を求めた訴えは認められない，と主張したのである．

これに対し本判決は——上記の点を前提にしつつも——原告を勝たせた．そしてその手法は，〈権利者は，「権利ノ性質上固ヨリ当然ニ」妨害排除請求権等をもつ〉のだとの一般化に依拠するものだった．判決は言う，「権利者カ自己ノ為メニ権利ヲ行使」しているときに，「何等ノ権利ナキニ拘ラス被上告人等カ漁業ヲ為スニ際シ之ヲ妨害スル」者が現れた場合には，権利者は「其妨害ヲ排除スルコトヲ得ル」と．これは，（正統な権限をもった他の債権者を前提にした）債権の相対効とは別次元の問題だと，大審院は考えたのである．この議論によれば，無権利者に対しては，物権であると債権であるとを問わず，また回りくどい類推やもちろん解釈なども使わず，権利をもっていれば妨害排除請求権等ができるようになる（民法198条によって占有権だけに妨害排除請求権等が認められているが，実務は他の物権に対し，占有権との類似にもとづく類推適用（質権や留置権に対して）ないし「もちろん解釈」（所有権に対して）によって，同様の妨害排除請求権等（物権的請求権）を認めてきた．本判決は，この迂回路を一気に直線道路化したのである．ただし，この一般論が判例としてその後貫徹したわけではなく，債権にもとづく妨害排除については今日にいたるまで議論が続いている）．

さて，この解釈は，条文を離れて自然法に依拠してなされているのではな

い．大審院は，〈民法198条以下の妨害排除等の規定は，**その根底に**こういう一般的な権利保護原理を内包している；それゆえそれを，他の権利の保護（無権限者による侵害の排除）にも使えばよいのだ〉としたのである．民法198条以下の規定は，上記の一般的な権利保護原理の一表出だと位置づけうる．これも，法意適用の思考による，保護対象の抜本的拡大である[39]．

大審院の上の判決の背景には，〈妨害排除にまちがって賃借権を持ち出し，占有訴権を行使しないという法廷技術を誤っただけの原告を，そのことで敗訴させるのは気の毒だ；逆に言えば，そのことで悪い被告を勝たせるのは問題だ〉といった配慮が働いていた可能性はある（新訴訟物論を採用していたら，上記のような一般論は不要だったのだが）．

■コラム10■　一般条項の適用の仕方

民法1条（2項「信義則」・3項「権利濫用」）や90条（「公序良俗」）などの一般条項や，国家公務員法110条の「公務員」，さらには刑法の理論概念としての「違法性阻却」など抽象的・一般的な概念を適用して問題を処理する際には，その概念の中身を当該ケースにおいて意味確定する必要がある．その際の議論の特徴としては，次のことが挙げられる．すなわち法律家は，① まず，〈この一般条項を適用できるためには，これこれの条件がすべて充たされなければならない〉として，それらポイントを列挙し，② 次に事件を一つひとつそれらに照らしあわせて検討して，③ 最後に全体としての結論を出す．法律家はそうすることによって，反証可能な客観的議論を確保するのである．自分の議論が，これまでに定番となっている検討項目を押さえている，あるいはこれからの実務にも通用する検討項目を取り上げていることを示せば，説得力が増すのでもある．その例を，いくつか示しておこう：

(a) あさひ保育園保母整理解雇無効判決（雇用関係存在確認等請求事件　福岡地裁小倉支部 1978（昭和53）年7月20日判決　LEX/DB-27612805）では，園児減少を理由にした整理解雇をめぐって，「具体的に整理解雇に関し如何なる場合が〔解雇権の〕濫用に亘り，無効に帰するのか」に関し，まず，解雇権が濫用とはならないための条件として（判例で定まっている基準提示方を踏襲して），①

---

39) 末弘厳太郎は，この大審院判決を「不法行為原理の判例法的発達に於ける画時代的な重要な判例」と評価している．「民法判例研究録（九）賃借権に妨害除去請求の効力ありや」（『法学協会雑誌』40巻5号，1922）．

解雇に差し迫った必要性があること，② 犠牲の少ない希望退職がまず募られていること，③ 解雇対象である勤務者に説明を尽すこと，を挙げる．そしてそれらに照らして，本件解雇を検討すると，本件ではこれらの必要条件が満たされてはいないから解雇権の濫用がある，とした：

> 「人員整理が原則として使用者の自由裁量に委ねられていることは異論のないところであるが，他面整理解雇は労働者にとって，自らの責めに帰すべき事由なく，いわば使用者側の一方的都合により，その生計の途を閉ざされる結果を導くものであるから，労働者の生存権を保護する見地に立ち，衡平の観念によれば，使用者の右裁量権にも自ら制約があるものと解され，これを逸脱した場合は解雇権の濫用として当該解雇は無効に帰すると解される．
>
> そこで，具体的に整理解雇に関し如何なる場合が濫用に亘り，無効に帰するのかが問題となる．
>
> **まず**，人員整理はこれ以外の措置を講じてどうしても企業を維持できない場合の最終的措置とされるべきで，できるだけ人員整理を避けるべく何らの努力もなされないまま，安易に実施された人員整理は濫用に亘るものと解される．それだけ人員整理を実施するには他の措置では間に合わないといった差し迫った必要性を要すると解するのが相当である．
>
> **さらに**，人員整理が実施される場合においても，まず労働者にとってより打撃の少ないと考えられる希望退職を募り，これによってはどうしても目的を達しえない場合に初めて指名解雇の措置を採ることが許されるに至ると解するのが相当である．
>
> **つぎに**，人員整理就中指名解雇を実施する場合には，使用者は労働者ないし労働組合に対し，人員整理の必要性並びに整理解雇の場合にはその基準の内容等につき納得の得るよう説明を尽すべく，かかる努力をすることが労使間における信義則上要求されるものと解される．かかる説得の努力をなさないまま直ちにした解雇通告などはやはり解雇権の濫用に亘るものと判断される．〔…〕」

(b) **解職処分取り消し請求事件判決**（最高裁第二小法廷 1959（昭和 34）年 6 月 26 日判決　LEX/DB-27002560）は，退職を勧告され 55 歳以上の者が全員退職願を出していると思い込んで，退職願を出した教員が，あとでそうでもないことを知り，急いで撤回の申し入れをしたが教育委員会が撤回を受け容れず処理してしまった事件に関わる．最高裁は，退職願の撤回に関する規則がなかったため信義則に依拠して問題を解決しようとした．そして，本件のような場合において退職願の撤回が認められるかどうかは，① 退職願を提出した動機がどういうものであったか，② 退職願を撤回した動機はどういうものか，③ 退職願撤回がどの

時点でおこなわれたか，④撤回によって相手方にどういうマイナスが生じるか，によるという検討事項をまず示した．そして，それにもとづいて検討し，①については，退職願の提出は，被上告人の都合でなされたものではなく，55歳以上の者に勇退を求めるという任免権者の側の都合による勧告に応じてなされたものであった．②については，撤回の動機も，55歳以上の者で残存者があることを聞き及んだことによるもので，撤回は「あながちとがめ得ない性質のものである」．③については，「撤回の意思表示は，右聞知後遅怠なく，かつ退職願の提出後一週間足らずの間になされて」いた．それゆえ④に関し，相手方にさほど迷惑のかからない関係にあったと認定し，よって本件の撤回は信義則に反しないと判示した（拙著『法解釈講義』56頁以下）．

(c) **東海大学病院安楽死事件判決**（横浜地方裁判所1995（平成7）年3月28日判決 LEX/DB-28025066）は，刑法199条の殺人罪に関して医師の医療行為として違法性が阻却される場合（すなわち医師による安楽死の処置が，刑法35条：「正当な業務による行為」として法的に許される場合＝医師がおこなう安楽死の一般的許容条件）として，「〔1〕患者が耐えがたい肉体的苦痛に苦しんでいること，〔2〕患者は死が避けられず，その死期が迫っていること，〔3〕患者の肉体的苦痛を除去・緩和するために方法を尽くし他に代替手段がないこと，〔4〕生命の短縮を承諾する患者の明示の意思表示があること」，および〔5〕安楽死の方法が適切であることを挙げ，その一つひとつに照らして当該事件における医師の行為を検討していった．

以上のように一般条項や抽象的な概念に依拠するときにも，裁判官は「信義誠実」・「権利濫用」・「公序良俗」などを，論点ごとに分け逐一検討していく．そうしたかたちの対応によって，解釈は一定の客観性を確保でき，後発の同種の事件の裁判に指針を与え，法的安定性をある程度は確保できることになる．

この作法は，諸君が答案を作成する時にも大切である．

コラム11　法律用語の基礎知識

前記［A］文理解釈に典型的に現れているように，法の世界ではことばが厳密に使われる．この点に対応するため，関連する語の間には，次のように厳密な区別立てがなされている．この点を確認することは，法的思考を鍛えるのに役立つ：

*以上・以下・超える・未満——例：「20歳以上」は20歳を含む．「20歳以下」は20歳を含む．「20歳を超える」は20歳を含まない，すなわち21歳以上のこと．「20歳未満」は20歳を含まない，すなわち19歳以下のこと．

*及び・並びに——「及び」は，同種間で使う．例：「A，B，C及びD」．「並びに」は，異種間で使う．例：「A並びにア」．「及び」と「並びに」の並記の仕方：「A，B，C及びD並びにア及びイ」．

*もしくは・または——「もしくは」は，同種間に使う．「または」は，異種間に使う．例：「A，BもしくはC，またはアもしくはイ」．ただし，「または」は，同種間にも使う．例：「A，B，CまたはD」．

*時・場合・とき——「時」は，ある時点を指す．例：「最高裁判所の裁判官は，法律の定める年齢に達した時に退官する」（憲法79条5項）．「場合」と「とき」は，同義だが，条件などが重なったケースでは，大きい条件に「場合」，小さい条件に「とき」を使う．例：「〇〇の違反があった場合において，故意のときは△△，過失のときは××にする．」

*署名・記名——「署名」は，自分の手でサインすること．「記名」は，手でなりスタンプでなりで，とにかく氏名を記入すること．

*解除・解約——本来有効な契約に関して，「解除」は当初に遡って効力をなくすこと．「解約」はその時点以後の効力をなくすこと．

*取消・撤回・無効——「取消」は，本来瑕疵ある契約に関して，取消権者が関係を最初から無かったものにすること（民法121条：「取り消された行為は，初めから無効であったものとみなす．」）．「撤回」は，撤回権者が，関係をその時点以降は効果がないものにすること（ただし世間では，「撤回」は「取消」の意味をもつ）．「無効」は，誰でもがいつでも誰に対しても，効果がないものと主張できる関係のこと．

*看做す・推定する——「看做す」は，法律で一律にそうだと決めること（反証しても，認められない．「擬制する」と同義）．「推定する」は，反証（反対の証拠）がない限り，それでいくという宣言．

*適用する・準用する——「適用」は，法令の規定を事件にあてはめて処理すること．「準用する」は，Aに関する条文を，Aとは異なるもののかなり似たBに適用する作用（主に法律の中で用いるが，「類推」の意味で解釈において使うこともある）．

*善意・悪意・害意——「善意」は問題点を知らないで法律行為をする意識状態，「悪意」は問題点を知りつつ法律行為をする意識状態，「害意」は相手に損害を加えようとして法律行為をする意識状態．

*却下・棄却・破棄（破毀）——「却下」は，民事裁判で，訴えが手続違反ないし資格を欠くなど形式的要件を満たしていないとして，本案審議に入る前に門前払いすること（刑事裁判では，これも棄却と言う）．「棄却」は，訴えに正当な理由がないとして請求などを認めないこと．「破棄」は，原判決を上位の裁

第5講　法の解釈 II

判所で取り消すこと（裁判は，破棄差し戻しや破棄自判になる）．
その他の注意すべき区別：

- 意思と意志——法律・法律学では，「意思」を使うことが多い．ただし，法哲学などでは，「意志」も使う（たとえば「自由意志」，「一般意志」等）
- 濫用（らんよう）と乱用（らんよう）——「濫用」は「権利濫用」などに使う．「乱用」は「薬物（大麻）の乱用」などに使う．
- 停止条件と解除条件——停止条件では，条件が充たされるまで効果発生を停止させる．解除条件では，条件が充たされるまで効果が持続する（その時点で，契約・関係が解除／解約される）．
- 被告と被告人——民事訴訟法では（訴えた）原告に対し（訴えられた）相手を「被告」と呼ぶ．刑事訴訟法では，訴追された者を「被告人」と呼ぶ（マスコミなどで「被告」と呼ばれることもある）．
- 被疑者と被告人——「被疑者」は，警察・検察による捜査の対象者．公訴が提起されたあとは，「被告人」と呼ばれる．
- 被疑者と容疑者——正式には，「被疑者」．マスコミは，「容疑者」を使う．
- 控訴と上告（総称して上訴）——第1審から第2審への上訴が「控訴」，第3審（普通は最高裁）への上訴が「上告」．控訴審では，控訴した者を控訴人，された者を被控訴人；第3審では上告した者を上告人，された者を被上告人，と言う．
- 勾留（こうりゅう）と拘留（こうりゅう）——「勾留」は，被疑者・被告人を拘置所・留置場へ収容すること．「拘留」は，自由刑としての拘禁．刑法16条：「拘留は，一日以上三十日未満とし，刑事施設に拘置する」．拘留の事例は，あまり多くない．
- 科すと課す——「刑罰を科す」．「税を課す」．
- 科料（かりょう）と過料（かりょう）——「科料」は，刑法上の刑罰．「過料」は，行政罰．
- 捜査と捜索——「捜査」は，犯人逮捕，証拠を集めるための官憲の行動で，任意捜査と強制捜査がある．強制捜査は，逮捕状・捜索令状・差押令状などによっておこなう．「捜索」は，原則，捜索令状にもとづいておこなわれる強制処分である40)．ただし日常語では，行方不明者を捜すことを「捜索」と言う（例：「空からの捜索」）．

＊法律家の特殊な読み方——遺言（いごん），入会権（いりあいけん），兄弟姉妹（けいていしまい），競売（けいばい），相殺（そうさい），立木（りゅうぼく），図画（とが），何人（なんぴと）

＊難しい読み方——雖モ（いえど），瑕疵（かし），蓋シ（けだし），欠缺（けんけつ），心神耗弱（しんしんこうじゃく），贓物（臓物）（ぞうぶつ），故買罪（こばいざい）

---

40) 刑事訴訟法218条には，次の文言がある：「検察官，検察事務官又は司法警察職員は，犯罪の捜査をするについて必要があるときは，裁判官の発する令状により，差押，捜索又は検証をすることができる．」ただし，220条による捜査もある．

第6講　判例の解釈

6.1 はじめに

　英米法系の国（45頁）では，判決文中，結論に関わる重要な事実の法的処理方が一般命題のかたちで示されている部分に，「**判例法**」としての拘束性を認めている（その箇所を ratio decidendi（英語読みで**レイシオ＝デシデンダイ**，「**判決理由**」）と呼ぶ）．これに対し，それ以外の副次的に示された言明の部分（obiter dictum（英語読みでオビター＝ディクタム，「**傍論**」）と呼ぶ）等は，そこに重要な見解が示されていても，拘束力をもたない．

　とくにイギリスにおいては判例法は，厳格な拘束力をもつ（2009 年の最高裁判所設立までは，貴族院が最高裁の役割を果たしていた．最高裁判決は，19 世紀後半以来——1966 年の声明（The Practice Statement）で変更するまで——のちの最高裁自身と下級審とを強く拘束した）．この**先例拘束**（stare decisis）の伝統の下では，先例に対して現代生活上の自由を確保するためには，レイシオ＝デシデンダイに直結している重要な諸事実を強調することによって，〈今回の事件は先例とは，前提となる事実が異なっている〉として，先例の適用を排除することが必要となる[41]．本書の用語を使えば，レイシオ＝デシデンダイを改めて明確化する宣言的解釈，ないし（裁判官が主体的に判決の射程距離を限定する）縮小解釈が必要なのである．また逆に，先例を積極的に評価し，それとはやや異なる事例の処理にも使いたいときには，事例の特性に応じて拡張解釈や類推，法意適用をする．その際には，レイシオ＝デシデンダイに直結している諸事実を一定程度度外視しレイシオ＝デシデンダイを抽象化して一般化することになる．

41）　田中英夫編著『実定法学入門』（東京大学出版会，1965）171 頁．

この英米法系国とは異なり，日本，ドイツ，フランス等大陸法系国には「判例法」の概念はない．日本には，「**判例**」という概念がある．これは，主として最高裁の特定の判決中に確認できる〈争点に対する法的処理上で出された一般的命題（レイシオ＝デシデンダイに当たる）〉のことである（それがどういうものかは，本書158頁や166頁，171頁，179頁注45，184頁，315頁等の判決文引用からイメージできる．なお，「判例」は，そうした命題を含んだ判決文全体を指す場合も多い．「判例」はまたしばしば，判決のことを指す．たとえば『判例時報』，『判例タイムズ』には，単なる判決も収録されている）．この判例に対しては，日本の裁判官たちは，たとえそれが最高裁の判例であろうとも——もしそれが誤っている・時代遅れであると判断される場合などには——法律上，自由に態度決定できる．なぜなら裁判官は，独立性をもっており，自由な法判断をおこなえるからである．これは，**憲法76条3項**が「すべて裁判官は，その良心に従ひ独立してその職権を行ひ，この憲法及び法律にのみ拘束される．」と規定しているところである．

コラム 12　判例に対しどういう姿勢をとるべきか？

　法を学ぶ者は，判例とどう向きあうべきか？　① **司法試験**の準備では，判例は覚えることが大切で，その批判は重視されない．② ロースクールで教える**裁判官教員**も多いが，かれらは授業で最高裁の判例ないし判決を批判することは，立場上，難しい．③ **裁判官**の中には，〈裁判官は，最高裁の判例に従うべきだ〉とする者も多い．かれらは言う：最高裁の判例に違背して判決を出しても上級審で破棄されるので，当事者にいらぬ幻想を与えるだけで，迷惑だし国費の無駄使いだ，と．確かにその面はある．しかし他方，時代が変わったので異なった判断が必要だという場合もある．また，通常，最高裁の判例変更は，下級審で判例に同調しない判決がいくつか出，それらが社会的に評価され，それを受けて最高裁が再考する，というかたちが多い．下級審の裁判官がヒラメのように上ばかり見，最高裁の「ご意向」を気にしていたら，裁判実務は硬直化してしまう．④ ましてや**弁護士**が「判例に忠実」の姿勢でいると，依頼者の要望に応えられない．弁護士は，判例変更への説得的な論述を，学説や外国の動き，問題の実態調査等を参考にして進めなければならないことが多いのである（もちろん，判例を見落としたり，下手に判例に逆って敗訴するのも，依頼者には迷惑なことであるが）．そして裁判官は，法廷で弁護士のこの判例批判を無視できない場合がある．⑤

第 6 講　判例の解釈

> **法学者**は，学生に通説・判例を教えなければならないものの，他方で，学問は反省・探究にあるから，既成観念，判例や通説を**批判すること**は，学者の生命線である面がある．そして学生も，そういう学問をして成長する．
> 　以上を踏まえると，確かに司法試験受験生には「判例尊重」は必要だが，学生時代から頭が「判例に忠実」になってしまっては，自由な法曹の条件の一つを欠いてしまうことになる，と言える．

　しかしながら他方で，刑事訴訟法 405 条は，高等裁判所が「最高裁判所の判例と相反する判断をした」場合等には上告できるとし，民事訴訟法 318 条 1 項は，「原判決に最高裁判所の判例（これがない場合にあっては，大審院又は上告裁判所若しくは控訴裁判所である高等裁判所の判例）と相反する判断がある事件」は上告できるとしている．また，裁判所法 10 条 3 項は，「憲法その他の法令の解釈適用について，意見が前に最高裁判所のした裁判に反するとき」には，大法廷で審議しなければならないとして，最高裁自身に対しても判例による拘束を重視し，判例変更手続を厳格化している．これらの点からは日本でも，とりわけ「最高裁判所の判例」は，事実上，先例としての拘束力をもつと言える．

　そしてこの日本では，最高裁の判決は，傍論として提示されただけの法解釈上の理論でも，ときには先例としての拘束力を事実上もってもいる．

　最高裁自身，今後の実務を事実上方向づけようと意図して，傍論で自分の一般的な法解釈を出すことがある．この点については，拙著『法解釈講義』139 頁以下参照．たとえば最高裁判所大法廷 1999（平成 11）年 11 月 24 日判決（LEX/DB-28042712）は，抵当不動産を不法占拠し立ち退かない第三者をめぐって，「なお，第三者が抵当不動産を不法占有することにより抵当不動産の交換価値の実現が妨げられ抵当権者の優先弁済請求権の行使が困難となるような状態があるときは，抵当権に基づく妨害排除請求として，抵当権者が右状態の排除を求めることも許されるものというべきである」と，「なお書き」すなわち「なお，ついでながら……」という口調で追加的に，つまり傍論として，抵当権者が「抵当権に基づく妨害排除請求権」を行使できることを認めた．その際なぜ傍論で示すに留めたかについては，奥田裁判官が「抵当権に基づく妨害排除請求権の要件及び効果（請求権の内容）につき論議が尽くされているとはいい難く，なお検討を要する点が存する現状においては」と説明していた．〈まだ

期が熟していない．判例にするためには，論議が必要である〉と判断したからであった．

ところがこの傍論部分は，6年後の2005年には，最高裁小法廷において判例として受け止められて判決に使われた（建物明渡請求事件　最高裁判所第一小法廷 2005（平成17）年3月10日判決　LEX/DB-28100551).「所有者以外の第三者が抵当不動産を不法占有することにより，抵当不動産の交換価値の実現が妨げられ，抵当権者の優先弁済請求権の行使が困難となるような状態があるときは，抵当権者は，占有者に対し，抵当権に基づく妨害排除請求として，上記状態の排除を求めることができる（最高裁平成8年（オ）第1697号同11年11月24日大法廷判決・民集53巻8号1899頁)」というふうに．奥田が言う「論議が尽くされている」状況には，まだ至っていなかったのだが．

それでは日本の裁判官は，これまでの最高裁判所等の判例を限定する必要があるとき，たとえば判例に従うと好ましくない結果が生じると判断するときには，どのようにして，判例に抵触することなくそのしばりを回避するか？　この点で注目すべきなのは，日本でも裁判官は，イギリスやアメリカ等におけると同様，問題のある判例（その一部ないし全体）についてはその運用態様を限定する工夫をしている事実である．すなわち裁判官は，①（「6.2 堀越事件東京高裁判決」に見られるように，）判例が打ち出した指標（メルクマル）を使って測ったら，今日では同種の事件も別様の帰結になったとして，判例とは異なる結論を導き出すかたちで判例の拘束を回避したり（判例の現実的意味を再審査する，一種の**宣言的解釈**)，また，②（「6.4.1　青山会事件判決」,「6.2 堀越事件東京高裁判決」の一部,「6.4.2　民法1044条の適用違憲判決」の一部，に見られるように，）〈判例が前提にしている事実関係の幅は実はもっと狭い；この観点から見ると本件はその事実関係にはあてはまらないので，判例の拘束を受けない〉と——判例自体にはそういう限定をしている形跡は実際には認められないのに——解釈したり（**縮小解釈**である)，③（「6.3」に関して扱う多摩川水害訴訟最高裁判決に見られるように，）〈判例はこれこれの前提上で出されたのであって，それを無視して一般化してはならない〉として，判例の本来の姿を明確化したり（**宣言的解釈としての限定解釈**)[42]，している．

---

42)　同様の限定解釈で判例の適用を回避した他の判決に，次の二つがある：① 後述する新潟県の一村議会がおこなった出席停止の議員懲罰をめぐる 1960（昭和35）年10月19日最高裁判所

第6講 判例の解釈

裁判官はまた，逆にこれまでの判例の枠を拡げて適用したいときには，これまた英米法におけると同様，④（「6.3 多摩川水害訴訟東京高裁判決」に典型的に見られるように）レイシオ＝デシデンダイを広い意味に解して，新事件をもそれによってカバーしたり（**拡張解釈**），⑤（「6.5 国立大学研究所非常勤解雇事件」に見られるように）判例が前提とすることがらとの類似性を根拠にして同様に扱ったり（**類推**），判例との異質性が大きい場合には〈判例は実はこういう一般的な命題を含意しているのだ〉として，判例（その数が多いほうが説得力をもつ）から抽出した普遍的命題を使って処理する（**法意適用**）．

これらのやり方は，判例が制定法と同様の解釈手法で適用されていることをも示している．以下，こうした点を具体的に見てみよう（以下では，66頁図4-1［イ］・［ヘ］・［ホ］の事例は，今回は割愛する．［リ］は，12.1の（2）に見るように判例変更のかたちをとる）．

6.2 判例の宣言的解釈——堀越事件東京高裁判決

社会保険庁に年金審査官として勤務していた厚生労働事務官（姓は堀越）が，休日に自分の住む地域で，職務とは関係なく，政党の機関紙を配布した．警察はこの行為を国家公務員法102条1項に違反するとして，本人を現行犯逮捕した．事務官は訴追され，第1審で，罰金10万円・執行猶予2年の有罪判決を受けた．これに対し東京高裁は，本判決（2010（平成22）年3月29日判決 LEX/DB-25463161）で，かれを無罪にした．東京高裁は，**猿払事件最高裁判決**（国家公務員法違反被告事件 大法廷 1974（昭和49）年11月6日判決 LEX/DB-27670762）で確立した判例が出した指標（「国民の法意識」）にもとづいて当該

大法廷判決（315頁）は，「尤も昭和三五年三月九日大法廷判決——民集一四巻三号三五五頁以下——は議員の除名処分を司法裁判の権限内の事項としているが，右は議員の除名処分の如きは，議員の身分の喪失に関する重大事項で，単なる内部規律の問題に止まらないからであつて，本件における議員の出席停止の如く議員の権利行使の一時的制限に過ぎないものとは自ら趣を異にしているのである．従つて，前者を司法裁判権に服させても，後者については別途に考慮し，これを司法裁判権の対象から除き，当該自治団体の自治的措置に委ねるを適当とするのである」とし，② 後述する「14.1.(2) ハンセン病熊本地裁判決」は，「しかしながら，右の最高裁昭和六〇年一一月二一日判決は，もともと立法裁量にゆだねられているところの国会議員の選挙の投票方法に関するものであり，患者の隔離という他に比類のないような極めて重大な自由の制限を課す新法の隔離規定に関する本件とは，全く事案を異にする」とする．

公務員の行為の有害性を考えるというルール）を本件に適用はした．しかしその適用の結果は，今日では時代の変化にともない「国民の法意識」が変わったから，猿払事件当時とは異なったものになる，とした．

> 関連条文

① **国家公務員法 102 条 1 項**：「職員は，政党又は政治的目的のために，寄附金その他の利益を求め，若しくは受領し，又は何らの方法を以てするを問わず，これらの行為に関与し，あるいは選挙権の行使を除く外，人事院規則で定める<u>政治的行為</u>をしてはならない.」

② **人事院規則 14-7（政治的行為）6 項**：「法第百二条第一項の規定する<u>政治的行為</u>とは，次に掲げるものをいう．〔…〕7　政党その他の政治的団体の機関紙たる新聞その他の刊行物を発行し，編集し，配布し又はこれらの行為を援助すること．〔…〕13　政治的目的を有する署名又は無署名の文書，図画，音盤又は形象を発行し，回覧に供し，掲示し若しくは配布し又は多数の人に対して朗読し若しくは聴取させ，あるいはこれらの用に供するために著作し又は編集すること.」

上記猿払事件最高裁判決は，次のように判示していた：

> 「しかしながら，本件行為のような政治的行為が公務員によってされる場合には，当該公務員の管理職・非管理職の別，現業・非現業の別，裁量権の範囲の広狭などは，公務員の政治的中立性を維持することにより<u>行政の中立的運営</u>とこれに対する国民の信頼を確保しようとする法の目的を阻害する点に，差異をもたらすものではない．右各判決が，個々の公務員の担当する職務を問題とし，本件被告人の職務内容が裁量の余地のない機械的業務であることを理由として，禁止違反による弊害が小さいものであるとしている点も，有機的統一体として機能している行政組織における公務の全体の中立性が問題とされるべきものである以上，失当である．〔…〕弊害が一見軽微なものであるとしても，特に国家公務員については，その所属する行政組織の機構の多くは広範囲にわたるものであるから，そのような行為が累積されることによって現出する事態を軽視し，その弊害を過小に評価することがあつてはならない.」

見られるようにここでは最高裁は，ある政治的行為の「弊害が小さいものであるとして」も「そのような行為が累積されることによって現出する事態を軽視し，その弊害を過小に評価することがあつてはならない」と言う．チリも積もれば山となって，「行政の中立的運営とこれに対する国民の信頼」

が崩壊するのだから，軽微な政治的行為でも容赦しない，としていたのである．猿払事件のこの判例と，本東京高裁判決はどのように向かいあったか？東京高裁は，判決で言う：

判決文の抜粋

「本件配布行為は，裁量の余地のない職務を担当する，地方出先機関の管理職でもない被告人が，休日に，勤務先やその職務と関わりなく，勤務先の所在地や管轄区域から離れた自己の居住地の周辺で，公務員であることを明らかにせず，無言で，他人の居宅や事務所等の郵便受けに政党の機関紙や政治的文書を配布したにとどまるものである．そのような本件配布行為について，本件罰則規定における上記のような法益を侵害すべき危険性は，抽象的なものを含めて，全く肯認できない．したがって，上記のような本件配布行為に対し，本件罰則規定を適用することは，国家公務員の政治活動の自由に対する必要やむを得ない限度を超えた制約を加え，これを処罰の対象とするものといわざるを得ず，憲法21条1項及び31条に違反するとの判断を免れないから，被告人は無罪である．

〔…〕猿払事件判決も認めるとおり，後記のように，国家公務員による政治的行為の禁止は，行政の中立的運営の要請とこれに対する国民の信頼の確保をその規制目的とするものであるが，本件のような配布行為をその対象としてみた場合，このうち行政の政治的中立性の要請は，専ら職務執行に関連してのものであるから，職務と無関係の政治的活動の規制に直ちにつながるものではなく，結局，国民の信頼の確保こそ，本件のような公務員の政治的活動の規制を正当化し，これを根拠付けるという関係に立つことになる．したがって，公務員の政治的活動の規制をどのように考えるかは，国民がこの点をどのように考えるか，ひとえに国民の法意識にかかってくるものであるが，このような国民の法意識は，時代の進展や政治的，社会的状況の変動によって変容してくるものである．したがって，「合理的関連性」の存否は，そのような観点から，常に検証されるべきものである．

イ　そこで，そのような国民の法意識の変化を推し量る時代の進展や政治的，社会的状況の変動を見ると，猿払事件判決以降今日まで，我が国においては，民主主義はより成熟して，着実に根付き，その現れとして，国民の知る権利との関連でいわゆる情報公開法が制定され，あるいは，インターネットに見られるように，情報化社会が顕著に進展し，非民主的国家における言論の自由の制限等の情報にも日々接触する中で，国民は，民主主義を支えるものとして，表現の自由がとりわけ重要な権利であることに対する認識を一層深めてきている．さらに，国際的にはいわゆる冷戦状態が終結し，国内的には左右のイデオロギー対立という状況も相当程度落ち

着いたものとなっている．加えて，政治的，経済的，社会的なあらゆる場面において グローバル化が進み，何事も世界標準といった視点から見る必要がある時代となってきていることも，国民は強く認識してきているとみられる．このように国民の法意識は，後記のように，猿払事件判決当時とは異なり，大きく変わったというべきであって，このことは，公務員，公務に対する国民の見方についても当てはまるとみるべきであろう（もっとも，このような国民の法意識は，本来，国会が体現すべきものである．しかし，国会が法律を制定し，その後，長期が経過したという場合には，立法当初はともかく，国民の法意識と乖離が生じることもないとはいえない．もとより，その場合にも，理想的には，国会が常にそのような機能を果たすことが期待されるけれども，近年の大きな政治課題とされた郵政民営化に当たって，猿払事件判決が対象とした郵政関係公務員の，あるいは，独立行政法人化に当たって，一般職国家公務員の，政治的行為の在り方等について，国会では議論された形跡はなく，これらの問題に関心は示されなかったといってよい．このことは上記のような国民の意識の変容を反映したものとみることもできるが，仮に，それが単に関心の外にあったとしても，このような時代や社会の流れの中での国民意識の変化を，いわば公知の事実として，判断要素とすることも許容されると考える．）．

〔…〕猿払事件判決は，〔…〕「公務員の職種・職務権限，勤務時間の内外，国の施設の利用の有無等を区別することなく，あるいは行政の中立的運営を直接，具体的に損う行為のみに限定されていないとしても」合理的関連性が失われるものではないとし，さらに，利益の均衡についても，「公務員の政治的中立性を損うおそれのある行動類型に属する政治的行為を，これに内包される意見表明そのものの制約をねらいとしてではなく，その行動のもたらす弊害の防止をねらいとして禁止するときは，同時にそれにより意見表明の自由が制約されることにはなるが，それは単に行動の禁止に伴う限度での間接的，付随的な制約に過ぎず，かつ，国公法102条1項及び規則の定める行動類型以外の行為により意見を表明する自由までをも制約するものではな」いとし，禁止により得られる利益は，公務員の政治的中立性を維持し，行政の中立的運営とこれに対する国民の信頼を確保するという国民全体の共同利益なのであるから，得られる利益は失われる利益に比して更に重要なものというべきであり，その禁止は，利益の権衡を失するものではないとした．

この論理は，一般論としては，それなりに説得力を持つものである．しかし，現在においては，いささか疑問があるとしなければならない点を含む．すなわち，猿仏事件判決は，「有機的統一体として機能している行政組織における公務の全体の中立性」が問題となるべきものであるとして，論を進め，その累積的，波及的影響を論じているところにも見られるように，公務の一体性を強調するものである．確かに，その当時，国際的には，冷戦体制下にあり，世界的な思想的対立を背景とし

て，我が国の基本的な政治体制や経済制度の在り方自体についても社会的意見の不一致が見られ，様々な事象にイデオロギー対立的な視点を持ち込み，一部には，暴力的ないし非合法な手段を用いて自己の見解の実現を図る勢力が存在するなど，社会情勢がなお不安定な状況にあったとみられる（猿払事件に見られるような当時の公務員の職員団体（労働組合）の運動状況等もその現れという面があったことは否定できないであろう．）．さらに，これらに加えて，往時，国民は未だ戦前からの意識を引きずり，公務員すなわち「官」を「お上」視して，「官」を「民」よりも上にとらえ，いわば公務員を，その職務内容やその地位と結び付けることなく，一体的に見て，その影響力を強く考える傾向にあったことも指摘でき，これらを併せ考えると，有機的統一体として公務全体をとらえ，公務員の政治的活動の影響を，累積的，波及的に考える合理的な基礎が当時の社会にはあったというべきであって，その意味で，猿払事件判決は，当時の時代的背景や社会的状況に即し，その結論には正当なものがあったというべきである．

　しかしながら，さきにも触れたとおり，規制目的の一つである<u>行政の中立的運営の要請は，専ら職務行為の在り方にかかわるものであるから，公務員の職務と関わりのない政治的活動の規制とは直結せず，これを正当化することができるのは，基本的には，行政の中立的運営に対する国民の信頼の確保という視点であるところ，前述のような時代の進展，政治的・社会的状況の変動等を受けた国民の法意識の変化を前提とした場合，現在において，一公務員が政治活動に出た場合に，国民が直ちに行政の中立的運営に対する信頼を失うようなものとして受け止めるかどうかについては疑問があるとしなければならない．</u>

　〔…〕勤務時間外の政治的行為の禁止についても同様である．勤務時間の内外についても，この間の国民の意識の変化には大きなものがあるのであって，残業をいとわず，滅私奉公的な勤務が求められていた時代と，余暇の活用が言われ，勤務時間内と外を明確に区別することを求められて，勤務を離れた人生の充実等が語られる現代において，勤務時間外であることは，国民の目から見た場合，往時に比べて，原則として，それは職務とは無関係という評価につながるものとなってきている．したがって，公務員の勤務時間外の政治活動も，その態様等によっては，そのようにみられる素地があると考えられる．

　このようにみてくると，そもそも，合憲性審査基準としての，合理的関連性の基準の下に，禁止の目的と禁止される行為との関連性を検討するのは，前記のとおり，当該行為の禁止が当該目的を達成するための手段として有する必要性，有効性の度合いが明らかとなり，その禁止が必要やむを得ない限度にとどまるかどうかの判断に資するからであるが，本法，本規則が，<u>「公務員の職種・職務権限」に無関係に，あるいは，「勤務時間の内外」を問わずに，全面的に政治活動を禁止することは，</u>

原判決のいう予防的規制という意味で（もっとも、予防的規制の論理は、多くの場合、国側からの都合という論理であって、それ自体、さまで説得性を有するものではないことに留意する必要がある。）、目的を達するに有効であることは否定できないけれども、不必要に広過ぎる面があるのではないかとの疑問を払拭することはできない。累積的、波及的影響を基礎に据え、予防的規制であることを強調して合理的関連性があるとする原判決の判断は、その意味で、いささか強引に過ぎるのではないかと考えられる。

また、猿払事件判決更には原判決は、公務員の政治的中立性を損なうおそれのある行為類型に属する公務員の政治的行為に対し、それに内包される意見表明そのものの制約をねらいとしてではなく、その行為のもたらす弊害の防止をねらいとして禁止する場合、その意見表明の自由が制限される結果をもたらすこととなるが、禁止によって得られる利益が、公務員の政治的中立性を維持し、行政の中立的運営とこれに対する国民の信頼を確保するという国民全体の共同利益であることを踏まえると、それらの禁止又は制限は必要やむを得ないものとしている。この点についても、一般論としては正当であると考えられるものの、本件で問題とされている配布行為については、基本的に、表現行為としてとらえられるべき場合が多いことを考えると、直ちに前記説示をそのまま肯定することには躊躇を覚える。

〔…〕ウ　翻って、本件罰則規定の本質を見てみると、本法及び本規則の定める国家公務員が政治的行為をした罪は、行政の中立的運営及びそれに対する国民の信頼の確保という保護法益に対し、それが現実に侵害されることを構成要件とする侵害犯と解されるものではなく、法益侵害の危険をもって足りる危険犯と解すべきものである。さらに、その文言上の要件や上述したような保護法益の重要性等の実質からみれば、上記法益が侵害される危険が現実に発生することを必要とする具体的危険犯ではなく、原則として法益侵害の危険性の存在が擬制される抽象的危険犯としての性質を有するものと解するのが相当である。もっとも、このように抽象的危険犯ではあるけれども、これを形式犯としてとらえることは、この規制によって制限されるものが、憲法上最も重要な権利の一つである表現の自由であることを考えると、妥当ではなく、具体的危険までの必要はないけれども、ある程度の危険が認められることを、その成立要件とすべきであって、そのように解釈することにより、憲法上の疑義もなくなり、かつ、上記の過度に広範に過ぎる事例に適切に対応できると考えられる。

〔…〕〔被告人側の〕所論は、さらに進んで、仮に本件罰則規定そのものについては合憲性が認められるとしても、それを本件配布行為について適用することは違憲である旨主張するところ、当裁判所も、以下に指摘する事情を踏まえると、上記2(4) 認定のような被告人の本件各所為について、本件罰則規定を具体的に適用して、

被告人に刑事責任を問うことは，憲法21条1項及び31条に違反するものといわなければならないと考える．

［…］ウ　このように被告人の本件各所為は，国家公務員という立場を離れ，職務と全く無関係に，休日に，私人としての立場で，かつ，他の国家公務員とも全く無関係に個人的に行われたものであるから，これを本件罰則規定の合憲性を基礎付ける前提となる保護法益との関係でみると，行政の中立的運営及びそれに対する国民の信頼という保護法益が損なわれる抽象的危険性を肯定することは常識的にみて全く困難である．すなわち，猿払事件判決は，本規則所定の政治的行為が，行政の中立的運営を直接ないし具体的に損なう行為だけに限定されていない理由として，(ア) 公務員が集団的ないし組織的に政治活動を行った場合，それ自体が大きな政治的勢力となり，その過大な影響力の行使によって民主的政治過程を不当に歪曲する危険もないとはいえないことや，(イ) 公務員の政治的偏向が上記のような大規模なものとなった場合，逆に政治的党派の行政に対する不当な介入を容易にし，行政の中立的運営がゆがめられる危険性が高まるものと考えられること，(ウ) そのような傾向が拡大すれば，政治的中立を保ちつつ一体となって国民全体に奉仕すべき責務を負う行政組織の内部に深刻な政治的対立を醸成し，その結果，行政の能率的で安定した運営が阻害され，ひいては，議会制民主主義の政治過程を経て決定された国の政策の忠実な遂行にも支障を来すおそれがあること，(エ) そのようなおそれは，行政組織の規模の大きさに応じて拡大することが想定され，そのような事態に至った場合，行政組織の内部規律だけによってその弊害を防止ないし除去することが不可能な状況に陥ることも懸念されることを挙げているけれども，上記ア及びイで指摘した被告人の本件各所為に関する具体的状況のほか，前記2(6)で認定した被告人の勤務先における言動や勤務態度に照らすと，被告人が単独で，かつ，勤務先や職務と全く無関係に行った本件配布行為の結果として，猿払事件判決が危惧する上記のような事態を招き，ひいて本件罰則規定の保護法益である行政の中立的運営及びそれに対する国民の信頼を侵害する抽象的危険性は想定し難く，このような行為まで処罰の対象とすることは，さきの合理的関連性の基準に照らしても，やむを得ない限度にとどまるものとはいえない．そして，このことは，本件行為の後に，被告人が国家公務員であったことを国民が知ることになっても，その地位やその職務内容，職務権限に照らせば，国民が行政全体の中立性に疑問を抱くようなことは考え難いから，上記結論に影響はない．

［…］したがって，被告人の本件各所為は，未だ本件罰則規定の構成要件，すなわち国家公務員として政党の機関紙や政治的文書を配布するという政治活動をしたものと認定することができないとともに，本件各所為に対し，本件罰則規定を適用して被告人に刑事責任を問うことは，保護法益と関わりのない行為について，表現

の自由という基本的人権に対し必要やむを得ない限度を超えた制約を加え，これを処罰の対象とするものといわざるを得ないから，憲法21条1項及び31条に違反するというべきである．」

考　察

上で東京高裁は，判例を確立した猿払事件最高裁判決が国家公務員の政治活動禁止の理由として重視しているのは，① 行政が実際に中立的に運営されることと，② 行政が中立的であるとの「国民の信頼」を確保する必要があること，だと確認する．そして東京高裁は本ケースにおいては，①は，被告人が末端の国家公務員であるから問題にはならない（行政の中立性を現実に脅かすことはない）とし，したがって検討すべきは，②だとする．この②については東京高裁は，問題になる**「国民の法意識」**が国家公務員法102条1項の立法当時（1948年）と今とでは大きく変わっている；それゆえ，国家公務員のどういう政治的活動が「国民の信頼」を損なうかは，今日では内容的に別様の判断を要する，とする．

では，「国民の法意識」は，この間にどう変わったか？　東京高裁は，次の点を挙げる：① 国民は表現の自由を，国家公務員法102条1項の立法当時よりはるかに重視するようになっている，② グローバルスタンダードにかなうことが求められる時代となり，表現の自由重視もその例外ではない，③ 国家公務員について，「国・お上に服従する」べき存在だとする見方は今ではなくなっている，④ 立法時に見られた激しい政治的対立がなくなっており，国民は国家公務員の政治的中立問題にそれほどこだわらなくなっている，と．したがって，本件で対象になった程度の国家公務員の行動によっては，行政が中立的であるとの「国民の信頼」は今日では損なわれる可能性がない，と高裁は見た．

このように東京高裁は，猿払事件最高裁判決に沿いつつも，それが提示した検討事項に沿って検討したら結果的には別様の帰結にいたったとして，判例とは異なる方向で結論を導き出したのである．これは，判例の核となる箇所（「国民の法意識」）を——今までの内容のまま単純に適用するのではなく——〈今日において立法時の背景と現状とを比較すると——すなわち歴史的解釈を踏まえると——これまでの理解とは異なった内容になる〉と新たに意

味づけし直した，一種の**宣言的解釈**である．

ところで，以上に加えて東京高裁はさらに，この新しい状況下においては国家公務員に対する，猿払事件最高裁判決におけるような厳格な政治活動制限は，「不必要に広過ぎる面があるのではないかとの疑問を払拭することはでき」ない，とも言う．東京高裁はこの観点からは，猿払事件最高裁判決の「説示をそのまま肯定することには躊躇を覚える」とし，「上記のような本件配布行為に対し，本件罰則規定を適用することは，国家公務員の政治活動の自由に対する必要やむを得ない限度を超えた制約を加え，これを処罰の対象とするものといわざるを得ず，憲法21条1項及び31条に違反するとの判断を免れない」と判断した．ここには判例に対する，**反制定法的解釈**のスタンスも見られる．

これに対して，堀越事件の最高裁判決（最高裁判所第二小法廷2012（平成24）年12月7日判決　LEX/DB-25445108）は，猿払事件最高裁判決の判例——軽微な政治的行為も容赦しないとしていた——を事実上変更するかたちで，「無罪」を導き出した．すなわち最高裁は，国家公務員法102条1項の「政治的行為」については，それを限定する語句は明記されていないが，<u>実際には「公務員の職務の遂行の政治的中立性を損なうおそれが実質的に認められる政治的行為に限られ</u>，このようなおそれが認められない政治的行為や本規則が規定する行為類型以外の政治的行為が禁止されるものではない」と解釈した．そしてそれを踏まえて当該行為を検討し，本件被告人の行為は同条規定の「政治的行為」には該当しないとして，被告人を無罪にした．

最高裁がこのような縮小解釈をしたのは，「国民は，憲法上，表現の自由（21条1項）としての政治活動の自由を保障されており，この精神的自由は立憲民主政の政治過程にとって不可欠の基本的人権であって，民主主義社会を基礎付ける重要な権利である」と考えたからだった．すなわち本最高裁判決では，憲法21条に配慮する姿勢が明確である．この姿勢は，猿払事件最高裁判決には見られなかったところである．今回最高裁は，小法廷で事実上の判例変更をやってのけたのである．

6.3 判例の拡張解釈——多摩川水害訴訟東京高裁判決

1974年9月に台風の豪雨の際，多摩川堤防が東京都狛江市の一地区付近で決壊し，多くの家屋が流された．この水害の被害者が，川を管理する国を相手取って国家賠償を求めたところ，（第1審の東京地裁はその請求を認容した

法学講義

が.）第2審の東京高裁は，審理中に出た**大東水害訴訟最高裁判決**（損害賠償請求事件 1984（昭和 59）年 1 月 26 日最高裁第一小法廷判決　LEX/DB-27000025）を受けとめつつ検討した結果，本判決（損害賠償請求控訴，同附帯控訴事件 1987（昭和 62）年 8 月 31 日　LEX/DB-27800323）で住民側を敗訴させた．その際，東京高裁がおこなったのは，大東水害訴訟最高裁判決が出した判例の拡張解釈であった．

　国家賠償法は 2 条 1 項に，「道路，河川その他の公の営造物の設置又は管理に瑕疵があつたために他人に損害を生じたときは，国又は公共団体は，これを賠償する責に任ずる．」と規定しており，従来，「瑕疵」がなかったことの証明責任は国・公共団体にあるとされてきた．このため住民は，永らく連戦連勝であった．ところが，上記 1984 年の大東水害訴訟最高裁判決は，河川改修工事には多額の費用と技術的困難さがともなううえ，河川は氾濫が付きものなので，

> 「既に改修計画が定められ，これに基づいて現に改修中である河川については，右計画が全体として右の見地からみて格別不合理なものと認められないときは，その後の事情の変動により当該河川の未改修部分につき<u>水害発生の危険性が特に顕著となり</u>，当初の計画の時期を繰り上げ，又は工事の順序を変更するなどして早期の改修工事を施行しなければならないと認めるべき<u>特段の事由が生じない限り</u>，右部分につき改修がいまだ行われていないとの一事をもって河川管理に瑕疵があるとすることはできないと解すべきである」

とした．つまり，これ以降は住民が，河川改修中に「水害発生の危険性が特に顕著」になるような激変が起こって，計画を変更しなければ河川管理が「格別不合理なものと」なるという程度の「**特段の事由**が生じ」たことを証明しなければならなくなった．この証明は，困難である．このため住民は，大東水害訴訟最高裁判決以降は，連戦連敗となった．

　ところで，多摩川水害が起こった箇所では，改修工事ははるか昔に終了していた．その**改修済みの堤防**が壊れ洪水が生じたのである．しかもその際，その場所には古い井堰（いせき）があり，これが水流を妨げ川の流れを変えたことが，堤防崩壊の主要因であった．この事実を踏まえて住民側は，〈大東水害訴訟最高裁判決は**未改修**または**改修中**の河川に関するものであって，本件は改修済みの河川に属するから，ケースが異なる〉と主張した．この主張について

第 2 審は，次のように述べた．

判決文の抜粋

「被控訴人らは，大東水害最高裁判決が過渡的な安全性をもって足りるとしたのは，未改修又は改修不十分な河川の安全性についてであり，河川工事実施基本計画のもとで改修工事が完了している河川部分は，通常予測される災害に対応する安全性を備えるに至っているべきものであるから，改修の完了した河川を含む河川管理の瑕疵一般について同判決のいう判断基準を適用することはできない旨主張する．

そこで，工事実施基本計画の性格並びに同計画に基づいて実施される河川工事の実情について見るに，〔…〕今なお改修を要する河川のすべてを整備するには膨大な財源と長年月を要すること，洪水による災害の発生は，洪水の最大流量のみに規定されるものではなく，洪水の継続時間も重要な要素となるのであるが，我が国の河川は国土の特性から急勾配で流路が短く，洪水の総流出量に比して最大流出量が大きく，ひとたび豪雨があると短時間に大きな流量で高い水位の洪水が発生するが，その高水位継続時間は数時間から一，二日程度にすぎず，いわゆる一過型の洪水が多いという特徴があるため，工事実施基本計画における基本高水の決定の前提となる計画降雨の継続時間については，流域の大きさ，降雨の特性，洪水流出の形態，計画対象施設の種類等を考慮して決定されるべきものであるが，最近工事実施基本計画が改訂された主要河川における計画降雨の継続時間は，当該河川の洪水特性等の調査結果を基として，そのほとんどが二日と定められており，なかには二四時間と定められている例があるのに対し，四日以上の継続時間を定めた例は見当たらないことが認められる．

〔…〕河川の堤防は，古くから存在する在来堤やこれらの上に土砂を積み上げたものが最も一般的であり，すべての堤防が近代の河川工学上の知見に基づいて築造されたものというわけではなく，従来の洪水の経験に基づき旧来の堤防等を逐次拡築，補強することにより安全性を高めてゆくのが通常であるため，堤体の内部構造は複雑で，しかも長大な構築物であるところから土質もすべてにわたって均一でなく，土質も精選して施行することは不可能であり，堤体下の地盤についても多種多様であるという特殊性があるため，浸透型の破堤の危険に対しては，工事実施基本計画による整備完了区間であっても，同区間内のすべての堤防について絶対的な安全性が保障されているものとはにわかに考え難いものといわねばならない．

〔…〕その発生の原因や機序が明らかでなく，対策の有効性も確認されていない危険については，今なお十分な対策を講じ得ない現状にあるのであって，《証拠略》によって明らかなとおり，昭和四三年から昭和四九年までの七年間に全国の河川に

おいて発生した破堤災害は年平均八〇八箇所であるのに対し，堤防，護岸，根固め工，水制工，床止め工等の施設について生じた堤外災害は年平均三万一八二二箇所に及んでいる事実は，河道には十分な対策を講じ得ない危険が数多く存在すること，幸いにこれらの危険がもたらすのは堤外災害にとどまるのが普通で，大部分は堤内災害にまでは至らないことを示すものといえるのである．これに加えて，さきに浸透型の破堤に関する説示中で論及した堤防自体の安全度に関する問題点を併せ考えれば，工事実施基本計画による整備完了区間であっても，河道破損による洗掘型の破堤の危険から完全に開放〔解放〕されたものと期待することはできないものというべきである．

以上説明のとおりであるから，工事実施基本計画に基づく工事が完成している河川部分であったとしても，通常予測し，かつ，回避し得るあらゆる水害を未然に防止するに足りる治水施設を完備した河川に当たるとはいえないし，また，当該工事実施基本計画で定められている計画高水流量及び計画高水位以下の洪水の作用に対する絶対的な安全性が保障されているともいえないのであって，その限りにおいて，右河川部分は理想的な河川管理の状態が実現されるまでには更に多くの改修工事を必要とするものであり，現段階においては改修の不十分な河川に該当するものといわざるを得ない．したがって，その備えるべき安全性としては，河川管理の特質に由来する諸制約のもとで一般に施行されてきた治水事業による河川の改修，整備の過程に対応する過渡的な安全性をもって足りることに変わりはないから，被控訴人らの主張は採用することができない．」

考　察

（a）　上で**東京高裁**は，述べている：**改修済みの河川**も，日本の豪雨の激しさ・複雑性からすると完璧な施設を備えた状態とは言えず，なお不完全な状態にある；それゆえこの状態は――完璧な施設を備えた状態に比べると――未改修または改修途上だと言える〔これ自体は，別に誤った議論ではない〕；このため，改修済みの河川も，大東水害訴訟最高裁判決の判例が前提にしている「**現に改修中である河川**」の概念に当てはまる〔この理解が，問題なのである〕：すなわち，改修済みの多摩川の水害においても，大東水害訴訟最高裁判決が出した基準がそのまま妥当する，と．東京高裁のこの解釈は，「改修済み」河川も，その不完全性において「未改修又は改修中」に似ていることを根拠に，「未改修又は改修中」の河川の概念に入るから，上記判例がなお妥当するとしたのである．これは，近似性に依拠した判例の拡張解釈

(のつもり) である．東京高裁はこの立場から，多摩川水害事件を大東水害訴訟最高裁判決が出した上記基準によって評価し，国による多摩川の管理に瑕疵はなかったとした．

拡張解釈が近似性に依拠していることは，先に述べたとおりである．したがって高裁判決が近似性に着眼したこと自体は，まちがっていない．だが問題は，拡張解釈のためには 75％ 程度の近似性が必要で，50％ 未満だと，類推や法意適用しかできない（本書 73 頁以下），という事実との関係である．「改修済み」河川も，まだ洪水を防ぐには不完全だが，しかし「改修済み」は「未改修又は改修中」とは明らかに概念を異にする（むしろ**反対概念**である）．それゆえ，「改修済み」河川の「不完全性」は，「未改修又は改修中」がもつ「不完全性」とは意味がちがう（近似性度が低い）．「未改修又は改修中」がもつ「不完全性」概念を「改修済み」河川にまで拡張することは，実際はできないのである（「不完全」である点が似ているとする類推すら，不当である）．

もっとも，上の点はともかく，この高裁の解釈が，大東水害訴訟最高裁判決の意向に反した解釈だったとは，必ずしも言えない．大東水害訴訟最高裁判決は――改修中の河川の水害に関係してはいるが――意識的に「未改修又は改修中」に自己限定しているわけではないからである．大東水害訴訟最高裁判決は，国の治水行政一般を住民訴訟による責任追及の洪水から守ろうとする立場からの判決であり，未改修又は改修中に限定する立場はとっていなかった．事実，この判決以降の一連の訴訟で裁判官たち――本件の多摩川水害訴訟東京高裁の裁判官をも含めて――は，最高裁のその意向を汲み取って，あらゆる水害事件処理にこの判例を適用したのであった[43]．

（b） のちに**最高裁**は，1990（平成 2）年 12 月 13 日の第一小法廷判決（LEX/DB-27807571）で，この第 2 審の東京高裁判決を破棄し高裁に差し戻した．最高裁によれば，大東水害訴訟最高裁判決は，本件の多摩川水害訴訟東京高裁の裁判官をも含めた多くの裁判官や行政が考えてきたようには広い範

---

43) 大東水害訴訟最高裁判決が出るまでは，主な水害国賠訴訟 10 件中，住民が敗訴したのは 1 件だけであった．ところが，大東水害訴訟最高裁判決が出て以降，住民は 15 件の裁判中 12 件で敗訴している．浦川道太郎「水害被害の司法的救済の道はひらかれたか　多摩川水害訴訟最高裁判決とその意義」(『法学セミナー』436 号 (36 巻 4 号)，1991)．大東水害訴訟最高裁判決以降，水害国賠法訴訟で裁判官たちは，河川が改修工事中であるか否かを区別せずに大東水害訴訟最高裁判決を適用し，住民を敗訴させ続けたのである．

囲をカバーするものではない．大東水害訴訟最高裁判決をよく読めば，「既に改修計画が定められ，これに基づいて現に改修中である河川については」と書かれている．「現に改修中である河川」のみに妥当する判例なのである．最高裁は判例のこの解釈に立って，〈東京高裁判決が大東水害訴訟最高裁判決を，すでに改修済みの河川であり，かつ水量が予想範囲内であったのに決壊した多摩川水害に無前提に適用したのは，重大な誤りであった〉と判示したのであった．これは，判例のレイシオ＝デシデンダイに直結する事実を再確認して判例の射程を明確化する（判例を改めて定義し直す）解釈，すなわち「限定解釈」と呼ばれる作業であり，**宣言的解釈**の一種である（この点については拙著『法解釈講義』47・48 頁参照）．

本（多摩川水害訴訟）最高裁判決でポイントとなっているのは，① 大東水害訴訟最高裁判決が確立した判例は，未改修または改修中の河川に関する判断であること，② 改修済みの河川については――判例が出している基準を前提にしつつも――別途その特性に応じた新基準が必要なことが自明であること，である．その新基準とは，<u>新たな危険が予想されるにいたった時点から</u>，必要な安全対策が講じられていたかどうかを調べるべきだというものである：

> 「破堤が生ずることの危険を〔…〕予測をすることが可能となった時点を確定した上で，右の時点から本件災害時までに前記判断基準に示された諸制約を考慮しても，なお，本件堰に関する監督処分権の行使又は本件堰に接続する河川管理施設の改修，整備等の各措置を適切に講じなかったことによって，本件河川部分が同種・同規模の河川の管理の一般的水準及び社会通念に照らして是認し得る安全性を欠いていたことになるかどうかを，本件事案に即して具体的に判断すべきものである」

このように本最高裁判決は――大東水害訴訟最高裁判決を踏まえるとしてはいるものの――「改修済み」河川については，大東水害訴訟最高裁判決が出した安全基準以上の基準が必要だとした点では，判例の限定ないし修正をしたと位置づけられる[44]．

---

44) 差し戻しを受けた東京高裁は，1992 年の判決（1992（平成 4）年 12 月 17 日　LEX/DB-27814531）で，洪水の 3 年前の 1971 年から危険は予測される事態にいたっており，したがってその間に必要な安全対策を講じるべきであったのに講じなかった国の管理行為には瑕疵があっ

6.4 判例の縮小解釈

6.4.1 青山会事件判決

本判決（不当労働行為救済命令取消請求事件　東京地裁 2001（平成 13）年 4 月 12 日判決　LEX/DB-28061608）は，次の事件に関わる．医療法人仁和会の越川記念病院が，不祥事で経営破綻した．そこで別の医療法人青山会（せいざんかい）が施設・業務等を引き継いだ．病院営業再開に先だって青山会は，仁和会病院職員であった A と B（労働組合のただ 2 名だけの組合員で，仁和会病院の不祥事を内部告発していた）だけは採用しなかった．A と B がこれを不当労働行為であるとして地方労働委員会に救済を申し立てたところ，救済命令が出た．青山会は，これを不服として中央労働委員会に再審査の申し立てをしたが，棄却された．青山会は，その棄却の取り消しを求め東京地裁に提訴した．

本件では，最高裁判所の**三菱樹脂事件判決**（1973（昭和 48）年 12 月 12 日）に出された原則との関係が問題になる．最高裁は三菱樹脂事件判決で，次のように判示していた：

> 「労働基準法 3 条は労働者の信条によって賃金その他の労働条件につき差別することを禁じているが，これは，雇入れ後における労働条件についての制限であって，雇入れそのものを制約する規定ではない．また，<u>思想，信条を理由とする雇入れの拒否を直ちに民法上の不法行為とすることができない</u>ことは明らかであり，その他これを公序良俗違反と解すべき根拠も見出すことはできない．
> 　右のように，<u>企業者が雇傭の自由を有し，思想，信条を理由として雇入れを拒んでも，これを目して違法とすることができない</u>以上，企業者が，労働者の採否決定にあたり，労働者の思想，信条を調査し，そのためその者からこれに関連する事項についての申告を求めることも，これを法律上禁止された行為とすべき理由はない．」

企業は雇用の自由を有しているから，採用に当たって「思想，信条を理由として雇入れを拒んでも」違法ではない，と最高裁は判示していたのである．青山会は，これを援用した．これに対し本東京地裁判決は，この判例を前提にしつつも，下記のようなかたちで**労働基準法と労働組合法とのちがい**を前

たと認定し，国に国家賠償を命じた．

面に押し出し，判例の射程距離を限定することによって，2人の労組員を救済した（本判決は，東京高裁，最高裁で支持された）．

関連条文

① 労働基準法9条：「この法律で「労働者」とは，職業の種類を問わず，事業又は事務所（以下「事業」という．）に使用される者で，賃金を支払われる者をいう．」同3条：「使用者は，労働者の国籍，信条又は社会的身分を理由として，賃金，労働時間その他の労働条件について，差別的取扱をしてはならない．」
② 労働組合法3条：「この法律で「労働者」とは，職業の種類を問わず，賃金，給料その他これに準ずる収入によって生活する者をいう．」同7条：「使用者は，次の各号に掲げる行為をしてはならない．一 労働者が労働組合の組合員であること，労働組合に加入し，若しくはこれを結成しようとしたこと若しくは労働組合の正当な行為をしたことの故をもって，その労働者を解雇し，その他これに対して不利益な取扱いをすること又は労働者が労働組合に加入せず，若しくは労働組合から脱退することを雇用条件とすること．」

判決文の抜粋

「3　争点(1)（採用拒否への労組法7条1号，3号の適用の有無）について
(1) 原告は，雇入れ（新規採用．以下，同一意義で使用する．）については，不当労働行為制度の適用はないし，仮にあるとしても，労組法7条1号本文後段の黄犬契約禁止のみが適用されると解すべきである旨主張するのに対し，被告及び被告補助参加人は，これを争い，雇入れの場合であっても，労組法7条1号本文前段，3号が適用される旨主張するので，以下，まず雇入れについての労組法7条1号の適用の有無について検討する．
ア　文理解釈からみた検討
　労組法7条は，「使用者は，左の各号に掲げる行為をしてはならない．」とし，1号本文において，「労働者が労働組合の組合員であること，労働組合に加入し，若しくはこれを結成しようとしたこと若しくは労働組合の正当な行為をしたことの故をもって，その労働者を解雇し，その他これに対して不利益な取扱いをすること又は労働者が労働組合に加入せず，若しくは労働組合から脱退することを雇用条件とすること．」を掲げている．
　1号本文前段が，「労働者を解雇し，その他これに対して不利益な取扱をすること」を禁じており，解雇を代表とする不利益取扱いを禁じていること，同号後段が，「労働組合不加入・脱退を雇用条件とすること」を禁じており，雇用条件である以

上，通常は採用（雇入れ）の段階で問題となる事柄であることからすれば，1号本文前段は雇用関係にある労働者を対象として規定し，後段は雇用関係にない労働者を対象に規定したようにも解せられる．

しかしながら，他方，労組法にいう「労働者」は，労基法における労働者（労基法9条）とは異なり，「職業の種類を問わず，賃金，給料その他これに準ずる収入によって生活する者」をいう（労組法3条）から，現に雇用されていない者でも，「賃金，給料その他これに準ずる収入によって生活する者」である限り，労組法の対象となると解されること，したがって，「労働者を解雇し，その他不利益取扱をすること」は，解雇を代表例とするが，「その他不利益取扱」一般を禁じており，その中には未だ雇用関係にない労働者の雇入れにおける不利益取扱いも含まれるとも読めること，1号本文後段は，「労働組合への不加入・脱退を雇用条件とすること」を禁じているが，これは，雇用関係にない労働者の採用のみならず，現に雇用関係にある労働者に対しても，労働組合への不加入・脱退を新たな雇用条件とすることも禁じていると解することも可能であるから，後段の規定が存在するからといって，前段は雇用関係にない労働者に適用されないとする根拠にはならないとも解される．

労組法1号は，雇入れの場合にも本文前段が適用されるとの明文の規定を置いておらず，上記のように，「労働者を解雇し，その他不利益取扱をすること」の中に雇入れの場合の不利益取扱いが含まれるか否かは，その文言からして，両用に解釈できる余地があるから，<u>文理解釈上は，雇入れの場合に1号本文前段が適用されるかは必ずしも判然としない．しかしながら，労組法の労働者の定義規定からすれば，1号本文前段は，雇用関係にない者であっても，その者が「賃金，給料その他これに準ずる収入によって生活する者」である限りは適用があると解されるから，1号本文前段が雇入れの場合を除外したと解するには，この定義規定から見る限り，困難な面があるといわざるを得ない．</u>

イ　立法経過
（ア）証拠（〈証拠略〉）及び弁論の全趣旨によれば，次の事実が認められる．〔…〕
（イ）上記認定した旧労組法，現行労組法の立法経過からすれば，現行労組法7条1号は，旧労組法11条をそのまま引き継いでいるものと解されるところ，旧労組法11条の立案の検討に当たっては，労務法制審議会において，「企業主は組合に加入したるの故を以て解雇し，その他不利益を課することを得ず，組合員たるの故をもって雇入を拒否し得ざること」との意見を含めた末広委員の意見書を土台にして議論がされているが，これについては特段の議論もされていないから，労務法制審議会委員の間では，労働組合の組合員であることを理由とする雇入れ拒否が許されないことは，共通の認識であったということができる．

そして，これを踏まえて旧労組法案が政府に答申され，その10条が11条（「使用者ハ労働者ガ労働組合ノ組合員タルノ故ヲ以テ之ヲ解雇シ其ノ他不利益ヲ与フルコトヲ得ズ　使用者ハ労働者ガ労働組合ニ加入セザルコト又ハ組合ヨリ脱退スルコトヲ雇傭条件ト為スコトヲ得ズ」）に移された旧労組法が国会で成立しているのであるし，現行労組法7条1号は，旧労組法11条（昭和21年改正後のもの）をひらがな書き口語体に改めたに止まるから，この立法経過からすれば，現行労組法7条1号は，雇入れについても，労働組合の組合員であること等を理由に不利益取扱いをすることを禁止していると解するほうが自然である．
　もっとも，現行労組法7条1号の文理解釈上は，必ずしもそのことは判然としないし，上記認定の立法経過によっても，労務法制審議会における末広委員の意見書では「組合員たるの故をもって雇入を拒否し得ざること」が明記されていたのに，「其ノ他不利益」の中に当然雇入れ拒否も含まれると考えられていた可能性が高いとはいえ，これを旧労組法ひいて現行労組法の条文に明文化しなかった経緯も明らかではないから，立法経過が雇入れへの労組法7条1号の適用の有無についての決め手となるものとまではいえない．
ウ　米国における解釈〔…〕
エ　48年最高裁判決〔1973年の三菱樹脂事件最高裁判決のこと〕について
(ア)　48年最高裁判決は，企業者が，特定の思想，信条を有することを理由として雇入れを拒否することが許されるか否か等が問題とされた事案について，次のとおり判示している．〔…〕
(イ)　上記のとおり，48年最高裁判決は，企業者が契約締結の自由を有していることから，雇入れについては，法律その他による特別の制限がない限り，原則として自由に決定できるとし，労基法3条は，雇入れ後における労働条件についての制限であって，雇入れそのものを制約する規定ではなく，思想，信条を理由とする雇入れの拒否を違法とする根拠はないとしている．
　ところで，労基法にいう労働者とは，「職業の種類を問わず，事業又は事務所に使用される者で，賃金を支払われる者」をいう（9条）から，使用者の指揮命令下にあって労務を提供し，賃金を得ている者が労基法にいう労働者であり，使用者との間に広い意味での雇用関係がある者がこれに当たるというべきであるが，企業に雇い入れられる前の者は，いかなる意味においても使用者との間に雇用関係があるということはできないから，その者は，労基法3条にいう「労働者」に当たらないと考えられること，また，労基法3条は，使用者が労働者の国籍，信条等を理由として，労働条件について差別的の取扱いをすることを禁じているところ，「労働者の労働条件」についての差別的取扱いである以上，これまた使用者と労働者との間に何らかの雇用関係があることが前提であると解されることなどからすれば，同条は，

使用者と労働者の雇入れ前の法律関係について規律したものとはいえないのであり，48年最高裁判決も，これらのことを考慮したものと考えられる．

したがって，48年最高裁判決は，労基法3条の解釈について，法が，企業者の雇傭の自由について雇入れの段階と雇入れ後の段階との間に区別を設け，その規律範囲を異にしていることを明らかにしたものであるにとどまり，それ以上に，48年最高裁判決が，労働関係一般について，雇入れの段階と雇入れ後の段階との間に区別を設け，その規律範囲を異にすべきであることを示したものとまで解するのは相当ではないと考えられる．

(2) 以上によれば，労組法7条1号について，これが雇入れにおける不当労働行為までを規律したものといえるかどうかは，文理解釈，立法経過，米国法における解釈，48年最高裁判決の射程距離からは必ずしも明らかであるとはいえないのであり，結局は，これらも参考としつつ，企業者に認められた採用の自由の保障と，不当労働行為制度が目的とする労働者の団結権の保障とを比較勘案して，同号の解釈を決するほかはないが，次の理由により，雇入れについても労組法7条1号前段の規定の適用があると解するのが相当である．

ア　労組法7条1号は，労組法にいう労働者を対象としたものであるが，労組法にいう労働者は，労基法にいう労働者と異なり，「賃金，給料その他これに準ずる収入によって生活する者」であって，必ずしも雇用関係にある労働者には限られないから，雇用関係にない労働者も，労組法にいう労働者である限り，労組法7条1号の対象となり得る．

イ　不当労働行為制度は，使用者に対し，組合活動を抑圧するための経営上の措置をとってはならない義務，そのような措置をとって労働者に不利益を与えてはならない義務を課すものであるところ，仮に雇入れについては労組法7条1号本文前段の適用がないとすれば，企業者は，労働者が労働組合に所属していることや労働組合の正当な活動を行ったことなどを理由にその者を雇入れにおいて差別し得ることとなるが，次のとおり，企業者の採用の自由と労働者の団結権保障とを比較考量した場合，それを容認することが適当であると解するのは相当でない．

すなわち，企業者の採用の自由と思想，信条の自由との比較考量の場合には，48年最高裁判決がいうように，企業における雇傭関係が一種の継続的な人間関係として相互信頼を要請するところが少なくないことからして，ある思想，信条を持つ労働者と，これと異なる思想，信条を持つ企業者とが雇用関係に入るとすれば，相互の信頼関係が保てないおそれがあるので，合理的な企業活動を行うという見地から，思想，信条が異なることを理由に採用しないとすることも許されるということができる．

これに対し，企業者の採用の自由と労働者の団結権保障との比較考量の場合には，

仮に雇入れの場合に労組法7条1号本文前段の適用がないとすれば，その限度で労働者の団結権が侵害されることになるが，労働者の団結権が使用者の労働力に関する取引の自由を制限する違法な行為として禁圧されてきた過去の歴史に鑑み，憲法上，労働者保護のためその団結権を保障することとしていること（憲法28条）からすれば，企業者に採用の自由があるからといって，労働者の団結権を侵害することが許されるとは考え難い．また，これを肯定するとすれば，労働者は，労働組合の組合員であること，労働組合に加入し，これを結成しようとすること，労働組合の正当な行為をすることをちゅうちょするおそれがあるが，そのような事態が生じることを容認することが適当であるとも考え難い．したがって，雇入れについても労組法7条1号本文前段が適用されると解するほうが，労働者の団結権を保障した憲法の趣旨にかなうものといえる．

雇入れについても労組法7条1号本文前段が適用されるとすれば，逆に，その限度で企業者の採用の自由が制限されることになるが，企業者の採用の自由も無制限のものではないから，労働者の団結権保障の趣旨に鑑みれば，この制限もやむを得ないものと考えることもできる．

このように解した場合，上記のとおり，企業における雇傭関係が一種の継続的な人間関係として相互信頼を要請するところが少なくないことからすれば，労働者が上記の労働組合の組合員であること等を理由にこれを嫌悪する企業者と労働者との間の相互信頼が保てないのではないかも問題となる．しかしながら，労働者の団結権保障の趣旨に鑑みれば，採用の自由と思想，信条の自由との比較考量の場合とは異なり，企業者において，労働者が労働組合の組合員であること等を理由に当該労働者を嫌悪することは合理的な企業活動とはいえないものと解するのが相当であり，企業者としては，労働者が労働組合の組合員であること等を理解しつつ，それを前提として相互信頼を形成すべきである．したがって，この点を理由に，労組法7条1号本文前段が雇入れの場合に適用されないとすることはできない．

ウ　労組法7条1号本文前段の文言上，雇入れについての不利益取扱いを禁じる旨の明文の規定はないが，同号本文前段は，「……労働者の解雇，その他の不利益取扱をすること」としており，労働者の不利益取扱いの最大のものとして，雇用関係の終了事由である解雇を例示したものであり，「その他の取扱」には解雇以外のすべての不利益取扱が含まれていると解することができる．その場合，アのとおり，同号は，雇用関係にない労組法の労働者についても適用されるし，その者については解雇はあり得ないから，「その他の取扱」の対象となる者を雇用関係のある労働者に限定する根拠に乏しい．

労組法7条1号後段は，「労働者が労働組合に加入せず，若しくは労働組合から脱退することを雇用条件とすること」を禁じ，いわゆる黄犬契約の禁止を定めたも

のであるが,「雇入れに際し」などの限定文言はなく,雇入れの場合にこの雇用条件を付することのみならず,既に雇用関係にある労働者について新たに別にこの雇用条件を付することも,同号後段で禁止していると解される.したがって,同号後段が雇入れ後の労働関係を規律したものとはいえず,同号後段の規定があることは,同号前段は雇入れ前の,後段は雇入れ後の,各労働関係を規律したとする根拠とはなり得ない.

このように,労組法7条1号本文前段,後段の文理解釈からして,雇入れについて同号本文前段の適用があるとすることに無理はない.

エ　上記 (1) イで認定した旧労組法,現行労組法の立法経過からすれば,雇入れも現行労組法7条1号本文前段の「不利益取扱」に含まれると解するほうがむしろ自然である.また,わが国労組法が範をとった米国不当労働行為制度においては,雇入れについても不当労働行為の適用があるとされているが,わが国の労組法がことさらにこれを除外したとする合理的な理由もうかがえない.

オ　以上のとおり,雇入れについても,労組法7条1号本文前段の適用があり,雇入れにおいて労働組合の組合員であること等を理由に労働者を不利益に取り扱うことは,同号本文前段により禁止されていると解するのが相当である.したがって,同号本文前段は,法律によって採用の自由を制限したものと解することができるから,このように雇入れについて労働組合法7条1号本文前段の適用があると解しても,48年最高裁判決との間に整合性に欠けるところはないと考えられる.

(3) そして,雇入れにおいて労働組合の組合員であること等を理由に労働者を不利益に取り扱うことは,これにより,労働組合の組合員の就職を著しく困難にすることになり,その生活の基盤である賃金,給料その他これに準ずる収入を得ることを著しく困難にするものであって,他面では,労働組合の結成そのものを妨害する結果となり,また,労働組合の組織,活動の弱体化を招くことになるから,労働者が労働組合を結成し,若しくは運営することを支配し,若しくは介入するものとして,労組法7条3号本文前段の不当労働行為にも当たることがあるというべきである.」

考　察

本東京地裁判決は,区別立てをする：1973年の三菱樹脂事件最高裁判決は〈労働基準法における労働者〉に関する判決であるのに対し,本件は〈労働組合法における労働者〉が問題になっている,と.本判決は,これによって三菱樹脂事件最高裁判決の射程を巧みに限定したのである.本判決は,言う：

(a)　**労働基準法9条**は,「この法律で「労働者」とは,職業の種類を問

わず，事業又は事務所（以下「事業」という.）に使用される者で，賃金を支払われる者をいう.」と規定している．すなわち労働基準法は，雇用後の労働者に関わる．したがって，労働基準法3条にある「使用者は，労働者の国籍，信条又は社会的身分を理由として，賃金，労働時間その他の労働条件について，差別的取扱をしてはならない.」は，雇用後の労働者だけに関わる（雇用前の一般市民には，保護の対象ではない）．三菱樹脂事件最高裁判決は，このように考えて，採用時の「差別的取扱」は労働基準法3条で禁止されていない，と判示したのである，と．

　(b)　ところが労働組合法3条は，「この法律で「労働者」とは，職業の種類を問わず，賃金，給料その他これに準ずる収入によつて生活する者をいう.」と規定している．したがって，労働組合法は，再雇用される場合（新しい職場に採用される前）の労働組合員の地位にも関わる．それゆえ労働組合法7条1号は，採用時の（労働組合員である）労働者にも該当し，その差別的取り扱いも労働組合法3条違反となる．三菱樹脂事件最高裁判決は，この労働組合法問題については，なにも判示していない，と（上記地裁判決文中の，「したがって，48年最高裁判決は」から「雇入れについても労組法7条1号前段の規定の適用があると解するのが相当である.」までの部分参照）．

　実際には，三菱樹脂事件最高裁判決には，上記のように労働基準法と労働組合法を峻別する発想はない．同判決は，「企業者が雇傭の自由を有し，思想，信条を理由として雇入れを拒んでも，これを目して違法とすることができない」と述べていたのであり，労働基準法関係であろうと労働組合法関係であろうと関係なく，会社はその（財産権や営業の自由にもとづく）「雇用の自由」によって「思想，信条」による採用差別ができる，と考えていたとするのが，ことの真相である．三菱樹脂事件では労働組合法が関係しなかったので，同事件の最高裁判決は労働組合法に言及していないだけである．現に最高裁は，2003（平成15）年12月22日の判決では，JRによる国労組合員雇用拒否を認めている．

　三菱樹脂事件最高裁判決が，本当に雇入れ時の差別を労働基準法関係に限定するような言明や発想を見せており，その後の諸判決がそれを見逃していたのであれば，その点を明らかにして判例の射程距離を限定する作業は——6.2に見たように——宣言的解釈である．これに対して，ここで東京地裁が

おこなったのは宣言的解釈ではなくて，自ら主体的に判例の射程距離をせばめようとした作業，すなわち**縮小解釈**である．その際には東京地裁はおそらくは，雇入れを拒否された2名を正義の観点からして救済しようとする[E]法律意思から出発したのであろう．

6.4.2 民法1044条の適用違憲判決

「嫡出でない子」の相続分については，民法900条4項が〈嫡出子の2分の1〉と規定している．「嫡出でない子」の遺留分については，民法1044条が，900条等を「準用する」と規定している．これらの規定が合憲であることは，**最高裁 1995（平成7）年7月5日判決**等で判例が確定している[45]．

本判決（遺留分減殺請求控訴事件　東京高等裁判所第9民事部2010（平成22）年3月10日判決　LEX/DB-25463683）は，次の事件に関わる．結婚していない男性（一郎）には愛人との間にもうけ認知した子（非嫡出子）がいた．他方一郎は，妹の子（甥）と，その甥の子をともに養子（嫡出子）にし，全遺産を甥に与える遺言をした．遺産相続に際し非嫡出子は，民法900条・1044条を**憲法14条違反**だとする立場から，自己の正当な遺留分（全遺産の6分の1──民法1028条によれば，子の遺留分は2分の1である．本件では子が3人いるから，平等にすれば一人6分の1である）を求めて提訴した（遺留分減殺請求）．判決は，上記判例を前提にしても，このケースにまで民法1044条を判例通り

---

[45] **最高裁 1995（平成7）年7月5日判決**（LEX/DB-27827501）は次のように，法律婚尊重を理由に非嫡出子差別を是認していた：「このように民法が法律婚主義を採用した結果として，婚姻関係から出生した嫡出子と婚姻外の関係から出生した非嫡出子との区別が生じ，親子関係の成立などにつき異なった規律がされ，また，内縁の配偶者には他方の配偶者の相続が認められないなどの差異が生じても，それはやむを得ないところといわなければならない．本件規定の立法理由は，法律上の配偶者との間に出生した嫡出子の立場を尊重するとともに，他方，被相続人の子である非嫡出子の立場にも配慮して，非嫡出子に嫡出子の二分の一の法定相続分を認めることにより，非嫡出子を保護しようとしたものであり，法律婚の尊重と非嫡出子の保護の調整を図ったものと解される．これを言い換えれば，民法が法律婚主義を採用している以上，法定相続分は婚姻関係にある配偶者とその子を優遇してこれを定めるが，他方，非嫡出子にも一定の法定相続分を認めてその保護を図ったものであると解される．現行民法は法律婚主義を採用しているのであるから，右のような本件規定の立法理由にも合理的な根拠があるというべきであり，本件規定が非嫡出子の法定相続分を嫡出子の二分の一としたことが，右立法理由との関連において著しく不合理であり，立法府に与えられた合理的な裁量判断の限界を超えたものということはできないのであって，本件規定は，合理的理由のない差別とはいえず，憲法一四条一項に反するものとはいえない．」ちなみに，2013年9月4日に最高裁はこの判例を変更し，非嫡出子差別を違憲とした．

に適用することは憲法14条に違反しているから，遺留分は6分の1になる，と判示した（第1審も同じ立場）．1044条を合憲だとした判例の射程を限定する縮小解釈をおこなったのである．

関連条文

民法900条4項：「子，直系尊属又は兄弟姉妹が数人あるときは，各自の相続分は，相等しいものとする．ただし，嫡出でない子の相続分は，嫡出である子の相続分の2分の1とし，父母の一方のみを同じくする兄弟姉妹の相続分は，父母の双方を同じくする兄弟姉妹の相続分の2分の1とする．」同**1044条**：「第887条第2項及び第3項，第900条，第901条，第903条並びに第904条の規定は，遺留分について準用する．」

判決文の抜粋

「第4　当裁判所の判断
1　本件規定及びこれを準用する民法1044条の憲法適合性等について
(1) 証拠（甲23の1ないし3，甲24ないし29，乙4）及び弁論の全趣旨によれば，以下の事実が認められる．
ア　一郎は，昭和30年ころ，乙川花子（以下「花子」という．）と知り合って深い仲となり，花子の住居を用意して，そこに頻繁に通い，その生活費を負担するなどその生活を全面的に支えるようになった．そして，一郎と花子との間に昭和39年に被控訴人が生まれた．一郎は，被控訴人をかわいがり，幼稚園や学校の行事にも参加するなどし，平成4年に被控訴人から提起された認知の訴えにおいては，特にこれを争わなかった．
イ　一郎は，死亡するまでだれとも婚姻をしなかった．控訴人は一郎の妹の甲野薫の子であり，二郎は控訴人の子である．
(2) ア　ところで，本件規定の立法理由は，法律上の配偶者との間に出生した嫡出子の立場を尊重するとともに，他方，被相続人の子である非嫡出子の立場にも配慮して，非嫡出子に嫡出子の2分の1の法定相続分を認めることにより，非嫡出子を保護しようとしたものであり，法律婚の尊重と非嫡出子の保護の調整を図ったものと解される．これを言い換えれば，民法が法律婚主義を採用している以上，法定相続分は婚姻関係にある配偶者とその子を優遇してこれを定めるが，他方，非嫡出子にも一定の法定相続分を認めてその保護を図ったものであると解される．現行民法は法律婚主義を採用しているのであるから，上記のような本件規定の立法理由にも合理的な根拠があるというべきであり，本件規定が非嫡出子の法定相続分を嫡出子

の2分の1としたことが，上記立法理由との関連において著しく不合理であり，立法府に与えられた合理的な裁量判断の限界を超えたものということはできないのであって，本件規定は，合理的理由のない差別とはいえず，憲法14条1項に反するものとはいえない（この点は，最高裁平成7年7月5日大法廷判決・民集49巻7号1789頁以下の累次の最高裁判決等が判示するところである．）．

イ　そして，民法1044条は，本件規定を遺留分について準用している．民法1044条が本件規定を準用し，非嫡出子の遺留分を嫡出子の2分の1としたこと（以下これを「本件区別」という．）についても，確かに，遺留分については，遺言者の意思によって自由にできないものであり，相続分（遺言による相続分の指定等がない場合などにおいて初めて機能する．）のようにこれを補充的なものとは捉え難いという面があるものの，遺留分制度においても，本件規定の立法理由である法律婚の尊重と非嫡出子の保護の調整を図るという趣旨はそのまま妥当するというべきであるから，民法1044条が本件規定を準用し，非嫡出子の遺留分を嫡出子の2分の1としたこと（本件区別）が，上記立法理由との関連において著しく不合理であり，立法府に与えられた合理的な裁量判断の限界を超えたものということはできないというべきである．したがって，本件規定を準用する民法1044条が憲法14条1項に反するものとはいえない．

(3)　しかし，本件事案についてみると，上記のように，<u>被相続人である一郎は一度も婚姻をしたことがないのである</u>．<u>控訴人は養子</u>で，一郎の嫡出子ではあるが（民法809条），婚姻関係から出生した嫡出子ではないから，本件事案に本件規定を準用して被控訴人の遺留分を嫡出子の遺留分割合の2分の1にし，控訴人の取り分を増やすことは，<u>法律婚を尊重することには何ら結びつかないものである</u>．すなわち，被相続人につき婚姻関係が成立していない本件事案において，本件規定を準用して本件区別をもたらすことと立法理由との間に直接的な関連性は認められず，<u>法律婚の尊重という立法理由からは，その合理性を説明できないというべきである．本件規定は，もともとその規定ぶりがその立法目的に照らして広汎過ぎるといえるのである</u>．確かに，法制度である以上，ある程度割り切ってどこかで一律に線を引かざるを得ない面があるといえるが，本件区別により被控訴人が被る不利益は，以下のとおり，決して僅少なものとはいえないのである．すなわち，被控訴人は，遺留分が嫡出子の2分の1となる（したがって，本件での遺留分の割合は，嫡出子なら6分の1なのに10分の1となる．）という重大な財産的不利益を受けるだけではなく，法律婚関係にない男女の間に生まれたという本人の意思や努力によって変えることのできない事情によってこのような差別的な取扱いを受けることにより，精神的に大きな苦痛を被ることになるのである．それは，平等原則，個人としての尊重，個人の尊厳という憲法理念にかかわる問題である．また，<u>立法当時と比較すると，そ</u>

の後の社会情勢，家族生活や親子関係の実態，我が国を取り巻く国際的環境等は，著しく変化をしているのであり（公知の事実），<u>本件規定及び本件区別を正当化する理由となった社会事情や国民感情などは，本件相続発生当時の時点（平成7年）でみると，もはや失われたのではないかとすら思われる状況に至っているという点も考慮しなければならない</u>．すなわち，我が国における社会的，経済的環境の変化等に伴って，夫婦共同生活のあり方を含む家族生活や親子関係に関する意識も一様ではなくなってきており，本件相続発生当時においても，少子高齢化に伴う家族形態の変化，シングルライフの増加，事実婚ないし非婚の増加，出生数のうち非嫡出子の占める割合の増加の傾向など，家族生活や婚姻関係の実態も変化し，多様化してきていたことは公知の事実である．また，ヨーロッパ諸国においては，非嫡出子の増加現象が1つの契機となって，おおむね1960年代ころまでに，非嫡出子の相続分を嫡出子の相続分と同等とする法改正を行っているし，我が国においても，本件規定は法の下の平等の理念に照らし問題があるとして，平成7年ころに同趣旨の改正要綱試案が公表され，本件相続発生時からまもなくの平成8年2月には法制審議会が同趣旨の民法の一部を改正する法律案要綱を法務大臣に答申したという状況にある．また，我が国が平成6年に批准した，児童の権利に関する条約2条1項には「締約国は，その管轄の下にある児童に対し，児童又はその父母若しくは法定保護者の（中略）出生又は他の地位にかかわらず，いかなる差別もなしにこの条約に定める権利を尊重し，及び確保する．」との規定が置かれているのである．このような点に照らすと，本件規定及び本件区別を正当化する理由となった社会事情や国民感情などは，本件相続発生当時の時点（平成7年）でみると，もはや失われたのではないかとすら思われる状況に至っているのである．

　<u>このような諸事情を総合考慮すると，本件規定ないしこれを準用する民法1044条が法令として違憲・無効であるとはいえないにしても，これを本件事案に適用する限りにおいては，違憲と評価され，効力を有しないというべきである．</u>

　そうすると，本件事案については民法900条4号本文を準用して判断していくべきことになるから，被控訴人の遺留分の割合は6分の1（2分の1×3分の1）となる．」

考　察

　東京高裁は，最高裁の判例を前提にしつつも，その拘束を**縮小解釈**によって回避し，後述する〈帰属正義〉（「各人にそのふさわしいものを帰属させる」正義）を実現した．東京高裁は言う：確かに，判例にあるように，民法1044条の「立法理由である法律婚の尊重と非嫡出子の保護の調整を図るという趣

旨」は尊重されなければならない；しかし，本ケースでは婚外子の父親は一度も結婚したことがなく，したがって本ケースは「法律婚の尊重」などとは関わりがない；それゆえ「本件事案に本件規定〔1044条〕を準用して被控訴人の遺留分を嫡出子の遺留分割合の2分の1にし，控訴人の取り分を増やすこと」は，〈目的論的に見ると，適用すべきではない関係への判例適用〉，さらには 1044 条の適用違憲となる；「被相続人につき婚姻関係が成立していない本件事案において，本件規定を準用して本件区別をもたらすことと立法理由との間に直接的な関連性は認められず，法律婚の尊重という立法理由からは，その合理性を説明できないというべきである」と．

非嫡出子といっても，2種のものがある．①「法律婚の尊重」に反するような（不倫的な）男女関係から生まれた非嫡出子は，判例に従って法的に差別するのが妥当としても，② そのような不倫とは無縁の男女関係から生まれた非嫡出子（本件では非嫡出子は婚姻しなかった男性が恋人との間にもうけた子であり，したがって不倫とは関係ない）が同様に差別的に扱われることには，正当な理由がない，と．本判決によれば，900条・1044条は「もともとその規定ぶりがその立法目的に照らして広汎過ぎる」のであって，適用に当たってそれの射程距離をどこまでとするか慎重であるべきだった（なお，判例の縮小解釈の事例としては，他に「14.1.(2) ハンセン病熊本地裁判決」も参照．ここでは，問題となった最高裁判例が立法不作為の司法判断を限定してきたのだったが，熊本地裁判決はその射程距離を限定する論理展開を工夫した）．

ところで本判決はさらに，900条・1044条そのものをも返す刀で切っている：そもそも 900 条・1044 条は，もはや時代遅れの規定である：「ヨーロッパ諸国においては，非嫡出子の増加現象が1つの契機となって，おおむね 1960 年代ころまでに，非嫡出子の相続分を嫡出子の相続分と同等とする法改正を行っている」．このように本判決は，900条・1044条を時代に合わせて改正する必要性，それらの違憲性，すなわちまた，判例の**反制定法的解釈**をも臭わせている．

6.5 判例の類推・法意適用——国立大学研究所非常勤解雇事件

国立大学の研究所に非常勤職員（時間雇用の事務補佐員）として，1年ごと

の任用更新を13回繰り返してきた原告（甲山）が，突然「次年度の任用をしない」との通告を受けた．原告は大学を相手取って，労働契約上の地位の確認，その地位に対応した賃金の支払い，および雇用継続についての期待を害されたことに対する慰謝料を請求した．請求の理由は，「〔1〕原告の勤務関係の実態は私法上の労働契約関係であり，解雇に関する法理が類推されるところ，これは合理性を欠いた不当な雇止めであり，その後も労働契約関係が継続している，〔2〕仮に原告の勤務関係が公法上の任用関係であるとしても，これは不当な任用更新の拒絶であり，解雇に関する法理の類推あるいは権利濫用，信義則に関する法理の適用により拒絶が許されない結果，その後も任用関係が継続していた」（2004年からは国立大学法人法が施行され，それにともなって私法上の労働契約関係に移行した），というものであった．

すなわち本件の争点は，① 本件雇用関係は，「その実態において私法上の労働契約関係」かどうか，②「本件雇用関係は有期労働契約に基づくものであったが，ほぼ14年間の長きにわたり更新を繰り返してきた結果，実質的には期限の定めのない労働契約と同視すべき状態に至って」いると言えるかどうか，③ 非常勤職員の雇用関係にも——1975年4月25日の**日本食塩製造事件最高裁第二小法廷判決**以来判例として定着している——**解雇権濫用法理**（正当な事由のない解雇を認めないとする．本書147-148頁参照）が適用できるかどうか，④ たとえ公法上の雇用関係であるとしても，解雇権濫用法理が適用できるかどうか，⑤ 原告は，「雇用継続について法的に保護されるべき合理的な期待を有していた」かどうか，にあった．以上のうち③と④が，判例の類推ないし法意適用に関わっている．

東京地裁（2006（平成18）年3月24日判決　LEX/DB-28110925）は，本件解雇は，「著しく正義に反し社会通念上是認しえない」と判示した．理由は，① たとえ契約文書に1年契約と明記されているとしても，その後に継続的に雇用されている関係においては，関係は常勤者に近似しており，それゆえ解雇権濫用法理が**類推適用**できるからであり，かつ，② 解雇権濫用法理は普遍的原則であって，（私法上の常勤職員の雇用にだけではなく，）非常勤職員にも，また公法上の雇用関係にも妥当するものだからであった．この②が，解雇権濫用法理の**法意適用**である．

これに対して**東京高裁**（2006（平成18）年12月13日判決　LEX/DB-28130142）

は，契約文書に1年契約であることが明記されているのだから，それに従った解雇は許されるし，公法上の雇用関係には（私法上の常勤職員の雇用を念頭に置いて構築されてきた）解雇権濫用法理は適用されないから，非常勤職員は保護されないともした．以下，両判決を比べつつ判例解釈の態様を考えよう．

関連条文

現行民法1条2項：「権利の行使及び義務の履行は，信義に従い誠実に行わなければならない．」同条3項：「権利の濫用は，これを許さない．」

判決文の抜粋

(a) 　東京地裁判決

「(3) 非常勤職員の勤務関係に対する信義則，権利濫用の法理の適用

ア　被告は，「非常勤職員の任用を更新するかどうかについては，予算，業務の必要性，当該非常勤職員の能力，事務・事業の合理化推進の必要性等の事情を総合的に勘案して決定している．」と主張し，非常勤職員の任用更新または更新拒絶の判断は，上記事情を勘案した上での任命権者の裁量処分と主張するようである．

イ　そうであったとしても，行政事件訴訟法30条は，取消訴訟について「行政庁の裁量処分については，裁量権の範囲をこえ又はその濫用があった場合に限り，裁判所は，その処分を取り消すことができる．」と定め，裁量処分に関しても裁量権の逸脱または濫用の場合には違法となる旨明記しているところである．

ウ　思うに，権利濫用ないし権限濫用の禁止に関する法理は，解雇に限らず一般的に妥当する法理であって，「権利の行使及び義務の履行は，信義に従い誠実に行わなければならない．」という信義則の法理と共に，公法上の法律関係においても適用の余地のある普遍的法原理であるというべきであって，これは裁判例も認めるところである．

エ　そして，任期付きで任用された公務員の任用関係が，被告所論のように公法的規律に服する公法上の法律関係であるとしても，この場合に，これらの法理の適用の可能性を全く否定するのは相当ではない．これを解雇権濫用法理の類推と呼ぶかどうかは別として，特段の事情が認められる場合には，権利濫用・権限濫用の禁止に関する法理ないし信義則の法理が妥当することがあり得ると考えるのが相当である．

(4) 最高裁判所も，前記大阪大学図書館事務補佐員再任用拒絶事件・最判平成6年7月14日労判655号14頁において，「任命権者が，日々雇用職員に対して，任用

予定期間満了後も任用を続けることを確約ないし保障するなど，右期間満了後も任用が継続されると期待することが無理からぬものと見られる行為をしたというような特別な事情がある場合には，職員がそのような誤った期待を抱いたことによる損害につき，国家賠償法に基づく賠償を認める余地があり得る．」として，非常勤職員に対する任用更新拒絶が違法と評価されることがあり得ることを示しているところ，これは，前記（3）エにいう特段の事情が認められる場合を示したものとも解される．〔…〕

(6) 結論

ア　以上によれば，① 任命権者が，非常勤職員に対して，任用予定期間満了後も任用を続けることを確約ないし保障するなど，右期間満了後も任用が継続されると期待することが無理からぬものと見られる行為をしたというような特別な事情があるにもかかわらず，任用更新をしない理由に合理性を欠く場合，② 任命権者が不当・違法な目的をもって任用更新を拒絶するなど，その裁量権の範囲をこえまたはその濫用があった場合，③ その他任期付きで任用された公務員に対する任用更新の拒絶が著しく正義に反し社会通念上是認しえない場合など，特段の事情が認められる場合には，権利濫用・権限濫用の禁止に関する法理ないし信義則の法理により，任命権者は当該非常勤職員に対する任用更新を拒絶できないというべきである．

「原告甲山が担当してきた業務は，情報データベース作成関連であって，学術情報の検索サービス，電子図書館サービスなど，学術情報提供サービスを行うことを主な事業の1つとする国情研にとっては，恒常的に必要な業務であったこと，それも特定の常勤職員が担当していた業務を補助するという態様でなく，固有の担当業務として継続して従事していたこと，学術情報センター時代は，任用更新を希望した非常勤職員はほぼ漏れなく任用更新されていたこと，原告甲山に限らず非常勤職員は一般に，ここは長く勤め続けられる職場だという認識を持っており，学術情報センター側も，非常勤職員について「任期を付されていなかった」という捉え方をしていたこと，その中で原告甲山は，平成元年5月1日から平成12年3月31日までの学術情報センター時代に10回，国情研への改組後の平成12年4月1日から平成15年3月31日まで3回の合計13回にわたる任用更新を受け，継続して同種の業務に従事していたこと，その間，原告甲山の勤務態度及び業績に不足があった旨の被告の主張はなく，かつ，これを窺わせる事情も見受けられないことが認められる．〔…〕公務員であっても，民間の労働者と同様，その職を失えば一介の私人（無職者）となって収入の途を立たれるわけであるから，任用更新の当否が種々の事情を勘案して判断されるものだとしても，仮に任用更新をしないことが任用当初からはっきりしているのであれば，任命権者は，任期付き任用に際し，被任用者に対して，その任期満了後における任用更新がないことを明示し，もって被任用者を

してその任期終了後の再就職の途を探す機会を与える必要があるというべきである.
(7) 本件においては,任命権者たる国情研所長は,平成 14 年 4 月 1 日の任用更新の時点で,原告甲山に対し,次の任用更新をしないことを決めていたというのであるから,遅くともその時点ではこれを告知し,もってその任期満了後の再就職の途を探す機会を与えるべきであったと思料する(その後の事情により,仮に原告Aが特例的に任用更新する対象に含まれるに至った場合には,その時点でこれを伝えてこれに応じるか否かを確認すれば足りるものと考える.).〔…〕
(9) 思うに,非常勤職員といっても,任用更新の機会の度に更新の途を選ぶに当たっては,その職場に対する愛着というものがあるはずであり,それは更新を重ねるごとに増していくことも稀ではないところである.任命権者としては,そのような愛着を職場での資源として取り入れ,もってその活性化に資するよう心がけることが,とりわけ日本の職場において重要であって,それは民間の企業社会であろうと公法上の任用関係であろうと変わらないものと思われる.

また,非常勤職員に対する任用更新の当否ないし担当業務の外注化の当否については方針もあろうが,任用を打ち切られた職員にとっては,明日からの生活があるのであって,道具を取り替えるのとは訳が違うのである.

これを本件について見るに,国情研においては,原告甲山ら非常勤職員に対して冷淡に過ぎたのではないかと感じられるところである.永年勤めた職員に対して任用を打ち切るのであれば,適正な手続を践み,相応の礼を尽くすべきものと思料する次第である.
(10) 以上要するに,原告甲山は,平成元年 5 月 1 日に非常勤職員として任用されて以来 13 年 11 か月にわたり,13 回の任用更新を受け,それなりに職場に愛着を持ちつつ勤務に励み,平成 15 年 4 月 1 日以降も任用更新されるものと信じていたところ,国情研においては,既に平成 11 年末において原告甲山の平成 15 年 3 月 31 日をもっての任用終了方針を原則決定しており,しかるにその当時においても,その後の最終の任用更新時においても,これを原告甲山に告知することをせず,まして,任期満了後における原告甲山の再就職について,あっせんはもちろん心配もした形跡がないことが認められるのである.

上記事情の下においては,本件任用更新拒絶は,著しく正義に反し社会通念上是認しえないというべきであって,前記 2 にいう特段の事情が認められる場合に該当するものと思料する.

よって,任命権者たる国情研所長が,原告甲山に対し,平成 15 年 4 月 1 日以降の任用更新を拒絶することは,信義則に反し,許されないものといわなければならない.」

(b) 東京高裁判決

「学術情報センター及び国情研の各所長は、国家公務員法附則13条、人事院規則8-14に基づき、時間雇用の非常勤職員として雇用期間を定めて原告甲山を任用した事実が認められる。そして、学術情報センター及び国情研は国の機関であり、その職員は国家公務員であるところ、国家公務員の任用は、国家公務員法及び人事院規則に基づいて行われ、勤務条件について公法上の規制に服することを前提とする公法上の行為であって、これに基づく本件勤務関係が公法上の任用関係であることは明らかである。なお、仮に原告甲山の主張するような担当職務の内容、採用されたときの状況及び任用が繰り返されてきたことなどの事情が認められたとしても、そのような事情によって公法上の任用関係である本件勤務関係が私法上の労働契約関係と同質のものであると考えることはできないというべきである。

したがって、本件勤務関係が私法上の労働契約関係又はこれと同質のものであることを前提とする原告甲山の主張は、その前提において失当であり、理由がない。」

「本件勤務関係が公法上の任用関係であることは明らかである。そして、その任用形態の特例及び勤務条件は細部にわたって法定されているのであって（乙2〜8）、当事者の個人的事情や恣意的解釈によってその規制内容をゆがめる余地はなく、原告甲山の非常勤職員としての地位はその雇用期間が満了すれば当然に終了するものというほかないのである。そうすると、本件勤務関係が実質的に期限の定めのない雇用関係であったとはいえず、本件勤務関係には、原告甲山の主張する解雇権濫用法理の類推適用を許容し得るような事情、すなわち有期雇用関係における雇止めが解雇権濫用と評価されるための前提事情を観念する余地はないというべきである。なお、仮に原告甲山の主張するような担当職務の内容、採用されたときの状況及び任用が繰り返されてきたことなどの事情が認められたとしても、そのような事情によって公法上の任用関係である期限付き任用の本件勤務関係が実質的に期限の定めのない雇用関係に変化することはあり得ないというべきである。

また、退職した職員を再任用するか否かは任命権者の行う行政処分としての新たな任用行為であって、その裁量に委ねられており、退職した非常勤職員にその行政処分を要求する権利を認めた法規はない。しかるに、本件勤務関係について原告甲山の主張する解雇権濫用法理を類推適用し、本件不再任用を無効として、原告甲山が本件不再任用以降も非常勤職員としての地位を有すると解することは、法に何ら規定がないにもかかわらず、非常勤職員に行政処分としての任用行為を要求する権利を付与することとなるのみならず、任命権者の任用行為が存在しないのに、実質的に雇用期間の定めのない非常勤職員を生み出す結果をもたらし、非常勤職員の給与等に関する予算に法の予定しない制限を設け、円滑な行政の実施を阻害するおそれを生じさせるのであって、これは、法解釈の限界を超えるものというほかなく、

到底容認することができない．

したがって，本件勤務関係に解雇権濫用法理が類推適用されることを前提とする原告甲山の主張は理由がない．

3　争点〔3〕（本件不再任用による任用継続に対する期待権侵害の不法行為の成否について〔…〕

(2) 原告甲山は，本件不再任用は，不合理なものであり，原告甲山が国情研に長い期間継続して雇用されるとの合理的期待を侵害するものであるから，不法行為に該当する旨主張する．

しかし，上記（1）の認定事実によれば，原告甲山は，平成元年5月1日に学術情報センターの職員に任用された際，学術情報センターが国の機関であり，時間雇用の非常勤職員として任用されることを認識していた上，雇用期間を明示した人事異動通知書及び勤務条件を明示した書面の交付を受けたのであるから，面接の際，担当する職務が一般事務及びパソコンを使用した事務であり，採用されたら長く勤めてほしいと説明を受けたため，雇用期間満了後も再任用されるとの期待を抱いたとしても，その期待は主観的な事実上のものにすぎず，雇用期間満了後の再任用が法律上保護されるべきものであるということはできない．そして，そのような原告甲山が当初の学術情報センターに任用された際の事情に加えて，その後学術情報センター及び国情研に再任用された都度，雇用期間を明示した人事異動通知書及び勤務条件を明示した書面の交付を受けていたものであることにかんがみれば，原告甲山が，平成2年から平成14年までの間13回にわたり再任用されたため，平成15年3月31日の雇用期間満了後も自分は再任用されるとの期待を抱いたとしても，その非常勤職員としての地位はその雇用期間が満了すれば当然に終了することを認識していたというべきであるから，上記の期待は主観的な事実上のものにすぎず，これが法律上保護されるべきものであるということはできない．

また，本件全証拠によっても，学術情報センター及び国情研において，原告甲山に対し，同人が雇用期間満了後も再任用されると期待することが無理からぬものとして認められるような行為をしたというような特別の事情は存在しない．

(3) なお，原告甲山は，平成11年3月9日学術情報センターにおける非常勤職員の雇用についての説明会に出席したが，それまでの間，学術情報センターから，任用期限付きの非常勤職員である旨の説明を受けたことはなかったなどと主張するが，上記（1）に認定のとおり，原告甲山は，平成元年5月1日に学術情報センターの職員に任用された際，学術情報センターが国の機関であり，時間雇用の非常勤職員として任用されることを認識していた上，雇用期間を明示した人事異動通知書及び勤務条件を明示した書面の交付を受けており，少なくともその書面によって任用期限付きの非常勤職員である旨の説明を受け，これを了解して任用されていたことが

法学講義

明らかであり，その主張は採用することができない．」

考　察

　前述のように，常勤労働者の解雇については，解雇権濫用の法理による規制がある（この法理は，現在は立法化され，2008年3月1日施行の労働契約法16条に，「解雇は，客観的に合理的な理由を欠き，社会通念上相当であると認められない場合は，その権利を濫用したものとして，無効とする．」と明記されてもいる）．しかし非常勤で，かつ公法上の雇用関係にある職員の不再任，任用の更新をしないことに解雇権の濫用があるかをめぐっては，判例はない．

　（a）東京地裁　　これらの点に関連して上記東京地裁判決は，「任期付きで任用された公務員の任用関係が，被告所論のように公法的規律に服する公法上の法律関係であるとしても，この場合に，これらの法理の適用の可能性を全く否定するのは相当ではない．これを解雇権濫用法理の類推と呼ぶかどうかは別として，特段の事情が認められる場合には，権利濫用・権限濫用の禁止に関する法理ないし信義則の法理が妥当することがあり得ると考えるのが相当である」と述べている．

　① 非常勤に関しては同判決は，原告甲山が非常勤でありながらも，その勤務態様には**常勤者との類似性**が大きいことを強調する．すなわち原告は，「13年11か月にわたり，13回の任用更新を受け，それなりに職場に愛着を持ちつつ勤務に励」んできたし，「担当してきた業務は，情報データベース作成関連であって，学術情報の検索サービス，電子図書館サービスなど，学術情報提供サービスを行うことを主な事業の1つとする国情研にとっては，恒常的に必要な業務であったこと，それも特定の常勤職員が担当していた業務を補助するという態様でなく，固有の担当業務として継続して従事していた」と．東京地裁は，常勤とのこうした本質的類似性にかんがみれば，解雇権濫用法理の**類推適用**がありうる，と考えたようである．

　② 原告甲山が**公法上の雇用関係**にあり，したがって私法上の雇用関係を前提に判例で構築されてきた解雇権濫用法理は，類推適用するには本質的異質性が大きすぎるという面を東京地裁判決は，どう処理したか？　判決は，「権利濫用ないし権限濫用の禁止に関する法理は，解雇に限らず一般的に妥当する法理であって，「権利の行使及び義務の履行は，信義に従い誠実に行

わなければならない.」という信義則の法理と共に,公法上の法律関係においても適用の余地のある普遍的法原理であるというべきであって,これは裁判例も認めるところである」とする.すなわち東京地裁判決は,これまでの判例の中に普遍的な法原則を発見し,それが,私法関係であろうと公法関係であろうと,普遍的に妥当する,としたのである.東京地裁は,類推適用できないとしても**法意適用**ができるという認識を——自覚はないものの——もっていた,と言えよう.

そもそも権利濫用の法理は,民法の世界で判例によって積み上げられてきて,戦後に民法1条3項に明記されたのであるが(本書12.2),これが(東京地裁判決の言う)「**普遍的法原理**」であることは,否定できない.なぜなら,私の権利を尊重せよということは,他の人の権利ないし権利一般を尊重せよとすることでもあり,したがって私が権利を行使する際には,他の人の権利に配慮しつつおこなうべきである.これは,社会生活上の根本原則なのである.それゆえこの原則は,私法関係だけに妥当し公法関係には妥当しないというものではない.たとえ公法上の雇用関係が法律で細かく規定されているとしても,誰をいつ,どのように解雇するかは裁量事項であり,その裁量に,他の人の権利に配慮しない逸脱があれば,東京地裁判決が言うように,司法はその是正に乗り出しうる(行政事件訴訟法30条).

(b) 東京高裁　以上に対し東京高裁判決は,「解雇権濫用法理を類推適用し,本件不再任用を無効として,原告甲山が本件不再任用以降も非常勤職員としての地位を有すると解することは,法に何ら規定がないにもかかわらず,非常勤職員に行政処分としての任用行為を要求する権利を付与することとなる」,つまり非常勤職員については判例や条文がないから救えない,常勤者のルールを類推適用もできない,とした(なぜ類推適用ができないかは,説明していない).

私見だが,そもそも権利濫用の法理自体が,条文がない段階で判決によって形成されてきたのである.解雇権濫用の法理や,10.3 で扱う「禁反言の法理」も,同様である.したがって高裁判決の言っていることには,司法機関としての自己矛盾がある(東京高裁判決は,「法に何ら規定がない」から類推適用による権利付与もできないとするが,そもそも類推は,「法に何ら規定がない」(法が欠缺している)ときに,同様に扱うべきものについて類似点を基盤にして扱う技法

なのである)．

　東京高裁判決は，上記のように〈条文がない以上，救済の余地がない〉という立場から，「本件勤務関係が公法上の任用関係であることは明らかである．そして，その任用形態の特例及び勤務条件は細部にわたって法定されているのであって（乙2〜8），当事者の個人的事情や恣意的解釈によってその規制内容をゆがめる余地はなく，原告甲山の非常勤職員としての地位はその雇用期間が満了すれば当然に終了するものというほかないのである.」と判示した．「公法上の任用関係」には，本来私法上の関係を前提にしていた解雇権濫用法理は，異質性が大きすぎるため類推適用できない，と言うのでもある．しかし，類推適用ができなくとも，法意適用ができる可能性もある．この点の検討が，欠けている．

　以上，判例の解釈論で見てきたことの全体をまとめると，判例もまた——制定法と同様——解釈対象であり，その射程距離は解釈者のスタンス・判断によって広くも狭くもなり，また，類推やさらには法意適用によって，射程距離を越えて別物への適用も起こりうるのだと，言えよう．

第7講 事実の認定

7.1 はじめに

　すべての法律は，〈これこれの事実があれば，この効果を発生させるべし〉と規定している．その事実があった場合に，定められた効果を発生させるのが，法律の適用である．それゆえ法律に従おうとする限り，その適用は，かたちのうえでは三段論法によることになる．**三段論法**とは，［大前提］AならばBとせよ．［小前提］CはAである．［結論］ゆえにCはBとせよ，のかたちをとる議論である．法の議論では，大前提は法律の規定であり，小前提は問題の事実（事件）の中身であり，結論は事実に法律を適用した結果である．また，Aは法律に規定された前提条件（**法律要件**）に当たり，Bは法律が示す処理方（**法律効果**），Cは実際の事件中の**主要事実**（要件事実＝諸事実中で法律要件に直接関わる重要な事実）に当たる．

　そこで法の実務では，(a) A（＝関連法律の要件）はどういうものか・B（＝効果）はどういうものかと並んで，(b) C（＝主要事実）がどういうかたちで存在するか，それがAにどこまで対応しているかが，重要となる．法律に関わるあらゆるケースで，この，前提となる事実を確認する作業である事実の認識（認定）は，法解釈——すなわち〈このケースにはどの法律がどう関係するか・このケースにおいてその法律の意味・指示するところは何であるか〉というかたちで該当法律を確定する作業——と並ぶ，重要な課題なのである．

　上の(a)と(b)との間には，(a)に一応の目途がつくことによって(b)も一定固まっていく，しかしまた(b)がある程度固まることによって(a)にもかなり目途がつく，という相補的である密接な関係がある（諸君が事例問題を解いている時も，頭はそのように回転している）ものの，法律の意味確

定(解釈)((a))と事実の認定((b))とは，別個に扱うべき事項でもある(実務上も区別がある．たとえば，最高裁は法律審であり事実問題は原則として扱わない．陪審員は，事実認定のみ担当する，といった)．このうち(a)については，解釈の思考構造を中心に第4講・第5講で検討した．そこで本第7講では(b)について，事実の認定の問題として別途考える．

ところで，事実の認定と言っても，民事の裁判と刑事の裁判とでは，質を異にする．先にも述べたが(29頁)，**民事の裁判**では，① **処分権主義**や**弁論主義**が働くため，裁判官は原則として，釈明権を行使しないし，当事者が主張するところを超えて自分で職権を行使して事実を調べることもしない．当事者の一方の主張を他方が争わなければ，その主張内容が裁判の前提事実となる(弁論主義．民事訴訟法159，179，224，254条等)．② **証明責任の分担**を重視するので，当事者の一方がその決定的な証明責任を果たせなければ，そこで勝負は決まってしまい，それ以上に真相究明はおこなう必要がなくなる．とくに**真偽不明**(non liquet)の場合には，全体として見て証明責任をヨリ良く果たした側(経験則(人びとが永年の経験から得た知)と法の論理とに照らして「スジのよい」議論をした側)を(いわば判定勝ちで)勝たせる(「**証拠の優越**」の制度)．このように民事裁判では，刑事裁判ほどには厳密な真実性を必要とはせず，せいぜい「通常人が疑いを差し挟まない程度に真実性の確信を持ちうる」証明で，さらには原告と被告の主張の真実らしさの程度比較で，決着を付けられる(この，実体的真実からはかなり離れている真実性を「**形式的真実**」と言う)．同じ行為が刑事事件では無罪になったのに民事事件では不法行為とされ損害賠償を課されるのは，こうした事情による．

コラム13　民事訴訟における主張責任・証明責任

(a) 民事訴訟においては，いくつかある重要な論点に関わる事実，すなわち**主要事実**(**要件事実**)の一つひとつに関し，原告・被告のどちらが主張責任・証明責任を負担するかが，根拠条文の規定の仕方や事件の性質によって決まる．裁判は，そうした要件事実の証明を当事者が積み重ねていくかたちで進む．すなわちその過程上で，一方当事者が，或る要件事実の存在を十分に証明ができなかったら，その時点で敗訴が決まる(主張・証明責任は，それほどに重要なのである)．

たとえば，① **民法 415 条**：「債務者がその債務の本旨に従った履行をしないときは，債権者は，これによって生じた損害の賠償を請求することができる．債務者の責めに帰すべき事由によって履行をすることができなくなったときも，同様とする．」をめぐっては，原告である債権者は，「債務の本旨に従った履行」がないことを主張し，それによって「損害」が発生していることとを立証しなければならない．被告である債務者は，賠償責任を免れるためには，履行したこと，ないし自分の「責めに帰す」ことができない（不可抗力の）「事由」があったことを立証しなければならない．② **民法 709 条**：「故意又は過失によって他人の権利又は法律上保護される利益を侵害した者は，これによって生じた損害を賠償する責任を負う．」をめぐっては，原告（被害者）は，権利・利益をもつことと，それに関わる「損害」の発生と，その原因が被告（加害者）の不法な行為にあること（故意／過失と違法性）とを証明しなければ，敗訴する（原因の証明は困難なので，原告は，民法 415 条が使えるなら使うほうが有利である）．③ 自動車事故では**自動車損害賠償保障法 3 条**に「自己のために自動車を運行の用に供する者は，その運行によって他人の生命又は身体を害したときは，これによって生じた損害を賠償する責に任ずる．<u>ただし，自己及び運転者が自動車の運行に関し注意を怠らなかつたこと，被害者又は運転者以外の第三者に故意又は過失があつたこと並びに自動車に構造上の欠陥又は機能の障害がなかつたことを証明したときは，この限りでない．</u>」と規定されているから，被告（運転者）が自分に故意・過失がなかったことなどを立証しなければ，その被告が敗訴する．

　主張責任・証明責任の配分に際しては，証拠へのアクセスの難易や分担の公平などの点からして，どちらに負担させるのが正義にかなうか，今後の政策にとって必要かなどをも，裁判官は判断する．とくに公害や消費者被害，国家賠償，航空機事故などの訴訟では，原告（被害者）に第一義的な挙証責任を負わすのが酷となるので，被告側の施設の瑕疵や過失を推定したり，その不存在の証明責任を被告に課したりする法運用・立法がなされている．

　こういうかたちで各要件事実の証明責任分担を詳細に論じたのが，**要件事実論**である．これは，ロースクールや司法研修所で学ぶ．

　(b)　では，原告・被告ともに証明しきれなかった，**真偽不明**のときは，どうなるか？　たとえばセクハラなど密室内の出来事をめぐる民事訴訟では，直接証拠（セクハラがあったと断定できる，証言や物的証拠）がなく，間接証拠である当事者の主張に依拠せざるをえないので，水掛け論になる場合が多い．この場合には，どちらの主張が全体としてヨリ説得的か，**証拠の優越**の判定で勝敗を決するほかない．

　一例を挙げると，学会出張中にホテルの一室で性暴力を受けたとして，女性研

究員が上司の教授を相手取って不法行為にもとづく損害賠償を請求した**秋田県立農業短期大学事件**では，**秋田地裁**は 1997 (平成 9) 年 1 月 28 日判決で，女性が抵抗したり抗議したりせず，事件後も教授らと観光等を共にしたことを理由に，女性の証言は信用できないとして教授を勝訴させた．他方，**仙台高裁秋田支部**は 1998 (平成 10) 年 12 月 10 日判決で，性暴力被害者の行動心理に関する研究を踏まえ，〈性暴力の被害者は，事件を他人に隠そうとして，声を出して抵抗したり逃げ出したりせず，また事件後も平静を装うことがある．女性の言動は，この視点から理解できる〉として女性を勝訴させた．

(c) 最後に，民事訴訟で原告・被告間で，事実をめぐる争いはないが，事件を法的に評価する際，判例の理解や法解釈が対立することがある．この場合は，議論 (学説・外国の動き・問題の実態・歴史の教訓・判例の動向などを踏まえた) の優劣が重要な意味をもつ．**大学教員による法律学の授業は，この場合向けにおこなわれている**と言える (これに対し司法研修所系の裁判官教員は，(a) の証明責任の分担，すなわち**要件事実論**に重点を置く．大学の授業では，(c) が圧倒的に重要だし，おもしろい)．

以上に対して**刑事の裁判**では，検察官は「**合理的な疑い**」を払拭できるところまで事実を明らかにする必要がある．刑事訴訟法 336 条は，「被告事件が罪とならないとき，又は被告事件について犯罪の証明がないときは，判決で無罪の言渡をしなければならない」と規定している．つまり無罪判決は，裁判官や陪審員・裁判員が，無罪であるとの心証を得た場合だけでなく，「証明がない」，つまり有罪であることに「合理的な疑いの余地が残る」と心証形成した場合にも出される．反対に有罪判決は，「合理的な疑いの余地がない」との心証を形成しえたときに出される．刑事裁判では，事実認定がきわめて重要な前提問題としてあるのである．

そこで以下では，刑事裁判を対象にして考える．その際，裁判官がどうして事実認定を誤ったか，なぜ検察の誤った主張を疑いきれなかったかを問うことによって，刑事裁判において事実認定をめぐってはどういう点を心がけるべきかが明らかになるので，この方向で考える．

ある人が刺し殺され，警察が事件を捜査した結果，A が逮捕・勾留され取り調べを受け起訴された，としよう．その時刻に別の場所にいたのに目撃者の証言等によって (誤って) 逮捕された A (とその同伴者) は，A が殺した

のでないことをよく知っている（逆に，Aが現に人を殺した場合，Aおよびその現場にいて一部始終を目撃した人は，Aが殺したことをよく知っている）．これらの場合，Aらにおいては，事実とその認識とは完全に一致している．「真実は，神のみぞ知る」と言われるが，実際には上のような場合，Aらは――神以上に――真実をよく知っている．事実と認識のこの一致状態（世間では「絶対的な」ないし「客観的な」真実と呼ばれる）を，訴訟法学では**実体的真実**と言う．

しかしそれでも，Aら以外の警察官・検察官・裁判官・弁護人・一般市民らにとっては，Aらの主張もまた，真実か，虚偽ないし錯誤によるか，分からない．Aらのアリバイ主張が証明されなければ，集めた他の証拠から事実を推し量るほかない（かれらにとってはまさに，「真実は神のみぞ知る」が妥当する）．時にはそれらの証拠からの推論が正しく，Aの無実が確認されることもあるが，時には誤った推論によりAは有罪となることもある．この点で警察官・検察官・裁判官・弁護人・一般市民らは，Aらによって――無辜（無実）のAによっても，逮捕を免れた真犯人によっても，Aが真犯人である場合にはそのAによっても――推論が正しいかを審査されているのである．裁判官らこそが，裁かれているのである．

しかし，推論によって真実に接近することには限界があるので，刑事裁判で有罪とするのに必要な，真実への接近度は，〈裁判官・陪審員・裁判員らは，検察官が提出した物的証拠や証言・供述調書などの直接証拠および間接証拠（情況証拠）から成る判断材料から真実を推論し，合理的な疑いの余地がないと判断できなければ，有罪にはできない〉というレヴェルのものとされている．この種の真実性を「**訴訟的真実**」と言う．裁判官らは，実体的真実そのものではなく，それに近づこうとするがなお不完全性を免れない「訴訟的真実」で，被告人を有罪にしうるのである．

この推論・事実認定に際して裁判官らが誤るのは，次のような局面においてである．(a) **誤った証拠**（警察・検察が集めた誤った証拠，強制その他によって採ったウソの自白など）から事実を再構成するとき，(b) 決定的な，物的証拠や証言が実は**不完全**であるのに，安易に信用するとき，(c) それ自体は正しい証拠を前提にする場合でも，それだけでは確実なことは言えず（断片的であったり，証拠間に矛盾があったりする），それらからの**推論**に頼らなければ

ならないが，その推論において誤るとき，など．加えて，(d) 事実認定はさまざまな点で法的評価と不可分であるが，その**法的評価**を誤ることも起こる（たとえば，AとBの闘争の一部始終がビデオ撮影されており，双方が暴行罪に問われそうな場合でも，撮影されていない別の場所で直前に始まったBの正当防衛行為が場所を移して展開した闘争であることもある．つまり違法性阻却・有責性評価・量刑判断のためには，撮影ないし目撃された場面を超えて，もっと長いスパンで考えなければならないのだが，断片だけで判断することが誤らせるのである）．(e) **法解釈**が事実の見方に影響を与えるので，解釈を誤れば，事実認定に誤りが生じる．以上の5点のどこかでまちがえば，裁判は誤判に結びつく[46]（推論に厳密さが要求される刑事訴訟においてすら上記の通りであるから，民事訴訟においては事実に即さない裁判・判決の可能性は，もっと大きい）．

以上のうちの (a) と (b) が，事実認定の主要事項であり，誤判のもっとも起こりやすい作業である．これらをめぐって元裁判官の刑訴学者，渡部保夫は，ここで発生する誤判のポイントとして，裁判官が，① 捜査官がとった**自白**を偏重する傾向があり，不合理な自白なのによく調べ直さず信用してしまうこと，② **鑑定**に誤りが多いのにその結果を信用すること，③ 被告人を有罪にする**目撃証言**の危険性に気づかないこと，④ 被告人に有利な証言，**被告人の供述**は，なかなか信用しないこと，⑤ 被告人が犯罪を犯す人かどうかの**洞察**ができないこと，を挙げている[47]．

以下で扱う，7.2の足利事件では，第1審の宇都宮地裁から最高裁，そして再審請求を棄却した宇都宮地裁までの判決において，渡部指摘の，①・

---

[46] 法律の世界における事実を扱う際の特徴は，扱う者の性格，立場や思想によって，着眼点や意味理解，評価がちがうところにある．これに対し自然科学では，事実の認定に立場等が強く影響するということは相対的に少ない．自然科学では，① ある病気について，その原因となっている病原菌や化学物質等を見つければ，それに対応する施薬や手術によって治療可能となる．② 古代に或る木造の建物が建てられた年代は，年輪の分析によって確定しうる，③ 仮説は実験・事実によって検証できる，等々となる．最近明らかになったように，自然科学でも蓋然性によることが避けられないし，時代のパラダイムが認識を規定することはある．しかし，法律の世界と比べて，主体によるちがいの程度は，はるかに少ない．

[47] 渡部保夫『無罪の発見』（勁草書房，1992）253頁以下および412頁．あるアメリカでの研究によると，冤罪が確定した62件中で，誤判の原因となった証拠判断としては，① 誤った目撃証言に依拠したことが83%，② 誤った血液鑑定に依拠したことが51.6%，③ 警察の不法行為を見破れなかったことが50%，④ 誤った科学的証拠に依拠してしまったことが33.8%，⑤ 被疑者・被告人の虚偽自白が24.1% 等々となっている（重複あり）．指宿信「刑事裁判と目撃証言：誤判事件の教訓を通して考える」（『立命館人間科学研究』13号，2007）．

②・④・⑤に問題があったことが，再審の過程で明らかとなった．また 7.3 の防衛医大教授痴漢容疑事件では，被告人を無罪にした最高裁判決を読むと，第 1 審・第 2 審には③・④・⑤に問題があったことが明らかになる．この点を詳しく見ていこう．なお，問題ある裁判は例外的だろうから，以下で扱う事態が日本の司法のすべてだと思われないようお願いする．

7.2 足利事件第 1 審判決

1990 年 5 月 12 日足利市の渡良瀬川河川敷で，4 歳の女児が遺体で発見された．1 年 6 ヵ月後の 1991 年 12 月 2 日に任意出頭した男性は，すでにその夜から罪を認める自白を始めた．男性は，起訴後に家族には自分が犯人でないと訴えたが，法廷でも自白を維持し第 6 回公判での被告人質問において弁護人の質問に答えて犯行を初めて否認したものの，第 7 回公判から最終の第 9 回公判まで，また罪を認める自白に転じた．第 1 審・第 2 審とも，**血液型・DNA 鑑定**を基礎にして**自白**には信用性があると判断し，情況証拠をもその方向で解釈し，男性に無期懲役の実刑判決を下した．2000 年 7 月には最高裁も有罪と認定し，男性の無期懲役が確定した．ところが男性が服役して 9 年目の 2009 年 5 月に，かれの DNA 型が遺留物の体液の DNA 型と一致しないことが再鑑定で判明し，男性は再審の結果，無罪となった．以下では第 1 審判決（わいせつ誘拐，殺人，死体遺棄被告事件　宇都宮地方裁判所刑事部 1993（平成 5）年 7 月 7 日判決　LEX/DB-27921274）を素材にして，警察官・検察官が DNA 鑑定という最新技術を安易に信頼してしまった問題，そのため被疑者にそれに沿った自白を強要した問題，裁判所も同じ方向で最新技術を信用し，それに強く規定されて事件を構成し被告人を有罪にしてしまった問題を考える：

判決文の抜粋

「被告人は，栃木県足利市で出生し，市内の中学校を卒業後，縫製工などとして働いていたが，昭和五三年からは保育園の園児送迎バス運転手をするようになり，平成二年からは幼稚園に移って同じくバス運転手として働きながら，市内家富町の自宅で父母らと暮らしていた．

ところで，この間の昭和四九年一一月，被告人は，見合いで知り合った女性と結婚式を挙げ，同居したものの，心因反応による性的不能で性交渉が持てなかったため，正式に婚姻手続をすることなく三か月程で別れるということがあった．被告人は，このことで惨めな気持ちとなり，今後女性とうまく肉体関係を持つことはできないと考えたが，却って，性欲を満足させたいという気持ちは強くなり，昭和五二年九月ころになって，市内福居町に家を借りた上，わいせつ雑誌やアダルトビデオテープ，あるいはマネキン人形やダッチワイフ等の道具を多数借家に買い込み，週末になると一人でそこに寝泊まりしては，ビデオを見たり，これらの道具を使って遊ぶなどして性欲の処理をするという生活を続けるようになった．また，被告人は，知的能力に恵まれず，内向的で人付き合いを好まなかったことから，結婚に失敗した後は成人女性と交際することもなく，勤務先である保育園や幼稚園においても，保母ら職員と交流することはほとんどなかったが，園児とは喜んで遊び，その際，特に年長組の女児に対して性欲を覚え，その裸体姿を見たり，体に触れたりしたいとの欲望を抱くこともあった．

　被告人は，昭和六一年ころからパチンコ遊戯に耽るようになり，週に数回はパチンコ店へ通っていたが，平成二年五月二一日，その日の勤務を終え，午後二時三〇分ころ自宅を出て，同市伊勢南町所在の行きつけのパチンコ店「ニュー丸の内」へ自転車で赴き，同店で遊び始めた．ところで，同店と同一敷地内にあるパチンコ店「ロッキー」には，同日午後五時五〇分ころから，四歳の女児である松田真実（以下「真実」ともいう．）が，父親とその同僚に連れられて遊びに来ており，同児は，前日同店付近で知り合った男児と遊びたいと思っていたものの，その日右男児が来ていなかったこともあって，父親らがパチンコ遊戯をしている間，同店前の駐車場やその南側の駐車場で一人で遊んでいた．やがて，午後七時近くになり，被告人は，「ニュー丸の内」店内で出玉を景品に替えてもらった後，「ロッキー」南側駐車場の一角にある景品交換所へ行き，景品を現金と交換して自転車で福居町の借家へ向おうとしたが，そのとき，同駐車場で一人しゃがみこんで遊んでいる真実を認めた．

　被告人は，同児のことを三，四歳くらいで，近所に居住するか，パチンコ店の客が連れてきた子だろうと思ったが，丸顔でかわいらしい子だと思い，遊ぶ姿を眺めているうち，同児の身体をなめたり性器を弄ぶなどして自己の性欲を満足させたいとの気持ちになり，近くに大人もいないし，幼稚園児らと遊んだ経験から幼児であれば声もかけやすく，抵抗されることなしに誘い出せると考え，同児を誘い出した上，人気のない場所へ連行し，わいせつ行為をしようと考えるに至った．

（罪となるべき事実）

被告人は，

第一　平成二年五月二一日午後七時ころ，栃木県足利市伊勢南町九番地三所在のパ

チンコ店「ロッキー」の南側駐車場において，同店の客松田俊二の長女である松田真実（昭和六〇年九月二一日生れ，当時四歳）が一人で遊んでいるのを認め，同児にわいせつの行為をする目的で，これを誘拐しようと企て，同児に対し，「自転車に乗るかい．」などと声をかけて自己が運転する自転車の後部荷台に乗車させ，右自転車を運転して同所南側にある渡良瀬運動公園に入り，同公園内の道路を走行して，同公園内サッカー場西側角付近の三叉路に自転車を停めて同児を降ろし，同所から三〇メートル余り南西方にあり，同公園からは見えにくい位置にある，同市岩井町字大柳下二二五番地付近の渡良瀬川河川敷内低水路護岸上まで約六〇〇メートルにわたり同児を連行し，もって同児をわいせつの目的で誘拐し，

第二　前記日時ころ，同児にわいせつ行為をすると騒がれて人に気付かれるおそれがあるからわいせつ行為をする前に同児を殺害しようと考え，同所において，同児の前面にしゃがみこむようにした上，殺意をもって，やにわにその頸部を両手で強く絞めつけ，その場で同児を窒息死させて殺害し，

第三　同児の死体を付近の草むらまで運んで全裸にし，同日午後七時三〇分ころ，右死体を，前記殺害場所から直線距離にして南西約九四メートル離れた渡良瀬川河川敷内の草むらに運んで捨て，もって死体を遺棄したものである．

（証拠の標目）省略

（事実認定の補足説明）

一　事件の経緯及び争点の概要

　平成二年五月一二日夕刻，四歳の女児松田真実が栃木県足利市内のパチンコ店付近で行方不明になり，翌日午前一〇時二〇分ころ，同市渡良瀬川河川敷草むらに全裸で遺棄された同児の死体が発見され，付近川底に投棄されていた同児の半袖下着に精液が付着していることなどが判明した．警察は，その後一年以上にわたり捜査を続ける中で，被告人が捨てた精液付着のティッシュペーパーを領置し，これと右下着とを警察庁科学警察研究所に送付して鑑定を嘱託したところ，両者に付着した精液の血液型（ABO式でB型，ルイス式でLe（a－b＋）型：分泌型）とDNA型（MCT118部位が16-26型）が同じであり，このような同一の血液型及びDNA型の出現頻度は一〇〇〇分の一・二である旨の鑑定結果を得た．そこで，右結果などに基づき，平成三年一二月一日，警察官が被告人を取り調べたところ，被告人は犯行を自白し，通常逮捕された．

　被告人は，捜査，第一回公判期日での罪状認否及びその後の公判手続の各段階において，公訴事実を認めていたが，第六回公判期日における被告人質問の途中から一転して犯行を否認し，第七回公判期日からは再び犯行を認めるようになり，第九回公判期日の最終陳述においても犯行を認めたものの，本件公判が一旦結審した後の平成五年五月三一日付けで，弁護人に対し，自分は犯行に関わっていない旨の手

紙を出し，弁論再開後の第一〇回公判期日でも犯行を再び否認した．また，第五回公判期日における被告人質問などでは，真実殺害の事実は認めたものの，わいせつ目的や殺意がそれぞれ生じた時期について捜査段階と異なる供述をした．

他方，弁護人は，公訴事実について被告人と同様の主張をする一方，DNA型分析による人の同一性識別（以下「DNA鑑定」ともいう．）については，その信頼性が確立されておらず，外国において証拠能力を認めなかった例もあること，MCT118型の鑑定は，科学警察研究所のみで行われており，他の機関による批判的検討が困難であること，同一型DNA出現頻度に関する統計についても，人種による差異といった問題があることなどを指摘して，その証拠能力が否定されるべきであるとし，右鑑定結果を除けば，本件犯行を認めた被告人の自白に補強証拠がない以上，被告人は無罪であると主張している．

そこで，以下，まず，DNA鑑定の証拠能力と信用性について検討し，その後に被告人と犯行との結びつき及びわいせつ目的や殺意が生じた時期について検討する．

二　DNA鑑定の証拠能力及び信用性

1　DNA鑑定の概要

前掲各証拠によれば，DNA型分析による人の同一性識別の概要は，以下のとおりである．〔…〕

2　DNA鑑定の証拠能力

(一) DNA鑑定の一般的信頼性

前掲各証拠によれば，DNA鑑定による個人識別は，一九八五年にイギリスの学者ジェフリーズにより初めて開発され，研究が本格化したこと，MCT118型によるDNA鑑定は，微量な資料でも鑑定できる犯罪捜査向けの方法として開発されたものであり，一九九〇年になって使用されるようになったこと，国内においては，現在科学警察研究所だけで実施されていることが認められる．これらの事情によれば，同鑑定方法の歴史は浅く，その信頼性が社会一般により完全に承認されているとまでは未だ評価できないというほかない．

しかしながら，先にも見たとおり，同鑑定方法は科学的な根拠に基づいており，また，前掲各証拠によれば，MCT118型分析によるDNA鑑定は，他の方法につきアメリカで指摘された技術的問題を克服するために開発された方法であること，同研究所では，平成四年三月までに六三件のDNA鑑定がなされているが，本来のDNA型と異なる型が検出されたという問題は生じていないこと，法生物学などの基礎知識を有する者に対して六か月ほどの研修を行えば検査技術を習得できるし，同研究所以外の検査機関によっても追試可能であることが認められる．

〔…〕そうすると，DNA鑑定に対する専門的な知識と技術及び経験を持った者によって，適切な方法により鑑定が行われたのであれば，鑑定結果が裁判所に対し

て不当な偏見を与えるおそれはないといってよく，これに証拠能力を認めることができるというべきである．

(二) 本件における DNA 鑑定

そこで，本件の DNA 鑑定について検討するに，前掲各証拠によれば，鑑定経過について以下の事実を認めることができる．

本件において鑑定を行ったのは，警察庁科学警察研究所技官向山明孝と同坂井活子である．

向山は，東京農業大学大学院修士課程を修了した後，同研究所法医研究室に入所し，農学博士の学位を取得した後，昭和六二年三月から平成四年三月まで同研究所法医第二研究室長の職にあって，法医血清学の専門家として研究等を行い，研修教育に当たってきた者であり，その間約五〇〇件の鑑定を行い，DNA 鑑定については前記六三件のうち二二件を担当した経験があるほか，同研究所が作成した DNA 型分析の解説書を編集している．また，坂井は，同解説書を執筆した者の一人である．

右両名は，平成三年八月二一日付け栃木県警察本部長嘱託に基づき，被害者の半袖下着に付着していた精液及び被告人が捨てたティッシュペーパー五枚に付着していた精液（この精液が被告人のものであることは，証拠上明らかである．）の DNA 型鑑定を行った．このうち，被害者の半袖下着から採取した精液量が微量であったため，本件では HLA-DQα 型など他の検査を行うことができず，MCT118 型のみの検査となった．

右半袖下着は，松田真実が殺害された翌日に渡良瀬川の水深約一〇センチメートルの川底から発見されたものであるが，背部から裾部にかけて七か所の精液斑痕があり，酵素学的検査，細胞学的検査及び血清学的検査等を行ったところ，右部位には少量のヒト精液のみが付着していることが判明した．精子は腐敗しておらず，また MCT118 部位の鑑定に必要な程度の量が付着していた．右半袖下着及びティッシュペーパーに付着した精液斑をたんぱく質処理等して DNA を抽出精製し，PCR 増幅を行った上，ポリアクリルアミドゲル電気泳動を行い，MCT118 型を検出したところ，いずれの資料からも 16-26 型（一六回の繰り返し塩基配列と二六回のそれを有する型）が検出された．右一連の検査は，向山と坂井がそれぞれ別個に二度のチェックを行ったが，いずれからも同じ結果が得られた．

そこで，鑑定時までに明らかになっていた MCT118 型の出現頻度を基に，前記 16-26 型の出現頻度を求めたところ，16 型の出現頻度は四・七パーセント，26 型の出現頻度は八・九パーセントであり，したがって，16-26 型の出現頻度は〇・八三パーセントと算出された．さらに，被告人の血液型を構成する B 型の出現頻度が二二・一パーセント，Le（a-b+）型：分泌型のそれが六七・八パーセントであ

ることを基に計算すると、以上の血液型及びDNA型を持った者の日本人における出現頻度は、一〇〇〇人中一・二人程度であると算出された。

なお、右両名は、平成三年一二月五日付け栃木県警察本部長嘱託に基づき、被告人の血液についてのDNA鑑定を右同様の方法により行い、やはりMCT118型につき16-26型が検出されている。

3　結論

以上検討したところによれば、本件においては、専門的な知識と技術及び経験を持った者によって、適切な方法によりDNA鑑定が行われたと認められるから、右各鑑定結果が記載された平成三年一一月二五日付け及び同年一二月一三日付け各鑑定書に証拠能力を認めることができる。また、右一連の経過において、鑑定結果の信用性に疑問をさしはさむべき事情が窺えないだけでなく、鑑定が適切に行われ、それぞれ別個に行われた検査において同一結果が出たことからみても、DNA型が同一であるとの鑑定結果は信用することができる。さらに、右DNA型の出現頻度に関する判断についてみると、今後より多くのサンプルを分析することにより出現頻度の正確な数値に多少の変動が生じる可能性があるとしても、先に検討した事情に照らせば、その数値はおおむね信用することができる。

三　犯行の状況について

1　被告人と犯行との結びつきについて

被告人は、当初犯行を自白していたが、最終的にこれを否認するに至ったので、以下、被告人と犯行との結びつきについて検討する。

(一) 前掲各証拠によれば、松田真実の半袖下着に付着していた精液と被告人の精液のDNA型と血液型は、いずれもDNA型（MCT118型）が16-26型、血液型がB型及びLe(a−b+)型：分泌型である点において一致していること、日本人における同一のDNA型及び血液型の出現頻度が一〇〇〇人中一・二人程度であること、真実のパンツに付着していた陰毛一本と被告人が任意に提出した陰毛二〇本について形態的検査、血液型検査及び元素分析検査を実施したところ、両者の形態には、顕微鏡的色調や毛先の形状に若干の差異が認められるものの、後者の形態的特徴である毛幹部の太さが細い点で両者は形態的によく類似し、その他の諸形態も両者はよく類似していて高い形態的類似性が認められ、また、両者の血液型はB型で一致しており、前者について元素分析の検査を行ったところ、塩素のX線強度の比較並びにカリウム、カルシウムのX線強度及びこれらの示すX線スペクトルパターンの比較においても、前者の分析結果は後者の分析結果とよく類似しており、以上の検査の結果から、両者の間には極めて高い類似性が認められたこと、被告人は、性的不能のため結婚に失敗し、以後成人女性と交際することができず、借家に多数のアダルトビデオやダッチワイフ等を買い込み、これらで遊ぶなどして性欲を

処理する生活を送っていたこと，被告人は内向的で，事件当時勤務していた幼稚園では職員と交流することはほとんどなかったものの，園児とはよく遊んでおり，その遊び方にしつこさを感じた園の経営者から不安を持たれ，一年だけで雇用を打ち切られていたこと，パチンコが好きで，犯行時期にもパチンコ店「ニュー丸の内」や「ロッキー」に出入りしており，また犯行現場付近についての土地鑑も有していたことが認められる．

ところで，前記同一DNA型などの出現頻度に照らすと，人口一〇万人あたり一二〇人の同一型を持つ者の存在が推定されるだけでなく，地域の閉鎖性の程度等によっても出現頻度が異なる可能性があるのではないかと考えられ（例えば，足利市周辺において，16-26型が日本人平均におけるそれよりも高頻度で出現する可能性がないと認めるだけの証拠はない．），その意味において，同一DNA型出現頻度に関する数値の証明力を具体的な事実認定においていかに評価するかについては慎重を期す必要がある．しかしながら，この点を念頭に置くにせよ，血液型だけでなく，三二五通りという著しい多型性を示すMCT118型が一致したという事実が一つの重要な間接事実となることは否定できず，これに先に上げた諸事実をも併せ考慮すると，本件においては被告人と犯行の結びつきを強く推認することができる．

(二) そこで次に，被告人の自白の信用性について検討すると，前掲各証拠によれば，被告人は，本件により初めて取り調べを受けた当日に犯行を自白し，以後捜査段階においては一貫してこれを維持し，公判でも最終段階に至るまでほぼ自白を維持していたのであり，途中，真実を誘い出した目的など犯行の状況について捜査段階と一部異なる供述を法廷でした際にも，真実殺害という犯行の基本部分についてはこれを認めていたこと，右自白に際して捜査官の強制や誘導が行われたことを窺わせる事情はないこと（検察官作成の捜査報告書からは，被告人は自発的に供述していることが認められる．）捜査官や裁判官に対してだけでなく，弁護人に対してもほぼ一貫して事実を認めていたことが認められる（なお，被告人は，精神鑑定を行った医師に対しても，同様の供述を行っている．）．

また，自白内容についてみると，例えば，第一回公判期日において，証拠物である真実の着衣についての記憶の有無を尋ねられた際に，記憶にある物とない物，あるいはおおむね記憶に残っている物をそれぞれ区別して述べるなど，供述内容は捜査，公判段階を通じて相当具体的であるとともに，その内容は自然であって，格別疑問を差しはさむべき点は認められない．

そうすると，本件犯行を認めた被告人の自白は信用することができ，先に挙げた事情と相まって，被告人が真実の殺害等を行ったと認めることができる．

(三) なお，被告人は，本件による起訴後間もない時期から，被告人の兄弟等に宛てた手紙に自分は無実である旨書いていたことが認められ，第六回公判期日の被告

人質問において，裁判長や検察官の質問に対しては犯行を認め，申し訳ないことをしたなどと述べていたものの，その直後に弁護人から右手紙について質問されてからは一転して犯行を否認し，第七回公判期日で再び自白に転じた．そして，犯行を認めたまま第九回公判期日で一旦弁論が終結したものの，被告人はその約二か月後に再び犯行を否認する旨の手紙を弁護人に送り，再開後の公判でも犯行を否認するに至っている．

　そこで，右否認について検討すると，被告人が否認に転じたのは，犯行への関与の有無という，まさに自分が重い刑に処せられるか，あるいは無罪となるかの分かれ目となる最も基本的部分についてであって，被告人もこの点に最大の利害と関心を持っていたはずであるにもかかわらず，第六回公判期日に至るまで弁護人に対しても事実を認めていたこと，また右期日以降も，否認を維持することが可能であったにもかかわらず，間もなく再び自白に転じたように，否認の態度自体が極めてあいまいであること，<u>公開の法廷においてはもちろんのこと，多数の関係者に対して犯行を自白しながら，後になってそれを再三にわたり変転させたことについて，被告人自身その理由をはっきり述べていないことにも照らすと，これらの否認供述はたやすく信用しがたい</u>．特に，右兄弟等への手紙についてみると，その内容は，拘置所での生活のつらさを訴えたり，兄弟等に対して差入れ等を要求する等の記載が主で，無実を訴える部分は付随的に書かれているものがほとんどであって，いわゆるアリバイなどを含めた無実の具体的内容に関する記載は存在しない．そして，右手紙を書いた理由につき被告人が公判で供述するところにも照らすと，被告人としては，拘置所で暮らすようになってそれまでの生活が激変し，大事件を起こしたとして肉親からの面会もなく寂しかったことから，見捨てられるのを恐れ，無実を訴えた可能性が高い．また，第六回公判期日での否認についても，その直前に，極刑を望むとの真実の両親の手紙が証拠調べとして朗読されていることからすると，被告人は，これに動揺し，兄弟等への手紙に関する弁護人の質問を契機に一時否認に転じたものと考えられる．さらに，弁論が一旦終結した後に被告人が再び否認に転じたこと及び判決を一か月後に控えた時期に弁護人に前記の手紙を出したことの理由については，判然としないところがあるが，否認の態度自体のあいまいさなどに照らして，これをたやすく信用できないことは先に述べたとおりである．そして，<u>先にもみたとおり，被告人の自白が具体的かつ自然で信用できるものであり，これを裏づける客観的証拠も存在するのであるから，被告人の否認によっても先の事実認定は左右されない</u>．

2　わいせつ目的の生じた時期について

　〔…〕このように，真実がわずか四歳の幼女であって，当時すでに午後七時ころで薄暗くなっており，一面識もない者が幼児を親の承諾も得ず勝手に遊びに連れ出

すような時間でないのは明らかである．にもかかわらず，被告人は同児を勝手に連れ出すという非常識ともいえる行動に出ているのであって，しかも，途中で遊んだり，寄り道をしたりすることもなく，遠方で人目につきにくい護岸上まで連れていき，ほとんど時間をおかずに殺害してわいせつ行為に及んでいるという一連の経過に照らすと，連れ出しの目的が単なる遊び目的であったとは考えられず，当初からわいせつ目的を有していたという前記〔2〕の供述が状況に沿った自然で合理的なものとして信用できる．」

「（量刑の理由）
本件犯行は，被告人が，たまたま見かけた被害者を見てわいせつ行為をしようとの気になり，甘言を用いて同児を自転車に乗せ，渡良瀬川護岸上に連れて行き，同所で被害者の首を絞めて殺害した後，わいせつ行為を行い，その後被害者を遺棄したという事案であるが，いかに成人女性と交際できないなどの事情があったにせよ，自らの性欲を満たすために，四歳の幼児を殺害して弄んだという犯行の動機は，常軌を逸した身勝手極まりないものであり，酌量すべき点は全く存しない．
　〔…〕被害者の両親は，犯行当夜幼い娘がいなくなっているのに気づき，不安に胸がつぶれるような思いで捜し回り，一睡もせずに夜を明かした翌朝になり，娘が変わり果てた姿になって発見されたという報に接し，気を失うほどの衝撃を受けたのである．両親は，結婚二年目にして生まれた一人娘を亡くしたことで悲嘆に暮れ，殊に父親は，自分が目を離したためにこのような結果となったとして自らを責め，遺書を書いて自殺まで考えたというのであり，しかも，新天地を求めて足利市に来たばかりであったのに，今回の事件にいたたまれず，またも別の土地へと移転せざるをえなかったのであって，こうした両親が，捜査官や裁判所に対し，被告人を絶対に許すことができず，極刑に処して欲しいと繰り返し述べていることは，遺族の心情として誠に当然というほかない．ところが，被告人は，被害者の両親に対して謝罪を行うでもなく，また，公判で一時「被害者に対して申し訳ない．」などと述べておきながら，最終的には犯行を否認するなど，自己の行為を真摯に反省しているとはいえない．
　さらに，足利市内においては，それまでにも幼女が連れ去られ遺体となって発見されるという重大事件が二件発生し，いずれも未解決のままであったところ，またもや同種の本件が発生し，一年半にわたって犯人が捕まらなかったことにより，足利市民，殊に小さな子供を持つ親が受けた衝撃と不安には多大なものがあったと考えられる．
　以上のとおり，自己の本能のおもむくままに，抵抗する力さえ備わっていない幼女を殺害し，裸にしてわいせつ行為を行った上，草むらに遺棄した被告人の行為は，人として最も恥ずべきものであり，厳しくその責任を問われなければならない．そ

して，被害感情の峻烈さや本件が社会に与えた影響の大きさをも考慮すると，本件は，量刑に当たり慎重な検討を要する事案である．

次に，被告人にとって有利な，ないしは斟酌すべき事情としては，以下の点が認められる．すなわち，被告人は，パチンコを終え，駐車場で偶然被害者を見かけ，本件犯行に及んだものであり，本件が当初から計画的になされたものではないこと，被告人の知能は精神薄弱境界域で，その性格には偏りがあり，内向的，非社交的で，衝動の統制が悪く，未熟で原始的であること，<u>本件犯行の背景事情には，被告人が性的不能のため結婚に失敗し，その後も右のような性格的・能力的問題のため成人女性と交際することができなかったことがあること，被告人は，性対象としての成人女性に接近することが困難な精神状態にあった結果，その代償として小児に性的関心を抱き，これに性的に接近する「代償性小児性愛」というべき性的倒錯の状態にあり，本件犯行が右小児性愛を動機として行われたものであること</u>，これまで前科前歴なく，一応真面目に稼働してきたことが認められる．

以上の諸事情を総合して勘案し，かつ，他の同種事件における裁判例とも比較検討するとき，被告人の刑事責任は極めて重大ではあるが，被告人に対しては，なお，わずか四歳八か月でこの世を去った松田真実の冥福を祈ることにその生涯を捧げさせるのが相当であると思料し，無期懲役刑を選択することにした次第である．」

考　察

次の4点が，問題となる：

（a）　冤罪への出発点は，警察・検察が，今日から見ればまだ精度が低かったDNA鑑定を——当時としては最新の科学技術であるがゆえに——信用してしまったことにある．本件の場合，同一の血液型・DNA型の出現頻度は1000分の1.2もあり，足利市のような人口10万の市では120人が犯人である可能性があった（その周辺都市を入れるともっと多くなる）．それなのに警察は，複数いた捜査対象者中の一人の体液の型が遺留物から得られた型と一致したため，かれを逮捕し，逮捕後はその方向で自白を求めていった．犯人が別人物であるとの内部意見や目撃証言もいくつかあったが，警察は血液型・DNA型の鑑定結果と被疑者がした自白とに確信をもっていたため，それらを排除してしまった（逮捕後は，〈別人物の可能性〉は，ほぼ消されてしまうのである）．こうして警察・検察は確信をもって本被疑者を訴追し，マスメディアの多くも警察情報に依拠し犯人扱いの記事を書いた．

裁判官もまた上記鑑定を信用していたため，そしてそれが供述調書の中身

と整合したため,「有罪」の心証を強くもち,その観点から（問題ある）精神鑑定をも安易に受け容れ,情況証拠をも「有罪」の方向に解釈していった形跡がある．このことは,判決の次の箇所から分かる：

> 「ところで，前記同一 DNA 型などの出現頻度に照らすと，人口一〇万人あたり一二〇人の同一型を持つ者の存在が推定されるだけでなく，地域の閉鎖性の程度等によっても出現頻度が異なる可能性があるのではないかと考えられ（例えば，足利市周辺において，16-26 型が日本人平均におけるそれよりも高頻度で出現する可能性がないと認めるだけの証拠はない．），その意味において，同一 DNA 型出現頻度に関する数値の証明力を具体的な事実認定においていかに評価するかについては慎重を期す必要がある．しかしながら，この点を念頭に置くにせよ，<u>血液型だけでなく，三二五通りという著しい多型性を示す MCT118 型が一致したという事実が一つの重要な間接事実となることは否定できず，これに先に上げた諸事実をも併せ考慮すると，本件においては被告人と犯行の結びつきを強く推認することができる</u>．[48]」

こうして裁判官は，被告人の供述に矛盾や不完全さがあっても，また被告人が否認しても——DNA 鑑定に確信をもっていたので——問題にしなかっ

---

[48]　「おおむね信頼できる」という程度では足りない；事件のあった地域だけでも 120 人もの人物が犯人と同様の血液型・DNA をもっているのに，物証はその程度のものだけなのに有罪にできるのか，との疑問があるだろう．しかし判例は，その程度の精度で有罪判決を出せるとする．たとえば次の最高裁判決がある．

　ある人物が，相手を殺害しようとして「アセトン等から生成したトリアセトントリパーオキサイド」を使った爆発物をつくって郵送し爆発させせげがをさせた，として訴追された．公判において，その被告人が，「購入したアセトン等を他の使途に費消した可能性」や，郵送に使った「封筒にちょう付されていたその余の切手中，少なくとも 10 枚を被告人が購入し得なかった可能性」を指摘し，「原判決は，情況証拠による間接事実に基づき事実認定をする際，反対事実の存在の可能性を許さないほどの確実性がないにもかかわらず，被告人の犯人性を認定した」と主張した．最高裁はこれに対し，「刑事裁判における有罪の認定に当たっては，合理的な疑いを差し挟む余地のない程度の立証が必要である．ここに合理的な疑いを差し挟む余地がないというのは，反対事実が存在する疑いを全く残さない場合をいうものではなく，抽象的な可能性としては反対事実が存在するとの疑いをいれる余地があっても，健全な社会常識に照らして，その疑いに合理性がないと一般的に判断される場合には，有罪認定を可能とする趣旨である」と判示した（爆発物取締罰則違反，殺人未遂被告事件　最高裁判所第一小法廷 2007（平成 19）年 10 月 16 日決定　LEX/DB-28135458）．

　判例となっているこの基準が妥当であるかはともかく，足利事件の被告人を地裁・高裁・最高裁がなぜ，あのような低い精度の血液型・DNA 鑑定で有罪にできたのかは，上記基準を前提にすればその理由が分かる．唯一の物証である血液型・DNA 鑑定の精度が高くないと裁判官が考えたとしても，その鑑定を，目撃者の証言，本人の精神鑑定などで「健全な社会常識に照らして，その疑いに合理性がないと一般的に判断」できるまでに補強できれば，その物証によって自白の信用性が確認できる以上，犯人だとしうる仕組があるからである．

た．

　誤差が1000分の1.2もあるのに，〈1000分の1.2しかないから完璧だ〉と考えたのである．このように**科学技術**を，それが実際には不完全であるのに，最新であることや権威者・公的機関に担われていることによって信用することは，たとえば次の裁判や捜査にも見られる：① 真犯人がのちに名乗り出て再審無罪となった弘前大学医学部教授夫人殺人事件でのF教授鑑定（コラム（14）参照），② 原発訴訟での安全神話と権威による鑑定――たとえば福島第二原子力発電所原子炉設置許可処分取消請求事件の1984（昭和59）年7月23日判決（LEX/DB-27662812）[49]，③ 2012年秋のコンピュータ遠隔操作冤罪事件におけるIPアドレス追跡技術[50]等々である．2011年3月の福島第一原発事故の際，「**想定外**」という言葉が政府・東京電力関係者から頻出したが，DNA鑑定・血液型鑑定・精神鑑定の誤りも，原発の重大故障も，コンピュータ遠隔操作誤認逮捕も，科学技術を駆使した捜査ないし装置の完璧性を（それを担う学界の権威・その公的機関への依存とあいまって）確信していた警察・検察・裁判官にとっては，まさに「想定外」のことであった．

---

[49]　2011年3月11日に，「紙一重」で全電源喪失を免れたこの原発の安全性について，裁判官が〈本原発は，この点で安全である〉とする数十に及ぶ箇所に，「証人Tの証言によれば」の表現が登場する．かれが「安全だ」と言うのだから安全だ，との書き方である．この「証人T」とは，どのような人物だったか？　かれは，東大工学部教授で原子力工学の権威であった．この点では鑑定人にふさわしい．しかしかれはまた，原子力安全委員会委員長，核燃料サイクル開発機構（元は動燃）の理事長を歴任する，原子力村のトップ一人でもあったのだった．自分では調べられない裁判官は，権威・その専門公的機関を信頼しそれに頼る他ない．このためかれらの意見が――刑事訴訟における著名鑑定人や検察の意見と同様――ほぼ採用される．問題は，「証人T」がその道の権威であり「公的」であると同時に，立場上，原発推進でもあったことである．

[50]　最近，警察がIPアドレスによる追跡の科学捜査を万能視した結果，一連の冤罪が発生した．すなわち，① 2012年6月29日に横浜市のホームページに市内の小学校を襲撃する予告が書き込まれ，神奈川県警が発信元コンピュータをIPアドレスから割り出し，所持者の大学生を威力業務妨害容疑事件で逮捕した．県警で追及を受けて大学生は罪を認め，上申書を作成したが，その上申書には犯人と捜査当局しか知り得ない内容が記されていた．大学生は，その後いったん否認に転じたが，検察官に対しても罪を認め，裁判でもその自白を維持し，保護観察処分が確定した．ところがその後，別の人物がコンピュータ＝ウイルスを大学生のコンピュータに入れ，遠隔操作で予告の書き込みをしたことが分かり，大学生に対する誤認逮捕・誤判が判明した．大学生は，検事から「容疑を認めないと取り調べが長引く」等と迫られ，ウソの自白をしたのだった．② 東京の幼稚園に襲撃予告を送ったとして9月1日に福岡の男性が，IPアドレスをたどった結果，動かぬ証拠を得たとして逮捕され追及されて容疑を認めたが，これも誤認逮捕であった．男性は，〈同居の女性がやったと考え，彼女をかばうためにウソの自白をした〉と告白した．③ 他に2名が，同様の容疑で誤認逮捕された．同じ遠隔操作によるものだった．IPアドレスによる追跡という科学技術への過信が，「想定外」の現実にぶつかり問題を引き起こしたのである（同様のことは，今日の高い精度のDNA鑑定でも起こりえよう）．

コラム 14　法医学の大権威と鑑定

　弘前大学医学部教授夫人殺人事件は，1949年に起こった．夏の夜に，睡眠中の夫人が刃物で首を切られ死亡した．起訴されたNは，第1審では無罪となったが，第2審では，東大のF教授が〈Nの開襟シャツの血痕は，被害者の血液と同一だ〉との法医学的鑑定を出したことが，有罪判決の決め手の一つとなった．その後最高裁で有罪が確定し服役したNが，のちに真犯人が名乗り出て，再審で無罪となった．

　法医学の権威で文化勲章をも受章した東大医学部のF教授の鑑定は，裁判官たちに影響力をもち続けた．ところがかれの鑑定は，問題がありすぎたことがのちに判明した．たとえば四大死刑冤罪事件のうちの次の3事件では，かれの鑑定が一つの決め手となって被告人たちは死刑を宣告されたのだが，すべてのちに再審において鑑定が排除された（＝死刑囚たちは無罪となった）．すなわち：

① **財田川事件**（1950年2月に起こった強盗殺人事件．1984（昭和59）年3月12日に高松地裁で再審無罪）では，F教授は，被告人が犯行時に穿いていたとされるズボンの血痕が被害者のものであると鑑定した．これが唯一の物的証拠となって被告人は有罪となったが，のちに自白の信憑性が疑われ，血痕鑑定は実は大学院生がやっていた事実，血痕が警察によって証拠偽造された可能性も出てきた．

② **島田事件**（1954年3月に起こった，幼児誘拐殺害事件）では，F教授は，被告人の供述を裏づける，殺害方法の鑑定結果を報告し（警察が示した三角の石が凶器だったとした），有罪判決に寄与した．しかし，別の科学者による鑑定で自白の信用性が疑われ，犯行に関するF教授の鑑定のまちがいも判明し（凶器は，上記の石ではないし，それによるとされる胸の傷は実は死後のものだった，とされた），1989（平成1年）1月31日，静岡地裁で再審無罪となった．

③ **松山事件**（1955年10月に起こった，一家殺害・放火事件．1984（昭和59）年7月11日，仙台地裁で，再審無罪）では，F教授は，被告人方から押収した掛け布団のえりあて部分の血痕が被害者のものであると鑑定した（警察によれば，被告人は大量の返り血を浴びたまま，自宅に帰ってそのまま寝た）．これが唯一の物的証拠となって被告人は有罪となった．しかしのちに，自白の信用性，被告人の髪にも付いたとされる返り血が掛け布団のえりあて部分にしか付着していない（枕や掛け布団の他の箇所・敷き布団等には付着していなかった）不自然さが問題となり，再審で無罪となった．

　権威もまた，人間である．もてはやされ仕事が多くなれば——仕事が多いから権威でいられる——一つひとつに精魂は込められない．加えて，かれがもともと当局に協力的であれば——協力的だから権威になれる——事態は深刻になる（注

49 参照).

(b) 裁判官は，認定した事実と犯行とを——今の時点から見直すと不自然である（間接証拠として不十分である）かたちで——結びつけている．たとえば，①「市内福居町に家を借りた上，わいせつ雑誌やアダルトビデオテープ，あるいはマネキン人形やダッチワイフ等の道具を多数借家に買い込み，週末になると一人でそこに寝泊まりしては，ビデオを見たり，これらの道具を使って遊ぶなどして性欲の処理をするという生活を続けるようになった」と言うが，この行為と女児殺害とは，常識的にいって直結しない．裁判所のこの論理が有効だとすると，かなり多くの男性が——ポルノや性具と無縁ではないのだから——「代償性小児性愛」による犯罪の候補者であるということになる．②「市内福居町に家を借りた」のが，もっぱら「性欲の処理をする」ためだとしたのも，不自然な推論である．③ 裁判官は，「勤務先である保育園や幼稚園においても，保母ら職員と交流することはほとんどなかったが，園児とは喜んで遊び，その際，特に年長組の女児に対して性欲を覚え，その裸体姿を見たり，体に触れたりしたいとの欲望を抱くこともあった」と冒頭に書いている．「園児とは喜んで遊び」のところまでは情況証拠で判断可能なことがらであるが，「女児に対して性欲を覚え」以下の部分は，被告人が警察で自白したところによっているに過ぎない．そもそも「園児とは喜んで遊」ぶことを危険な性向の表れであるとするのは，常識的に言って妥当でない．④「被告人は内向的で，事件当時勤務していた幼稚園では職員と交流することはほとんどなかったものの，園児とはよく遊んでおり，その遊び方にしつこさを感じた園の経営者から不安を持たれ，一年だけで雇用を打ち切られていた」との認定も，〈こういう人物が本件の行為を起こすのは当然である；すでにここに本件殺害行為の始まりがあった〉とするような書き方である．ところが実際は，園の経営者が被疑者を解雇したのは，警察が被疑者について聞き込みに来たためであり，園の経営者がそれに先だって被疑者に警戒心を覚えたのではなかった．

　裁判官が上記①〜④——その全体からは被告人の性的倒錯が浮かび上がる——を書いた背景には，〈被告人は有罪〉との先入見をもって事実を拾い集めたことに加えて，この事件で精神鑑定をおこなった**（著名な）精神科医の**

鑑定に大きく影響されたことがあった．この精神科医は——自身は被告人と3回短い面接をしただけで——「本件犯行が右〔代償性〕小児性愛を動機として行われたものである」と断定した．裁判官は，この鑑定をほぼそのまま援用し，「被告人は，性対象としての成人女性に接近することが困難な精神状態にあった結果，その代償として小児に性的関心を抱き，これに性的に接近する「代償性小児性愛」というべき性的倒錯の状態にあり，本件犯行が右小児性愛を動機として行われたものである」と書いている．上記精神鑑定にも規定されて①〜④の事実認定をし，犯行とも結びつけたのである[51]．

（c）裁判官は，「自白に際して捜査官の強制や誘導が行われたことを窺わせる事情はない」と書いてあるように，**警察の強制や誘導・作文を見抜け**なかった．内容的にも，自白が具体的で自然で，証拠によっても裏づけられると判断した：「そして，先にもみたとおり，被告人の自白が具体的かつ自然で信用できるものであり，これを裏づける客観的証拠も存在するのであるから，被告人の否認によっても先の事実認定は左右されない」と．しかし，警察があらかじめ自分たちで収集した事実にもとづいて被告人に自白を迫り，かつその自白の中身を上手に誘導して作文した場合にも，そういう状態が出現する[52]．

---

51) 上記弘前大学医学部教授夫人殺人事件でも，第1審の精神鑑定人（当時弘前大学学長）は，N被告人と15分話しただけで，N被告人が「表面柔和に見えながら，内心即ち無意識界には残忍性，サディスムス的傾向を包蔵しており，相反性の性格的特徴を顕著に示す」人物であり，「精神の深層即ち無意識界には，婦人に対する強い興味が鬱積していたものとみることができる」と断定した．この鑑定はのちに，再審無罪を決定した仙台高裁第二刑事部1977年2月15日の判決で，「鑑定書の内容を仔細に検討すれば，個々の資料に対する検討が不徹底で，全般的に独自の推理，偏見，独断が目立ち，鑑定結果に真犯人まで断定するに至つては，鑑定の科学的領域を逸脱したものというべく，かかる鑑定に証拠価値を認める合理的理由は乏しい」と批判された．
　かれにしても，本文中の精神科医にしても，著名な科学者である鑑定人たちが，実は，警察が公表していた血液型・DNA鑑定の結果や被疑者・被告人の自白調書をあらかじめ読むことによって，〈被告人は有罪〉の**先入観**をもちつつ鑑定した可能性も，指摘されている．

52) 栃木県警で29年間指紋鑑定に携わった指紋鑑定士の齋藤保によると，警察は，(捜査の初期段階では，複数の被疑者を想定し，さまざまな可能性を視野に入れて捜査をするが)，被疑者を絞り逮捕したあとは**「有罪」に仕立て上げる**方向で動き，思考もそれ一本で固まってしまう．というのも，①逮捕した被疑者の言い分を取り調べの際に認めてしまうと，自らの誤認逮捕を認めることになる．この事態は，担当官個人も警察組織も避けなければならない．②検挙し自白させえた捜査官には論功行賞があるので，自白を得ることが捜査官の重要利益である．③鑑識の機関もまた警察機構の一部なので，被疑者に有利な鑑識資料（無罪の証拠）が手元にあっても，検察への送致時には提出物に含めない．提出物に含めると自分たちの捜査の不完全さを

法学講義

　この点については，第1審・第2審で（死刑の）有罪判決が出，最高裁で無罪となった**仁保事件判決**（窃盗，強盗殺人被告事件　第二小法廷 1970（昭和45）年7月31日判決　LEX/DB-24005021）において，最高裁が述べているところが参考になる．

　　「前記供述は，あるいは，捜査官が実地に臨んで知りえたところに基づく取調の結果，おのずからなる誘導迎合を生じたことによるものであつて，被告人自身の体験によらない架空のものではないかとの疑念を禁じえない．」「被告人の右各供述調書を見ると，詳細で，かつ迫真力を有する部分もあり，また，犯人でなければ知りえないと思われる事実についての供述を含み，さらに，客観的事実に符号する点もなしとしないのであるが，他面，供述内容が，取調の進行につれてしばしば変転を重ね，強盗殺人という重大な犯行を自供したのちであるにかかわらず，犯人ならば間違えるはずがないと思われる事実について，いくたびか取消や訂正があり，また一方，現実性に乏しい箇所や，不自然なまでに詳細に過ぎる部分もあるなど，その真実性を疑わしめる点も少なくないのである．供述中には，終始不動の部分もあるが，それは主として捜査官において本件発生当初から知つていたと思われる事実についてのものであり，はたして，被告人のまぎれもない体験であるが故に動揺を見せなかつたものであるのか，捜査官の意識的，無意識的の誘導，暗示によるものであるのか，他の証拠と比較して，軽々に断じ難い．」[53]

　この誘導された自白にもとづく調書を，仁保事件でも第1審・第2審は事実認定の

検察に暴露することになるからである（そして，送致後は起訴の方向で進むので，追加提出は不要となる．提出しなかった物件は，「鑑定不能物」ないし「紛失物」として内部処理されることもある）．齋藤は，これらの点を指して，警察の組織的利益・警察官の個人的利益と，被疑者を無罪にすることとの間には，**利益相反**の関係が働いていると言う．齋藤保「犯罪鑑識と指紋鑑識」（『季刊刑事弁護』33号，2003）；同「冤罪はなぜ起きるのか」（『季刊刑事弁護』38号，2004）．ある組織や制度をつくると，それの独自の論理で動き出す．これを見極める社会工学が，重要なのである．

53) 捜査官が自分たちで集めた情報にもとづいて，被疑者の自白を現実感のあるものに**仕上げ**ていくことについては，浜田寿美男『自白の研究』（北大路書房，2005）中の，新版のための序；同『自白の心理学』（岩波新書，2001）139頁以下，185頁以下参照．秋山元裁判官も，「自白であれ第三者の供述であれ，特に**供述証拠は捜査機関によって「造られる」可能性が強**い（秋山賢三『裁判官はなぜ誤るのか』岩波新書，2002，191頁）と指摘している．捜査官は集めた情報をベースに，被疑者に対する「意識的，無意識的の誘導，暗示」によって，相当に具象的でかつ犯人しか知りえない事実の「供述」（**秘密の暴露**）が出ている被疑者調書をつくることができる．捜査官はまた，被疑者が，実際には真犯人でないゆえに現場についてまちがった供述をした場合（**無知の暴露**と言い，自白の信用性を崩す），それらを巧みに調書から除去していく．無実の証拠等も，同様である．このため，被疑者が無実であることをかれの供述から明らかにすることは，困難となる．被疑者が公判前に黙秘権（憲法38条）を行使することは，この点（しゃべったことは「有罪」の方向に使われ，また無実を証明する事実・証拠をしゃべると，それらが消される，そういう危険がある）から重要なのである．

　被害者の供述についても，捜査官によって「有罪」の方向で手が加えられ仕上げられていく．後述の防衛医大教授痴漢冤罪事件最高裁判決での那須裁判官の意見参照（本書226頁）．

基礎にした（第1審は，検察調書は疑わしいとしてただ1点だけを証拠採用した．第2審は，全面的に証拠採用した）．

　被疑者・被告人がこのように，やっていないのにやったとウソの自白をする動機には，多様なものがある：

　①　もっとも深刻なのは，人は逮捕・勾留中，弁護人が付かず，付いてもごく限られた接見しか許されない**孤立状態**に置かれて連日長時間にわたって厳しく追及されると，〈あとでどうなろうと，今，取り調べの苦痛を免れたい〉という気持ちになったり，取調官の圧力・巧みな心理操作などに屈したりする，という事実である．逮捕・勾留された者は，はじめは抵抗していても隔離された情況下[54]で繰り返し厳しく追及されると，そのうち卑屈になって取調官に迎合するにいたる，と渡部保夫は言う（取調官は，強面（こわおもて）と温顔（おんがん）とを使い分ける，あるいは強面と温顔との2タイプの取調官が交互に取り調べる．強面に対し防衛し過度に緊張した被疑者は，温顔に対し警戒を解き全人格的に依存するにいたる，とも言われる）．

　②　無辜の被疑者は〈**裁判官なら，きっと真相を見抜いて無罪にしてくれる**〉と確信しているため，警察・検察の取り調べ段階では苦痛を逃れようとウソの自白をすることがある．加えて，

　③　無辜の被疑者は，犯罪を絵空事と思うため，取調官の話に合わせてウソの自白をすることに抵抗を感じない．自白がもたらす身の危険に，**現実味をもてないのである**[55]．

　④　被告人は，警察官・検察官だけでなく裁判官までもが聞く耳をもたないと認識すると，**自暴自棄**になってしまい（法廷でも）無罪を争わなくなる．

　⑤　人はまた次のような**功利計算**をして，無罪を争わなくなる．すなわち，第一に，逮捕の段階では，自白をしないと，検察官は〈ウソを言って罰を免れようとしている．釈放すると証拠隠滅に動く〉として**勾留を請求する**．裁判官もその**勾留**を認めてしまう［刑事訴訟法60条は，「裁判所は，被告人が罪を犯したことを疑うに足りる相当な理由がある場合で，左の各号の一にあたるときは，これを勾留することができる．」とあり，その第2項は，「被告人が罪証を隠滅すると疑うに足りる相当な理由があるとき．」と規定している］．また第二に，裁判においては次の事実が問題になる：日本

---

54)　渡部（前掲注47）『無罪の発見』第7章．勾留中の被疑者に弁護人が接見できるのは，アクリル板越しに1回数十分程度でしかない．これに対し，警察官・検察官は，被疑者をじかに取り調べることができ，しかもそれが連日10時間近くにわたることもまれではない．

55)　尋問を受けている者が無実なのに**自白**してしまう心理については，浜田（前掲注53）『自白の心理学』99頁以下，渡部保夫『刑事裁判を見る眼』（岩波書店，2002）220頁以下参照．裁判官が事実認定上で注意すべき原則（注意則）の一つに，〈逮捕後すぐになされた自白は信用できる〉とか〈人は極刑につながる犯罪については，簡単には自白しない〉とかがある．しかしこれらも，場合によりけりなのである．

では**有罪率が99.9%**だから，起訴されるとほぼ確実に有罪となる．そして無罪を主張していると，（反省の態度が見られないとして）裁判官は実刑（執行猶予付きではなく），そして時にはヨリ重い刑を科しがちである[56]．この点を考えると，被告人は，（最善の）無罪を求めるより，（最悪の）実刑判決やヨリ重い刑を避けるため，（次善の策としての）〈ウソの自白による執行猶予ないし重くない実刑判決〉を求める道をとる．人は，以上のような情況下で，保釈・不起訴処分・執行猶予・減刑を求めウソの自白に向かうのである．

　（d）　裁判官は，被告人の法廷での**否認供述**について，「公開の法廷においてはもちろんのこと，多数の関係者に対して犯行を自白しながら，後になってそれを再三にわたり変転させたことについて，被告人自身その理由をはっきり述べていないことにも照らすと，これらの否認供述はたやすく信用しがたい．」とした．自白は，被告人がストレートにわいせつ行為に及んだことの情況証拠と合致していた（「〔被告人は〕途中で遊んだり，寄り道をしたりすることもなく，遠方で人目につきにくい護岸上まで連れていき，ほとんど時間をおかずに殺害してわいせつ行為に及んでいるという一連の経過」が確認できる．そしてこの事実は，「連れ出しの目的が単なる遊び目的であったとは考えられず，当初からわいせつ目的を有していたという前記〔2〕の供述が状況に沿った自然で合理的なものとして信用できる」――これは，取調官がそうなるよう工夫したからであった）．したがってこの「自然で合理的な」自白を否認する被告人の法廷供述は，裁判官としては採用しがたいのである．

　上の（c）とも関連するが，被告人が取り調べ段階でした自白は，専門家である捜査官・検察官が手を加えて仕上げ，説得的な供述調書にして証拠提出する．これに対し，法廷で被告人が自白否認をする場合，かれは，すべて自分でプレゼンテーションしなければならない．初体験の素人によるそうしたプレゼンテーションが，たどたどしく・つじつまが合わず，捜査官・検察

---

[56]　足利事件第1審判決でも裁判官は，被告人が自分の**無実**を主張したことをもって，「反省しているとはいえない」ことの表れだと認定して量刑を重くした．「ところが，被告人は，被害者の両親に対して謝罪を行うでもなく，また，公判で一時「被害者に対して申し訳ない．」などと述べておきながら，最終的には犯行を否認するなど，自己の行為を真摯に反省しているとはいえない」と．同様に「7.3」の防衛医大教授痴漢容疑事件でも，第1審判決は，被告人を1年10ヵ月の実刑にした理由の一つとして，「被告人は，犯行を否認して，不合理な弁解を繰り返し，反省の態度は認められず，被害者に対して，何ら慰謝の措置も講じていない．被害者は，被告人の厳重処罰を希望している」と述べている．

官が手を加えた，調書や検察側証人に比べ迫力がなく（加えて，そもそも無罪を証明することは，困難である），また検察官の反対尋問によって容易に崩れる，ということはしばしば起こる．

7.3 防衛医大教授痴漢無罪最高裁判決

　本件は，防衛医科大学の一教授が東京の小田急電鉄小田原線の電車内で，そばにいた女子高生から「痴漢をした」と名指され，第1審・第2審で懲役の有罪判決を受けた事件に関わる（1996年頃から，電車内での痴漢をめぐっては，被害女性が名指しした人物を逮捕・勾留・起訴し，彼女の供述を主要根拠にして有罪判決を出す傾向が強まっていた[57]）．被告人が上告したところ，最高裁は異例の破棄自判で被告人を無罪とした（強制わいせつ被告事件　最高裁判所第三小法廷2009（平成21）年4月14日判決　LEX/DB-25440613）．

　ここで本件を取り上げるのは，その第1審と第2審が事実認識に関してもつ問題点を明らかにするためである．満員電車内の痴漢事件では，物的証拠がなくかつ当事者以外に証言者がないことが多い．このようなケースで裁判官たちが被告人を有罪にするには，本件の第1審・第2審に見られるように，(a) **被害者の証言**に頼り，逆に (b) **被告人の供述**に対しては厳しい姿勢で臨む審理による．しかし (a) は，被害者証言には警察・検察による加工がほどこされているという点があるから注意が必要であり，(b) は，「疑わしきは被告人の利益に」の原則に照らして問題である．以下で取り上げる最高裁判決は，原則に立ち返って事件を見直して被告人を無罪にしたのだが，そのことを通じて第1審・第2審の上記の問題点を明らかにしている：

> 判決文の抜粋

「第1　本件公訴事実及び本件の経過
　本件公訴事実の要旨は，「被告人は，平成18年4月18日午前7時56分ころから同日午前8時3分ころまでの間，東京都世田谷区内の小田急電鉄株式会社成城学園前駅から下北沢駅に至るまでの間を走行中の電車内において，乗客である当時17歳の女性に対し，パンティの中に左手を差入れその陰部を手指でもてあそぶなどし，

---

57)　秋山賢三他編『続・痴漢犯罪の弁護』（現代人文社，2009）12頁．

もって強いてわいせつな行為をした」というものである．
　第1審判決は，上記のとおりの被害を受けたとする上記女性（以下「A」という．）の供述に信用性を認め，公訴事実と同旨の犯罪事実を認定して，被告人を懲役1年10月に処し，被告人からの控訴に対し，原判決も，第1審判決の事実認定を是認して，控訴を棄却した．
第2　当裁判所の判断
1　当審における事実誤認の主張に関する審査は，当審が法律審であることを原則としていることにかんがみ，原判決の認定が論理則，経験則等に照らして不合理といえるかどうかの観点から行うべきであるが，本件のような満員電車内の痴漢事件においては，被害事実や犯人の特定について物的証拠等の客観的証拠が得られにくく，被害者の供述が唯一の証拠である場合も多い上，被害者の思い込みその他により被害申告がされて犯人と特定された場合，その者が有効な防御を行うことが容易ではないという特質が認められることから，これらの点を考慮した上で特に慎重な判断をすることが求められる．
2　関係証拠によれば，次の事実が明らかである．
(1)　被告人は，通勤のため，本件当日の午前7時34分ころ，小田急線鶴川駅から，綾瀬行き準急の前から5両目の車両に，Aは，通学のため，同日午前7時44分ころ，読売ランド前駅から，同車両に乗った．被告人とAは，遅くとも，本件電車が同日午前7時56分ころ成城学園前駅を発車して間もなくしてから，満員の上記車両の，進行方向に向かって左側の前から2番目のドア付近に，互いの左半身付近が接するような体勢で，向かい合うような形で立っていた．
(2)　Aは，本件電車が下北沢駅に着く直前，左手で被告人のネクタイをつかみ，「電車を降りましょう．」と声を掛けた．これに対して，被告人は，声を荒げて，「何ですか．」などと言い，Aが「あなた今痴漢をしたでしょう．」と応じると，Aを離そうとして，右手でその左肩を押すなどした．本件電車は，間もなく，下北沢駅に止まり，2人は，開いたドアからホームの上に押し出された．Aは，その場にいた同駅の駅長に対し，被告人を指さし，「この人痴漢です．」と訴えた．そこで，駅長が被告人に駅長室への同行を求めると，被告人は，「おれは関係ないんだ，急いでいるんだ．」などと怒気を含んだ声で言い，駅長の制止を振り切って，車両に乗り込んだが，やがて，駅長の説得に応じて下車し，駅長室に同行した．
(3)　Aが乗車してから，被告人らが降車した下北沢駅までの本件電車の停車駅は，順に，読売ランド前，生田，向ヶ丘遊園，登戸，成城学園前，下北沢である．
3　Aは，第1審公判及び検察官調書（同意採用部分）において，要旨，次のように供述している．
「読売ランド前から乗車した後，左側ドア付近に立っていると，生田を発車してす

ぐに，私と向かい合わせに立っていた被告人が，私の頭越しに，かばんを無理やり網棚に載せた．そこまで無理に上げる必要はないんじゃないかと思った．その後，私と被告人は，お互いの左半身がくっつくような感じで立っていた．向ヶ丘遊園を出てから痴漢に遭い，スカートの上から体を触られた後，スカートの中に手を入れられ，下着の上から陰部を触られた．登戸に着く少し前に，その手は抜かれたが，登戸を出ると，成城学園前に着く直前まで，下着の前の方から手を入れられ，陰部を直接触られた．触られている感覚から，犯人は正面にいる被告人と思ったが，されている行為を見るのが嫌だったので，目で見て確認はしなかった．成城学園前に着いてドアが開き，駅のホーム上に押し出された．被告人がまだいたらドアを替えようと思ったが，被告人を見失って迷っているうち，ドアが閉まりそうになったので，再び，同じドアから乗った．乗る直前に，被告人がいるのに気付いたが，後ろから押し込まれる感じで，また被告人と向かい合う状態になった．私が，少しでも避けようと思って体の向きを変えたため，私の左肩が被告人の体の中心にくっつくような形になった．成城学園前を出ると，今度は，スカートの中に手を入れられ，右の太ももを触られた．私は，いったん電車の外に出たのにまたするなんて許せない，捕まえたり，警察に行ったときに説明できるようにするため，しっかり見ておかなければいけないと思い，その状況を確認した．すると，スカートのすそが持ち上がっている部分に腕が入っており，ひじ，肩，顔と順番に見ていき，被告人の左手で触られていることが分かった．その後，被告人は，下着のわきから手を入れて陰部を触り，さらに，その手を抜いて，今度は，下着の前の方から手を入れて陰部を触ってきた．その間，再び，お互いの左半身がくっつくような感じになっていた．私が，下北沢に着く直前，被告人のネクタイをつかんだのと同じころ，被告人は，私の体を触るのを止めた．」

4　第1審判決は，Aの供述内容は，当時の心情も交えた具体的，迫真的なもので，その内容自体に不自然，不合理な点はなく，Aは，意識的に当時の状況を観察，把握していたというのであり，犯行内容や犯行確認状況について，勘違いや記憶の混乱等が起こることも考えにくいなどとして，被害状況及び犯人確認状況に関するAの上記供述は信用できると判示し，原判決もこれを是認している．

5　そこで検討すると，被告人は，捜査段階から一貫して犯行を否認しており，本件公訴事実を基礎付ける証拠としては，Aの供述があるのみであって，物的証拠等の客観的証拠は存しない（被告人の手指に付着していた繊維の鑑定が行われたが，Aの下着に由来するものであるかどうかは不明であった．）．被告人は，本件当時60歳であったが，前科，前歴はなく，この種の犯行を行うような性向をうかがわせる事情も記録上は見当たらない．したがって，Aの供述の信用性判断は特に慎重に行う必要があるのであるが，(1) Aが述べる痴漢被害は，相当に執ようかつ強

度なものであるにもかかわらず，Aは，車内で積極的な回避行動を執っていないこと，(2) そのことと前記2(2)のAのした被告人に対する積極的な糾弾行為とは必ずしもそぐわないように思われること，また，(3) Aが，成城学園前駅でいったん下車しながら，車両を替えることなく，再び被告人のそばに乗車しているのは不自然であること（原判決も「いささか不自然」とは述べている．）などを勘案すると，同駅までにAが受けたという痴漢被害に関する供述の信用性にはなお疑いをいれる余地がある．そうすると，その後にAが受けたという公訴事実記載の痴漢被害に関する供述の信用性についても疑いをいれる余地があることは否定し難いのであって，Aの供述の信用性を全面的に肯定した第1審判決及び原判決の判断は，必要とされる慎重さを欠くものというべきであり，これを是認することができない．被告人が公訴事実記載の犯行を行ったと断定するについては，なお合理的な疑いが残るというべきである．」

那須弘平裁判官の補足意見：

「2　痴漢事件について冤罪が争われている場合に，被害者とされる女性の公判での供述内容について「詳細かつ具体的」，「迫真的」，「不自然・不合理な点がない」などという一般的・抽象的な理由により信用性を肯定して有罪の根拠とする例は，公表された痴漢事件関係判決例をみただけでも少なくなく，非公表のものを含めれば相当数に上ることが推測できる．しかし，被害者女性の供述がそのようなものであっても，他にその供述を補強する証拠がない場合について有罪の判断をすることは，「合理的な疑いを超えた証明」に関する基準の理論との関係で，慎重な検討が必要であると考える．その理由は以下のとおりである．

ア　混雑する電車内での痴漢事件の犯行は，比較的短時間のうちに行われ，行為の態様も被害者の身体の一部に手で触る等という単純かつ類型的なものであり，犯行の動機も利那的かつ単純なもので，被害者からみて被害を受ける原因らしいものはこれといってないという点で共通している．被害者と加害者とは見ず知らずの間柄でたまたま車内で近接した場所に乗り合わせただけの関係で，犯行の間は車内での場所的移動もなくほぼ同一の姿勢を保ったまま推移する場合がほとんどである．このように，混雑した電車の中での痴漢とされる犯罪行為は，時間的にも空間的にもまた当事者間の人的関係という点から見ても，単純かつ類型的な態様のものが多く，犯行の痕跡も（加害者の指先に付着した繊維や体液等を除いては）残らないため，「触ったか否か」という単純な事実が争われる点に特徴がある．このため，普通の能力を有する者（例えば十代後半の女性等）がその気になれば，その内容が真実である場合と，虚偽，錯覚ないし誇張等を含む場合であるとにかかわらず，法廷において「具体的で詳細」な体裁を具えた供述をすることはさほど困難でもない．その反面，弁護人が反対尋問で供述の矛盾を突き虚偽を暴き出すことも，裁判官が「詳

細かつ具体的」,「迫真的」あるいは「不自然・不合理な点がない」などという一般的・抽象的な指標を用いて供述の中から虚偽,錯覚ないし誇張の存否を嗅ぎ分けることも,けっして容易なことではない.本件のような類型の痴漢犯罪被害者の公判における供述には,元々,事実誤認を生じさせる要素が少なからず潜んでいるのである.

イ 被害者が公判で供述する場合には,被害事実を立証するために検察官側の証人として出廷するのが一般的であり,検察官の要請により事前に面接して尋問の内容及び方法等について詳細な打ち合わせをすることは,広く行われている.痴漢犯罪について虚偽の被害申出をしたことが明らかになれば,刑事及び民事上の責任を追及されることにもなるのであるから(刑法172条,軽犯罪法1条16号,民法709条),被害者とされる女性が公判で被害事実を自ら覆す供述をすることはない.検察官としても,被害者の供述が犯行の存在を証明し公判を維持するための頼りの綱であるから,捜査段階での供述調書等の資料に添った矛盾のない供述が得られるように被害者との入念な打ち合わせに努める.この検察官の打ち合わせ作業自体は,法令の規定(刑事訴訟規則191条の3)に添った当然のものであって,何ら非難されるべき事柄ではないが,反面で,このような作業が念入りに行われれば行われるほど,公判での供述は外見上「詳細かつ具体的」,「迫真的」で,「不自然・不合理な点がない」ものとなるのも自然の成り行きである.これを裏返して言えば,公判での被害者の供述がそのようなものであるからといって,それだけで被害者の主張が正しいと即断することには危険が伴い,そこに事実誤認の余地が生じることになる.

ウ 満員電車内の痴漢事件については上記のような特別の事情があるのであるから,冤罪が真摯に争われている場合については,たとえ被害者女性の供述が「詳細かつ具体的」,「迫真的」で,弁護人の反対尋問を経てもなお「不自然・不合理な点がない」かのように見えるときであっても,供述を補強する証拠ないし間接事実の存否に特別な注意を払う必要がある.その上で,補強する証拠等が存在しないにもかかわらず裁判官が有罪の判断に踏み切るについては,「合理的な疑いを超えた証明」の視点から問題がないかどうか,格別に厳しい点検を欠かせない.

3 以上検討したところを踏まえてAの供述を見るに,1審及び原審の各判決が示すような「詳細かつ具体的」等の一般的・抽象的性質は具えているものの,これを超えて特別に信用性を強める方向の内容を含まず,他にこれといった補強する証拠等もないことから,上記2に挙げた事実誤認の危険が潜む典型的な被害者供述であると認められる.

これに加えて,本件では,判決理由第2の5に指摘するとおり被害者の供述の信用性に積極的に疑いをいれるべき事実が複数存在する.その疑いは単なる直感によ

る「疑わしさ」の表明（「なんとなく変だ」「おかしい」）の域にとどまらず，論理的に筋の通った明確な言葉によって表示され，事実によって裏づけられたものでもある．Aの供述はその信用性において一定の疑いを生じる余地を残したものであり，被告人が有罪であることに対する「合理的な疑い」を生じさせるものであるといわざるを得ないのである．

したがって，<u>本件では被告人が犯罪を犯していないとまでは断定できないが，逆に被告人を有罪とすることについても「合理的な疑い」が残るという，いわばグレーゾーンの証拠状況にあると判断せざるを得ない．その意味で，本件では未だ「合理的な疑いを超えた証明」がなされておらず，「疑わしきは被告人の利益に」の原則を適用して，無罪の判断をすべきであると考える．</u>〔…〕」

考　察

（a）　**最高裁**が被告人を無罪にしたのは，「**疑わしきは被告人の利益に**」の原則を重視したからであった．すなわち，「被告人が公訴事実記載の犯行を行ったと断定するについては，なお合理的な疑いが残る」と判断したのである（「シロ」だとの認定ではない）．最高裁の上記判断の根拠は，第一に，**物的証拠**が欠けている点にあった．とくに痴漢行為が15分間も続いたとされるのに，繊維鑑定の結果，被告人の指から被害者の衣服の繊維が検出されなかった．第二に，**被害者**の「痴漢被害に関する供述の信用性にはなお疑いをいれる余地がある」点．この点に関しては，とくに次の二つの事実が問題であった．すなわち，① 痴漢行為が執拗で激しかったのに，被害者は15分間もなされるがままであった．この事実が，最後に被告人のネクタイをつかんで叫ぶ行為に出たことと著しく不釣り合いでもある（＝「Aのした被告人に対する積極的な糾弾行為とは必ずしもそぐわない」）．② 電車が混んでいて途中の成城学園前駅で，下車する人びとによってホームに押し出された被害者は，執拗な痴漢を経験していながら，乗るドアーを変えようとはせず，被告人の正面に再び立った．最高裁はこれらを軸に，被害者供述について，「なお疑いをいれる余地がある」とした．

（b）　以上の最高裁の判断に対し，**第1審**（東京地方裁判所2006（平成18）年10月31日刑事第18部判決　LEX/DB-25450534）と，**第2審**（東京高等裁判所2007（平成19）年8月23日第8刑事部判決　LEX/DB-25450533）との判断には，どこに問題があったか？　前述のように，被告人の無罪推定の原則や，「疑

わしきは被告人の利益に」の原則尊重に問題があった．

(b-1) 物的証拠　第1審・第2審判決は，提出すべき物的証拠を検察が提出しなかったのに，問題視しなかった．すなわち，① 被告人の指に被害者の体液が付着しているかどうか調べる **DNA鑑定** の標本採取は警察がおこなった，と被告人は指摘している[58]．しかし第2審は，標本採取があったという証拠はないとした．DNA鑑定をしたが被害者の体液が検出されず，検察側が自分たちに不利な証拠となる（長時間にわたる犯行だったから，本来検出されるはずである）から提出しなかった可能性もあるのだから[59]，第2審はこの不提出をもっと問題にすべきであった（鑑定しなかったのなら，そのこと自体が問題である）．② **繊維鑑定** の結果，被害者の衣服の繊維が検出されなかった点について第2審は，下着が繊維の付きにくい化学繊維であったこと，繊維採取がおこなわれたのは逮捕後1時間半後であることを理由に，検出されなくても無罪の証拠とはならないとしている．しかし被告人側がおこなった実験では，接触によってすぐに繊維が付着した．③ 成城学園前駅でホー

---

[58]　名倉正博「逆転無罪手記 「痴漢逮捕」の汚名を着せられて」（『文藝春秋』2009年6月号）．
[59]　「鑑定などの客観的証拠が提出されて当然と思われる場面において，それが提出されないことがある．そのような場合，提出されない証拠が被告人に利益な証拠である場合もあるから，裁判所は十分注意する必要がある．」木谷明編著『刑事事実認定の基本問題』（第2版，成文堂，2010）18頁．検察官が，被疑者・被告人が犯人でないことの証となる証拠物・証言・鑑定結果を提出しない根拠は，第一に，刑事訴訟法が義務づけていない，第二に，被告人が証拠隠滅に使うのを防ぐ，第三に，当事者主義的にのみ見れば，一方当事者にすぎない検察は自分たちに不利な証拠を提出する義務を負っていないとされている（これは当事者主義の誤った理解によっている）などにある．
　加えて，警察・検察が，被告人の無罪を証明する証拠物件を隠したり紛失・廃棄したりしたケースもある．有名なものとしては，① 松川事件（1949年に起きた列車転覆事故の刑事裁判）で「諏訪メモ」（被告人のアリバイを確証するメモ）が隠されていたこと，② 松山事件（207頁）で，掛け布団のえりあてを押収時に撮影した写真のネガ（ネガには血が写っていなかった可能性がある．すなわち，被告人が，犯人であれば浴びるはずの返り血を浴びていなかったことを証明する物証だった）が「紛失」したこと，③ 免田事件（1948年に起きた殺人事件裁判．のちに再審で免田栄死刑囚の無罪が確定した）で被告人所有の鉈・マフラー・ズボン（犯行時に使用されたとされるが，被害者の血が付いていない）が廃棄されたことなどが挙げられる．また，被疑者・被告人に有利な証言をする者を，警察・検察が偽証罪で訴追するケースがある（前坂俊之『冤罪と誤判』田畑書店，1982）．注52も参照．
　被告人と検察の関係を当事者主義的に（裁判官の前で対等に主張しあう者同士として）把握するのは，被告人に裁判上の権利を保障するうえでは，重要である．しかし検察は，司法機関として真実解明に努める義務を有しているし，国家機関として市民（被告人）の人権をまもる責務を負っているし，かつその権限は絶大である．したがって，無力な被告人と検察の関係を形式的平等でのみ扱うのは，妥当ではない．

ムに押し出された被害者がなぜ被告人の正面に戻ったかは駅の防犯カメラで経緯が分かるのだが，その**映像**も検察は提出しなかった．

　(b-2) **被害者の供述**　　物的証拠がなく目撃者もいないケースでは，裁判官は被害者の供述を重視する．問題は，裁判官がこのとき**どういうスタンスで被告人を見るか**である．第1審・第2審判決は，① 被害者の供述の疑問点を批判的に検討することが弱く，逆に〈迫真性がある〉として裁判の前提事実にした[60]．② 他方，被告人の主張には判決文中で逐一反駁し，総括的に被告人は「不合理な弁解を繰り返し」たとして，その供述を斥けている．すなわち被害者は〈真実を語っている〉という推定を受ける反面，被告人は憲法によって本来受けるべき「**無罪の推定**」を受けられない構造が第1審・第2審ではあった（これは，多くの電車内痴漢事件判決のパターンであると言われる[61]．上記最高裁判決は，「疑わしきは被告人の利益に」の原則を再確認し，このパターンを是正したのである）．

　被害者の供述内容は，確かに具体的だった．しかし第1審・第2審は，次の諸点について，疑う余地があったのに詰めなかった：

　①　被害者が回避行動を一切取らなかった点については，第2審は「はずかしさや弱さから，なかなかそれを回避する行動を取れないでいることは何ら不自然なことではない」としていた．しかし最高裁判決が強調しているように，被害者は，下北沢駅の手前で被告人のネクタイ――犯行している手ではなく――をつかんで大声を出すほどの激しい糾弾行為に出た人物だった．

　②　被害者が，途中の成城学園前駅で一旦外に押し出されていながら，再び被告人の正面に戻った点については第2審は，「女性がCでいったん下車しながら再び被告人の側に乗車して行ったことはいささか不自然な点があるといえるものの，混み合ったホームで人の波に流され，そのような事態に至ることはあり得ることであり，不合理とまではいえない」としていた．しかし，別のドアーに移動できないほどのホームの混雑は，まずありえない．し

---

60) 日本の裁判官は，被害者の供述の迫真性による心証形成に頼りがちである（上述のようにそれが検察によって仕上げを受けている場合があるのに）．イギリスの裁判所ほどには，証言や自白を裏づける補強証拠を重視しない．秋山（前掲注53）『裁判官はなぜ誤るのか』138頁以下．被害者が女性で，意を決して痴漢犯を捕えたかたちである場合，日本の裁判官はそのこと自体が有罪の重要証拠だと考える．

61) 秋山他（前掲注57）『続・痴漢冤罪の弁護』59頁，148頁以下．

かも被告人は（下北沢駅まで）カバンを網棚に置いたままであり，したがって押し出されても前の場所に戻らなければならなかった．被害者につきまとったわけではない．被害者は——避けようとすれば十分可能なのに——その被告人の面前に戻ったことになる．

③ 被害者が（今回あるいは前に）実際に被害に遭っていたなら，その生の体験を語れば当然，「詳細かつ具体的」で「迫真的」なものとなる．だが本件での証言自体は，自分が誰かに痴漢されている様の証言にとどまっている．被告人がその犯人である点については，被害者の証言は，逆に次の点で確かさに欠ける：

第一に，本件で被害者は，被告人が犯人であることについて「成城学園前を出ると，今度は，スカートの中に手を入れられ，右の太ももを触られた．私は，いったん電車の外に出たのにまたするなんて許せない，捕まえたり，警察に行ったときに説明できるようにするため，しっかり見ておかなければいけないと思い，その状況を確認した．すると，スカートのすそが持ち上がっている部分に腕が入っており，ひじ，肩，顔と順番に見ていき，被告人の左手で触られていることが分かった．」と語っている．混雑の車内では，この証言中「ひじ，肩，顔」が被告人のものであるとの認識は物理的に可能だが，スカート内に入っている手や腕がそのひじの延長物であるか否かは，確認しようがないという性質のものであった（第2審も，不可能だと認定した）．

第二に，第1審は，被害者の周辺にいた人物の配置を根拠にして，〈被告人以外に痴漢は可能でなかった〉と認定している．しかしこの人物配置は，「Eの公判証言によると」とあるように，被害者の公判証言によっているに過ぎない．

④ その他，次の点も経験則に照らして疑問である．常識的に考えて，通勤カバンを網棚に乗せているのに——逃走したり自分を隠すためあとでその場から移動したりできない状態で——人は15分もの間，痴漢行為をし続けるだろうか？　また，あらかじめ被害者に正面から顔まで確認されている状態で（立ち位置からしてそうなる），人は執拗で過激な行為をし続けるだろうか？　さらに，被告人が使ったのは，利き腕でない左手であった．人はこのような執拗で過激な行為で，しかも満員で他人に手が触れかねないのに，利き腕でない手を使い続けるだろうか？

⑤　以上の他，那須裁判官の補足意見も重要である．それによれば，検察官は公判に先立って被害者である証人と綿密に打ち合わせをするので，「公判での供述は外見上「詳細かつ具体的」，「迫真的」で，「不自然・不合理な点がない」ものとなるのも自然の成り行きである」[62]．被害者の証言は，検察官・警察官の手で法廷向きに——すなわち有罪判決を得られるよう——加工されて出てくるのである[63]．

　本件においても浮かび上がっている他の問題点として，時に裁判官が，被告人よりも警察・検察の主張を受け容れようとする点がある．**「起訴こそ最有力の証拠」**ということばがある[64]．公正で優秀な検察が，あるいは公益を代表する国家機関が，起訴した以上確かだし，最低限「火のないところには，煙は立たない」が妥当すると裁判官は考える，との指摘である．日本における有罪率の高さ（前述のように 99.9％ に近い．これは検察が，法廷での立証が困難なかなりの案件を不起訴処分で片付けているからでもある）も，裁判官のこの傾向に心理的に寄与しているだろう．この点からも，日本では被告人は実際には「無罪の推定」ではなく**「有罪の推定」**を受けるのである．本件での第 1 審・第 2 審判決に見られるように，裁判官が——被害者の供述や検察の主張を〈不自然でない〉と擁護する一方——被告人の主張を証明が不十分だとして排斥するのは，この傾向と無縁でなかろう．このため被告人は，自分でアリバイや身の潔白を支持する証人・証拠を捜したり，事件の検証実験・再現ビデオ等を提出したりして無罪を証明しようとしなければならない[65]（それでもそれらの証拠も，採用されない場合が多い）．自分で自分の無罪を証明するのは，「悪魔の証明」に匹敵する困難さをともなうことがあるし，そこまでの証明責任は，被告人に本来課されてい

---

62) 検察官による，被害者証言のこの仕上げに先立ち，警察でベテランの女性捜査官が痴漢被害者に事情聴取する．この捜査官は，「痴漢事件モデル調書」に沿って，裁判向けに説得力ある調書化をする．秋山賢三他編『痴漢冤罪の弁護』（現代人文社，2004）69 頁．

63) 被害者ではない証人も，しばしば誤る．加えて，人は，その身近に被疑者が出ると，第一には〈警察が逮捕したのだからクロにちがいない〉との判断で，第二には，うさんくさい者は身辺から除きたいという気持ちが働いて警察に過度に協力的となり，第三には，面倒なことには関わりたくないので警察には逆らわないとの「ことなかれ主義」からして，被告人をクロとしがちなのである．大野正男・渡部保夫編『刑事裁判の光と陰』（有斐閣，1989）68 頁．加えて証人は，① 捜査官から暗示された方向にその記憶を再構成しがちであるし，② それがなくとも，記憶の欠損部分を「犯人が逮捕されている」という結果に沿うように補完しがちである．③ 証人の供述にもまた，捜査官が加筆する．④ 自分の証言にもとづいて（被疑者が訴追されるなど）事が進行してしまうと，証人は当局や世間が怖くて，あと戻り（証言の是正や取消し）できなくなる．

64) 大野・渡部（前掲注 63）編『刑事裁判の光と陰』130 頁．

65) 周防正行監督の映画『それでもボクはやってない』（2007）参照．

ないのであるが.

7.4 結　び

　学者や学生がものを調べるときには,〈このように見て, まちがいはないか〉と不断に自分に問う.**懐疑の精神**こそが, 学問の根幹を成すのだ. 警察が逮捕し, 検察が訴追し, 裁判官・陪審員・裁判員が有罪判決を出すに当たっても, 本当はこの精神が欠かせない.（人権尊重の面からする）「**疑わしきは被告人の利益に**」の原則があるからである. この原則は,〈被疑者・被告人は, 本当は犯人ではないのではないか〉と疑うことを活動の基盤に置いているのである.

　法曹養成の中心を大学が担った結果, 法曹の卵はまず大学で——学部とロースクールで——学び, 学問を経験する道をとるのだが, このことは, 上のことがらとの関係で意味深いことである. すなわち法曹の卵は大学で, 学問の神髄であり刑事司法の根本精神ともなるべきところの「懐疑の精神」を自ずと身に付けうる, そういう条件下で法を学ぶのだ.

　他方, 警察官, 検察官（そしてときには裁判官）の心底には, この学問の世界とはちがった動因が作用してもいる. これらの人びとは,〈生じた事件は早急に解決されなければならない；**治安**のためには, 逮捕者を確保し有罪判決を下すことが必要だ；事件が次々と迷宮入りするのであっては, 犯罪の予防が困難となるから〉との考えと, まったく無縁とは言えない. そしてこの関係には,〈治安悪化によって多数の市民が脅えるよりは, 何件かのうちの1件では無辜の者が有罪となる危険を冒してでも事件を片づけるほうが社会に役立つ〉という発想がつきまとう.

　しかしそれでも, 筆者は次のように考える. 実務界においても, 事実に素直な心で向きあい,「この認定は, 本当に正しいのだろうか」と不断に自分に問い続けることこそが, 人類の苦い経験から結晶した,「**十人（百人とも言う）の犯人を逃すとも一人の無辜(むこ)を罰することなかれ**」という原則の求めるところではなかろうか, と. 法曹をめざす者が大学でしっかり学び学問の根本精神を身に付けることは, この原則を血肉化するための重要な前提なのである.

第8講 法と擬制（フィクション）

本講では，法の世界で重要な働きをしている擬制（フィクション）について考える．擬制の考察は，法の世界に働いている強い技巧性，そこにある独特の思考を身に付けることの重要性を確認させてくれ，法を学ぶに当たってのこの方面での課題を教えてくれる（拙著『法哲学講義』第24章をも参照）．

8.1 擬制とは何か

法律のなかには，次のような一見奇妙な規定が，それもかなりの数ある．

（a）　民法721条：「胎児は，損害賠償の請求権については，既に生まれたものとみなす．」；同886条：「胎児は，相続については，既に生まれたものとみなす．2　前項の規定は，胎児が死体で生まれたときは，適用しない．」——胎児は，明らかにまだ生まれていない（生まれていないから，胎児と呼ぶ）．それが，法律によって，生まれたものとされるのである．なぜそのような不自然なことを定めるのか？

それは，胎児の利益を考えてのことである．民法3条1項は，「私権の享有は，出生に始まる」との原則を規定している．これによれば，胎児はまだ「出生」していないから，権利を享受できない．しかし胎児は，まもなく生まれる．そこで，たとえば生まれる直前，母の妊娠中に発生した父母等の事故に関しては，その事故後に生まれた子（たとえば，他人に父母が重傷を負わされ，父に次いで母も死亡し，直後に帝王切開で生まれた一人っ子）が損害賠償や遺産を得られるように，民法721・886条の規定によって特則を設けたのである．まもなく生まれることが確実な胎児を，生まれた子供とこの点で似たところがある（**本質的類似性**がある）ことに依拠して，「生まれたものとみなす」のである．これが，擬制の意味である．

(b)　同753条：「未成年者が婚姻をしたときは，これによって成年に達したものとみなす．」——未成年者はまだ成年に達していない（だから，未成年と呼ぶ）．それが法律によって，達したものとされるのである．これも，結婚した未成年者の便宜のためである．民法5条は，「未成年者が法律行為をするには，その法定代理人の同意を得なければならない．」と規定している．結婚した者はたいてい，未成年者であっても，親元から遠く離れて配偶者と生計を営む．夫婦がともに未成年者であれば，たとえば自分で取引するたびに，5条によって親に印鑑を押してもらいにいかなければならない．これは，面倒である．そこで753条の特則によって，その面倒さを除去したのである（この未成年者が離婚した場合は，どうなるか？　この規定適用に変化はない．それは，すでに独立状態で生活してきた以上，問題ないと判断できるし，第三者（取引の相手）保護の要請もあるからである）．

　以上のように法的擬制とは，aではないbを——あるいはaと常に同じとは言えないbを——似ている点に依拠して，あえてaだと法律で定めること，である．したがって擬制は，① bはaではない（必ずしも常にaではない）という自覚，② aとbのあいだに重要な似た点（本質的類似性）があること，③ 或る存在理由（目的）が前提としてあること，④ その存在理由に必要な限りでの擬制であり，それを越えて一般的にbをaだとするものではないこと[66]，⑤ 予測可能なよう，あらかじめルールとして明記されていること，を前提にしている．

　以上のうち，とくに②が欠けると擬制は，成り立つ基盤を失い，修正されたり廃止されたりする[67]．また，③の，擬制をする目的としては，第一に，

---

66)　したがって，民法721・886条によって「既に生まれた」とされた胎児も，刑法では，学説により，一部ないし完全露出までは殺人罪ではなく堕胎罪の適用対象である．民法753条によって「成年に達した」とされた未成年者も，別の関係ではその擬制は通用しない．たとえば，飲酒・喫煙は許されないし，（夫婦間では別として）青少年保護条例の保護対象ではあり続ける．擬制はあくまでも，目的の範囲内でしか可能ではないのである．この論理は，後述する「脳死」についても妥当する（236頁以下参照）．

67)　〈法律は——擬制を使うことによって——どんなものでも別のものに変えられる〉といったことではないのである．擬制が受け容れられるためには，その必要性・効用と，擬制できるほどの本質的類似性とが備わっていなければならない．たとえば，本文で示した民法886条2項が「前項の規定は，胎児が死体で生まれたときは，適用しない．」と規定しているのは，死産では本質的類似性（まもなく生まれること）も擬制を使う意味もなくなるので，もはや擬制の基盤が失われており，擬制することができないからである．

bをめぐる**手続を簡潔**にすること（とくに民事訴訟法・刑事訴訟法に多い），第二に，bをめぐる関係者の**利益**を図ること，第三に，bを通じてaを具象的に**理解**させること（科学での諸モデルや小説），第四に，条文間の**論理**上の矛盾を避けること，がある．⑤によって，擬制はあらかじめルールとして定められている必要があるのだから，擬制をするのは**立法者**（など，ルールをつくる人）である．裁判官は，自分では擬制はできない．裁判官にできるのは，類推（準用）——擬制に似た面をもつが擬制そのものではない——だけである．

　法律が「擬制」の語を使っている代表例は，民事訴訟法158条である．この条文は，「訴状等の陳述の擬制」の見出し（条文のタイトル）[68]の下に，次のように規定する：「原告又は被告が最初にすべき口頭弁論の期日に出頭せず，又は出頭したが本案の弁論をしないときは，裁判所は，その者が提出した訴状又は答弁書その他の準備書面に記載した事項を陳述したものとみなし，出頭した相手方に弁論をさせることができる．」民事訴訟法159条も，「自白の擬制」の見出しの下に，「当事者が口頭弁論において相手方の主張した事実を争うことを明らかにしない場合には，その事実を自白したものとみなす．ただし，弁論の全趣旨により，その事実を争ったものと認めるべきときは，この限りでない．」と規定する（ちなみに，この条文の但し書き（「ただし」以下の部分）は，何を意味するか？　それは，〈擬制には「重要な似ている点（本質的類似性）があること」〉が欠かせないのであって，それが欠如しているところでは擬制は終わる〉という上の②の事実をはっきりと示している．〈自白した〉と擬制するのだが，そのあとで，争っていることが「弁論の全趣旨により」確認できたら，本質的類似性が欠け落ち，「みなす」ことはできなくなり，擬制は中止しなければならなくなるのである）．

8.2　現行法の中の擬制

　以下では，こうした擬制が3種類あることを，確認しよう．

---

[68] この種の見出しの設定は，1947年頃から始まった．このため，憲法や刑事訴訟法等には立法機関が付した見出しはない（出版社が便宜上付したものしかない）．これに対し，新しい立法や改正法である，民事訴訟法や民法などには，立法機関が正式に付した見出しがある．

(1) 〈b は明らかに a ではないが,敢えて a だとしよう〉との擬制

これは,上で取り上げた (a)・(b) の他に,次のような条文にも見られる.

(c) 民法 939 条:「相続の放棄をした者は,その相続に関しては,初めから相続人とならなかったものとみなす.」——途中で相続を放棄するのだから,初めからその時点までは明らかに相続人であった.しかし,手続を簡便にするために,それを「なかった」とするのである.放棄したことが相続しなかったことと似た効果をもたらす点が,擬制の基盤となる本質的類似性である.

(d) 同 86 条 3 項:「無記名債権は,動産とみなす.」——債権は,動産ではない.しかし無記名債権を表示した証券(切符や入場券)は,特定の権利者の氏名が記載されないので動産のように流通し,所持者がその権利を行使できる.この類似性に依拠して,債権を動産とみなすのである.

(e) 同 121 条:「取り消された行為は,初めから無効であったものとみなす.」途中で取り消したのだから,初めから無効であったのではないのだが,取り消しで効果がなくなる点では両者が似ているから(=本質的類似性),便宜上そうするのである.

(f) 民事訴訟法 22 条 3 項:「移送の裁判が確定したときは,訴訟は,初めから移送を受けた裁判所に係属していたものとみなす.」——実際にはそこに係属してこなかった(だから移送したのである)のに,(裁判所の)便宜のために,「係属していた」とするのである.確定した以上,関係(効果)は,同じになるからである.

(g) 同 262 条:「訴訟は,訴えの取下げがあった部分については,初めから係属していなかったものとみなす.」——取下げ後は係属しなくなる点が,初めから係属していないこととその限りで似ているから,(裁判所等の)便宜のために,このように擬制するのである.

(h) 同 263 条(訴えの取下げの擬制):「当事者双方が,口頭弁論若しくは弁論準備手続の期日に出頭せず,又は弁論若しくは弁論準備手続における申述をしないで退廷若しくは退席をした場合において,一月以内に期日指定の申立てをしないときは,訴えの取下げがあったものとみなす.当事者双方が,連続して二回,口頭弁論若しくは弁論準備手続の期日に出頭せず,又は弁論

若しくは弁論準備手続における申述をしないで退廷若しくは退席をしたときも，同様とする．」──訴えの取下げはしていないが，双方が出廷して争わないのであれば，双方が訴えの取下げをしたのと本質的に同じかたちになる点に依拠して，訴えを取下げたものと「みなす」としたのである．

(i)　刑法 242 条：「自己の財物であっても，他人が占有し，又は公務所の命令により他人が看守するものであるときは，この章の罪については，他人の財物とみなす．」──これは，そういうかたちで，他人の法益を保護しているのである．自分では支配できない状態が，他人の財物に対する自分の関係に似ているから，この擬制が成り立ちうるのである．

(j)　憲法 59 条 4 項：「参議院が，衆議院の可決した法律案を受け取つた後，国会休会中の期間を除いて 60 日以内に，議決しないときは，衆議院は，参議院がその法律案を否決したものとみなすことができる．」──議決していないのだから否決していないのだが，そんなに時間が経っても動かないのだから，積極的に賛成であるとは言えず，むしろ否定的に判断して，時間の節約を考えて，そう「みなす」のである．

(2)　〈a と常に同じとは言えない b だが，a だとしておこう〉との擬制
　これには，次のものがある：
(a)　民法 23 条：「住所が知れない場合には，居所を住所とみなす．」──居所が住所でないこともあるが，そうである場合が多いから（この多さが，擬制の基盤となる本質的類似性である），（関係官庁等の）便宜のためにそうだとして処理するのである．

(b)　同 30 条：「不在者の生死が七年間明らかでないときは，家庭裁判所は，利害関係人の請求により，失踪の宣告をすることができる．」──この宣告は，生死不明者を〈死んだものとして扱う〉という擬制の宣言である．「七年間」という長い間，生死が「明らかでない」ということが，擬制の基盤となる本質的類似性（＝死んでいることにかなり似ている）である．そして，その者が生きていたときは，失踪宣告は同 32 条によって取り消される．（死んだとする）擬制の基盤が崩れ本質的類似性がなくなるので，擬制をやめるのである．

(c)　同 480 条：「受取証書の持参人は，弁済を受領する権限があるもの

とみなす.」——受領する権限がない場合もあるが，ある場合のほうが多いので（＝本質的類似性），便宜上，それによって一律的に処理するのである.

　(d)　刑法 245 条：「この章の罪については，電気は，財物とみなす.」——電気は財物だという意見もあるが，そうでないとの意見もある. 大審院は 1903（明治 36）年 5 月 21 日に，電気窃盗を窃盗罪で有罪としたが，類推適用だとの批判が多かった（拙著『法解釈講義』105 頁以下）. そこで 1907 年制定の刑法において 245 条で「みなす」と規定したのである. ここでの「みなす」は，〈電気が財物かどうかはともかくとして，財産的価値がある物であるから（＝本質的類似性），本条により財物として扱う〉との意である.

　(e)　刑事訴訟法 366 条：「刑事施設にいる被告人が上訴の提起期間内に上訴の申立書を刑事施設の長又はその代理者に差し出したときは，上訴の提起期間内に上訴をしたものとみなす.」——差し出したことによって期限内に上訴できる場合が多いが（＝本質的類似性），刑事施設や代理人が裁判所へ届けようとしている間に期限が過ぎてしまうこともある. これでは被告人に気の毒なので，この場合も上訴として受け付けることにしたのである.

　(f)　憲法 31 条に関わる原則として，次のものがある. 被告人は，有罪判決が確定するまでは「無罪の推定」を受ける（これ自体は，擬制ではない. 推定である）. そして結審にいたっても検察官の立証が「合理的な疑い」を排除するに十分でないと，裁判官は「無罪」を宣告する（196 頁参照）. この際に裁判官が〈被告人は「灰色」だ〉と考えていても，無罪判決で被告人は〈まったく罪を犯さなかった〉ことになる（つまりこれは，無罪の「推定」ではなく，擬制による「確定」である）. 有罪にすることは重大事項なので，ここまでハードルを高くしたのである. そして，国家権力をフル動員した検察官が証明しきれなかったのであるから，無罪との本質的類似性が大きいことが，この擬制の基盤となっている[69].

---

69)　有罪判決もまた，1 回ないし 3 回の裁判で確定すれば，〈有罪が真理であった〉との擬制にいたる. この擬制の基盤は，〈審理を尽くしたので真理に近づいた〉という認識である. しかしこの場合も，有力な無罪の新証拠が出れば，擬制の基盤が崩れるので，再審に入る.

> **┃コラム 15┃**
> **身のまわりの擬制**
>
> 　日常生活では，233 頁の（2）の擬制を使った制度が多い：① 高校教育を受け大学の入学試験に合格すれば，その大学で本当に学ぶ能力があるか否かをそれ以上は問わず，学生として学ばせる．② 一定の医学教育・法学教育を終え国家試験に合格すれば，本当に患者・依頼者を救う能力があるかどうかは問わず，医者・法曹として営業させる．③ 教授会の選考に通れば，本当に研究・教育で成果を上げうるかはそれ以上は問わず，教員とし，定年まで雇用し続ける．④ 数年に一度きりの選挙で多数派を掌握しさえすれば，任期の間，国民・住民の代表として政治を担当させる，等々である．これらはたいてい，簡便のための擬制の一つである．念を入れた資格審査をしていたら手間がかかるので，その程度の審査で「資格あり」とするのである．われわれの周りにはこのようにして，実はフィクションが背広を着たりスカートをはいたりして歩き回っているのである．
>
> 　もっとも上記の場合でも，行状や業績が悪すぎたら，〈資格があることとの本質的な類似性〉がなくなり擬制の基盤が崩壊して，退学や免許剥奪や辞職となる．

（3）条文間の論理上の矛盾を避けるための擬制

これには，次のものがある．

（a）　前述のように民法 721 条・同 886 条が，胎児を「既に生まれたものとみなす」との規定の仕方をしたのは，同第 3 条：「私権の享有は，出生に始まる．」と論理的に整合したものにするためである．胎児を損害賠償金分割や分割相続に加わらせるためには，3 条からして，生まれたものとする必要が，論理的にはあるからである．

（b）　民法 951 条：「相続人のあることが明らかでないときは，相続財産は，法人とする．」——債権は，対人的権利で，当事者ないしその相続人（や譲受人）がいなくなれば消滅する，とされている．この前提上では，相続財産に含まれている債権は，相続人がいないと論理的には滅失してしまう．これを防ぐため，上のような規定を入れ，債権を法人の人格によって支えようと工夫したのである（法人というものも，それ自体，自然人の擬制である．法人の擬制は，法人が自然人に似て，（代表を通じて）意思表示ができ財産を管理できることに依拠している）．

なお，同 951 条と関連する 955 条は，次のようになっている：「相続人の

あることが明らかになったときは，第九百五十一条の法人は，成立しなかったものとみなす．」——これは，便宜のためのみなし規定である．法人が出現したあとで相続人が出現したら，法人は不要になる．そこで，簡便化のため法人を最初から出現しなかったものとするのである．途中からゼロになることが，初めからゼロであることと似ている点が，擬制の基盤である．

8.3 結　び——擬制に見られる法の特徴

　このような擬制活用の根底にある，法の世界の特徴は，どういうものか？それは第一に，**強い技巧性**にある．法の世界では，ある目的のために，必要とあれば，実際ないし常識とは正反対である関係でさえもつくり出し，それを基盤にしてことがらを動かしていく（擬制の英語 fiction の語源は，ラテン語の fingo であるが，これは「人が意図的につくる」を意味している）．法の世界が一般人から違和感をもって扱われ，また実際に，実生活から遊離したゲームの場になることがよくあるのも，こうした点によってである．

　第二に，法の世界はしかし，**物事の実態**から離れ切れないのでもある．擬制においても，本質的類似性をなくすると擬制は崩壊する．この関係は，法律の作り出す世界がまったく現実離れした空中楼閣になることを防止している；別の面から言えば，法的技術にはやはり限界がある；それは現実を否定しきれないものなのだ，という事実を物語っている．

* **補足——「臓器の移植に関する法律」と擬制**

　臓器の移植に関する**旧法**（1997（平成 9）年 7 月 16 日　法律第 104 号）では，擬制に依拠していることが鮮明に出ていた．すなわち，その第 6 条は次のような規定であった：

　　「医師は，死亡した者が生存中に臓器を移植術に使用されるために提供する意思を書面により表示している場合であって，その旨の告知を受けた遺族が当該臓器の摘出を拒まないとき又は遺族がないときは，この法律にもとづき，移植術に使用されるための臓器を，死体（脳死した者の身体を含む．以下同じ．）から摘出することができる．

　　2　前項に規定する「<u>脳死した者の身体</u>」とは，<u>その身体から移植術に使用されるための臓器が摘出されることとなる者であって脳幹を含む全脳の機能が不可逆</u>

的に停止するに至ったと判定されたものの身体をいう.」

　注意を要するが，ここでは〈脳死者の体はそもそも，すべて「死体」だ〉と一般化がなされているわけではない．そうではなく——「生存中に臓器を移植術に使用されるために提供する意思を書面により表示している場合であって，① その旨の告知を受けた遺族が当該臓器の摘出を拒まない」ゆえに，または②「遺族がない」ゆえに——「その身体から移植術に使用されるための臓器が摘出されることとなる者」の脳死の体だけが，「脳死した者の身体」として脳死段階で「死体」だとされるのである．したがって，逆に言えば，ここでは〈脳死が死である〉とは，まだ——ごく例外的にしか——断定されていない．ここで作用しているのは，〈ともかくそういう場合の脳死者の体だけを「死体」に含めよう〉との法的な取り決め（＝特例扱い）である（ここで「ともかく」とは，上述した擬制の定義中の (2)〈a と常に同じとは言えない b を——似ている点に依拠して，「ともかく」あえて a だと法律で定めること〉における「ともかく」と同じものである).

　ところが，上記第 6 条は，**2009 年の改正**（7 月 17 日，法律第 83 号）によって，次のように表現が変わった：

　　「医師は，次の各号のいずれかに該当する場合には，移植術に使用されるための臓器を，死体（脳死した者の身体を含む．以下同じ．）から摘出することができる．一　死亡した者が生存中に当該臓器を移植術に使用されるために提供する意思を書面により表示している場合であって，その旨の告知を受けた遺族が当該臓器の摘出を拒まないとき又は遺族がないとき．二　死亡した者が生存中に当該臓器を移植術に使用されるために提供する意思を書面により表示している場合及び当該意思がないことを表示している場合以外の場合であって，遺族が当該臓器の摘出について書面により承諾しているとき．

　　2　前項に規定する「脳死した者の身体」とは，脳幹を含む全脳の機能が不可逆的に停止するに至ったと判定された者の身体をいう．」

すなわちここでは旧法の「その身体から移植術に使用されるための臓器が摘出されることとなる者であって」の語が消え，「脳死した者の身体」は「次の各号のいずれかに該当する場合には」無条件に死体に含まれる，との表現になっている．この限りでは，脳死は死であるという科学的事実がすでに確認されてしまったかのようである．第 6 条中の「一」の限定は，旧法と同様の停止条件ではあるが，上記の削除は，やはり旧法と決定的なちがいである．しかも改正作業の途上では，従来通り「臓器移植の場合のみ脳死を人の死とする」との案も出されたが，採用されず，上記の改正になった．

　しかしこれによって〈「脳死が人の死」となってしまった〉とは，まだ言えない．理由は，「遺族」の意思が右左する点の他に，擬制論に関わる次の点にある．臓器の

法学講義

移植に関する法律は，臓器の移植を図るという特殊な目的に限定された法律である．したがって，ここでの「死体」の定義も，この法律の目的に関することがらだけに使われることを前提にして決められているのである．

　これは，前述のように民法721条が，「胎児は，損害賠償の請求権については，既に生まれたものとみなす」と規定し，同886条が「胎児は，相続については，既に生まれたものとみなす」と規定しているのと，同じ事情である．すなわち，われわれは，これらの規定を，それぞれ「損害賠償の請求権については」「相続については」の限定がやはり重要であるとして読む．たとえそのような限定が見なし規定に明示されていない場合でも，ほとんどの法律家および一般人は，その規定が置かれているコンテクストからして，限定がついているものとして（命題を限定的に）読むのである．すなわち，〈胎児を生まれている存在としてよいのは，「損害賠償の請求権」と「相続」についてだけなのである〉と理解する．それゆえ，これらの規定を読んで，〈まだ生まれていない胎児を──一般的に──生まれたものとするのは，不自然だ；日本人の死生観に反する〉などとは，誰も叫ばない．

　ところが脳死をめぐっては，そう叫ぶ哲学者等が世に多い．これは，かれらのあいだに，擬制なるものについての無理解があるからである．要するに，臓器の移植に関する法律の改正法もまた，臓器の移植に関する限りでの法であり，その限りで脳死を「死」とみなすとした法である．ここでもなお，脳死者は──一般的に──死者そのものではなく，或る目的（ここでは臓器移植）達成上の便宜をはかって，（関係者の同意を前提に）その限りで，死者とみなすとされているのだ．

　つまり2009年の臓器移植法改正法における「死体」もまた，ある目的のための擬制であり続けているのだ．このことを反映して今日でも，刑法ではなお──すなわち臓器移植法の本改正後も──3徴候説（呼吸と心臓とが不可逆的に停止し，かつ瞳孔反応がなくなることを要す）が支配的である．このことは，2009年法の「死体」の定義が限定的なものであること，2009年法における〈人の死〉の規定がその後の日本で「死」の一般的定義となったわけではないこと，つまり擬制に依拠した特例扱いに関わること，を物語っている．

第9講 法と正義 I
理論的考察

9.1 はじめに──〈ルール正義〉と〈帰属正義〉

　法は，正義と切り離せない．ラテン語で「法」は ius，「正義」は iustitia であるから，両者は一体的である．「法廷」の英語は，court of justice，直訳すれば「正義の廷」である．ここでも，「法」と「正義」は緊密な関係にある．このように法にとってきわめて重要な正義とは，どういうものなのだろうか？

　正義は，古代ギリシャ以来，女神の姿で描かれる．興味深いことに，この**正義の女神**（名を iustitia と言う）の像には図 9-1 のように，目隠ししたものと目を開けたものとがある（この点は，西洋でも日本でも変わらない）．二つのタイプの像があるということは，正義について何を語っているのだろうか？

　正義に関する議論を**正義論**という．アメリカのロールズ（John Rawls, 1921-2002）の『正義論』（*A Theory of Justice*, 1971）や，サンデル（Michael J. Sandel, 1953-）の講義のテレビ放映等の影響で，日本でも「正義論」が盛んである．しかし，ロールズが扱っているのは主として〈財（とくに社会生活上不可欠の基本財）をどう分配するのが公平か〉の分配論である（241 頁の図から分かるように，分配論は正義論のごく一部の問題に過ぎない．かれの有名な「正義の2原理」は，正義全体の2原理ではなく，分配に際してのそれに過ぎない）．サンデルが扱っているのは，主として〈道徳的に正しいもの〉に関する問題（道徳的正義論）と分配論とである．すなわち二人の議論はともに，**法的正義**には直接には関わらない．このため，かれらやかれらに影響を受けた，内外の多くの人びとの「正義論」は，法実務上重要な正義の問題（たとえば，上述の，なぜ正義の女神像には二つのタイプがあり，両者は相互にどういう関係にあるのか；民法・刑法上で重要な「違法性阻却」，刑事訴訟法に規定されている「正義」，判決に

図9-1 正義の女神像（①・③は目隠しを付け，②・④は目を開けている）

① スイス，ベルンの街中の正義の女神

② ドイツ，フランクフルトの正義の女神

③ 日本，伊藤塾東京校の正義の女神

④ 日本，最高裁の正義の女神
（最高裁ホームページより）

よく出てくる「正義・公平の原則」，英米法で重要な「衡平（こうへい）」，「禁反言（きんはんげん）」，「クリーンハンズ」等の法理が，正義論にどう位置づけられるか等々）を考えるうえでは，使いものにならない．法的正義こそ，正義論における中心対象であるはずなのに，である．そこでここでは，原点に立ち返って自分の頭で，〈法の世界で，正義はどう作用し・どういう構造を呈しているか〉を軸に考えよう．

「正義」は，「正しさ」に関わるが，「正しさ」は，法の世界でのそれ，道徳の世界でのそれ，宗教の世界でのそれに分かれる．このうち法の世界では，

行動や状態の「正しさ」には大別して二つのものがある，すなわち二つの法的正義がある．ルールに正しく従っているという意味での正義（本書ではこれを〈**ルール正義**〉と呼ぶ）と，「各人にそのふさわしいものを帰属させる」という意味での正義（本書ではこれを〈**帰属正義**〉と呼ぶ）である．以下ではまず，図によってこの二つの正義の関係を示しつつ，均分的正義と配分的正義の関係，衡平等をも明らかにしてみよう．

図 9-2 法的正義の構造図

```
         〈ルール正義〉:「ルールを守る」
            ――法的安定性重視
正義         ＝正しく従う（適法性）
         〈帰属正義〉:「各人にそのふさわしいものを帰属させる」
            ――具体的妥当性重視
            ＝各人を正しく評価する ―― 権利・人権の尊重
                                  正しく分配する（＝「公平」）
                                     ‖
                                   「平等」 ―― 形式的な平等
                                              ＝「均分的正義」
                                              実質的な平等
                                              ＝「配分的正義」
         ────
    Cf.  衡平（equity）
```

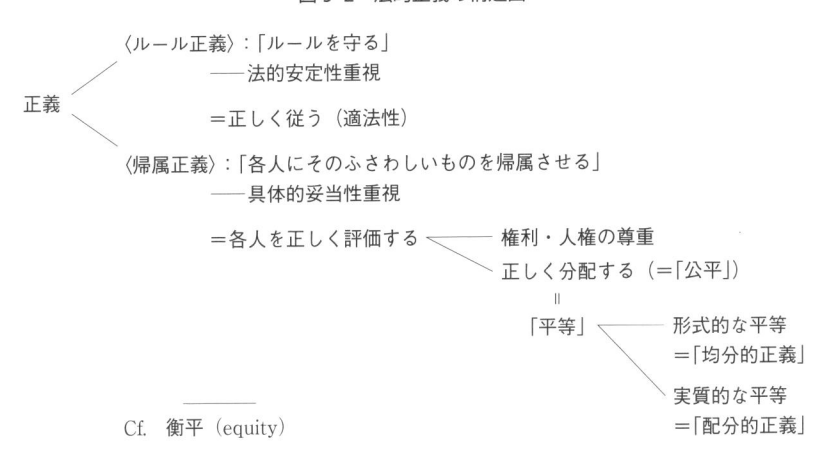

図 9-2 の説明：

　法の世界における二つの「正義」のうち，〈ルール正義〉を重視することは，**法的安定性**を重視することであり，「適法性」とも結びつく．〈帰属正義〉を重視することは，**具体的妥当性**を重視することであり，各人を正しく評価することと結びつく．各人を正しく評価するとは，その**権利・人権**を尊重すること，および正しく分配すること（**公平・平等**）である．

　〈ルール正義〉は，ルールをかたち通りに貫徹させることにつながるので，**形式的正義**にヨリ近い．〈帰属正義〉は，形式よりも実際の個々人に対する効果に注目するので，**内容的（実質的）正義**にヨリ近い（形式的正義・実質的正義については，拙著『法哲学講義』122頁以下）．

　〈ルール正義〉と〈帰属正義〉のどちらを優先すべきかは，一概には決められない．〈ルール正義〉に偏すると硬直した官僚主義的扱いになり反発を受けるが，〈帰属正義〉に偏すると情宜的（後述するカーディー裁判的）になり

長期的にはうまくいかなくなることが多い．

以上のうち〈帰属正義〉の一つとしての**正しい分配**とは，「公平」ないし「平等」の分配であるが，この平等には，2種のものがある．① **形式的な平等**と，② **実質的な平等**とである（①を均分的正義，②を配分的正義と呼ぶ．①・②には「正義」が使われているが，正義がこれら2種に大別されるのではない．そうではなく，〈帰属正義〉の一構成部分として，①と②があるのである[70]．ただし①は，形式的正義とも結びつく）．①は，すべての者に分け隔てなく同じ質量のものを与える．これに対し②は，各人（ないし各集団）のもつ特徴（必要や功績等）に正しく対応するかたちで配分するのである．たとえば，選挙権や国連総会は，今日では「1人1票」である点で，形式的な平等に関わる．これに対し，累進課税や授業料免除，育英奨学金などは，貧富の差に応じて配分して実際に平等を実現しようとするので，実質的な平等に関わる．

9.2 〈ルール正義〉と〈帰属正義〉の関係

上で見た二つの正義，〈ルール正義〉と〈帰属正義〉のそれぞれの具体的態様，および相互の関係について考察しよう．

(1) 〈ルール正義〉について

われわれは，**ルールを破ること自体**を不正である（正義に反する）とする．たとえば，

(a) われわれは，試験場でカンニングをすることを「**不正行為**」と呼ぶ．「不正」とはここでも，正義に反するという意味である．では，どの点で正義に反するのか？ カンニングでは，主として受験ルール違反それ自体が問題である（結果的に利益＝正しい解答を得たかどうかは，問題ではない．たとえば隣の人の答案を写したが，それが不正解だった，ということもある）．つまりここでの「正義」は〈ルール尊重〉を中身としている．

---

[70] 正義と平等は，同一物ではない．各人が享受すべき権利を侵害すると正義（〈帰属正義〉）に反するが，その権利を平等に（全員一律に）侵害することも〈帰属正義〉に反する．全員に対し一律にルールを破るふるまいをすることも，平等ではあるが，〈ルール正義〉に反する．前述のように〈帰属正義〉は，権利尊重と平等とに分かれる．つまり平等は，正義の一部にすぎないのである．別言すれば，平等は，正義の必要条件だが十分条件ではない．

(b) **「法の適正手続」**(due process of law)における「適正」の語も,「正義にかなう」の意だが,ここでの「正義」も,〈ルールに従っていること〉を中身としている.目的や結果が妥当であっても,ルール違反自体が問題だとされるのである(たとえば,手続違反で逮捕したり,違法な捜査をした場合は,相手が真犯人だったとしても,ルール違反を理由に,無罪となることがある)[71].

(c) **「正戦」**とは,悪い国(とくに国際法違反国)に制裁を加えるための(と信じられている)戦争のことである(もっとも「悪い国」には,法に背いて軍拡したり侵略したりする国だけではなく,ある集団・民族を虐げる国(たとえばホロコーストをする国や宗教的迫害をする国)をも含むので,それらに宣戦布告する国の「正義の味方」・「正戦」には,下記の〈帰属正義〉の意味もある).

以上のように法の世界においては,一方では,ルールを尊重すること自体が重要な価値なのである.社会を運営し紛争を防止するためのルール,起こった紛争を処理する指針(＝実体法),および,その処理を進める際にも手続のルール(＝民事・刑事の訴訟法)が,安全・安心・公正・予測可能性等のために欠かせない.

(2) 〈帰属正義〉について

われわれは,それぞれの**個人をその実情に応じて適切に扱わないこと**を,不正である(正義に反する)とする.たとえば,

(a) 人権や私権を無視する権力やその政治,法を,正しくない・不正だ(＝正義に反する)・「**悪政**」だ・「**悪法**」だとするときは,単にルールを尊重するという意味での正義,〈ルール正義〉が問題であるのではない.政策やルールの中身が,主要な問題なのだからである.ここで問題にするのは,その人にふさわしい権利をその人に帰属させないことが,正義に反するということなのである[72].

---

71) 近時,「実質的意味での **due** process of law」の概念が発達してきた.人権を侵害したり,不公平な配分をしたりすると,内容的に due でないので,"due process of law" に反するとされるのである.したがって,ここでは〈帰属正義〉が関わりだしているのである.

72) 生活保護が正義(ここでは〈帰属正義〉)に適うとされるのは,〈各人が生存権という人権をもつので,それをその人に帰属させるのが正義だ〉という立場の人にとってに過ぎない.したがって,生存権を認めず各人の自己責任を強調し,また働きに応じて各人が利益を受けるべきだとするリバタリアンにとっては,生活保護は正義に反する.後述のように,〈何が正義か〉は,正義とは別の尺度(たとえばここでは論者の人間観や連帯思想の有無)によって決まる

(b)「**正しい裁判**」とは，ルールに従って審議を進めて結審した裁判であるだけでなく（それは必要条件であるが十分条件ではない），勝つべき人を勝たせた裁判である（勝つべき人とは，正当な理由，権利をもっている人のことである．法律に従うとそうなる，という場合も多いが，法律が明示的に保障していない場合でも，「この人は勝つべきだ」と法的に判断されることもある）．したがってここでも，（単にルールを尊重するという意味での〈ルール正義〉とは別の）その人を正当に処遇する正義が，問題にされている．

　(c)　われわれは，「**法律は，法律だ**」と言ってルールをごり押しする者（正当な要求や申請を小さなミスを理由にして認めない行政官僚，あるいは小さな違反で重い刑を加えようとする検察官や裁判官）に対し義憤を感じる（＝正義感によって反発する）．このときわれわれは，〈ルール正義〉だけをゴリ押しする官僚に，別種の正義に立脚して反発しているのである．

　(d)　われわれは，フリーライドに反発する．free rider とは，みんなが努力して制度を支えているのに，自分は何もしないでその利益だけを享受する者のことである．みんなで水源から水を引く作業に一切加わらないで，その水を使っている者は，free rider である．この行為が問題なのは，怠けていたのでそういう受益に値しないのに，ちゃっかり利益を受け取っているからである．

　(e)　われわれは，「**ひいき**」や**縁故採用**に反発する．この反発は，正義感情から来るのだが，このときわれわれが問題にするのはとりわけ，ひいき・縁故採用されている人が，褒賞や採用に値しないのに優遇されており，逆に自分や他の人が褒賞や採用に値するのに，差別されてそれを受けられない点である．

　以上すべて，その人にふさわしいものをその人が受けないことが問題なのであり，法律自体もその観点から審査され，問題であれば「悪法」だとされるのである．これらは，法律よりも上位のルール（法秩序・条理・道徳）があってこの見地から，法律だけを前面に出すことを批判しているのである．正義とは，単に法律に従うこと（〈ルール正義〉）だけでなく，もう一つのものがあることは，これらの事例から明らかとなる．このもう一つの正義が，

（250頁以下）．

「各人にそのふさわしいものを帰属させる」という〈帰属正義〉である．これには，その人の権利や得分を尊重することと，平等に扱うこととがある．

(3) 正義の女神の2タイプの像について

　以上のうち，〈ルール正義〉，すなわちルールの尊重のためには，〈相手が誰であろうと，違反は違反として粛々とルールを適用していく姿勢〉が大切である．したがってこの場合は，正義の女神は相手が誰であるかを気にしないという意味で，**目隠し**を付けるのである（目隠しすると条文も読めなくなるが，正義の女神ともなれば，これらはすべて暗記しているから，大丈夫である）．これに対して〈帰属正義〉のためには，**その人の実情**（たとえば，過去の働き，現在の必要，行為の背景など）をよくわきまえ，それに見あうかたちでルール運用の効果を調節していかなければならない．このためには，正義の女神は**目を開けて**相手の状態・事情をよく見る必要がある．2タイプの像は，正義が2種に分かれるという事実を忠実に反映しているのである．

(4) 〈ルール正義〉と〈帰属正義〉の関連づけの事例

　〈ルール正義〉と〈帰属正義〉は，相助けあうが相反発することもあるので，両者の関連づけが大切である．この事実を端的に語っているのが，「**最大の法は，最悪の不正**」(Summum ius, summa iniuria.) という法諺である．これは，古代ローマのキケロの『義務論』(De Officiis, I. 10. 33) にも出てくるものであり，あまりにも厳格な法（=「最大の法」，つまり〈ルール正義〉だけでいくこと）は，関係者に酷になる（=〈帰属正義〉を損なう），という警告である[73]．個々人の事情を無視し〈法律で決められているから〉として，官僚的対応をする行政官や裁判官の問題性[74]，並びに，すぐ法律や裁判を持ち出し

---

73) これはまた，**権利濫用**に対する警告でもある．「最大の権利」を追求すること，つまり自分の権利を一方的に主張すること，は他人の権利をその分ひどく侵害するものとなる，との警告である．ちなみに，「**良き法律家は，悪しき隣人**」ということわざも，「最大の法は，最悪の不正」とまったく同じ趣旨のものである．すなわちそれも，ルールにこだわり個別事情を無視することの問題性に関わる．ここで「良き法律家」の「良き」はルールをゴリ押しする点で，〈ルール正義〉の観点からは「良い」という意味であり，「悪しき隣人」の「悪しき」は個別事情を考えない点で，〈帰属正義〉の観点からは「悪い」という意味である．
74) 第2講で見たように，日本を含む東洋では古代から国家権力が強く，上から公法のルールを強制する傾向が続いた．とくに近世日本では，権力は私生活にも干渉した．この東洋的強権国

て企業や隣人を悩ます「クレーマー」や「訴訟狂」の問題性、の指摘である。以下に扱う、違法性阻却（正当防衛や緊急避難）や衡平（equity）等の思考は、このことへの反省のなかから法の世界に定着したのである。

(a)〈構成要件該当性─違法性─有責性〉　これら3項の関係は、〈ルール正義〉と〈帰属正義〉の緊張と協働に深く関わっている：① **構成要件該当性**は、行為が法律に適合しているか否かを、まずはそれ自体として（形式的に）判断するところで問題になる。ある行為が、民法（とくに不法行為）や刑法等の法律に規定された行為のパターンに照応しておれば、構成要件に該当しているとされるのである。この判断は、第一義的には、〈ルール正義〉に関わる。

② **違法性**の判断とは、構成要件には該当しているとしうる行為を、行為があった個別具体的な状況下で行為の態様や行為の効果（行為の無価値性や結果の無価値性）を改めて見直して、（正当防衛のように[75]）〈この種の行為は法生活上で許されているのではないか〉、あるいは（可罰的違法性論[76]のように）

家の伝統に立てば、公法の分野で〈ルール正義〉が〈帰属正義〉を無視して一方的に貫徹させられる傾向が強くなる。これに対して西洋のように権利と法が一体で、権利重視が強い伝統の下では、〈帰属正義〉重視が相対的に強いと言える。

75)　正当防衛に関しては、刑法36条が「急迫不正の侵害に対して、自己又は他人の権利を防衛するため、やむを得ずにした行為は、罰しない。」と定め、民法720条が「他人の不法行為に対し、自己又は第三者の権利又は法律上保護される利益を防衛するため、やむを得ず加害行為をした者は、損害賠償の責任を負わない。」と定めている。緊急避難に関しては、刑法37条が「自己又は他人の生命、身体、自由又は財産に対する現在の危難を避けるため、やむを得ずにした行為は、これによって生じた害が避けようとした害の程度を超えなかった場合に限り、罰しない。」と定め、民法720条2が「前項の規定は、他人の物から生じた急迫の危難を避けるためその物を損傷した場合について準用する」と定めている。これらの行為に出た者は、加害行為をした点では、形式的には法律を破っている。すなわちかれは、〈ルール正義〉に反してはいる。しかし、法は、だからといってこの行為者を問答無用で罰することはしない。そういう行為に出ることは、この行為者が置かれた実情からして非難できないことがあるからである。つまり法はここでは、「各人にそのふさわしいものを帰属させる」べきだという立場から考えることを重視している。このように正当防衛・緊急避難では、〈帰属正義〉が重要な働きをしているのである。

76)　可罰的違法性とは、罰することが必要でかつ妥当な程度の違法性のこと。それがない限り罪に問うべきでない、とする学説が有力である（佐伯千仭『刑法における違法性の理論』有斐閣、1974）。これに関連する有名な判決に、「たばこ葉一厘事件」（大審院 1910（明治43）年10月11日判決　LEX/DB-27918311）がある。葉煙草専売法48条は、「政府ニ納付スヘキ葉煙草ヲ他ニ譲渡シ又ハ消費シ又ハ隠蔽シタル者ハ十圓以上五百圓以下ノ罰金ニ処シ」云々と規定している。那須地方のたばこ栽培農民が、収穫したたばこの葉1枚（当時の金で1厘、現代の金で10円程度）を自家で消費したとして起訴され、第2審で当時の金で10円（現代の金で10万円程度）、

〈法秩序を損なうほどのものではないから罰するに値しないのではないか〉の観点から考え直すことである．形式的に構成要件に該当していても，実質的に考えて，**法生活上**で許されている行為・許されるべき行為は，違法ではないとされる（違法性が阻却される）．立法者もまた，法生活全体において何が許され何が許されないかを考えながら立法しているから，それを汲み取って判断するのである．この点で違法性の思考は，〈ルール正義〉とともに〈帰属正義〉に関わる．

③ **有責性**の判断とは，①と②で「問題ある行為だった」となっても，さらに，その行為者の個人的事情を考えつつ，〈その者の責任を問うことが妥当か〉を考えることである．具体的には，かれに**責任能力**があったか，**故意**の行為か**過失**による行為か，そういう行為をしないことを期待できる情況下で行為したか（**期待可能性**）等々を見るのである．個別の事情に応じて責任を問うこの思考は，すぐれて〈帰属正義〉に関わっている．

こうして違法性と有責性とは，最終的には，〈帰属正義〉によって〈ルール正義〉を具体化する，ないし〈ルール正義〉偏重がもたらす結果を是正する，ための概念なのである．

(b) **衡平**　　衡平（equity）は，古代ギリシャ・ローマ時代から重視されてきた．あるルールをそのまま貫くと「各人にそのふさわしいものを帰属させる」観点から見てまずい結果が生じうるとき，それを避けるため，ルールにはそのままには従わず，別の「正しさ」を求めることを意味する．たとえば，① プラトン以来の有名な論題としては，〈ある人から**剣**を借りていたが，返す日が来た．しかしこの時点で，相手が狂っていた．このようなときでも，約束通り剣をかれに返すべきか；それともこのような場合には，約束に反して返さないのが妥当か〉というのがある．「契約は守られるべし」というルールを尊重して剣を返すと，相手にとってもその周りの人びとにとっても問題が生じるので，相手には返さないほうが妥当だとするのである．② これと似た関係に，「**ウソも方便**」がある．これが意味しているのは，〈ウソをつくなというルールも，ある特殊な情況下では，それに従うとまずい結果が生

すなわち消費した葉の値打ちの1万倍の罰金刑判決を受けた．この第2審判決を大審院は，共同生活に危害を及ぼさない程度の法律違反をも罰しようとするのはまちがいであるとして破棄し，被告人を罪に問わなかった．

じる．そのときには，そのルールに従わないこと（ウソをつくこと）をむしろ選ぶべきである〉ということである．これら①や②は，〈ルール正義〉だけが正義ではなく，〈帰属正義〉も重要な働きをしていることを，物語っている（①・②とも道徳ルールに関わる事項であるが，このように議論の仕方は，法をめぐるそれと同じである）．

(c) 法解釈の思考構造との関係　先に検討した法解釈の思考構造（66頁図4-1）をめぐっても，左列においては〈ルール正義〉と〈帰属正義〉が，ともに働いている．［A］文理解釈・［B］体系的解釈・［C］立法者意思解釈・［D］歴史的解釈は，第一義的には，ルールそのものに着目してその意味を明らかにさせる作業であるから，それらを踏まえて右列にいくなら，ルールに忠実という点で〈ルール正義〉に主として関わることになる．これに対して［E］法律意思解釈は〈関係者のこの事情を踏まえると，本件はどう結論づけるのが正義にかなっているか〉を重要な論点とするのであるから，〈帰属正義〉にヨリ多く関わっている．左列においても，同様である．［イ］文字通りの適用は，ルールをそのまま適用するのであるから，〈ルール正義〉に関わっている（ただし，その場合でも，左列の［E］法律意思解釈をも踏まえるのであるから，この点では〈帰属正義〉にも関わっている）．これに対して［ロ］宣言的解釈から［リ］反制定法解釈までの八つは，当事者の事情に応じてルールを再定義したり拡張したり縮小したりするのであるから，〈帰属正義〉にも関わっている．

(d) 刑事訴訟法411条における「正義」　「正義」の語が登場する条文としては，これが有名である．その規定は，次の通りである：

> 「上告裁判所は，第405条各号に規定する事由がない場合であっても，左の事由があって原判決を破棄しなければ著しく<u>正義に反する</u>と認めるときは，判決で原判決を破棄することができる．1　判決に影響を及ぼすべき<u>法令の違反</u>があること．2　刑の<u>量定が甚しく不当</u>であること．3　判決に影響を及ぼすべき重大な<u>事実の誤認</u>があること．4　<u>再審の請求</u>をすることができる場合にあたる事由があること．5　判決があった後に<u>刑の廃止若しくは変更</u>又は<u>大赦</u>があったこと．」

この規定中，第1項は，〈ルール正義〉に主として関係している．まもるべきルールをまもらないことが問題だからである．第2項は，〈帰属正義〉に主として関係している．量刑は被告人の事情に応じて考える点をももつか

らである．第3項は，〈帰属正義〉に主として関係している．被告人をめぐる諸事実に対応して有罪・無罪を判断するし，故意や過失等の判断においても被告人を取り巻く具体的事情を調べるのであるからである．第4項は，〈帰属正義〉に主として関係している．再審はたいてい，証拠となったことがらに重大な変化が生じたり，新たな重要証拠が発見されたりしたという事実認定に関わるからである．第5項は，刑の廃止若しくは変更の点は〈ルール正義〉に，大赦は〈帰属正義〉に，主として関係している．大赦は服役中の者の行状に応じて，おこなわれるからである．

　刑事訴訟法411条が明記している「正義」は，このように〈ルール正義〉であったり，〈帰属正義〉であったりするのである．

　(e) カーディー裁判（Khadi-Justiz）　マックス＝ヴェーバーの見方によれば――その見方が正しいかどうかは別として――イスラムの裁判官（カーディー）たちは，問題を一般的な法によらず，ケース＝バイ＝ケースで道徳や宗教原理にかなったかたちで処理した．これは，〈帰属正義〉を偏重し〈ルール正義〉を犠牲にする点が問題である．日本でも大岡裁きとして語られている紛争処理のなかには，これに近いものがある．**「三方一両損」**というエピソードがその一つである：

>《ある江戸っ子の左官職人が三両入った財布を拾い，その中に入っていた書き付けから持ち主が分かったので，わざわざ届けた．するとこれまた江戸っ子の大工は，「それは，拾った以上，お前のものだ．こちらは，財布を落として清々したところだった．もって帰れ」と言って受け取らない．二人はけんかとなり，双方の大家もこれに巻き込まれる．そこで双方が，奉行所に訴え出る．大岡越前守は，その三両を自分が預かるとして一旦受け取り，そこにポケットマネーから一両加え，（正直で，ともに相手を思い遣っていることの）褒美として二両ずつ双方に手渡した．越前は，〈三両を届けられた元の持ち主も，それを届けて「もって帰れ」と言われた者も，二両ずつは受け取った．双方とも一両ずつは損，預かった越前も一両の損――三者が一両ずつの損だ〉と説明した．》

　二人は，この裁きに満足した（とされる）．二人とも，〈奉行から正当に評価された〉として満足したし，落とした側は〈三両損のところ，二両が帰ってきた〉として，拾った側は〈三両とも相手に返そうと思っていたところ，二両を褒賞にもらえた〉として，満足しもした．この裁きは，〈帰属正義〉にはかなう．双方が，かれのもの（評価と報償）を得たのだから．また，裁

判の目的が関係の修復にあるのなら，その目的に合致してもいる．しかし，このような裁きは，とうてい一般化しえない（ルール化しえない）．また，何の法律をも根拠にしていないから，予測可能でもない．〈ルール正義〉を，無視しているのである．

9.3 結 び

　以上において〈ルール正義〉と〈帰属正義〉との関係を中心に，正義を考えてきた．最後に指摘しておきたいのは，個々の局面において，①〈ルール正義〉でいくべきか〈帰属正義〉でいくべきか，②〈帰属正義〉の中でも均分的正義でいくべきか配分的正義でいくべきか等々を判断する一律の基準はない；時代や所，論者によって異なる，という点である．たとえば，

　（a）　違法性阻却がどこまで広く認められるかは，時代や所によって異なる．「お上の法」ないし共同体秩序を重視する時代・地域・集団においては，認められる余地は狭い．秩序維持が重視され〈ルール正義〉に傾斜するからである．これに対し個人を尊重する思想が強まると，認められる余地は拡大する．〈帰属正義〉への傾斜が強まるのである．

　（b）　均分的正義と配分的正義のどちらを採るべきかもまた，時代や所，人によって異なる．たとえば，①**女性に公民権**を与えるべきかどうかをめぐっては，〈女性は能力が劣っている〉と考える時代・地域・集団においては，〈能力に応じて〉という配分的正義に依拠して男性だけに公民権を与える．しかし20世紀の西洋で〈女性も同じ人格の保持者である〉と考えることが広まると，均分的正義にもとづいて男女同権が強まる．男尊女卑や男女同権は，正義とは別の思想（女性観・男性観・人間観）であり，それが〈どの正義を基準にするか〉を決めるのである．②**障害者保護**も同様である：障害者差別が強い時代・地域・集団では，障害者は配分的正義によって差別された状態に置いておかれるか，せいぜい均分的正義で扱われ特別の施策を受けないかであった．しかし，障害者に対する差別意識がなくなり個人の尊重が強まると，配分的正義にもとづいて，必要な保護の施策が採られる．③**労働者保護や貧困層保護**も，同様である．決め手になるのは，人道主義や社会連帯の思想が強まったかどうかによるのである．これらも，正義とは別個

の思想である．

（c） 均分的正義だけを原理とする立場をとった場合でも，先着順にするか，ジャンケンにするか，投票にするか，投票にする場合でも過半数で決するか3分の2が必要とするかなどの選択は，時代や所の，慣例や関係者の，選好，その背後にある思想に依存している．

このように人びとは，それぞれの時代・地域・集団において自分たちがどういう価値をどの程度重視しているかに応じて，それらの諸価値を調整しつつ，〈ルール正義〉と〈帰属正義〉，均分的正義と配分的正義のそれぞれのどちらに傾斜すべきかや，さらには均分的正義の具体化の方法を決めてきた．〈今・ここでの正義は何か〉は，正義そのものの定義や理念，原理によってではなく，それを外から内容づける，時代・地域・集団のもつ，あるいは各人がもつ，思想や好みの価値観念に従って決める他ないのである．

正義を，法生活のすべてを導く北極星のようなものだと考える人もいるが，とくに法的正義はそれ自体としては，**単なる食器**に過ぎない．メニューは時代・地域・集団ごとに多様なものがあり，食べたいものに対応して，使う食器が選び分けられるのである．これを別言すれば，**法的正義は，それ自身の文法（戦術）はもつが，それ自身の論理（戦略）はもちえていない**ということである．

第10講 法と正義 II
事例による考察

　本講では，判決を素材にして，法の世界における正義問題を考える．焦点はここでも，〈ルール正義〉と〈帰属正義〉とがどのように関係しあっているか，である．

10.1 〈ルール正義〉を〈帰属正義〉で限定した事例

10.1.1 水俣病チッソ川本事件東京高裁判決

　水俣(みなまた)病患者で自主交渉派（加害者のチッソ株式会社を被告にして損害賠償の裁判をするよりも，チッソと直接交渉することを選んだ）のリーダー川本輝夫は，チッソの社長との面会を求めて東京の本社を何度か訪れ，人事部長ら社員と押し問答した．川本はその際4度にわたって，社員に嚙みつき殴るといった暴行を働き，傷害を負わせた．川本は傷害罪で起訴され，東京地裁で有罪（執行猶予付き）の判決を受けた．本判決（傷害被告事件　東京高等裁判所第四刑事部1977（昭和52）年6月14日判決　LEX/DB-24005738）は，その控訴審，東京高裁の判決である．東京高裁（裁判長は，八海事件の最高裁破棄差戻し判決（1957年10月15日．原審は死刑）を調査官として準備したことや，狭山事件裁判に関わって襲撃を受けた（1976年9月17日）ことでも有名な寺尾正二）は，前提問題としての「本件公訴提起の手続」が，「刑訴法二四八条の規定に違反し無効であるから，同法三三八条四号により」，公訴を棄却すると判示した．

> **関連条文**
>
> **刑事訴訟法248条**：「犯人の性格，年齢及び境遇，犯罪の軽重及び情状並びに犯罪後の情況により訴追を必要としないときは，公訴を提起しないことができる．」

法学講義

同338条：「左の場合には，判決で公訴を棄却しなければならない．1　被告人に対して裁判権を有しないとき．2　第三百四十条の規定に違反して公訴が提起されたとき．3　公訴の提起があつた事件について，更に同一裁判所に公訴が提起されたとき．4　<u>公訴提起の手続がその規定に違反したため無効であるとき</u>．」

判決文の抜粋

「3　チッソの不訴追

　被告人川本に対する本件起訴は昭和四七年一二月二七日に行われたものであるが，それまでチッソの所為について関係者を訴追した事実はなく，本件に対する原判決後ようやく業務上過失致死傷罪で起訴されたことは前述のとおりである．この起訴の内容は，前記2の（2）ないし（8）の事実関係をもとに，被告人らには工場排液を排出しない措置を講ずべき業務上の注意義務があるとし，被告人らは右の注意義務を怠り昭和三三年七月から昭和三五年八月ころまで工場排液を排出した結果，胎児性患者一人を含む六名の者を水俣病に罹患させ，うち五名を死亡させたというもので，過失の基礎をなす事実関係は当時既に明らかにすることができたものばかりであつて，冒頭陳述書や取調べ請求された証拠の標目を検討しても，<u>水俣病発生後二〇数年を経過した時点まで起訴を待たなければならない事情は見出すことができない</u>．その間の事情を知るため，当裁判所は熊本地方検察庁と熊本県警察本部へ前記2の諸事項の覚知の有無及びこれに対する対応の仕方について照会をしたのであるが，実質的な回答が得られなかつたので，当時具体的に捜査がなされたと認むべき資料はないが，チッソに対する今回の起訴が，昭和五〇年四月一七日以降チッソ幹部を被疑者とする殺人等告訴，告発事件を東京地検より五回にわたつて移送受理し，同年一一月二九日熊本県警察本部より業務上過失致死傷事件の送致を受けたことに基づ〔ママ〕くものである（当裁判所の照会に対する熊本地検の回答による）ことを考えると，これまで起訴をしなかつたのは告訴，告発がなかつたからというのが理由といえば理由であろう．しかし，業務上過失致死傷罪が告訴，告発をまたなければ論ぜられない事件でないことはいうまでもない．この点捜査側の対応の一端を知る事情として，<u>昭和三四年ころ熊大研究班班長世良完介が熊本地検検事正に「工場を捜索して癈液を押収してくれ，海に毒を流して犯罪にならぬことはあるまい」と言つたところ，検事正は「原因物質がはつきりわからぬと捜査に乗り出すわけには」と答えたこと，昭和三八年二月入鹿山教授の前記発表のあと，熊本地検検事正は「今のところ検察庁としてはどうするかなんともいえない，これまでは医学的なはつきりした原因がわからず手のつけようがなかつたが，医学的研究の結論がでれば結果しだいでは大いに関心をもたねばならないであろう」と語つていること</u>，

昭和四三年九月熊本県警察本部長は県議会において「業務上過失致死傷罪はすでに時効にかかつているが，新らしい事実が出た時点において詳細に検討してみたい」と答弁していること等を指摘することができる．

4　被害民の訴追

　水俣病の発生以来，水俣湾及びその周辺の魚が売れなくなつたり，魚価が著るしく低下し，漁民の生活は次第に困窮していつたが，この原因がチッソの排水にあると考えた漁民達は昭和三二年一月チッソに対し汚悪水の放流中止を申し入れ，昭和三四年には水俣漁協や周辺漁協及び熊本県漁協がしばしばチッソに対し工場排水の中止を求めて激しい抗議行動を行つたが，このうち昭和三四年一一月二日不知火海沿岸の漁協組合員数百名が水俣工場に乱入し窓硝子や什器類を損壊した事件につき組合員三名が執行猶予付の懲役刑に，組合員五〇数名が罰金刑に処せられた．さらに本件起訴後ではあるが，昭和四八年八月支援者の一人が水俣工場前で警察官に罵声を浴びせて逮捕，勾留され，拘留に処せられたことがあり，昭和五〇年九月認定申請患者と支援者四名が熊本県議会の公害対策特別委員会委員長のニセ患者発言に関し委員会に入ろうとして生じた事件につき，公務執行妨害罪等で逮捕，勾留され，起訴されている．」

「三　判断

(一) 1　八年前「苦海浄土」を発表した原審証人石牟礼道子の新著「椿の海の記」は，不知火海が苦海になる以前の海，海辺の人々，光に満ちた自然，山の神，土俗の神々と幼女時代の作者との交流，交歓が描かれ，自然の匂いがきわめて細密に書き綴られている．しかし，その海は水銀汚染によつて今はない．国栄えて山河なしというべきか．

2　西洋の法哲学は，アリストテレス以来，平等をもつて「正義」であるとした．またこれを「各人にかれのものを」という標語によつて示した．なかでもローマの法学者ウルピアヌスは正義を定義して「各人にかれの権利を頒ち与えようとする恒常，不断の意志である」とした．すべての人間に人間たるにふさわしいかれのものを配分するのが正義であり，平等である．それが，法の普遍的理念であるというのである．ラートブルツフは，同様のものは同様に，異るものは別様に取り扱うのが平等であり，正義であり，法の理念であるとした．ベンサムはそれを，より具体的に「最大多数の最大幸福」を実現することであるとし，マルクスは「各人がその能力に応じて寄与し，各人がその必要に応じて享有する」とした．また，フイヒテは理性国家の構想を描き，すべての人々に人間らしい生活を保障することが国家の任務であるとした．彼によれば，人間の人間らしい生活は，一方では社会のためにする勤労の義務を伴ない，他方では社会よりする生活の保障を受ける．ゆえに，国家は，少数の者が豊かな生活をすることよりも，まず，すべての国民に憂ひのない生

活を確保させることを配慮すべきである．しかも，人間の人間らしい生活は，単に勤労をもつて経済上の生活の保障を購うというだけでは足りず，いかなる勤労の生活の中においても，仰いで文化の蒼空から心の糧を得られる権利をもたねばならないとする．英米の法諺にも，良き裁判官は衡平と善に従つて裁判し，厳格法よりも衡平法を選ぶとあり，米連邦最高裁判所のコツクス対ルイジアナ事件の判決は，違法ピケのかどで黒人学生が逮捕されたことに抗議するため約二〇〇〇人の黒人学生がアメリカ南部ルイジアナ州，バトン・ルージュ市内を通り，裁判所に至るデモ行進を行つた際，そのリーダーの一人が平穏妨害罪，公共通行妨害罪及び裁判所周辺でのピケやパレードを禁止する法律違反の罪等に問われたのであるが，デモ行進が裁判所の近くに来た時，取締りに当たつていた警察署長が，デモは裁判所を一〇一フイート隔てた通りの反対側にとどまつて一定限度時間内であれば許されると述べていたことに及び，それにもかかわらず，これを信頼して被告人が演説を始めたところ，この演説が煽動的であるとしてデモを直ちに中止するよう命じたことを認定して，このような状況下で被告人を処罰するのは，被告人をワナにかけることになり，憲法の保障する正当手続を犯すとして有罪の州最高裁判決を破棄したのであるが，法の基本理念は公正であり，フエアネスであることがよく示されている．

　具体的事件を通じて法と正義と平等とを顕現する使命を担う裁判官は上にのべたような哲学をもつて事に当たらなければならないのであり，その指標となるものは，わが国においては，現行憲法を頂点とする手続法，実体法を措いてほかにない．まことに，アメリカのトライアルジヤツジのワイザンスキーが先年司法研修所において，いみじくも演述したように，裁判所は，国家権力が濫用されないように監視する義務を負うている．この義務は，有罪の者すべてが必ず罰せられるようにするという義務よりも大きな義務でなければならないのである．」

「患者が続発し，胎児性患者まであらわれている状況のもとで，当初奇病といわれた段階から一五年間も水銀廃液が排出されている状態を放置しておかなければならない理由は見出せない．熊大研究班による地道にして科学的な原因究明が行われた経過の中で，熊本県警察本部も熊本地方検察庁検察官もその気がありさえすれば，水産資源保護法，同法等に基ず〔ママ〕いて定められた熊本県漁業調整規則，工場排水等の規制に関する法律，漁業法，食品衛生法等弁護人が引用する各種の取締法令を発動することによつて，加害者を処罰するとともに被害の拡大を防止することができたであろうと考えられるのに，何らそのような措置に出た事蹟がみられないのは，まことに残念であり，行政，検察の怠慢として非難されてもやむを得ないし，この意味において，国，県は水俣病に対して一半の責任があるといつても過言ではない．のみならず，チッソの水銀廃液の放流の原因となつたアセトアルデヒドの製造は国家によつて容認されていたのであるから，被害民の立場からすれば，チッソ

と異なる意味で国家もまた加害者であるといえよう．チッソ幹部に対する業務上過失致死傷罪による起訴は，昭和三三年七月ころから昭和三五年八月ころまで工場廃液を排出した行為が過失の内容となつているのであるから，当時速やかにこのような起訴がなされあるいはこれを前提とした捜査がなされていたなら，その後の一〇年に近い排出とこれにともなう水銀汚染が防げていたであろうことを考えると，時機を失した検察権の発動が惜しまれるのである．これにひきかえ，排出の中止を求めて抗議行動に立ち上つた漁民達に対する刑事訴追と処罰が迅速，峻烈であつたことは先に指摘したとおりである．

　次に，自主交渉について考察するのに，自主交渉は水俣病による被害の補償を求めるものである以上，これを法的に構成すれば，原判決が指摘するように損害賠償債権の履行を求める行動ということになろうが，しかし患者とチッソとの間を単に債権者，債務者の関係として平面的にとらえるだけでは，本件における自主交渉の意義及び被告人ら患者の意図を正確に理解することができないであろう．未曽有の被害，行政の停滞，水俣市におけるチッソの占める役割と被害民に対する市民の反応，チッソの責任回避，会社幹部の被害民に対する対応の仕方の不誠実さ，各種調停による低額の補償，訴訟派，一任派の分裂，新認定患者の登場等長期間にわたる複雑な事情を背景に自主交渉が登場したわけであり，昭和四八年七月九日の協定成立までの交渉の経緯は，公害による被害の補償の一方法を示すものとして，民事判決とともに水俣事件を特徴づける重要な要素となつている．右の協定は，全患者に民事判決なみの補償を与え，今後の治療費，手当等の支払いをも約束するもので，これまでの調停による補償とくらべ格段の内容を有するが，この協定成立にあたつては，民事判決が最も影響を与えているとしても，被告人ら自主交渉派の努力によるところも大きい．このような成果を得た自主交渉ではあつたが，原判示第一ないし第四の事件の時点では，環境庁長官立会による交渉が途絶え，交渉再開のめどは全くついておらず，自主交渉の患者も減少して内部的に苦しい状況にあり，原判示第五及び起訴の時点では，熊本地裁における訴訟が終結し，訴訟派と共同して交渉にあたろうという動きが出，他方民事判決前の調停案提示にむけて公調委の作業が進められるなど事態は重要な局面を迎えていたものであり，自主交渉派のリーダーである被告人に対し起訴がなされたことにより，自主交渉派の患者に少なからぬ打撃を与えたものと認められ，意図するとしないとにかかわらず本件起訴が対立する当事者の一方に加担する結果をもたらしたことは否定できない．もつとも，自主交渉といえども相手のあることであるから，無理に交渉の場につかせることはできず，最後は民事訴訟にうつたえるほかないのであつて，交渉を求めるには限度があろうし，行き過ぎがあれば当然是正さるべきであり，他方チッソにしてみれば業務を遂行するために連日従業員を動員しなければならないのは相当の負担であつて迷惑で

あることはいうまでもない．しかし何の落度もなく一方的に被害を被つた患者達のチッソに対する感情には容易に抜き難いものがあり，患者に対するこれまでのチッソの対応の仕方をも考慮すると，チッソとしては相当程度我慢しなければならないし，被告人らに行き過ぎがあつたとしても，これに対して直ちに刑罰で臨むのは妥当を欠くといわなければならない．本件の各事実については，原判決も指摘するように，被害者の傷は日常生活において看過し得る程度のものでなく，暴行の態様も顔を殴つたり，腕に咬みつくなど身体に対する直接の攻撃であつて，軽視し難い面を有していることは確かであり，チッソの従業員であるからといつて被害者がこれらを甘受しなければならない理由はない．しかしながら，これらの暴行は，補償の手がかりをつかもうとして必死に面会を要求する者とこれを阻止しようとした者との間で生じた出来事であつて，個人的に被害者に遺恨をもつて行つたものではない．被告人の行為を，水俣病に苦しむ多くの患者とりわけ物言わぬあるいは物言えぬ患者の抗議であると思えば，被告人に対する感情の何程かは減じるのではあるまいか．

　自主交渉及び本件行為については以上のように考えるのであるが，被告人に対する訴追の当否を論ずるにあたつて無視できないことは，自主交渉の過程で生じた事件についても水俣病における訴追と類似した不平等が生じていることである．すなわち，自主交渉の過程におけるトラブルでは，チッソ側のみならず被告人ら患者及び支援者にも多数の負傷者が出たことは前に述べたとおりであり，とりわけ五井工場の事件は，面会の約束をとりつけて赴いた被告人や報道陣に対し，多数の従業員が有無をいわさず力を振うという非常識なもので，当時各方面から非難が寄せられたことは周知のとおりである．そして，この事件については不起訴処分がなされた．結局，これらを通して訴追されたのは患者側だけだつたわけである．このチッソ従業員の不訴追ということについて付言すると，被告人の罪責の有無を検討するに過ぎない当裁判所が，チッソ従業員の刑責を確定したり，訴追，不訴追の当否を論ずることが許されないことは明らかであり，当裁判所も五井工場等の事件の不訴追が不当であるというのではない．ただ，どちらの側にも理由のある行為によつて生じた事件で双方に負傷者が出ていること，そして片方は全然訴追されていないという事実は，もう一方の訴追にあたつて当然考慮さるべき事情であると考えるのである．

　このように本件事件をみてくると，被告人に対する訴追はいかにも偏頗，不公平であり，これを是認することは法的正義に著るしく反するというべきである．」

「(六) 検察官は，こと検察事務に関して，一人ひとりが独立の官庁として，その権限と責任において事を処理するものであり，検察官は，その良心と法令の命ずるところに従つて事務を処理すべきものである．しかし，他面において，検察権も行政権の一作用であるから，検察権の行使が全国的に均斉になされることは，事が国民の基本的権利義務に関する事柄であるだけに，極めて重要である．このような要請

第 10 講　法と正義 II

を満たす上に最も適切な方途の一つとして認められているのが検察官同一体の原則である（検察庁法一条，四条，一一条，一二条参照）．担当の検察官として，本件公訴を提起するに当たつては，現地熊本地方検察庁と密接な連絡をとり，水俣病をめぐつて起こった紛争に関する刑事事件の処理状況について適確な情報を得たうえで本事件を処理すべきであつたと考える．

　<u>当代の検察権は，すべからく時代のすう勢を達観し何が重要で，何が重要でないか，活眼を開いてその指向すべき方向を見定め，常に清新にして溌らつ真に国民の希求する検察の遂行を期することこそ肝要である．決して弱い者いじめに堕することがあつてはならないのである．</u>〔…〕

　以上の次第で，本件公訴提起の手続は刑訴法二四八条の規定に違反し無効であるから，同法三三八条四号によりこれを棄却すべきものである．しかるに，原裁判所が本件公訴を受理して実体判決をしたのは，不法な公訴の受理に該当するといわざるを得ない．それ故，その余の控訴趣意について判断するまでもなく，原判決は破棄を免れない．」

考　察

　刑事訴訟法 248 条は，「犯人の性格，年齢及び境遇，犯罪の軽重及び情状並びに犯罪後の情況により訴追を必要としないときは，<u>公訴を提起しないことができる．</u>」と規定している．〈「訴追を必要としない」ときは，検察官は公訴を提起してはならない〉とは規定していない．しかし，「訴追を必要としないとき」に「公訴を提起」するようなことは，被疑者の人権尊重の観点からも（市民的自由には不当な応訴を強制されないことも含まれる），正義・公正の観点からも（これを尊重することが検察官の使命の一つである），無意味な裁判を増やさないためにも，許されない（検察官の訴追裁量権の逸脱＝**公訴権濫用**が問題になる．つまり「訴追を必要としない」とは，〈検察官が必要としないと判断したとき〉という意味ではなく，〈客観的に必要としない〉という意味でもある．この時には検察官は，訴追してはならない；検察官がそういう見地から判断して不訴追にすることは，許される，という意味である）．この点は，同 337 条が規定する「免訴」制度や，同 338・339 条が規定する「公訴棄却」から〈訴追の条件がないのに公訴を提起することは許されない〉という法意を導き出して適用すること（＝法意適用）によって，根拠づけられる．

　それでは，本件において東京高裁の裁判官はなぜ，検察官が被告人川本を

訴追すべきでなかったと判断したか？　それは，川本を訴追したことが，〈帰属正義〉の観点から見て大いに問題であるからだった：

　(a)　本判決で裁判官は平等について，アリストテレスやウルピアヌスらをも引用して，さまざまなことを述べている．裁判官が重視しているのは要するに，「すべての人間に人間たるにふさわしいかれのものを配分するのが正義であり，平等である」という点である．つまり裁判官は——客観的に見て——川本の暴行・傷害行為ないしその結果としての検察官の訴追行為を，〈帰属正義〉の観点から事件全体のなかで考え，川本訴追は正義に反するとしたのである．

　裁判官はとりわけ，川本を公訴提起によって追及する**検察ないし国側の偏頗な姿勢**を問題にする．水俣での公害発生以来，熊本県・警察・検察・政府が互いに示し合わせたかのようなかたちでそれぞれ，① 水俣病の原因究明と被害者救済をサボタージュし，② 川本ら被害者側の運動に対して厳しい姿勢で臨む一方，③ チッソ側の企業犯罪（数万人を罹病させ，その生活・生命・環境を奪った）や，チッソ関係者が自主交渉派等に対して「有無をいわさず力を振るうという非常識な」実力行使に出た際の暴行・傷害は，不問に付してきた．川本が暴力・傷害行為に出た以上，それを問題にした検察官の訴追は，（法は守られるべしとする）〈ルール正義〉にはかなっているだろう．しかし，事件の経緯の全体においてこの訴追を位置づけると，重大な公害を発生させたチッソ・国の責任を問わない検察が，そのチッソを追及している川本を，追及運動中の（公害に比べて相対的に）軽微な違法行為（裁判官は，チッソ社員は軽傷であったとも認定した）によって起訴するのは，〈帰属正義〉に反する；なすべきことをなしていない検察に川本を訴追する権限を帰属させるべきではないという点でも，チッソや国を追及しないなら川本もそれに対応する扱いを受けるべきであるという点でも，と裁判官は考えたのである．これが，「法的正義に著しく反する」の中身である〔加えて，国の不作為がこのような公害，ないしチッソと住民の紛争を引き起こしたのでもあるから，その国が紛争の一方当事者川本を訴追することを許すことも——国にその資格があるかという点で——「各人にそのふさわしいものを帰属させる」という正義に反する〕[77]．

---

77)　本判決は，検察の訴追がチッソを不問に付し川本を厳しく追及する点でフェアーでないとしたが，〈訴追は，それゆえ憲法14条に違反して無効〉とは構成せず，〈フェアーでない訴追は，

判決の中で裁判官は,「英米の法諺にも,良き裁判官は衡平と善に従つて裁判し,**厳格法よりも衡平法を選ぶとあり**」と論じている.ここで「厳格法」は,川本の暴力・傷害行為を厳しく追及する点で〈ルール正義〉に関わっており,「衡平法」は,川本の暴力・傷害行為ないしその訴追を事件全体のなかに位置づけて,〈これを理由に川本を訴追したことが検察の裁量権を逸脱しているか否か〉を考える点で〈帰属正義〉に関わっている.

本判決において裁判官は,日本の判決にはめったに見られない自由さで(=人間味をもって,個性的に)思考している.「原審証人石牟礼道子の新著「椿の海の記」」に言及した部分など,この文学作品を読んだ裁判官の感慨,かつての美しい不知火の海——それがひどく汚染されてしまったのである——に対する思い入れ,が率直に吐露されている.裁判官のこの自由な思考が,これまでの法実務の常識を破って「公訴権濫用」を認定し,かつその異例の判決に,最高裁ですら破棄できない迫力をもたらしたのである.

(b) 以上に対して上告審の**最高裁**(傷害被告事件 第一小法廷 1980 (昭和 55) 年 12 月 17 日決定 LEX/DB-24005736) は,東京高裁のようには〈本件の公訴提起が不当で無効だ〉とはしなかった.しかし最高裁は,高裁判決の結論を全面否定して川本を有罪にするまでの原判決変更は必要ないとした(裁判官は,藤崎萬里,団藤重光,本山亨,中村治朗,谷口正孝.このうち藤崎・本山は,無罪決定に反対であった):

> 「原判決の認定によれば,本件犯罪事実の違法性及び有責性の評価については被告人に有利に参酌されるべき幾多の事情が存在することが認められるが,犯行そのものの態様はかならずしも軽微なものとはいえないのであつて,当然に検察官の本件公訴提起を不当とすることはできない.本件公訴提起の相当性について疑いをさしはさましめるのは,むしろ,水俣病公害を惹起したとされるチッソ株式会社の側と被告人を含む患者側との相互のあいだに発生した種々の違法行為につき,警察・検察当局による捜査権ないし公訴権の発動の状況に不公平があつたとされる点にあるであろう.原判決も,また,この点を重視しているものと考えられる.しかし,すくなくとも公訴権の発動については,犯罪の軽重のみならず,

---

検察官の裁量権逸脱,公訴権濫用を意味し,それゆえ公訴棄却に値する〉と構成して違憲判断を避けた.小田中聰樹「公訴抑制の理論と展望 最近の最高裁二判例の検討を中心に」(『法学セミナー』323 号,1982).憲法違反を前面に押し出せば,違憲判断に慎重な最高裁で破棄される可能性が大きくなるからでもある.

犯人の一身上の事情，犯罪の情状及び犯罪後の情況等をも考慮しなければならないことは刑訴法二四八条の規定の示すとおりであつて，起訴又は不起訴処分の当不当は，犯罪事実の外面だけによつては断定することができないのである．このような見地からするとき，審判の対象とされていない他の被疑事件についての公訴権の発動の当否を軽々に論定することは許されないのであり，他の被疑事件についての公訴権の発動の状況との対比などを理由にして本件公訴提起が著しく不当であつたとする原審の認定判断は，ただちに肯認することができない．まして，本件の事態が公訴提起の無効を結果するような極限的な場合にあたるものとは，原審の認定及び記録に照らしても，とうてい考えられないのである．したがつて，本件公訴を棄却すべきものとした原審の判断は失当であつて，その違法が判決に影響を及ぼすことは明らかである．

三　しかしながら，本件については第一審が罰金五万円，一年間刑の執行猶予の判決を言い渡し，これに対して検察官からの控訴の申立はなく，被告人からの控訴に基づき原判決が公訴を棄却したものであるところ，記録に現われた本件のきわめて特異な背景事情に加えて，犯行から今日まですでに長期間が経過し，その間，被告人を含む患者らとチッソ株式会社との間に水俣病被害の補償について全面的な協定が成立して双方の間の紛争は終了し，本件の被害者らにおいても今なお処罰を求める意思を有しているとは思われないこと，また，被告人が右公害によつて父親を失い自らも健康を損なう結果を被つていることなどをかれこれ考え合わせると，原判決を破棄して第一審判決の執行猶予付きの罰金刑を復活させなければ著しく正義に反することになるとは考えられず，いまだ刑訴法四一一条を適用すべきものとは認められない．」

　最高裁は，① 川本が暴行・傷害行為をした以上，かれの刑法違反を追及する検察に，公訴権濫用はない，② しかし，本件をめぐる事情に鑑みると，「原判決を破棄して第一審判決の執行猶予付きの罰金刑を復活させなければ著しく正義に反することになるとは考えられず，いまだ刑訴法四一一条を適用すべきものとは認められない」，とした．東京高裁の判断は誤っていたが，破棄しなければならないほどにひどい誤りではない，との異例の論理で，原判決を維持したのである．

　ただし，最高裁が原判決は維持されるべきだとする理由の一つである，「記録に現われた本件のきわめて特異な背景事情に加えて」が何を意味するのかは，判然としない．最高裁は，原審が認定した〈国や県，警察や検察が，チッソの責任を問わず，被害者側に不当に厳しかった事実〉に関しては，別

の問題だとして切り離し，

> 「被告人を含む患者らとチッソ株式会社との間に水俣病被害の補償について全面的な協定が成立して双方の間の紛争は終了し，本件の被害者らにおいても今なお処罰を求める意思を有しているとは思われないこと，また，被告人が右公害によつて父親を失い自らも健康を損なう結果を被つていることなどをかれこれ考え合わせると」

と，周辺的な事情だけを理由として挙げている．このため最高裁は，上記引用箇所の「しかしながら，本件については」の前までのところでは東京高裁判決を激しい言辞で否定する態度を示しながら，そのすぐあとのところでは高裁判決を維持するのだとするような，訳が分からない議論をしているのである（最高裁は，川本の行為をめぐって「違法性及び有責性の評価については被告人に有利に参酌されるべき幾多の事情が存在することが認められる」としている．公訴権の濫用を認めずに有罪にする方向でこの延長線上を進んでいたら，第1審のように罰金刑と執行猶予で済ますことになっただろう）．

それはともかく，最高裁決定において，上記①は〈ルール正義〉にもとづく判断である．また，②に関わる箇所にある「著しく正義に反することになるとは考えられず」は，〈帰属正義〉にもとづく判断に関わる．最高裁もまた，全体としては，〈帰属正義〉を重視している．川本の行為が〈ルール正義〉には反するとしても，検察官が〈帰属正義〉に反するかたちで公訴したことの問題性のほうが大きい，との論理である．

なお，この決定において**藤崎萬里裁判官は反対意見**を次のように述べている：

> 「この程度の名目的な刑であつてもこれを科して被告人の責任を明らかにするのが正義の要求するところであると思う．本件公訴を棄却すべきものとした原判断は誤っていると宣明しても――それはそれとして重要な意味があることを否定するものではないが――，結局において上告を棄却して原判決を維持することは，すなわち公訴棄却の原判決を確定させることにほかならない．こうして被告人を訴訟手続から解放することは，本件のような場合における暴力の行使を容認するものなるやに誤解されるおそれなしとせず，私のとうてい賛同することのできないところである．」

ここで藤崎が問題にしている「正義」とは，〈ルール正義〉である．川本は，暴力をふるった以上，罰せられるべきだというのである．藤崎は，この

点だけを前面に押し出した．他の裁判官が重視している〈帰属正義〉のことは，藤崎の念頭にはない．かれはこのため，川本の行為を事件の全体に位置づけることも，しなかった（できなかった）．

10.1.2 和解調書を適用させなかった判決

借家人が賃料を払わなかったので，家主は建物の明け渡しを請求する裁判を起こした．しかし，その訴訟中に和解が成立した．その和解調書には，「賃料の支払を一回でも怠つたときには，賃貸借契約は当然解除となり，被上告人〔借家人〕は上告人〔家主〕に対し本件建物部分を直ちに明け渡す」旨の特約が付された．その後，借家人が「賃料の支払を一回」怠ったので，家主は和解調書の上記規定にもとづき，明け渡しを請求した．しかし，最高裁（請求異議事件　最高裁第二小法廷 1976（昭和51）年 12 月 17 日判決　LEX/DB-27000302）は，それを認めなかった：

> 判決文の抜粋

「訴訟上の和解については，特別の事情のない限り，和解調書に記載された文言と異なる意味にその趣旨を解釈すべきものではないが，賃貸借契約については，それが当事者間の信頼関係を基礎とする継続的債権関係であることにともなう別個の配慮を要するものがあると考えられる．すなわち，家屋の賃借人が賃料の支払を一か月分でも怠つたときは，賃貸借契約は当然解除となり，賃借人は賃貸人に対し直ちに右家屋を明け渡す旨を定めた訴訟上の和解条項は，和解成立に至るまでの経緯を考慮にいれても，いまだ右信頼関係が賃借人の賃料の支払遅滞を理由に解除の意思表示を要することなく契約が当然に解除されたものとみなすのを相当とする程度にまで破壊されたとはいえず，したがつて，契約の当然解除の効力を認めることが合理的とはいえないような特別の事情がある場合についてまで，右賃料の支払遅滞による契約の当然解除の効力を認めた趣旨の合意ではないと解するのが相当である．

　これを本件についてみるに，原審の適法に確定したところによれば，（1）被上告人は，昭和四三年二月ころから上告人の所有する鉄筋コンクリート造六階建共同住宅のうちの一戸（以下「本件建物部分」という．）を賃借し，これに居住してきたが，上告人は，被上告人に賃料の支払遅滞があつたとして契約解除の意思表示をしたうえ，被上告人に対し本件建物部分の明渡訴訟（広島地方裁判所昭和四三年（ワ）第一三四七号建物明渡請求事件）を提起したところ，右訴訟係属中の同四四年九月四日，当事者間に訴訟上の和解が成立し，右和解において，被上告人は，上

告人からあらためて本件建物部分を期間の定めなく，賃料月額一万三〇〇〇円，毎月二六日限り当月分を持参又は送金して支払うとの約定のもとに賃借したが，右和解条項には，賃料の支払を一回でも怠つたときには，賃貸借契約は当然解除となり，被上告人は上告人に対し本件建物部分を直ちに明け渡す旨の特約が付されていたこと，(2) 被上告人は，右和解成立後上告人から賃料の受領を拒絶された昭和四六年一一月に至るまで，同年五月分の賃料を除いては毎月の賃料を約定の期日までに銀行振込の方法によつて誠実に支払つていたこと，(3) 右五月分の賃料はなんらかの手違いで期日までに支払われなかつたが，被上告人はそのことに気づいていなかつたこと，以上の事実が認められるというのであつて，右事実関係のもとにおいては，本件和解成立に至るまでの経緯を考慮にいれても，被上告人の右賃料の支払遅滞により，当事者間の信頼関係が，解除の意思表示を要せず賃貸借契約が当然に解除されたものとみなすのを相当とする程度にまで破壊されたとはいえず，したがつて本件和解条項に基づく契約の当然解除の効力を認めることが合理的とはいえない特別の事情のある場合にあたると解するのが相当である．それゆえ，本件和解条項に基づき被上告人の昭和四六年五月分賃料の支払遅滞によつて本件建物部分賃貸借契約が当然に解除されたものとは認められず，これと結論を同じくする原審の判断は正当として是認することができ，また，その判断の過程に所論の違法はない．論旨は，採用することができない．」

考察

　訴訟上の和解であることからしても（訴訟上の和解は，通常厳格に履行されるのである），また和解調書の特約の文言からしても，「契約はまもられるべし」の原則からしても，さらに和解調書がつくられた経過（家主がかなり譲歩したなかでこの特約ができた）からしても，和解の履行は厳格で，借家人が「賃料の支払を一回」でも怠ったら「直ちに明け渡す」ことになりそうなケースである．しかしそれでも最高裁は，① 借家人が「なんらかの手違いで」支払いを完了できなかったのであり，意図的に払わなかったのではない，② しかもそれも一回きりのことであった，③ このような場合，家主に大きな迷惑がかかるわけでもなく，また，④ 家主が借家人にまず督促し注意を促すのが信義にかなうことであるとして，家主の明け渡し請求を認めなかった．文言よりも，借家人をめぐる個別事情を汲み取る〈**帰属正義**〉，それに配慮する信義則を重視したのである．

法学講義

10.1.3 代物弁済契約を読み替えた判決

　代物弁済契約とは，借金する人が〈もし返済しなければ，代わりに自分のこの土地（ないし家）を差し上げます〉と約束する契約である．本件（第三者異議事件 1967（昭和 42）年 11 月 16 日最高裁第一小法廷判決　LEX/DB-27001018）では，甲は乙銀行と 10 万円を限度額とする根抵当契約を結び，〈期日までに返済できない場合には，私のこの不動産で代物弁済します〉との契約（代物弁済契約）をも締結した．甲が 8 万 7590 円を返済できなかったので，（乙銀行から債権を譲り受けていた）A（被上告人）は，契約通りその不動産を，借金代わりに自分の所有に移し登記しようとした．ところが甲は，また別人の B（上告人）からも借金していた．B は，甲が返済を怠ったので甲の上記不動産に強制執行をかけ，それを競売によって売却しようとしていた．そこで A が B にその強制執行の中止を求めたところ，B は，〈その不動産は 150 万円の価額をもち，最低競売価額でも 48 万 4500 円である．甲がわずか 8 万 7590 円のためにその不動産をすべて手放すことになるような代物弁済契約を真意で結ぶはずがないし，たとえ結んだとしても，その契約は乙銀行による暴利行為だから無効だ〉と主張した．最高裁は，契約書を独自に解釈することによって B の主張を認めた（以上，事実を単純化してある）：

関連条文

　民法 482 条：「債務者が，債権者の承諾を得て，その負担した給付に代えて他の給付をしたときは，その給付は，弁済と同一の効力を有する．」

判決文の抜粋

　「思うに，代物弁済契約とは，本来の給付に代えて他の給付をすることにより既存債務を消滅せしめるものであるが，<u>たとえ契約書に特定物件をもって代物弁済をする旨の記載がなされている場合であつても，その実質が本来の代物弁済契約ではなく，単にその形式を借りて目的物件から債権の優先弁済を受けようとしているに過ぎない場合がありうる</u>（当裁判所昭和四一年（オ）第一五八号同年九月二九日第一小法廷判決民集二〇巻七号一四〇八頁参照）．ことに，貸金債権担保のため不動産に抵当権を設定し，これに併せて該不動産につき停止条件付代物弁済契約または代物弁済の予約を締結した形式が採られている場合で，<u>契約時における当該不動産の</u>

266

価額と弁済期までの元利金額とが合理的均衡を失するような場合には，特別な事情のないかぎり，債務者が弁済期に弁済しないときは債権者において目的物件を換価処分し，これによって得た金員から債権の優先弁済を受け，もし換価金額が元利金を超えれば，その超過分はこれを債務者に返還する趣旨であると解するのが相当である．そしてこのような場合には，代物弁済の形式がとられていても，その実質は担保権と同視すべきものである（当裁判所昭和三九年（オ）第四四〇号同四一年四月二八日第一小法廷判決民集二〇巻四号九〇〇頁参照）．すなわち，この場合は，特定物件の所有権を移転することによって既存債務を消滅せしめる本来の代物弁済とは全く性質を異にするものであり，停止条件成就ないし予約完結後であつても，換価処分前には，債務者は債務を弁済して目的物件を取り戻しうるのである．

　いま叙上の見地に立つて本件を見るに，被上告人が滋賀相互銀行から承継した江南省三との間の契約には停止条件付代物弁済契約なる文言が使用されていたにせよ，原審としては，代物弁済なる文字に拘泥することなく，すべからく，この観点に立つて，その性質を明らかにすべきであつたのである（上告人は，原審において，本件物件につき停止条件付代物弁済契約が結ばれたことを認めているが，ここで取上げているのは契約の解釈についての法律上の問題であり，かりにその点についてまで当事者間で見解の合致があるとしても，裁判所がこれと異なる法律判断をすることの妨げとなるものではないのである．）．そして本件の目的物件に対し抵当権が設定されていたことは前記認定のとおりであり，かつ，右物件の価額が債権額に比し遙に大であり，その間に不均衡のあることが上告人より主張され，原審もその不均衡を必ずしも否定せざる以上，裁判所はすべからく釈明権を行使すべきであり，その結果，右の事情の下において，もし被上告人のいうところの停止条件付代物弁済契約が，債権の優先弁済を受けることを目的とし，権利者に清算義務を負わせることを内容とする一種の担保契約に過ぎないことが明らかになるにおいては，被上告人の権利主張は，その債権についての優先弁済権を主張しその満足をはかる範囲に限られるべく，これを超えて，その地位を上告人に対抗せしめ，その執行を全面的に排除するがごときは，必要以上に被上告人を保護し，第三者に損害を及ぼすものとして，許されないところといわなければならない．すなわち，このような場合には，被上告人の第三者異議の訴，ないしその前提をなす本登記手続承諾請求の訴は，許すべからざるものとなるわけである．」

考　察

　本判決までは，代物弁済の契約では，契約文を文言通りに適用して，債権者が代物の土地や家を丸取り（全部取り上げ，おつりを返さないこと）できてい

た．本件で両当事者は，契約したのが代物弁済契約であることを裁判で認めているので，「契約はまもられるべし」(〈ルール正義〉)によれば，債権者が土地を丸取りできるケースである．しかし8万7590円の借金代わりに150万円の土地を取り上げるのでは，債務者側に酷である．そこで最高裁は，このような場合には裁判所が釈明権を行使して，この契約が実際にはどういう関係のためになされたもので，したがって——文言上ではなく実質内容として——どういう趣旨のものかを確認し，それに沿って契約を解釈すべきだとした．「たとえ契約書に特定物件をもつて代物弁済をする旨の記載がなされている場合であつても，その実質が本来の代物弁済契約ではなく，単にその形式を借りて目的物件から債権の優先弁済を受けようとしているに過ぎない」場合があるから，と．そして最高裁はこの立場から，本契約は〈債権者が土地のすべてではなく債権プラス利子分のみを優先で受け取る契約だった〉と宣言的解釈をしたのである．

すなわち画期的だとされるこの判決において最高裁は，〈帰属正義〉の観点から，当事者間の契約を読み替える(＝文字通りの適用ではなく，法律意思解釈にもとづいて宣言的解釈をする)べきだとの方向性を打ち出したのである[78]．

10.2 〈ルール正義〉を〈帰属正義〉で限定しなかった事例
　　——ゴルフクラブ退会事件

1986年から1991年のバブル期には，ゴルフ場が激増し，ゴルフ会員権も高騰した．しかしバブルの崩壊によって，多くのゴルフクラブが経営危機に直面した．本件（預託金返還請求事件　東京地裁1999（平成11）年2月26日民事第二六部判決　LEX/DB-28042465)のゴルフクラブは，この危機を乗り切ろうと種々の対策を講じ，その一環として，会則6条但書にもとづいて入会時の預託金の据え置き期間10年を，さらに10年延長する対策をとった．しかし原告はそれを認めず，当初の10年の経過後に退会したい，その際には預託

---

[78] なお，その後の判例の蓄積を受け，1978（昭和53）年6月20日に「仮登記担保契約に関する法律」が制定され，その第3条に「債権者は，清算期間が経過した時の土地等の価額がその時の債権等の額を超えるときは，その超える額に相当する金銭（以下「清算金」という．）を債務者等に支払わなければならない．」と規定された．〈帰属正義〉が立法化されたのである．

金を返還してほしい，と求めた．ゴルフクラブはこれに対抗し，10年延長は「**事情変更の法理**」にもとづく契約改定として許されると主張した．東京地裁は，ゴルフクラブ側のこの主張を認めなかった：

判決文の抜粋

「そこで案ずるに，契約時と比して重大な経済事情の変更があり，据置期間の延長を行わねば本件クラブの運営が立ち行かなくなる可能性があることについては前記認定事実から認められるところであるが，その延長の期間について被告は，今後預託金償還問題を抜本的に解決するためには著しく困難であり，解決するのに十分な期間としては一〇年間が必要であると主張するに止まり，右期間の経過によって延長後の返還が可能となることを認めるに足る証拠はない．

したがって，被告の主張する据置期間の延長は会則六条但書の要件を満たされず，その効力は，認められない．

五　事情変更の原則の適用

被告は，バブル経済の崩壊という重大な経済事情の変更に鑑み，事情変更の原則を適用することが大多数の会員の権利保護に資するとも主張するようである．

思うに，人知のはるかに及ばない大規模かつ重大な天災地変が生じたような場合は格別，契約当時に一般人において予測し得ないような経済事情の変化が生じたからといって安易に事情変更の原則を適用して契約の拘束力を否定することは契約の信頼度が著しく低下する虞があることから，慎重に行うべきであることはいうまでもないことであるから，事情変更の原則を適用するにあたっては，当事者の自助努力がなんら意味をなさないような事態において契約の拘束力という私法上の当然の前提を否定してもそれを適用することが正義に適うような場合でなくてはならないと考える．

そうすると，ほとんどすべての契約についてその拘束力を否定することが正義に適うような事情の変更があったと認められる場合に限り，事情変更の原則が適用になるものというべきであるところ，現在のところかような事情の変更があったものとまでは認めることはできないから，被告の主張を容れることはできない．

六　前記認定事実によれば，被告は運営委員会を発足させ，契約当初と運営の形態を変えることまでして本件ゴルフ場の再建に真摯かつ懸命に努力していることが認められ，現在も預託金返還請求権の代替措置について会員の同意を得るべく奔走していることが認められる．

かような被告の真摯な努力については当裁判所としても最大限の評価をしうるものであるが，事実を認定し法の解釈適用を行う立場にある当裁判所としては，既述

のような判断をなすほかない.

　また，預託金額とゴルフ場の規模を考慮するとその資産に対する競売が事実上困難であることや，管理会社に運営を委ねているケースが多いと思料されるゴルフ場経営の実態を考慮すると強制執行による権利の実現が事実上困難であることは想像に難くないところであり，本判決が仮に確定し期限が到来したとしても，被告による任意の支払い以外には原告の権利の実現の可能性が極めて低いものとも思われる.

　したがって，裁判による権利の実現という制度の限界あるいは無力さを痛感しつつ，主文のとおり判決するものである.」

考　察

　事情変更の法理とは，上の判決にあるように，「人知のはるかに及ばない大規模かつ重大な天災地変が生じたような場合」においては，契約をそのまま履行すると契約当事者間にいちじるしい不公平（たとえば契約の前提である給付と反対給付の間の釣り合いが崩壊すること）が生じるので，契約の「正義に適うような」実質的修正ないし解除が認められる，とする法理である．この説明から分かるように，この法理は，〈今ここでの個別具体的妥当性〉を尊重する点で，〈**帰属正義**〉にもとづいた法理である．本件でゴルフクラブ側は，〈予想しなかった経済変動が起こり，当初の契約の前提が崩壊したため，元の契約をそのままにしておくと，大きな不都合（本件では，預託金の取り付け騒ぎが起こってゴルフクラブが破産しかねない事態）が生じる．この困難を乗り切れるよう，元の契約を変更したい〉と提起したのである．原告の会員は，それを受け容れなかった．

　本判決で裁判官は，ゴルフクラブの再建への努力を高く評価し，またここで原告の主張を認めると，再建が困難になり，クラブが破産しかねないことをも認めている．しかしそれでも，裁判官は，バブル崩壊程度の事態は，事情変更の法理が適用できるような「人知のはるかに及ばない大規模かつ重大な天災地変」には当たらないし，ゴルフクラブという組織は，その会員が組織維持のための協力義務をもつほどには会員の組織への帰属性を前提にしていない（「団体性が希薄」である）ので，会員は，（団体メンバーとしてではなく）単なる債権者として契約解除ができるとした．〈帰属正義〉が〈ルール正義〉を破るほどの状況にはいたっていない，との判断である．

　事情変更の法理は，英米法においては「**フラストレーションの法理**」とし

て，ドイツにおいては「**行為基礎論**」として発達してきた．日本においても，この法理は 1944 年 12 月 6 日の大審院判決で採用されて判例化してきた．

この法理を広く認めるかどうかは，裁判官が個々の事件に関して，〈ルール正義〉と〈帰属正義〉のどちらを重視するかに関わっている．総じて言えば**日本**では裁判官が，契約尊重・取引の安全を重視するので（＝〈ルール正義〉を優先するので），この法理の適用には慎重である．これに対して**英米やドイツ**では，キリスト教の伝統や共同性重視の伝統が強いので〈帰属正義〉も尊ばれるから，この法理も比較的広く認められている．

コラム 16　日本で事情変更を認めた判決

第二次世界大戦後の日本でも，事情変更の法理を採用した判決はある．2 例を挙げる．① **奈良地方裁判所** 1951（昭和 26）年 2 月 6 日判決（LEX/DB-27400157）は，戦前に朝鮮半島内で締結があった，漁網用染料の売買契約が敗戦によって履行不能となった事件につき，次のように述べて契約解除を認めた：「売主買主双方の責に帰することのできない事由によつて双方の負担する債務を契約の本旨に従い履行することが事実上並びに経済上不可能に陥つたものと認めることができ，しかも其の障害が何時除去されるか双方に予見できない本件のような場合信義衡平の原則上双方は契約の目的を達することができない已むを得ない事由ある場合として，何時でも一方的に継続的売買契約を解除し将来に亘り契約による義務を免れることができると共に売主は契約解除の有無にかゝわらず，買主に対し不特定物たる商品の引渡が可能となるときまで給付債務を免れると同時に反対給付の請求をなし得ないものと解するのが商法第五百二十五条民法第五百三十六条の法意に鑑みるも妥当といわねばならない．」② **東京高等裁判所** 1955（昭和 30）年 8 月 26 日第五民事部判決（LEX/DB-27400755）も，同様に事情変更を認めた：1942 年に〈10 年後に 2 万 4500 円を支払って建物を売り渡す〉約束をしていたところ，1952 年にはインフレのためその時価が 600〜700 万円になったので，売り主が引き渡しを拒否した．この事件について東京高裁は，「あくまで従前の内容による予約の履行を強行せんとしてなした被控訴人の予約に基づく売買完結の意思表示はその権利の行使が著しく信義則に反する」として，契約の解除を認めた[79]．①・②ともに，〈帰属正義〉を前面に押し出したのである．経済の激変とともに，敗戦という事態が前提となっている．

---

79) 以上，五十嵐清『契約と事情変更』（有斐閣，1969）による．

10.3 〈ルール正義〉と〈帰属正義〉が協調する事例
── 戸籍訂正拒否事件

本件（戸籍訂正申立事件　秋田家裁 1966（昭和 41）年 3 月 23 日審判　LEX/DB-27483338）は，次のような事件である：父親が息子の師範学校への進学年を早めようと考え，息子の戸籍上の生年月日を実際よりも 8 ヵ月早く生まれたように区裁判所で変更申請をした．当の息子はその虚偽を知りつつ，永年それによって生活してきた．しかし息子は，自分の定年が近くなって，定年になる日を遅らせようと，秋田家裁に戸籍上の生年月日を元の正しいものに訂正する申請を出した．裁判官はこの経過に鑑み，訂正の申請を「正義に反する」として却けた．

> **判決文の抜粋**

「申立人審問の結果および当裁判所が職権で調査したところによると，つぎの事実が認められる．

　申立人親権者栄吉は，明治四二年一一月一日本籍地役場に対し，申立人の出生年月日を「同年一〇月二二日」とする出生届出をしたため戸籍にその旨記載された．右栄吉は大正一三年一月頃秋田区裁判所に対し旧戸籍法に基き，申立人の出生年月日を「同年二月二二日」とする旨の訂正許可申請し，同裁判所が審理（申立人が父栄吉から聞いたところでは，その手続で産婆の出産証明書を提出し，親戚の者の証人調をしたという．）の上，大正一三年一月九日これを許可する裁判をし，右栄吉が同年同月一五日右許可に基いて訂正申請した結果その旨戸籍の出生年月日が訂正された．<u>申立人はこれにより秋田師範学校の受験資格を得，受験の上合格し，以後，今日にいたるまで，すべてこの法律関係において自ら進んで，出生年月日を「明治四二年二月二二日」として来たが，退職勧告を受けるようになつてから前言をひるがえし，真実の出生年月日が許可前の戸籍記載の日であると述べるにいたつた．</u>

　申立人が親権者によつて区裁判所に対し，旧戸籍法により，戸籍に記載された生年月日が錯誤によるものとして訂正許可の申立をし，その旨の許可がされ，右許可に基き戸籍の記載が訂正された後，長年の間それを基本とした法律関係が形成されて来たときは，<u>たとえ右許可が誤りで，許可前の生年月日の記載が真実に合致するとしても，申立人が，再び，戸籍法第一一三条に基き家庭裁判所に対し，許可前の戸籍の再訂正の許可を求めることは，非訟手続行為における禁反言の原則に反し，民法第一条第二項にいう信義誠実の原則違反の無効の行為として，許されない，と</u>

解する.

すなわち,

(1) 最初の申立が親権者によつてされても,その効果は本人に帰属するし,もし,その効果を欲しないならば,戸籍法上の訂正許可申立能力を取得した(旧戸籍法上で遅くとも満二十歳に達すればその能力を有したと解する.)後遅滞なく再訂正許可の申立をしなければ失権することは,民法第七九一条第三項の趣旨から類推される.そして,申立人がそれを黙認した場合,その黙認の効果に反する事実を主張することもまた禁反言の原則に反する.

(2) 出生年月日の訂正許可の裁判は既判力を有しないし,それは原則として真実に合致するようなされなければならない.しかし,右裁判も,真正な出生年月日の確定を前提とするところ,その証拠方法は,主として申立人の提出するものに限定され,裁判所が職権で調査するにも限界があるから,提出された証拠に基く裁判も──採証法則に誤りがない限り──また当事者に大半の責任を帰しなければならない.最初の申立の際申立人の親権者の提出した証拠方法に基いて裁判したであろうことは一般的にいえるところである.(特段の事情のない限り許可の裁判に採証法則の誤りがあるとは考えられない.)このように,自ら提出した証拠方法に基いて誤つた裁判の結果を意欲した場合には,後日他の証拠に基く裁判で異なる結果を与えることは,正義に反する.

(3) 生年月日訂正許可の裁判は,それ以後長年の間に形成されたすべての法律関係の基本となつていたものである.もし,再訂正を許可すれば,それによつて従前の法律関係は一挙に覆され,これによつて蒙るべき公益の被害は,それによつて受けるべき申立人個人の利益より,はるかに大であり,このような結果を惹起するような許可をすることは,著しく正義に反し,条理にもとる.そして,申立人のこのような訂正申立権の行使は信義誠実の原則に反する結果を来すといえる.

本件申立は,前叙説示の点から禁反言の原則に反し,信義誠実の原則にもとる無効な申立として,却下を免れない.よつて,主文のとおり審判する.」

考察

本件において秋田家裁の裁判官は,真実の状態に戻したいという訂正の申し立てを民法1条2項の「信義誠実の原則」(信義則)に反するとして拒絶した.これは,(a)「禁反言の法理」と,(b)「クリーンハンズの法理」とに,ともに関係している.

(a) 禁反言の法理　　英米法でestoppelと呼ばれるこの法理は,〈あるルールや制度を自分で定立し,それにもとづいて他人もそれ以降の関係をつく

ってきたことを知っている者が，あとになって自分の勝手な都合でそのルールや制度の変更を求めることを許さない〉とするものである．つまりこれは，第一義的には，ルール尊重の姿勢として，〈ルール正義〉に関わっている．これを本件について見れば，「再訂正を許可すれば，それによって従前の法律関係は一挙に覆され，これによって蒙るべき公益の被害は，それによって受けるべき申立人個人の利益より，はるかに大であり，このような結果を惹起するような許可をすることは，著しく正義に反し，条理にもとる」とあるように，法的安定性を重視した判断としてある（禁反言の法理は，先につくったルールが内容的に不正なものであってもなくても，またつくった際に問題があってもなくても，訂正を認めない点で，クリーンハンズの法理と異なる）．

(b) クリーンハンズの法理　　この法理も，英米法で発達してきた．この法理は，"He who comes into equity must come with clean hands."（衡平に救済を求める者は，かれ自身が清廉潔白でなければならない）という古語に関係している．自分が法に違反していながら，その不法な行為をしているなかで生じた，自分の不利益の救済や，他人がした不正の排除を求めて裁判所に訴えることは正義に反する，という判断である．日本の民法 708 条（不法原因給付）は，「不法な原因のために給付をした者は，その給付したものの返還を請求することができない．」としているが，これはその法理に対応する規定である．

本件で言えば，この申請者は，父親が生年月日を偽って戸籍登録したことを知っていながら，それを利用して暮らしてきて，あとになって自分の別の都合で戸籍の是正を求めている．この人物に対しては，〈君は先に不正を犯していたことによって，今回の権利主張についてはその資格を失っている〉としうるのである．すなわちこの人物は，（その人にふさわしい利益を帰属させるという）〈帰属正義〉に照らすと，保護を受ける資格をすでに失っている．民法 708 条の根底にある原理に対応させて言えば，〈不法の原因にもとづく法律行為で利益を享受してきた者は，別の利益を享受（ないし不利益を回避）しようとしてその関係を是正することは求められない〉ということである．

以上 (a)・(b) によって，虚偽の状態の維持こそが正義だという選択が帰結したのである．

第11講 法と道徳 I
理論的考察

　法と道徳とは，われわれの社会行動を律する二大重要ルールである．両者は，相互にどこが似ており，どこが異なっており，どういう関係をもつか？　そこから法のどういう特徴が浮かび上がるか？　本講と次講では，これらの点を考える（拙著『法哲学講義』第2章をも参照）．

11.1 法はどのようにして道徳ともなるか？

　(a) 道路交通法規　道路交通の諸法規は，自動車が増え始めた時代に，新たな問題に対処するために制定された（道路交通取締法＝1947年法律第130号，道路交通法＝1960年法律第105号）．すなわちそれらは，（道徳的価値とは本来無関係という意味で）技術的な（社会工学的な）法である．しかしこの道徳的に無色の新法に関連しても，やがてそのなかの特定の違反に対しては，道徳的非難が結びつき，それが強まっていった．① 飲酒運転をめぐる動きがその一例である．最近，飲酒運転に起因するきわめて不幸な事故が発生し[80]，それを契機に罰則・取り締まりの法制が強化されたが，それだけではなく飲酒運転者は，以前に比べてはるかに厳しく世間から，すなわち道徳的に，非難されるようになった．たとえば，酒気帯び運転だけで，議員・公務員の場合は辞職・免職となる事態となった[81]．② 運転中のケータイ利用もまた，

---

[80]　2006年8月25日に福岡市東区の海の中道大橋で，飲酒運転の福岡市職員の車が前の車に追突した．前の車ははずみで海に落ち，同乗の幼児3名が水死した．市職員は当て逃げし，飲酒運転を隠す工作をもした．

[81]　国によっては今日でも飲酒運転規制が実際にはかなり緩やかで，したがって違反行為に対する良心の呵責や世間の道徳的非難があまりないところもある．たとえば，フランスやドイツ等，西ヨーロッパがそうである．体内のアルコール分解酵素の質が日本人の多くのそれとは異なるので，酔っ払いが少ないからだと言われる．しかし西洋でもアメリカのカリフォルニア州などでは，飲酒運転規制と非難は厳しい．1980年代に飲酒運転による深刻な事故があり，規制運動

それによる事故が増大して，法的に禁止された．今では運転手がそれをやっていて事故を起こした場合，かなりの道徳的非難をも受ける（①・②の場合，ルール違反の運転をしたことそれ自体が，ルールをまもるという道徳に違反したとして，道徳的に問題とされるのでもあるが）．また，③赤信号無視も，同様である．運転手がこれを犯すと，法的のみならず道徳的にも非難される．しかし歩行者が，交通量がきわめて少ない時間帯に，横断歩道で赤信号を無視したり，横断歩道外の場所での横断（jay walking）をしても，法律には違反しているが，道徳的非難はあまりない（本人も，道徳的にうしろめたい気持ちにはまずならない）[82]．④ シートベルトや単車のヘルメットについては，違反に対しては法的制裁が科されるが，道徳的非難がともなうわけではない．これは，法律違反ではあるが，他者にさほど迷惑をかけるわけではないからである．

(b) 盗作の例　　盗作とは，他人が苦労して創り出したものを自分の成果として発表するかたちで横取りする行為である（無断で作品の一部をそのまま使用する場合と，アイデアを盗んで自分の独創であるかのように装う場合とがある．著作権法の対象となるのは前者であり，後者の摘発・法的制裁は難しい）．このような行為が著作権を侵害するものであることが広く自覚されるようになったのは，1887年のベルヌ条約以来の新しい現象である．近時，IT化にともなって著作権侵害が深刻になり，権利の法的保護が進み，法的制裁も厳しくなった．そしてそれにともなって，著作権侵害行為に対する道徳的非難も，一段と厳しくなった．たとえば，10年ほど前までは，大学教員が盗作をしても3ヵ月程度の停職だけであった．しかし最近では，免職処分となりうる（別途，損害賠償もありうる）．また，二重投稿（複数の雑誌社・学会などに同時に同一の応募原稿を送ること）は，本来モラル違反であるものの，さほど気にされてこなかったところ，近時雑誌社等の著作権を侵害しかねない行為であることが鮮明になって法的制裁が強まり，それにともなって道徳的批判も強くなった（たとえば大学教員の場合，役職を降ろされるなどの可能性がある）．

が進んだからである．

[82] しかし同じ歩行者が，幼児が信号待ちしているその目前で赤信号を無視して道路を渡ることには良心の呵責を覚えるし，渡ると周りから強い道徳的非難を浴びる．これは，道路交通法に違反していること以上に，幼児に対する悪影響を考えるからである．歩行者が交通量の多いところで信号無視して横断しても，同様である．車に対する妨害や，事故による社会への迷惑が問題だからである．

(c) 分煙対策　　前述のように（5 頁以下）2000 年頃までは，車両やオフィス，映画館，飛行機内でさえも，喫煙の法的規制はなかった．それと並行して，喫煙マナーも低かった．しかしその後，嫌煙者への配慮や，受動喫煙の危険が明らかになるにともない，次第に，国家的にも集団内でも法的規制が加わるようになった．とくに西洋諸国では，閉鎖的な公共の場の禁煙化が，法的に義務づけられるようになり，違反者には罰則が科せられるようになった．たとえば，イギリスでは，2006 年の衛生法（Health Act）にもとづき，2007 年 7 月 1 日からレストラン，パブ，ライブハウスなどでの全面的禁煙が始まり，違反者（喫煙者および，喫煙を許した場所管理者）に罰金が科せられるようになった．これはひとえに，受動喫煙の有害性が深刻に受け止められるようになったからである．そして法的規制が強まると，広く喫煙マナー一般が厳格になり，マナー違反には道徳的非難の空気が強まる．

これに対し日本では，今のところ路上喫煙には——子供の目の高さのところに火が来ることの危険のゆえに——条例で地区によって罰則が科されるようになった程度で，大半は喫煙マナーに委ねられている．しかしこのように法的規制が弱いため，喫煙マナーもあまり自覚されておらず，路上や公園，食堂などで隣の人の迷惑を考えずに喫煙する人が多い．

11.2　道徳はどのようにして法ともなるか？

この点についても，いくつかの事例で考えよう．

(a) 車両内の飲食　　日本では地下鉄のなかでも飲食はマナーに委ねられているだけで，法的規制はない．車両内が汚れる問題があまり起こっておらず，規制の必要がないからである．これに対して台北の電車 MRT（Mass Rapid Transit．1990 年代末から導入）の車両内では，衛生環境の維持を理由に，飲食が法的に禁止されている（ペットボトルの水を飲むことも禁止されている）．違反者には，1500 台湾元（約 4500 円）以上，7500 台湾元以下の罰金が科せられる．これは，ゴミのポイ捨てが深刻で，マナーにまかせておけなかったからである[83]．

---

[83]　日本ではたとえば東京の駅のホームでの喫煙は，私鉄は 2003 年から，JR は 2009 年から全面的に禁止となった．その際日本では，ホームでの喫煙は直接には法的規制の対象ではない．

(b)「法は最小限の道徳」　この法諺が意味しているとおり，数ある道徳のうち深刻な害をもたらすものが，法的規制の対象ともなる傾向が昔から見られる．たとえば，〈人を殺すな〉，〈盗むな〉，〈傷つけるな〉などの重大な反道徳行為は，古来法的にも規制されてきた．一つの道徳をめぐっても，たとえば〈ウソをつくな〉のうち重大な害あるウソだけが，偽証罪や，誣告罪，詐欺罪，通貨偽造行使罪として法的にも規制されてきた．

(c)車両内でのケータイ　携帯電話が普及しはじめたのは，1990年代である．したがって，それまでは，道徳も法律もなかった．その後日本では，乗客間のトラブルが多くなり，車両内でのケータイ会話・着信音の制限が始まった．しかし，それでも規制はなおマナーの遵守・自粛を呼びかけるレヴェルに留まっている．法による規制は，まだ登場していない．マナーによるだけで，かなり静かになっているからである．

しかも，この種のことがらの法的規制は，そもそも困難でもある．なぜならそのためには，監視要員（警官等）を各列車に配備する必要があるが，それには財政面で問題がある（しかし，痴漢やスリのような犯罪に対しては，既に配備が進んでいる）．鉄道会社は，周囲の人の目を気にして自主規制をする日本人の性向を利用する戦略を採っているのである（外国では，日本の水準までのマナー喚起も見られない．そもそも外国（とくに南欧）では，乗客同士が大声で話すことは普通であり，相互にあまり気にしない．日本ほどには混み合う車両が多くはないので，問題が起こっていないということでもある）．

11.3 以上を踏まえた考察

以上のことを踏まえつつ考えると，法と道徳の関係について何が言えるか？

(a)　① まず法によってルールが定められ，違反が重大な結果をもたらしたものに対して強い道徳的非難があとで付け加わるというケースと，② 道徳による規制で始まるが，それだけでは効果がない場合に，法による規制

マナーに訴えるだけで，効果があがっている面もある．これに対しイギリスや台湾では，違反者には罰金が科される．これは，2005年に発効した「タバコ規制枠組条約」が忠実に国内法化されているからでもある．

が加わるというケースとがある．どちらが多いかというと，圧倒的に②が多い．なぜなら，道徳は社会のなかで時間をかけて，自然に形成されるのが通常である．このように道徳（とくにマナー）は長年の生活の所産として，その数も多くなる．これに対して法は人工物であり，生活の激変や技術の進歩などに起因して生じた新問題に反応するかたちで，制定されるものである．したがって，法は，最近の社会変化の所産である場合が主要であり，それゆえ量は相対的に少ない．

（b）　道徳的ルールが法に支援を求める理由は，道徳が個人の内面における（良心による）**自己規制**を重視する（逆に言えば強制の契機が弱い）のに対し，法は外部からの**強制**に依拠する（＝違反には罰則や損害賠償がともなうし，法律行為の効果が否定される）ので「最後の手段」（ultima ratio）となりうるからである．ただし道徳においても，その違反が社会に重大なマイナスをもたらす場合には，道徳的非難やそれにともなう絶交や分限免職など一種の強制が発生する．

（c）　前述の「法は最小限の道徳である」とは別に，「法は最小限の道徳であるべきだ」という事実もある．**法（裁判・弁護士を含む）には特有の副作用・逆効果がある**ので，やたらと法を使ってはならないのである．上の例では，車両内のケータイや飲食，駅の喫煙などがそうである．

これら以外にも，むやみに法に訴えることがもたらす問題は多い．たとえば，① 不倫（反道徳）を法律によって罰する姦通罪や，親孝行（道徳）を強制する法律，同性愛を罰する法律などを制定すると，権力が家庭内まで入り込み，私事に**官憲が介入**することになる．

個人は，本来自由であり，〈その自由の法的制限は，危害が他者に及ぶところで初めて問題になる〉という原則（これを**危害原理**（harm principle）と言う）が，近代の原理である．この点からは，危害を起こす行為は，まず道徳的に規制するが，危害が大きくなると，法的に禁止するというのが原則である[84]（危害が他者に及ばないのにそれを制限すること——たとえば思想犯に対する予

---

[84] このことからは，〈法によって禁止されていなければ，何をやってもよい〉という考えがまちがっていることも分かる．法だけがルールのすべてではなく，その外に広範な道徳的ルールや常識・伝統があるのだから，〈法によって禁止されていな〉くとも，道徳等が禁止している可能性がある．

防拘禁などの保安処分——は，個人の本源的自由を不当に規制するので，道徳的に悪であり，憲法19条や13条等に違反するがゆえに法的にも問題だということになる）．

② 自発性ないし道徳にゆだねるべきことを法によって強制すると，人びとの間に面従腹背が広まる．たとえば，「父母・教師を尊べ」とか「国を愛せよ」とかといった行為を法律で強制すると，逆に**偽善を育てる**ことになる（尊敬していない・愛していないが，罰せられるのが怖いから表面だけそのふりをする，という姿勢が広まる）[85]．

③ また，実際には法によって規制することには，**限界**がある．ケータイについてみたように，規制のためには警官等を限りなく増強しなければならないが，それには限界がある．したがってこうした場合は，道徳（マナー）の問題に留めておいて社会の非難（周りの目を気にすること）の効果を期待する，あるいは各人の道徳心を高めるほうが，ヨリ効果的な道だという面もある．

（d）道徳も法も，〈他人に迷惑をかけるな〉を原理にしている．それを実効あるものにするために，各人の自主規制に呼びかけたり（＝道徳），強制に頼ったり（＝法）するのである．その際，強制のほうが効果的で，自主規制のほうは効果が弱いというものでは必ずしもない．上述のように，強制は実効的にするためには監視・逮捕や訴追をする新たな人員が必要だが，それには財政的に限界がある．またそれらを使っても，網の目をくぐろうとする者が出る．

（e）上の例からはうかがえないが，道徳には，単に禁止するものだけでなく，善いこと（**他人への奉仕**）を奨めるものも多い．これに対して法には，この種のルールは多くはない．それは，法が強制・罰則をともなうので，そうしたルールを増やすと，個人活動の自由を阻害するからである[86]．

（f）歴史のなかでは，一方では，法によって道徳を強制することが次第になくなっている事例がある．たとえば，① **わいせつ罪**に関しては，1957

---

[85] 孔子の『論語』にある「子曰，導之以政，斉之以刑，民免而無恥，導之以徳，斉之以礼，有恥且格」（権力的に規制したら，人びとは違反しても良心に痛みを感じない．道徳心に訴えると，人びとは違反に良心の呵責を感じるゆえに遵守するようになる）は，この点での**法の限界・道徳の優位**を示した言葉である．

[86] 以上のことからはまた，〈法は万能だ〉・〈どんな中身のものであっても法は法だ〉というものでないことも分かる．法は最小限のルールであるべきだから，法で決めるべきでないことがらも多いからである．法はまた，その外にある道徳等を無視して法として強制してはならないからでもある．

年のチャタレー事件判決（最高裁大法廷 1957（昭和 32）年 3 月 13 日判決　LEX/DB-27760577），1969 年の『悪徳の栄え』事件判決（最高裁大法廷 1969（昭和 44）年 10 月 15 日判決　LEX/DB-27760887），1980 年の「四畳半襖の下張」事件判決（最高裁第二小法廷 1980（昭和 55）年 11 月 28 日判決　LEX/DB-27761136）と，年を追うごとに裁判官の間で表現の自由を尊重する立場が強まり，性道徳保護を前面に押し出す従来の立場が修正されつつある．② **尊属殺人罪**は，日本では 1973 年 4 月 4 日の最高裁判決（本書 121 頁）を受けて，1995 年の刑法改正で第 200 条が削除された．古い家族道徳より，すべての個人の人間としての価値ないし平等が，重んじられていったのである．③ **有責配偶者**（夫婦のうち不倫した側）が（愛人との再婚のために）離婚請求した場合において，裁判所の道徳に結びついた拒絶反応は，次第に和らいでいった（有責主義から破綻主義への変化である．これは「12.1」で扱う）．

しかし，他方で，今日でも新たな問題が深刻化するなかで，道徳に委ねられていた行為が**新たに法**によって厳しく規制され始めた事例も多い．たとえば，上述の車両内の飲食の他，公共の場での喫煙，商品の欠陥隠し，内部告発者への制裁行為，ハラスメント，個人情報・肖像権の軽視等である．

時代や場に合った，道徳と法の適切な組み合わせが，肝腎なのである．

第12講 法と道徳 II
事例による考察

本講では，法と道徳の関係の，今日における変化の2態様を考える．

法と道徳は，前近代ヨーロッパでは——ローマ法を別にして——相互にかなり融合していた．しかし近代に入ると，法が道徳から分離する傾向が強まった．個人の自由を重視するようになり，その一環として，法によって道徳を強制することに対し慎重になったからである．ところが近代がさらに高度化すると，さまざまな社会問題や公害が発生し，各人の自由を社会的に（＝人間の連帯や公共の利益を重視する立場から）規制する必要があるとの考えが強まる．そしてこれを反映して，法的関係のなかに道徳（公共道徳）的要素が再び浸透するようになる．12.1 は，社会の近代化にともなって，法から道徳が次第に切り離されていった事例である．これに対して 12.2 は，逆に，近代がさらに高度化し現代になるにしたがって，道徳の判断が法を再度方向づけるようになった「再結合」の事例である．これらがともに，現代的現象なのである．

12.1 法と道徳の分離——離婚裁判の動きから見る

(1)「踏んだり蹴ったり」事件判決

本判決（離婚請求事件　最高裁判所第三小法廷 1952（昭和 27）年 2 月 19 日判決 LEX/DB-27003429）は，有責配偶者（不倫の夫．2 年別居中）が愛人と再婚しようとして妻との離婚を請求したのを，認めなかった（**有責主義の方向**）：

> 「本件は新民法七七〇条一項五号にいう婚姻関係を継続し難い重大な事由ある場合に該当するというけれども，原審の認定した事実によれば，婚姻関係を継続し難いのは上告人が妻たる被上告人を差し置いて他に情婦を有するからである．〔…〕結局上告人が勝手に情婦を持ち，その為め最早被上告人とは同棲出来ない

283

から，これを追い出すということに帰着するのであつて，もしかかる請求が是認されるならば，被上告人は全く俗にいう踏んだり蹴ったりである．法はかくの如き不徳義勝手気儘を許すものではない．道徳を守り，不徳義を許さないことが法の最重要な職分である．総て法はこの趣旨において解釈されなければならない．〔…〕前記民法の規定は相手方に有責行為のあることを要件とするものでないことは認めるけれども，さりとて前記の様な不徳義，得手勝手の請求を許すものではない．」

　最高裁は，道徳論（ないし正義論）を前面に押し出した法律意思解釈をしている．最高裁の見るところ，夫婦仲が最悪であるのだから本婚姻には民法770条1項5号の「婚姻を継続し難い重大な事由」が認められはする．しかしそれでも最高裁は，「前記の様な不徳義，得手勝手の請求を許すものではない」として，「婚姻を継続し難い重大な事由」を主張できる者のなかから，不倫をした夫を排除した（縮小解釈した）．

　この排除は，上記条文の文言そのものからはストレイトには出てこない（条文のそれ自体としての意味を確認する文理解釈だけでは帰結しない）．判決はこのことを，「前記民法の規定は相手方に有責行為のあることを要件とするものでないことは認めるけれども」として，前提にしている．そのうえで，「さりとて〔770条1項5号は〕前記の様な不徳義，得手勝手の請求を許すものではない」とし，770条1項5号にはおのずと制約が前提されている，としたのである．判決はこの解釈をするに当たって，一般的な道徳論以外になんら根拠を示していない．裁判官たちは，条文による根拠づけなしに，自分たちの価値判断を前面に押し出して結論を導き出したのである（こういう法解釈は，法学部新入生がよくやるところのものである）．つまり判決は，法律意思解釈から出発してストレイトに770条1項5号を縮小解釈（目的論的縮小解釈）したのである．

　なお本事件は，前述（274頁）のクリーンハンズの法理に関係している．〈自分で不倫という，道徳と法に反する行為を犯した者は，その行為に関わって救済を裁判所に求めることはできない〉ということである．この法理を適用する場合も——民法1条2項（信義則）を介在させた体系的解釈によって770条1項5号を縮小解釈するかたちではあるが——道徳的判断に深く関わることになる（第1・2審はそのように構成していた）．

(2) 1987年9月2日の最高裁判決

本判決 (離婚請求事件 1987 (昭和62) 年9月2日最高裁大法廷判決 LEX/DB-27800202) において最高裁は，36年間別居中の有責配偶者からの離婚請求を認める判例変更をおこなった．判決はまず，宣言的解釈として，民法770条1項5号自体には〈有責配偶者の離婚請求を一切認めない〉というような姿勢は読み取れないことを確認する：

> 「以上のような民法七七〇条の立法経緯及び規定の文言からみる限り，同条一項五号は，夫婦が婚姻の目的である共同生活を達成しえなくなり，その回復の見込みがなくなつた場合には，夫婦の一方は他方に対し訴えにより離婚を請求することができる旨を定めたものと解されるのであつて，同号所定の事由 (以下「五号所定の事由」という．) につき責任のある一方の当事者からの離婚請求を許容すべきでないという趣旨までを読みとることはできない．」

最高裁がこう確認した背景には，破綻した婚姻を (有責配偶者からの離婚請求は認めないといったかたちで) 法律によってつなぎ止めてみても，夫婦のどちらにとっても幸福には結びつかないので意味がない，という判断があった (**破綻主義**への動きである)：

> 「思うに，婚姻の本質は，両性が永続的な精神的及び肉体的結合を目的として真摯な意思をもって共同生活を営むことにあるから，夫婦の一方又は双方が既に右の意思を確定的に喪失するとともに，夫婦としての共同生活の実体を欠くようになり，その回復の見込みが全くない状態に至った場合には，当該婚姻は，もはや社会生活上の実質的基礎を失っているものというべきであり，かかる状態においてなお戸籍上だけの婚姻を存続させることは，かえって不自然であるということができよう．」

最高裁はしかし他方では，無制限な離婚の自由は「正義・公平の観念，**社会的倫理観**」との関係で問題があると考える．道徳との結びつきが，今日でも重要だとするのである．そこで最高裁は，この観点からは**信義則**によって離婚請求を限定することが必要であり可能であると考えた：

> 「しかしながら，離婚は社会的・法的秩序としての婚姻を廃絶するものであるから，離婚請求は，正義・公平の観念，社会的倫理観に反するものであってはならないことは当然であって，この意味で離婚請求は，身分法をも包含する民法全体の指導理念たる信義誠実の原則に照らしても容認されうるものであることを要す

るものといわなければならない.」

こうした二つの原則を踏まえつつ本件を考察し,最高裁は,本件においては離婚請求は信義則に反しない;本件における有責配偶者に対しては770条1項5号を縮小解釈して離婚請求を拒否する必要はない,とした:

「有責配偶者からされた離婚請求であっても,夫婦の別居が両当事者の年齢及び同居期間との対比において相当の長期間に及び,その間に未成熟の子が存在しない場合には,相手方配偶者が離婚により精神的・社会的・経済的に極めて苛酷な状態におかれる等離婚請求を認容することが著しく社会正義に反するといえるような特段の事情の認められない限り,当該請求は,有責配偶者からの請求であるとの一事をもって許されないとすることはできないものと解するのが相当である.けだし,右のような場合には,もはや五号所定の事由に係る責任,相手方配偶者の離婚による精神的・社会的状態等は殊更に重視されるべきものでなく,また,相手方配偶者が離婚により被る経済的不利益は,本来,離婚と同時又は離婚後において請求することが認められている財産分与又は慰藉料により解決されるべきものであるからである.」

ここで確認された判断とは,離婚請求が信義則に反しない,「著しく社会正義に反すると」は言えないのは,①「夫婦の別居が両当事者の年齢及び同居期間との対比において相当の長期間に及び」,結婚の継続に意味がなくなっており,②「その間に未成熟の子が存在しない場合」で,③「相手方配偶者が離婚により精神的・社会的・経済的に極めて苛酷な状態におかれる等」がない場合だというものである.

先の「踏んだり蹴ったり」事件判決と本判決とのちがいは,先には問題が不倫に厳しい道徳論で処理されていたのに対し,本判決ではいったんその姿勢を排し,〈破綻した婚姻を維持することは夫婦にとって良いことか〉をクールに,政策論的に考えた点にある.しかし本判決は同時に,どういう関係にあれば離婚請求が信義則に反しないかを,社会における正義・道徳感情を想定しつつ判断する点において,なお道徳との関係づけを重視するスタンスを維持しもする(このスタンス維持は妥当だと言える).判決はこの立場から,信義則判断に必要な客観的基準を明示したのである.判決はこの新しい姿勢によって,その後の判決をリードすることになった(すなわちその後,①1990(平成2)年11月8日の第一小法廷判決(LEX/DB-27807922)は,8年の別居期間中の有責配偶者からの離婚請求を認めた.② 福岡高裁那覇支部2003(平成15)年7

月31日判決は，中学生と小学生のいる別居9年のケースで，妻子への手当が十分であること，妻の態度にも問題があることなどを理由に離婚を認めた．ただし，③ 最高裁は，2004（平成16）年11月18日の判決では，第2審口頭弁論終結時に別居2年4ヵ月程度では，有責配偶者の離婚請求は「信義誠実の原則に反する」と判示した．7歳の子がおり，かつ妻に経済的能力がなかったからである）．

(3) スウェーデンの離婚制度

スウェーデンの婚姻法（äktenskapsbalken，1987年5月14日）は，日本の上記の動きの，**はるかに先をいっている**．すなわちこの法には，離婚についての第5章に次のような規定がある：

> 「第1条　離婚の合意が調ったとき，夫婦は離婚の権利（rätt till äktenskapsskillnad）を取得する．離婚当事者双方が，共に考慮期間を置くことを欲した場合，または離婚当事者のいずれか一方にその者と生活を共にし，且つその者の監護（vårdnad）に服する16歳未満の子がいる場合，一定の考慮期間を置かなければならない．
> 第2条　夫婦の一方だけが離婚を欲する場合，一定の考慮期間を経過した後でなければ離婚することができない．
> 第3条　〔略〕．
> 第4条　夫婦の別居期間が2年以上継続している場合，夫婦は，考慮期間を置かないで，直ちに離婚の権利を取得する[87]．」

ここからは，次のことが分かる．① 第1条からすると，日本の協議離婚的なものが制度化されている．夫婦が離婚に合意していれば，裁判所は原則として申し立て後，口頭弁論を経ないで離婚を認めるのである．もっとも，次の点が日本とは異なっている．すなわち，この場合も裁判手続は必要である．また，16歳未満の子がいるときには，考慮期間経過が条件となる（考慮期間とは，離婚の申し立て受理後，冷静になって再考するための6ヵ月の期間のことである）．② 第2条からすると，夫婦の一方だけが離婚を欲する場合でも，申し立てによって始まる（6ヵ月の）考慮期間満了後には，裁判所に離婚請求できる（この原則は，1978年の離婚法で導入され，1987年の婚姻法で確認された）．③ 第4条からは，2年以上別居している夫婦の一方は，直ちに離婚請

---

[87] 専修大学法学部菱木昭八朗のスウェーデン法データーベースによる．（http://www.senshu-u.ac.jp/School/horitu/researchcluster/hishiki/index.htm）

求できる．②・③の点では，日本よりはるかに簡単である．

スウェーデンではこれらの規定に沿って，離婚の処理方が次のように具体化された：

(a) 上記の離婚裁判の場では，**離婚原因を問題にしない**．このことによって離婚訴訟の場は，離婚請求にいたる夫婦のプライヴァシーをさらけ出して争う場ではなくなった．

(b) 二人の財産分与については，特有財産（各自の財産）は別として婚姻財産（共同生活のための財産）は，離婚原因に関わりなく，**折半**する（第11章3条）．これは，婚姻財産は夫婦での共有だからである．

スウェーデンでは，有責配偶者が無責配偶者に対し損害賠償（慰謝料）を支払うことはない．申し立てに当たって離婚原因を問わない以上，誰が有責であるかをも問わないのであり，また，婚姻財産を折半するので，慰謝料請求の必要もないわけである．

(c) 調停前置き制度を廃止する．

(d) 離婚後の扶助料については，1987年の改正で「**経済的独立性の原則**」が採用された．夫婦は離婚後は基本的に自分で生計を立てる，という原則である（第6章7条：「夫婦は，離婚後，それぞれ自分の生活を自分で維持してゆかなければならない．」）．しかし，それが不可能な当事者に対しては，この原則の例外をも定めた（すなわち第7条は，さらに次のように規定している：「離婚した配偶者の一方は，離婚後，一定期間，自己の生活を維持するために必要な範囲において，他の一方に対して，その者の状況からみて相当と思われる限度において，扶養料を請求することができる．」）．扶助料の額は，当事者間の合意で決めることを原則とするが，合意が得られない場合は，裁判所が決定する．その場合，扶助料は，結婚時の生活水準を規準にするのではなく，最低限の生計を確保するためのものであることが原則となる．

(e) 未成年（18歳未満）の子に対する親権は，父母が共同で行使する（＝共同親権）．その扶養費に関しては，父母がその収入に応じて責任をもつよう裁判所が配慮するが，必要に応じて臨時に社会保障でも援助する[88]．

スウェーデンでの以上の動きは，**破綻主義もここまで来たのか**，という感

---

88) 利谷信義他『離婚の法社会学』（東京大学出版会，1988）；村井衡平『離婚と互責』（日本評論社，1987）他．

概を覚えさせる（似た動きは，アメリカやドイツでも見られる）．ここでは，第一に，**当事者の自己決定権**尊重が前面に出ている（ただし，相手や子供に配慮することは，前提になっている）．これは，結婚が法的には**契約**構成で把握されることからの，自然な帰結である．契約では，両当事者の意思が決定的だからである．また，結婚の根底に「**愛**」を置くのが近代の考え方であるが，この「愛」もまた，**自己決定を基盤**にしている；〈嫌いになった者を，愛せよ〉と外から強制できるものではない；したがって法律で離婚を制限し裁判で離婚を妨げるのも無意味である，という考えである（「愛」を強調する人は，婚姻契約論に反対なのだが，帰結は，このようにほとんど変わらない）．そして第二に，過去にこだわるよりも，元の夫婦が離婚を出発点にそれぞれの新生活をつくっていくことが重視されている．これは，スウェーデンでは，多くの女性が職業をもち自活できること，再婚が難しくないこと，母子家庭となっても福祉がカバーしてくれること等々の事情があることによる．

以上に見られるように離婚制度は，限りなく道徳的評価との関わりをうすめつつある．

12.2 法と道徳の再結合――権利濫用論の歴史から見る

次に，近代が高度化するにつれ，法と道徳が再結合されていく事例を，権利濫用論の動きを素材にして見てみよう[89]．

(a) **古代ローマ法**には，一方で，「自分の権利を行使する者は，何人に対しても不法を犯すものではない」・「自分の権利を行使する者は，何人をも害するものではない」という格言があった．実際，市民には相当に強い権限が多方面で認められていた．たとえば家長は，家族員に対しても，また家屋敷に侵入した賊に対しても，生殺与奪の権限を法的にはもっていた．債権者は，債務不履行者を奴隷にする権限を法的にはもっていた．これらのブルータルな権限でさえ，行使可能だったのである．

古代ローマの法生活においては，他方で，これら家長や債権者がもった権限が実際にひんぱんに行使されたとは言えない事実もあった．ローマ人は，

---

[89] 以下の主要部分は，末川博『権利濫用の研究』（岩波書店，1949），末川先生古稀記念論文集刊行委員会編『権利の濫用――末川先生古稀記念』（有斐閣，1962）による．

かれらの社会倫理（mores）を尊重していたし，他人の評価を気にした．そこで，それらを顧慮して，無慈悲な権限行使は自重したのである[90]．加えて古代ローマ法には，〈正統な権限行使であっても，他人に害を加えることのみを目的にしているときは許されない〉とする，**シカーネ（chicane）禁止の法理**があった．

（b）　**近世の自然法論**も，このシカーネ禁止の法理を採用した：例えばプロイセン一般ラント法（1794）第1編37条は，「他人を害する目的で他人に不利益となる」権利行使をした者は，それによって他人に与えた損害を賠償しなければならない，と規定した．同法第1編27条は，「何人も他人を苦しめまたは害するために所有権を濫用することをえない」と規定していた．これらは，同法序編94条の「法令に従って権利を行使する者は，行使によって生じさせた損害を賠償する義務を負わない」を実質的に限定する規定であった．

（c）　**近代初期**になると，**所有権の絶対性**が強調された．例えばフランス民法典544条は，「所有権は無制限絶対に物を利用し処分する権利である」と規定した．権利濫用論に対しては，法的安定性を損なう・法と道徳を混同するものだ，との反対が強かった[91]．

（d）　しかし**19世紀中期**からは，この個人主義的な権利観に対する疑問が強まり，社会道徳ないし法秩序に照らして非難に値する態様の権利行使を規制する姿勢が強まった．こうして，**シカーネ禁止法理の再度の復活**を説く学説が出てきた．たとえば，①　パルデシュ（Pardessus, Jean Marie, 1772-1853）の *Traité des servitudes*（1806）は言う，「自己に何等の利益なく，しかも他人を害するような方法で権利を行使することは許されぬという衡平の原則（principe d'équité）」がある，と．②　ツァッカリエ（Zachariae von Lingenthal, Karl Salomo, 1769-1843）の *Cours de droit civil français*（ドイツ語からの仏訳：

---

[90]　この点については，Stephan Meder, *Rechtsgeschichte,* 2002, S. 26. 同様のことをすでに1854年にイェーリングが指摘している．『ローマ法の精神』第2巻第1分冊．拙著『近代ドイツの国家と法学』（東京大学出版会，1979）28頁以下をも参照．

[91]　とはいえ，ヨーロッパでは，所有権は今日にいたっても共同体によって厳しく規制されている．歴史的景観保全のため，周囲と調和する外観の建物しか認められず，また環境等の保護のため開発規制が厳しい．公共目的のための土地利用制限，安全な作物のための農業規制，漁業資源保全のための規制も厳しい．

1839) などもこの立場をとった.

　(e)　やがてフランスで**判決**が, この学説を採用するようになっていった. ① まず 1855 年 5 月 2 日に, コルマール（Colmar）控訴院が「隣家の窓に面して日光を遮るような仮装の煙突を, <u>ただ隣人を害する目的のみで</u>, 建造した家の所有者はその煙突を取毀さなければならぬ」と判示した（ドエール事件）. ② 1856 年 4 月 18 日にリヨン（Lyon）控訴院は, 隣地に鉱泉が湧出したことをねたんでその鉱泉を涸らすだけの目的で自分の土地を掘削して鉱泉を湧出させた（その水はそのまま川に流していた）所有者に対して,「<u>単に嫉妬によって隣人を害するためになされた行為</u>は, 所有権によって是認されることはない」と判示した.

　(f)　20 世紀が近づくと, このような判例の考え方が法律に明記され始める. たとえば, ① **ドイツ民法（1900 年）の 226 条**は言う,「権利の行使は, <u>それが他人に損害を加える目的のみを有する場合</u>には, 許されない」と（第一草案（1888 年）は, この原則を採用しなかった. しかし, ギールケの批判などによって, 変更し, 条文化された）. また, ② **スイス民法（1912 年）2 条 2 文**は, 単なるシカーネ禁止法理の復活を越える方向を出した：「<u>権利の明白な濫用</u>は法律の保護を受けない」. すなわち, 害意をもった権利行使だけではなく, 権利行使が客観的に評価して「問題」である場合（＝法秩序全体からして許されない場合, すなわち権利行使に違法性がともなう場合）には, 権利の濫用になるとしたのである.

　(g)　日本でも, 同方向への動きが見られた.

判決　まず, 次のような一連の判決が出るようになった：① 東京控訴院 1907（明治 40）年 6 月 6 日判決は, <u>他人に損害を加えることだけを目的として権利を行使することはできない</u>, とした. ② 神戸地裁 1916（大正 5）年 9 月 11 日判決は, 公の秩序・善良の風俗に反する行為は, 権利の妥当な活動範囲には入らない, とした. ③ 東京地裁 1931（昭和 6）年 10 月 9 日判決は, <u>自己に利益がないのに</u>他人に損害を発生させ社会経済上損失を招くような行為は, 法律の認容するところではない, とした.

　④ そして極めつきは, **宇奈月温泉事件大審院判決**（1935（昭和 10）年 10 月 5 日　LEX/DB-27500753）である. 黒部峡谷内にある宇奈月温泉の旅館経営者（黒部鉄道）が, 離れた場所にある源泉から木管で湯を引いて使っていた. そ

のごく一部（2坪分）が，土地所有権者の許諾を欠いた敷設であった．これに目を付けた者がその部分を含んだ土地を土地所有権者から買い取り，高額の値段でその土地全体を買い取るよう旅館経営者に求めた．旅館経営者がこれを断ると，その者は自己の所有権にもとづいて，木管を他の土地に移すよう要求した．断崖絶壁のため移設には多額の費用がかかり，事実上不可能だった．この事件について大審院は，初めて「権利ノ濫用」の語を使い，

> 「如上ノ行為ハ全体ニ於テ専ラ不当ナル利益ヲ擱得ヲ目的トシ所有権ヲ以テ其ノ具ニ供スルニ帰スルモノナレハ社会観念上所有権ノ目的ニ違背シ其ノ機能トシテ許サルヘキ範囲ヲ超脱スルモノニシテ権利ノ濫用ニ外ナラス」

と判示した．原告が被告による侵害行為に対抗して正統な権利を主張する場合であっても，被告による権利侵害の程度が軽く（原告の損害の程度が微少で），かつ被告が侵害を除去するために要する費用が多大で，しかも原告が，不当な利益を得ることを目的としていて，誠実に協議に応じない場合には，原告の権利主張は権利の濫用となる，としたのである（原判決も，権利の濫用による不法行為であると判示していた）．道徳的判断がかなり働いていることは，明らかである．

学説　上記のような法実務の変化の背後には，学説の形成（外国の学説・判例の継受）があった．第一次世界大戦前後に多くの法学者がフランスやドイツに留学し，外国の最新の学説・判例を紹介し，これが裁判官に影響を与えた．とくに末川博（1892-1977）は，信玄公旗掛松事件（下記参照）などを契機にして，古代ローマ法，フランスやドイツの法理論・法実務などを研究し，〈個人主義的な権利観から，権利は社会を配慮して行使すべしとする新しい権利観への転換が，時代の趨勢だ〉と説いた[92]．

立法　最後に，判決の蓄積を受け，立法化された．すなわち，1948（昭和23）年1月1日に「民法の一部を改正する法律」で**民法1条3項**：「権利ノ濫用ハ之ヲ許サス」が入った．

以上，ただ他人を害するためだけの，あるいは社会道徳ないし法秩序に照

---

[92] この問題に関する末川の重要な業績としては，①「権利の濫用に関する一考察——煤煙の隣地に及ぼす影響と権利行使の範囲」（『民法における特殊問題の研究』第一巻，1919），②『権利侵害論』（1929），③『不法行為並に権利濫用の研究』（岩波書店，1933．改題『権利濫用の研究』1949）がある．なお，川井健『民法判例と時代思潮』（日本評論社，1981）276頁以下参照．

らして非難に値する態様の，権利行使が，「権利の濫用」とされるようになったのである．このようにして，新しい社会・公共の道徳が法実務に浸透していったのである（以上の経過はまた，〈社会の変化を反映して思想が変化し，それに応じて**学説が形成され，それが実務を大きく左右する**〉という事実を——実務が学説に影響を与える事実とともに——物語っている）．

　ちなみに「権利の濫用」は，他方では，社会道徳に照らして権利行使が非難に値するかどうかは問わない（**脱道徳の**）方向にも進んできた．たとえば，
　(a)　不法行為論でのその利用がある．その出発点に位置するのは，**信玄公旗掛松事件東京控訴院判決**（1918（大正 7）年 7 月 26 日）である．この判決は，現在の中央線日野春駅付近の由緒ある大松を，国が幹から 1.8 メートルの側に鉄道を布設し，かつ機関車の給水場（煙を吐きながら長時間停車する）を近くに設置して煤煙で枯らしてしまった事件に関わる．東京控訴院は，石炭の煙煤が樹木に害を及ぼすことは予見できたはずであるのに「煙害防止ノ為メ相当ナル設備ヲ為サ」なかったことは被告の過失にあたり，また，汽車の運転は正統な権利行使であるが，「煙害予防ノ方法ヲ施サスシテ煤烟ニ因リテ他人ノ権利ヲ侵害シタルトキハ〔…〕権利ノ濫用ニシテ違法ノ行為ナリ」と述べて，国の責任を認めた．他人の権利を侵害することが度を超すと，権利の濫用になるというのである（これに対して大審院判決（1919（大正 8）年 3 月 3 日　LEX/DB-27522799）は，〈防止の手段があるのにそれを講ぜず害を生じさせたのは，「社会観念上一般ニ認容スベキモノト認メラルル範囲ヲ超越シタ」ゆえに「不法ナル権利侵害」だ〉と判示し，「権利ノ濫用」の語は使わなかった）．
　最近では「権利の濫用」による不法行為処理は，たとえば隣人からの生活妨害で，「受忍の限度を超えた騒音や振動による他人の生活妨害は，権利の濫用として不法行為を構成する」（東京地裁民事 34 部 1994（平成 6）年 5 月 9 日判決　LEX/DB-27827305）というかたちで，実際には「権利の濫用」より「受忍限度」の審査（本書注 4）が前面に出るようになっているのが特徴である（マンション上階室の騒音を直下の部屋に住む老夫婦が問題にした事件）．
　(b)　「権利の濫用」のさらにもう一つの使い方としては，侵害された原告の利益と，侵害した**被告が担う利益**ないし**原状回復のための費用**とを比べ，後者が格段に大きければ，原告の権利主張は「権利の濫用」になるとするものがある．この種の判例も，戦前から積み重ねられてきた．たとえば，① **高知鉄道事件**では，鉄道会社が無断で他人の土地に線路を敷設したため地主がその撤去を求めたところ，大審院は 1938（昭和 13）年 10 月 26 日の判決で，付替えが難しいうえ，地主の損失と鉄道会社の撤去費用とを比較すると後者が莫大になるから，地主の請求は権利の濫用になるとした．

戦後でも，② **板付基地事件最高裁判決**（1965（昭和 40）年 3 月 9 日）がある．板付基地内で国が賃貸借契約を結ばないまま他人の土地をアメリカ軍基地用に使っていた．地主がその土地の明け渡しを求めたところ，福岡地裁は 1956 年 2 月 13 日判決で，この請求を認容した．しかし福岡高裁，最高裁は，地主の主張を権利の濫用であるとして退けた．最高裁は，地主が主張する権利と，その権利を侵害している国の行為が目的とする利益（とくに「公共の福祉」），および国が侵害行為を除去するのに必要な費用とを比較し，後者が圧倒的に大きいので原告の請求は「権利の濫用」に当たるとした（両事件とも，損害賠償請求だけであれば，原告は勝訴しただろうが）．

　①・②の判決に対しては，批判が強い．①，②とも，地主には法的に落ち度はなく，道徳的に非難される点もない一方，逆に鉄道会社ないし国は法律違反・権利侵害を犯しており，道義的に非難されるべき地位にあるからである．しかも，①・②の判決の論理でいくと，小さな個人がする法律違反・権利侵害は排除されるが，**大きな会社や国がする法律違反・権利侵害**に対しては，被害者は抵抗できなくなる；被害者の利益が加害者の利益より圧倒的に小さいと，後者が優先することとなり，排除を主張することが道義的に非難されることとなるからである．権利濫用論は本来，濫用者を道徳的にも批判するものであるが，両判決は，これとは正反対の位置にあるのである．

第13講 「法化」の光と影

13.1 法化という現代現象

　日本では **1980 年代**までは——労働・公害・消費者・学生・自治体運動による権利闘争は高揚したものの——家族内での夫婦・親子の関係，学校・会社などでの教師・生徒の関係や上司・部下の関係での旧慣，またそれら集団への服従が当然視され，そこで生じた暴力や差別，事故の多くが，うちわで処理されてきた．たとえば，① 学校での体罰は，よほど悪質でなければ教師の権限内のものとして我慢されてきた（親も当局も争わなかった）．〈体罰は教育上，必要だ〉という観念もあった．事故やいじめは，教師・学校が正しく解決してくれるものとする信頼の関係もあった．② 集団内部での暴力・人権侵害・事故は，被害者の泣き寝入り（ないし示談）によって内部的に処理され，闇に葬られてきた．日本の「和の精神」は，こういう，集団への帰順，権威への服従，泣き寝入りに支えられていた実態がある．③ 痴漢・強姦・暴力・恐喝の被害者，不良品をつかまされた消費者，冷たい行政の仕打ちを受けた市民などにおいても，泣き寝入りは多かった．これらでは，表沙汰にすることがヨリ大きなマイナスをもたらすという判断も働いた．そしてこのことが加害者を居直らせ，当局が対策を講じることを怠らせ，問題を助長した．④ 不慮の，事故や病気，失業，経済的困窮に際しても，政府が十分な救済を講じないため，犠牲者とその家族にすべての重荷がかかってくるという事態，犠牲者が陰で泣いて生きているケースが，今でも多い．

　ところが **1990 年代**以降にわかに，こうした密室内外の力関係が生じさせる問題，泣き寝入り的問題処理方が，公共の場で問題にされ始めた．「家庭内暴力（DV）」・「セクハラ」・「アカハラ」・「パワハラ」・「いじめ」・「体罰」などのことばが流行し始めたのが，その徴表の一つである．今日では，

これらの問題が裁判において取り扱われることも多くなり，結果として家庭内，職場や学校では，事態が相対的に改善を見始めたと言える．権利・人権の尊重，法の遵守，法による紛争処理の浸透と，そのためあらかじめ法的に準備しておく姿勢が，（契約書・同意書をつくる，コンプライアンスを徹底させる，法律顧問を活用するなどのかたちで）浸透し始めたからである．これらの姿勢が定着しだしたこと，それに応える立場から警察や自治体などの公的機関が問題解決に乗り出したこと，被害者が問題を告発することが増えたこと，とくに責任者を裁判で（不法行為・刑事事件・行政処分事件として）追及することが増えたことなど，法の利用や権利の重視の拡大現象を〈**市民的自由のための法化**〉と言う．これは，法化現象の光の面における進展である（いじめ，働く者の人権抑圧，女性差別，家族の介護負担などはまだ深刻であるが）．

しかしその反面，法化の副作用現象，〈**生活萎縮につながる法化**〉も，深刻化している．それは，(a) 医療過誤訴訟，(b) 学校事故訴訟，(c) 隣人関係訴訟などで顕著になっている：

(a) **医療過誤訴訟**　　かつて医者は，権威者として患者を支配していた．この関係が，医療の中軸となっていた．しかし最近では，医者・患者の関係が近代的な契約関係として，すなわち法的に，把握されるようになり，患者の自己決定権が尊重されるようになった（そのためのインフォームド＝コンセントも，重視されるようになった）．こうして医療過誤は，契約不履行・不法行為として裁判になる．このような現象は，近代的法意識の先鋭化，法化の進展の，光の部分の拡大ではある．

しかしこのため病院側は，事故ないし訴訟を恐れて産科や小児科を廃止したり，対策で経営が成り立たなくなって廃業したり，医者が危険でハードな部門（産科や小児科）には就職しなくなったりするようにもなった．ある新聞は，この点について次のように報じている：

「日本産科婦人科学会によると，新人の医師約 8000 人のうち，産婦人科医をめざすのは 300-400 人．その 3 分の 2 は不妊治療や婦人科を志し，お産などの周産期医療は 100 人程度にすぎない．人気のない理由は，過酷な勤務環境と医療訴訟とされる．厚生労働省研究班の調査では，病院勤務医の当直は，産婦人科が 1 カ月に 4.7 回と最多．産婦人科医は医師全体の約 5% と少ないが，医療事故訴訟の約 12% で当事者になっている．」（東奥日報 2005 年 2 月 16 日付）

これは，法化の進展にともなう医療の萎縮現象という，法化の影の部分の拡大である．
　もっとも，医療における法化がもたらす，このような活動萎縮が，いつまでも続くとは思われない．やがて法化に対し医療現場等が免疫力を獲得し，新しい対処がおこなわれるようになっていくだろう．たとえば最近では，病院側は起こりうる訴訟に備えるため，それぞれの医療行為について，①法のエキスパートや内部の倫理委員会等の事前チェック，事故後の調査や紛争処理を重視し，②また事前に患者に対し詳しく説明し，同意書を取り付ける（これはまた，患者の権利としてのインフォームド＝コンセント重視からも来る）．患者の側も，セカンド＝オピニオンをも踏まえて態度決定をしようとする．このようにして法化は，従来の制度やその運用を一旦は萎縮させるが，やがて新しい制度や運用改善が導入され，それぞれの分野に新たな発展――相手の権利を尊重しつつ友好的・効率的な関係を形成していく方向に向かった――が見られる，ということもありうる．

　(b) 学校事故訴訟　　学校内や課外活動等で起こった事故について，保護者が学校・地方自治体を訴えることが増えた．これは，権利のための闘いという点では重要な行為である[93]．しかし，このため学校側は，たとえば，いじめによる自殺を防止するべく，生徒や教師の管理を強化する．学校事故の危険を防止するため，危険な遊戯具を撤去したり，（冒険を要する）体育・

---

93) 2012年に入って問題化した大津市の中学生自殺事件（前年の10月11日に自殺）でも，学校・教育委員会の隠蔽体質が問われている．学校が生徒たちに対しておこなった種々の調査では，被害者に対し「自殺の練習」をさせる，口にガムテープを貼る，殴る，蹴る，教科書を破るなど，200件を超えるいじめの目撃情報が集まっていた．しかし学校側は，真偽不明だし，いじめと自殺の間には因果関係はないとして公表しなかった．このため生徒の両親は，大津市と，加害者と目される生徒たちとその保護者たちを相手取って訴訟を提起した．
　ところで，国家賠償法1条は，「国又は公共団体の公権力の行使に当る公務員が，その職務を行うについて，故意又は過失によって違法に他人に損害を加えたときは，国又は公共団体が，これを賠償する責に任ずる．」と規定しており，原告（いじめ被害者）は，公務員個人の過失を証明する必要がある．ところが，いじめが自殺の決定的原因であったとの因果関係や，さらには自殺が教師たちに予見可能で，それゆえ学校側に過失があることなどを証明するのは，至難の業である．こうして，結局は被害者の敗訴や，それを考えての泣き寝入りが常態となってきたのである．この現状を打開するため，学校・学校設置者側の「安全配慮義務」違反（不法行為ないし債務不履行）を追及すること，「予見可能性」の基準をゆるめることが求められている．福田健太郎「学校事故と学校設置者の責任――いじめ事案から見た法理論の現状と課題」（弘前大学『人文社会論叢』社会科学篇20号，2008）．

課外活動（登山や遠泳，遠足等）・危険をともなう理科実験や実習を止めたり，中身を柔弱なものにしたりすることになるが，これでは子供が鍛えられなくなる．学校で生じる問題を防ぐために，教育委員会の学校介入，さらには自治体首長による学校介入が増えてきた．また，こうした学校批判に乗っかって近時，非常識な個人的要求・主張を学校に向ける（＝倒錯した権利主張をする）「モンスター＝ペアレンツ」が頻出し，教育現場を悩まし始めた．

13.2 鈴鹿市の隣人訴訟をめぐる会話

一つの隣人間の訴訟が，法・裁判の位置づけや日本人の訴訟観，〈法と道徳〉についての考え方について問題を投げかけた．事件は，次のような内容のものであった：1977年5月8日，三重県鈴鹿市の或るミニ開発の住宅地区で，甲夫婦が仲のよかった近隣の乙夫婦に気軽に男児（3歳）を預けて買物に出かけた．ところが，大掃除中であった乙夫婦が目を離した7，8分の間に，両家の子供（乙の子は4歳）はそばの用水池に近づき，甲夫婦の子が溺死した．甲夫婦は，（防護柵が不完全だったとして行政および土木業者の責任とともに）乙夫婦の，（預かったことの）準委任契約不履行と不法行為との責任を問う訴訟を提起した．これに対して津地方裁判所は，6年後の1983年2月25日の判決で，乙夫婦の**不法行為責任**だけを認めた（行政と土木会社の責任は認めなかった）．理由は，子供を預かったことは友人としての好意によるものであり，準委任契約の関係としてとらえるにはなじまない（契約の不履行の責任はない）；しかし，そばに池があり乙夫婦には事故が起こることが予見可能であったので，必要な注意義務を怠った不法行為責任は免れない，というものであった（過失相殺の結果，損害賠償額は減らされ526万6000円となった．甲夫婦の過失は，乙夫婦が多忙なのに子供を預けた点，および池に入って遊ばぬようしつけていなかった点にあった）．

上記判決が報道されてすぐ，甲夫婦は，関係のない人びとから匿名電話（ときには日に300本）や手紙等で激しい攻撃を受けた．攻撃が集中したのは，好意で預かってくれた隣人を裁判で責任追及した点，なかでも裁判が損害賠償請求という金銭勘定のかたちをとった点である．甲夫婦はこの攻撃に耐えかね，訴えを取り下げ引越し・失職をも余儀なくされた．甲夫婦が訴えを取

り下げたあと，人びとの攻撃は，控訴していた乙夫婦に向かった．この事態に対し法務省は，「裁判を受ける基本的人権を侵害する行為だ」との異例の見解を発表した[94]．

甲夫婦が乙夫婦を訴えたことをどう評価するか，については意見が分かれるであろう[95]．ここでは，この事件の評価について，ある大学での教師と二人の学生 A（提訴に賛成），B（提訴に懐疑的）のあいだでおこなわれた議論を紹介しておこう．

(1) はじめに

教師：　まず本事件について，それぞれの基本的な立場を話して下さい．

A：　私は，甲夫婦は提訴して当然と思います．理由は，次のとおりです．第一に，法務省が言っているように，国民は裁判を受ける基本的人権をもっていますから，提訴はその権利行使として正当です．第二に，乙夫婦が自分たちの非を認め謝罪しなかったのですから，裁判でシロクロをつける他に道はなかったと思います．第三に，この種の裁判も，西洋諸国ではよくあることだからです．紛争は，公的な第三者が判定し，「非がある」とされたほう

---

94) 法務省の1983年4月8日見解の一部は，次のようなものであった：「いうまでもなく，〔憲法32条の〕裁判を受ける権利は，どのような事実関係であっても，自己の権利または利益が不当に侵害されたと考える場合には，裁判所に訴えを提起してその主張の当否についての判断及び法的救済を求めることができるとするものであり，国民の権利を保障するための有効かつ合理的な手段として近代諸国においてひとしく認められている最も重要な基本的人権のひとつであるところ，前記のような多数の者の行為により，これが侵害されるに至ったことは人権擁護の観点からは極めて遺憾なことというほかない．」．

95) この事件は「隣人訴訟」と呼ばれているが，隣人間の訴訟には2種類がある．第一は，**親しくない**隣人同士の訴訟である．引っ越してきた者が騒音やゴミなどで近隣者を悩ます．その紛争がこじれて裁判に発展するといったケースである．これは日本でもよくあるし，近隣者が訴訟を提起しても世間の反発はあまりない（ドイツでのこのケースのすさまじい諸事例については，トーマス＝ベルクマン『訴えてやる！――ドイツ隣人間訴訟戦争』中野京子訳，未來社，1993，参照）．第二は，**無償で助けてくれた友人である隣人**を，その無償行為に問題があったため訴える裁判である（これは，友人が隣人ではなくとも問題は変わらない．したがって，「隣人訴訟」と呼ぶのは，本当は妥当でない場合がある）．鈴鹿市の事件は，この第二のタイプに属す．以下で隣人訴訟とは，このタイプのものを指す．このタイプの裁判を起こすことが西洋諸国では抵抗なくおこなわれるかどうかは，法文化によって異なる；共同体・道義を重視する地域（とくに南欧）では，人びとの反発は大きいので，当人も訴訟提起を躊躇する．ただし，甲夫婦に対する嫌がらせ等のような反応は，西洋では考えられない．この点に関する文献としては，星野英一編『隣人訴訟と法の役割』（有斐閣，1984）；小島武司他『隣人訴訟の研究』（日本評論社，1989）．

に,「非」に対応させて賠償金支払いや謝罪を命じるのが,さっぱりした解決の道です.本件は,〈問題が生じたら,それを法的に処理して再出発するのだ〉という新しい社会生活モデルを,裁判嫌いの日本人に提示した点で教育的効果があったと思います.

B: 私は,提訴すべきではなかったと思います.理由は,次のとおりです.第一に,大掃除中なのに子供を預かってくれた親切な友人に対し,不幸があったからといって裁判してまで責任追及したのは,友情のモラルに反することです.第二に,原告甲夫婦の提訴は,近隣のコミュニティーを壊し,また古来日本に伝統的な,隣人同士の助け合いの美風を崩壊させたからです.第三に,6年間も苦労し費用もかけた裁判の果てに,訴訟を取り下げるだけでなく,職を失い,引越しまで余儀なくされたというのでは,結果から見て,戦略ミスがあったし,社会資源の無駄づかいだったと思われるからです.

(2) 裁判を受ける権利

教師: 〔B君に〕A君が言及した法務省の見解については,どう思いますか?

B: この見解は,的はずれです.裁判を受ける権利が尊重されるべきだというのはそのとおりですが,親切な友人をその親切行為をめぐって訴えるのは,別問題です.権利行使には,節度をわきまえねばなりません.甲夫婦に対する世間の反発は——行き過ぎは許せませんが——正当にもこの点に向かったのです.

A: 乙夫婦が謝罪の意を表さなかったのですから,提訴はやむをえませんでした.

B: 乙夫婦側からすれば,① 甲夫婦は大掃除で忙しい乙夫婦のところに子供を置いていったのだから,その時甲夫婦は,結果については自分たちで引き受けるとの判断(危険引受)をしていたはずだ,となるでしょう.しかも,② 自分たちがちょっと目を離したスキに,事故は起こった;不幸な偶然の出来事である;もし自分たちの子が死んでいたら,自分たちは不運としてそれを甘受しただろう;それと同じ関係ではないか;これまで日本人は,みんなそうしてきたのではないか,とも乙夫婦は考えたことでしょう.それに,③ 池へ誘ったのは甲夫婦の子なのに,自分たちにすべて非があるかの

ように追及されるのは心外だ，とも考えたはずです．さらに，④自分たちがあらかじめ謝罪すると，あとで裁判になった場合，謝罪したことが自分たちに不利に働く；しかしまた，謝らないのも心苦しい，として動きにくい点もあります．乙夫婦のこれらの気持ちは，よく理解できます．

(3) 法と道徳

教師：〔A君に〕こういう裁判を提起することは，〈親切にしてくれた友人でも，その親切行為にミスがあれば訴える〉ということを意味します．これでは恩に仇で報いることになるし，社会の友誼関係に裁判という冷水をかけ萎縮させることにはなりませんか？

A：　相手に非があったのは明らかだから，それを公的機関に客観的に確認してもらう作業には正当性があると思います．問題を曖昧にしたまま生きたら，自分に対しても死んだ子供に対してもわだかまりが残ります．裁判で客観的な立場からの判断を得たら，事件に一応の決着がつき，心にわだかまりがなくなります．被告のほうも，決着感を得られます．

B：　多忙中に目を離したすきに起こった不幸ですから，裁判をやってまで，相手の非を明らかにする必要はあるでしょうか？　相手との話し合いができなくなっていたとしても，相手を赦す，あるいは残念さに耐える姿勢があってもよかったのではないですか？

A：　相手を赦すのは道徳で，高貴なことですが，それは特別な人しかできないことです．普通の人がそうせず，法的紛争処理に訴えたからといって，非難できません．それに，道徳は赦しを原理とするにしても，それと並んで重要なものである正義は，真相究明，責任追及を原理にします．親切心から出た行為であっても，法的に責任があれば，それはそれとして引き受けるのが，近代的な人間関係ではないでしょうか？　預かっていた子供が死んだという重大な事件をめぐっては，事実関係や責任の所在・程度について，正式の機関の判断を仰ぎたいとするのは当然です．そしてそれには，裁判が適しています．

B：　(助け合いの)美風に沿って開始したことは，その過程で問題が起こっても良俗に沿って処理すべきです．それが社会の作法だし，本人たちもそう了解して，お互いに助け合うのだと思います．それを裁判の場に移すのは，

了解無視です．それに，日常生活の場を法的解決に直結する場にしてしまうと，美風や互譲の伝統が萎縮してしまいます．現に，子育てのため隣人同士で協力しあう美風は，この裁判以降，激減したと報じられています．法・裁判は，せちがらい世をつくるのです．

A： 習俗には，重大事件が生じても，どう処理するかの手続が不明確です．習俗によれば，そういう場合には誰かが泣き寝入りする以外，方法はありません．その点，法は，双方の非を比べ，善意の要素をも考慮し，正義を適切に配分できる，合理的な処理方法です．

教師： 〔B君に〕友情やコミュニティー，助け合いの美風のことを考えて，我慢すべきであったという点ですが，A君が言うところの泣き寝入りの問題はどうです？

B： お金を取ることが問題ではないのだから，我慢しても損ではありません．しかも，「我慢」と言うから聞こえが悪いが，実際は「赦し」なのです．相手を赦したことによって，心の満足と平安が得られ，世間の人も受け止めてくれ，死んだ子も浮かばれます．道徳的に赦したのか，運命だと甘受したのか，裁判だけは避けようと考えたのかは，心の持ち様，解釈の問題です．この，赦すこと・相手を思って我慢することは，泣き寝入りとはちがいます．いつかはまた，誰かに対する自分の失敗も，赦され我慢してもらえるからです．互譲こそ，社会の軸柱です．赦すこと・我慢することで解決するものである以上，難しい手続は必要ではありません．道徳・習俗は，そういう点で中身が単純明快だから，生き生きした日常生活を維持し，かつ問題を究極的に解決する力があるのです．

(4) 結果から見てよかったか？

教師： 〔A君に〕訴えたことの結末を考えると，「妥当であった」と言えますか？ 6年も裁判で苦労し費用をかけ，最後には，世間から批判を受け，訴訟を取り下げ，仕事を失い，引越しまで余儀なくされたのであっては，結果から見て賢明だったと言えますか？

A： 何が真実か，誰に責任があったかを問うため裁判したのですから，コストで判断すべきではありません．真実や正義に関わることがらは，利益・功利計算を超えたことです．

B： それでも，裁判によってみんなが傷つくのでは，マイナス面が大きすぎませんか？

A： 「真実や正義を明確にしたい」と求める本人にとって，結果がどうなろうと，第二義的なことではないでしょうか？ 金銭のごまかしに遭い，その問題金額より裁判費用の方がはるかに大きい場合でさえ，人は闘うものです．正義のため名誉のために費用度外視の裁判をすることは，刑事事件だけでなく民事事件でもしばしば見られます．

　友人間の問題とはいえ，こういう大事件では，相手に落ち度があったか否かを含めて事実を明らかにしたいのは，人の心の自然な動きです．また自分たちの主張がまちがっていないかを確認したいとするのは，何が正義かを明らかにしたいとすることでもありますから，それを任務とする裁判所に判断を仰ぐのは，正当なことです．

教師： 裁判した結果，本人や社会にどういうマイナスが生じるかを考え，必要なら裁判によらないかたちで真実や正義を確認することを探るのも，ありうることだ思いますが．本件ではどういうことが，提訴のマイナス点として生じたと考えますか？

B： 上の事件の記述からは，三つあると思います．① 両家族の仲が裂けたこと，② コミュニティーの和合が壊れたこと，③ この裁判にショックを受けて，日本で隣人間の好意・協力の美風が萎縮したことです．これらのマイナスは，重大です．

A： B君が今述べた3点のうち，① 両家族の仲が裂けたことは，子供が死んだ時点で既に生じています．② コミュニティーの和合が壊れたことは，たいしたことではありません．新興住宅のわずか15世帯です．訴訟後，その場所には住みづらくなるかもしれませんが，引越しすればよいことです．③ 日本で隣人間の好意・協力の美風がなくなったことは重大ですが，それは過渡期の現象です．やがて法的な責任引き受けを明確にし，それを個人加害責任のための損害賠償保険でカバーするなどの基盤固めをするなかから，新しい美風が生まれると思います．

B： 法が前面に出，美風や道徳が後に退いて，社会にドライな気風が強まりますが，それでもよいのですか？ 社会の運営上で，法には限界があると思いませんか？

A: 最初に言いましたように，北米社会では，そういうマイナスを乗り越え，はつらつとした生活を営んでいます．法と裁判との道を確かなものにすることによって，人間関係がさっぱりし権利も確立していく．そこから新しい美風や道徳も育っていく，と思います．

(5) 西洋と日本の法文化

教師： この種の裁判は，西洋ではよくあると言われる点を，どう見ますか？

A: 西洋では，古来，人びとの自己主張が強く，それに対応して法や権利を明確化させ，裁判によるその現実化を進めてきました．何がルールか，権利・義務か，を明確にしておき，それぞれの行為とその結果には誰がどこまで貢献したのか，したがって誰がどこまで責任をもつか，を第三者が客観的に判定して紛争処理をするやり方が原則となっています．法にもとづく人間関係が社会の基軸となってきたのです．日本も，やがてはそうなります．今回の裁判は，その方向での良い先鞭と言えます．

B: 西洋で隣人訴訟が多いのは，自己中心で他人に迷惑をかけても気にしない人が増え，その迷惑行為を，法や権利を意識する人が訴えるケースが増加したからだと指摘されています．他方，この西洋でも，本件のような無償の奉仕をしてくれた友人を訴えることには，強い抵抗があります．西洋でも，共同体を重視する伝統がある国や地方，集団によっては，とくにそうでしょう．他方日本は，中世以降，民事法が未発達で権利も未確立であり，それゆえ身近な裁判制度も発達しませんでした．共同体関係を重視し，他人に配慮し迷惑をかけまいとし，紛争を我慢ないし話し合いで処理しようとする，評価すべき傾向もあります．

A: グローバライゼーション下では，人間の行動も国際的スタンダードに服します．その際，西洋，とくにアメリカが与える影響は大きいと思われます．それに，今後都市化がさらに進み，人びとの関係がさらにうすれると，また経済活動がさらに拡大し契約が一層前面に出ると，道徳でなく法的に問題を処理するほかありません．日本も，どうしてもアメリカ的に，法や司法を軸にする社会に入ります．

B: しかしアメリカやドイツをはじめ西洋では，「訴訟社会」が問題にな

っています．すぐに訴え・訴えられる社会，その度ごとに激しい心労・無駄な時間・修復不可能な敵対関係，高い弁護士費用で関係者が苦しむ社会，国も裁判制度維持に莫大な公費を費やすといった社会は，幸福な未来社会ではありません．裁判を避けるほうが，はるかに安上がりでさっぱりした紛争解決が期待でき，賢明です．それに日本では，西洋式行動様式の機はまだ熟していません．このような社会で甲夫婦があんな行動に出たから，反発が大きかったのです．

A： 反発を繰り返しながらも，すこしずつ変わっていくというのが社会ではないでしょうか？　この裁判は，その貴重な第一歩です．隣人同士でも，「子供を安易には預からない．預かった以上は，責任をもって保護する」というルールを確立させたうえで，新しい協力的な隣人関係を作り上げていく方が，さっぱりするのではないでしょうか？　また，裁判で，事実は事実として確認する；責任があれば弁償する；そのために誰もがあらかじめ個人賠償責任保険等に入っておき，問題はそれでカバーする，という態度を身に付けていけば，さっぱりとして生きられると思います．

B： A君の言うとおり，日本でも将来はそういう時代となるでしょうが，しかしこれまでの日本のような，緻密な隣人関係，法廷外で賢く処理する社会にも，良さはあります．

(6) 裁判の功罪

教師： 今出てきた，紛争に弁護士の介在を求めたり，裁判に訴えたりすることのマイナス，という点について議論しましょう．

B： 法律関係者は，欧米のように法曹の数が多く，紛争を裁判で解決することが発達するのが進歩だと考えがちですが，弁護士や裁判は人生の不幸の増幅器だという事実を忘れてはなりません．弁護士や裁判は，金・時間・精神を消耗させるだけではなく，紛争の火に油を注ぐ構造をももっています．「すまないことをした」と思っている者も，「シロかクロか」で争う法律の場，とくに裁判に入ると，自分に非がある（クロの部分がある）ことを全面否定し，逆に〈相手は全面的にクロだ〉と主張し，さらには相手の人格上の問題点を印象づけるために，私生活や相手の過去をも——公開の法廷で——暴露します．法・裁判は，そうした全面対決を基底にし，かつ拡大させる構造をもっ

ています。

A： そういう副作用があることは，否定できません．しかし，弁護士や裁判のおかげで私闘や，弱い者の泣き寝入りの禍根がなくなり，法と権利が明確化してきたのが，歴史の事実です．裁判に訴えないからくすぶり続けていた紛争も，弁護士・裁判官が介在したことで方向づけを得，関係者の間に，納得はいかないにしても「そういう決定が出たのだから，しかたがない」という意識を強めるものです．長い目で見れば裁判が社会の安定に寄与していることは，疑えません．

B： 裁判に訴えてみても，獲得できるのは，少額の損害賠償のお金と，勝ったという満足感だけです．裁判で勝っても，子供が戻るわけでもなく，逆に多くの人間関係を失うというのは，空しいことではありませんか？ それに死んだ子供について金銭計算する，ということにもなります．

A： 裁判で損害賠償を認める制度は，（何でも損得勘定・お金の問題に還元してしまう拝金主義の産物ではけっしてなく，）復讐・私的制裁をやめさせるための，人間の叡智の産物です．すなわち人類は，復讐・私的制裁を避けるために，第一に，公的な機関が介入する裁判という形式を次第に発達させていったのであり，第二に，人の肉体・生命に対する加害や精神に対する加害をも金銭的に評価して決済することによって，報復の連鎖で殺しあったり傷つけあったりすることを避けようとしてきたのです．すべてを金銭的評価にすると，裁判の場で損得勘定が重要になるということが生じますが，このマイナスは，そういう裁判制度発達の目的からして，仕方ないことです．また，原告の甲夫婦の場合，損害賠償が目的ではなかったと思います．裁判所に，自分たちに非があったのか，相手に非があったのか，判断を求めたのだと思います．それを法的に表現するには，金銭的賠償のかたちをとらなければならないのです．今回の裁判にかなりの数の人びとが反発して，〈子供の命をネタに金を取ろうとするのか〉と原告を責めたのは，裁判制度のこの発達の歴史に対する無理解があったからです．

(7) 結 び──法化の光と影

教師： 法が生活のさまざまな分野での問題解決に使われることが多くなっているのが，最近の現象です．このことは，人びとが権利を自覚し，また紛

争を合理的かつ公正に解決することに大いに貢献します．しかし他方でこの行き方は，欧米でもけっして肯定的に見られているだけではありません．もともと，法・裁判による解決には限界，大きな副作用があります．その一つが，ハーバマス（Jürgen Habermas, 1929-）が強調する「法化」（Verrechtlichung）の問題です．かれは，生活世界（＝血の通う人間関係．友情・謙譲や信頼で動く関係）とシステム（＝生ける人間を超えた制度・組織によって動く．法もその一つ）とを対置し，現代においては生活世界をシステムが侵食しつつあり，このため本来の人間的生活の要素（友誼・互譲・我慢・信頼といった）が失われていっていると嘆いています[96]．法化はその一環であり，本来，法的解決に馴染まない日常生活，生きた人間関係の制度に法（裁判や官憲）が押し入ることによって，問題は一時的に解決されるものの，長期的な副作用として，人間関係にひずみが生じるという問題としてあります．

　日本では，まだ権利主張が弱く，紛争を法に則って解決することが定着していないからもっと法化を進めなければならないという事実とともに，すでに欧米でも深刻化している〈法的手段に訴えて解決しようとしすぎること〉の問題点，このことと不可分の，法や裁判・弁護士はもともと社会の必要悪の一つに過ぎないという事実を直視する必要があります．法律家は正義を至宝であるかのように思っていますが，正義もまた，生き生きした生活にとっては外部者，必要悪に過ぎません．

　本隣人訴訟事件は，これらの点で日本での法のあり方を考えるうえでの重要な教訓として生かされるべきことがらです．

---

[96] ハーバマス『コミュニケーション的行為の理論』（1981．河上倫逸他訳，未來社，1985）．

第14講 司法の本来的役割
「少数者保護」を中心に

　法学部（の法学科）で学ぶ者が頻繁に接するのは，三権のうちとりわけ司法である．立法や行政についても，もちろん学ぶ．しかしそれらは，司法ほどには法学の主要対象ではない．憲法や行政法にしても，将来，議員ないし行政官として働くために学ぶというより，法律家として憲法（とくに人権）訴訟や行政訴訟（とくに国賠訴訟や住民訴訟）に関わる観点から学ぶ（法曹である教員から判例を軸にして学ぶと，自然にそうなるのでもある）．ではこのようにわれわれの学びの主軸である司法に関してわれわれが忘れてはならないその重要な任務，司法の本来的役割とは，どういうものか？　以下，この問題を考えよう．

14.1　司法と民主主義・自由主義

（1）原理の考察

　司法と多数者支配　　司法は，他の国家機関とは異なった原理で動く必要がある．たとえば，（多数派が支配する）国会や（その多数派が構成する）行政府が，あるマイノリティー（少数者に属する人びと）の利益・人権を不当に制約する動きに出たり，不当な内容ないし手続違反の立法・行政活動をしようとしたりして，それに対し少数者が異議を唱えたとする．この場合，少数者にとって次の選挙で問題を提起して闘うことも一つの手であるが，それは先のことであるし，少数派ゆえに勝つことは期待できない．勝てなければ，状況は元のままである．このとき，〈選挙で負けたのだから，文句は言えない〉・〈民主主義的に決まったことだから，仕方ない〉とか，〈首長や議会の多数派は，選挙で民意を得たのだから何をしてもよい〉とかということになるだろうか？　この点に関しては，憲法が**基本的人権**を保障し，**立法・行政**

の手続を厳格に定め，これらに関連して立法・行政に対する**司法審査**を制度化している事実を忘れてはならない．これらの制度は，合法的に圧倒的多数で成立した政府でも人権侵害・手続違背・法律違反は許されないということを前提にしているからである．そしてその際，少数派であっても，司法を通じて多数派の立法・行政をコントロールできることが，前提にされているのである．つまり憲法は，一方では**民主主義（国民主権）を原則**にしつつも，他方では，〈民主主義的に決まったことだから，文句を言うな〉という考えをもともと制度として排除し，多数派に法や制度を尊重させ，少数者を保護すること（権利保護・意見の反映）を，とりわけ司法に託しているのである[97]（それ以外にも，市民運動や言論によって民意を変えることも大切である）．

　権力腐敗と司法　　以上のことは，また別の観点からも問題となる：イギリスの歴史学者アクトン卿（John Emerich Edward Dalberg-Acton, 1st Baron Acton, 1834-1902）の有名なことばに，"Power tends to corrupt, and absolute power corrupts absolutely"（**権力は腐敗する．絶対的権力は絶対的に腐敗する**）というものがある．このことばは，**専制・独裁権力**にだけでなく，民主的に選ばれた立法権・行政権にも妥当する．**民主主義国家の権力**も，それが（議員中の）多数派による統治を前提にしている以上，少数派を差別・抑圧したり，少数派の声（時には世論）に対し聞く耳をもたなかったりすることがある．人間は本質的に自己本位であり，また——自分と同じ者とは親しみあうが——自分と異なる者は「煙たい存在」とする傾向をもつ．このため多数派は，その数に頼って事を処理しようとするものである．異なる意見を聞かず他者を配慮しないで自分たちだけでまとまり，自分たちだけの利益を追求するのであっては，自分たちの誤りを是正するすべも，改革を推し進めるすべも失う．こうして生じる国家生活上の淀みも，「腐敗」である．「権力は腐敗する．絶対的権力は絶対的に腐敗する」ということの，民主主義国家における意味は，ここにある．すなわちこのことばは，専制も独裁もない普通の国家向けに翻訳すれば，「**多数派は腐敗する．絶対多数派は絶対的に腐敗する**」

---

97) 憲法95条：「一の地方公共団体のみに適用される特別法は，法律の定めるところにより，その地方公共団体の住民の投票においてその過半数の同意を得なければ，国会は，これを制定することができない．」は，国会の多数者が（一地方の住民という）少数者を尊重すべきこと（民主主義原理に対する自由主義原理の擁護）の宣言でもある．

というものとなる．多数派は，多数派であればあるほど，そのことによってその座を強固にすればするほど，上述の傾向を強めて「腐敗」へと向かうのである．

したがって，腐敗防止の制度・装置は，どのような国家にも必要である．そのようなものとしては，市民やマスメディア，研究者等による不断の権力監視とともに，権力の相互抑制，とりわけ司法権による，立法権と行政権とに対する統制が欠かせない．

民主主義・自由主義　ところがこのとき司法が，立法府・行政府とは別個の論理で動く機関でなく，立法府・行政府の論理で動き，立法行為・行政行為を広く容認する[98]機関としてあれば，どうなるか？　ここで立法府・行政府の論理とは，〈国会は国民の代表機関であり，政府は国民の信任を得て構成されている．したがって，両者がおこなう立法・行政の行為には正統性がある〉というものである．司法がこの論理だけで動くと，〈立法・行政は民主的に選ばれたのだから，広範な裁量権をもつ〉とした対応をするだけとなり，腐敗した権力ないし多数派の権力の横暴に対する国民救済の道は，なくなってしまう．立法・行政の行為には（選挙で選ばれた点で）正統性はあっても，それが（横暴ではなくまた少数者の重要な権利を不当に侵害するなどの点で）正当ではない，それゆえ憲法に照らすと正統でもない，場合があることを前提にすることが，司法には求められているのである．

ところで，民主主義とは，〈国会は選挙によって多数派が支配する；行政府は，その多数派の代表が構成する〉というものである．しかし司法部もまたその民主主義原理で構成されているだけである場合，すなわち国会の多数派が司法部の人事・予算を決め司法判断に影響を与える仕組みが働いている場合（日本では内閣が最高裁長官を指名し最高裁判事を任命し，国会が司法予算等を決めるので，その面がある），そのままだと少数者の保護[99]は難しくなる．

---

98) 裁判所が立法府・行政府の行為を容認する仕方には，「この法律は妥当だ」，あるいは「法律は，法律だ」（悪法も法だ）として積極的に正当化する仕方と，立法裁量や行政裁量を広く認めて司法審査をしない仕方とがある．後者の場合の理由づけに使われるのが，第一に，民主主義原理であり，第二に，三権分立論である．この点については，拙著『法解釈講義』162頁以下参照．

99) 誤解を生まないよう，あらかじめ断っておくが，司法が少数者保護の任務を負うということは，何が何でも少数派の味方になれ，ということを意味するものではもちろんない．（自分たちの権利保護を求める，あるいは立法・行政の問題を指摘する）少数派の声に誠実に耳を傾け，

司法が，多数者を規正し少数者を保護するというその固有の役割を果たすためには，民主主義原理だけを司法の構成・機能の原理として念頭に置くべきでない．では，司法にとって重要なもう一つの原理とは何か？　それは，**自由主義原理**である．民主主義原理が全員の意思（現実には多数者の意思）にもとづいて集団が動く（その代表が行動する）ことにあるのに対し，自由主義原理は社会運営上，重要な判断をする人を集団の意思から独立させ，その自由な判断を確保するところにある（両者の関係については，拙著『法哲学講義』13章参照）[100]．司法において自由主義原理が働く重要な制度の一つは，**裁判官の独立**である．これを保障するため憲法には，「すべて裁判官は，その良心に従ひ独立してその職権を行ひ，この憲法及び法律にのみ拘束される」（76条3項）とか，「裁判官は，裁判により，心身の故障のために職務を執ることができないと決定された場合を除いては，公の弾劾によらなければ罷免されない．裁判官の懲戒処分は，行政機関がこれを行ふことはできない」（78条）とか，「下級裁判所の裁判官は，すべて定期に相当額の報酬を受ける．この報酬は，在任中，これを減額することができない」（80条）とかといった，その独立性を支える諸規定がある[101]．

　その主張が法——関係法律だけでなく，憲法や広く法秩序——にかなっており正しければ，その方向に法を適用する，ということなのである．このことは本来，多数派が支配する議会や行政も追求しなければならないことだが，先に述べたように〈民主主義原理がすべてだ〉との考え方——この考え方は戦前の〈お上の意向がすべてだ〉という考え方と奇妙に重なっている；今日では「民主主義原理」が全体主義者，独裁者の錦の御旗ともなりうるのである——の下では，それは困難なのである．

[100] そもそも世のものごとには，〈支持する者が多ければ，内容的にも良いはず〉が当てはまらないものも多い．多数決原理が常に正しいものをもたらすとは限らないのである．たとえば，① どの理論が正しいか，誰にノーベル賞を与えるかを，世論調査で決めるわけにはいかない．**何が真実か**，誰の理論がもっともすぐれているかは，特別にすぐれた，それゆえごく少数の能力者の判定による．かれらは，多数者である聴衆の判断に反してでも結論を出す自由をもつ．そうした自由・独立の判断，それを可能にする制度（たとえば大学の自由，表現・結社の自由）を基盤にしないと，科学の向上はない．② ショパン＝コンクール，フィギュアスケート選手権大会等で誰を一位にすべきかも，同様である．**何が美しいか**は，眼識力がある少数者の自由な判断にゆだねなければならない．③ 司法においても同様である．司法は，**何が事実か**，**何が法律の真の意味か**，どの主張が**法律と合致しているか**などの認識判断を基盤とする．これらの判断は専門家としての裁判官の能力に依存している．かれらは，たとえ少数者が多数者に抵抗して訴えを起こしている場合でも——多数決の結果に抵抗している場合でも（多数者がつくった立法・行政方針に反する主張である場合でも），さらには世論に逆らう場合でも——その訴えが正しければそれを受け容れる．この面からも**裁判官には**——上記の**学者**や**芸術家**と同様——自由・独立が保障されているのである．

以下のハンセン病熊本地裁判決は，司法のこの少数者保護に関わる重要な判決である．

(2) ハンセン病熊本地裁判決

ハンセン病患者は，1907年以来，国の**隔離政策**によって収容所に終生隔離され断種や中絶を強要されるなど，人権を蹂躙されてきた．「ハンセン病体質」なるものはないし（遺伝は問題にならないし），病原菌の感染力もきわめて弱いことがつとに判明し，また1943年以降，特効薬プロミンによる完治が可能であることも明らかになっていたのに，日本では1996年の「らい予防法」廃止にいたるまで，隔離政策が続いた．このため元患者13人が1998年7月31日に，熊本地方裁判所に国家賠償を求め訴訟を提起した．本判決（「らい予防法」違憲国家賠償請求事件　熊本地裁2001（平成13）年5月11日判決　LEX/DB-28061048）は，上記の政策を採り続けてきた厚生労働省の行政責任と，その行為の根拠法の改正を怠った国会の立法不作為責任とを認めた．敗訴した国は，控訴を断念した．

それまでの最高裁の判例は，立法不作為責任を司法が追及することを厳しく限定してきた．しかし本判決は次のような論理によって，この判例の縛りを回避した：

> 判決文の抜粋

「第三　立法行為の国家賠償法上の違法性及び故意・過失の有無について
一　ある法律が違憲であっても，直ちに，これを制定した国会議員の立法行為ないしこれを改廃しなかった国会議員の立法不作為が国家賠償法上違法となるものではない．
　この点について，最高裁昭和六〇年一一月二一日第一小法廷判決（民集三九巻七号一五一二頁）は，在宅投票制度を廃止しこれを復活しなかった立法行為についての事案について，「国会議員の立法行為は，立法の内容が憲法の一義的な文言に違

---

101) 司法が基本的に自由主義原理で動くといっても，その中に民主主義的原理がまったく入らないということではない．近代に入れば，この要素も高まっていく．たとえば，裁判に陪審員・参審員などが参加することや，アメリカのかなりの州に見られるような，選挙で裁判官を選ぶ制度，日本の最高裁判事の国民審査や裁判員制度などは，この民主主義を加味するための制度としてある．しかしこれらの諸制度もまた，裁判官の独立そのもの（自由主義原理に関わる）を損なうかたちでは運用されていないし，されてはならないのである．

反しているにもかかわらず国会があえて当該立法を行うというごとき，容易に想定し難いような例外的な場合でない限り，国家賠償法一条一項の規定の適用上，違法の評価を受けない」と判示し，その後にも，これと同旨の最高裁判決がある．

　しかしながら，右の最高裁昭和六〇年一一月二一日判決は，もともと立法裁量にゆだねられているところの国会議員の選挙の投票方法に関するものであり，患者の隔離という他に比類のないような極めて重大な自由の制限を課する新法の隔離規定に関する本件とは，全く事案を異にする．右判決は，その論拠として，議会制民主主義や多数決原理を挙げるが，新法の隔離規定は，少数者であるハンセン病患者の犠牲の下に，多数者である一般国民の利益を擁護しようとするものであり，その適否を多数決原理にゆだねることには，もともと少数者の人権保障を脅かしかねない危険性が内在されているのであって，右論拠は，本件に全く同じように妥当するとはいえない．また，その後の最高裁判決の事案も，一般民間人戦災者を対象とする援護立法をしないことに関するもの（昭和六二年六月二六日第二小法廷判決・裁判集民事一五一号一四七頁），生糸の輸入制限に関するもの（平成二年二月六日第三小法廷判決・訟務月報三六巻一二号二二四二頁），民法七三三条の再婚禁止期間に関するもの（平成七年一二月五日第三小法廷判決・裁判集民事一七七号二四三頁）等であり，本件に匹敵するようなものは全く見当たらない．

　もっとも，右一連の最高裁判決は，立法行為が国家賠償法上違法と評価されるのは，容易に想定し難いような極めて特殊で例外的な場合に限られるべきである旨判示しており，その限りでは，本件にも妥当するものである．ただ，右判決の文言からも明らかなように，「立法の内容が憲法の一義的な文言に違反している」ことは，立法行為の国家賠償法上の違法性を認めるための絶対条件とは解されない．右一連の最高裁判決が「立法の内容が憲法の一義的な文言に違反している」との表現を用いたのも，立法行為が国家賠償法上違法と評価されるのが，極めて特殊で例外的な場合に限られるべきであることを強調しようとしたにすぎないものというべきである．

　二　そこで本件について検討するに，既に述べたとおり，新法の隔離規定は，新法制定当時から既に，ハンセン病予防上の必要を超えて過度な人権の制限を課すものであり，公共の福祉による合理的な制限を逸脱していたというべきであり，遅くとも昭和三五年には，その違憲性が明白になっていたのであるが，このことに加え，新法附帯決議が，近い将来，新法の改正を期するとしており，もともと新法制定当時から新法の隔離規定を見直すべきことが予定されていたこと，昭和三〇年代前半には，スルフォン剤の評価が確実なものとなり，これに伴い，国際的には，次第に強制隔離否定の方向性が顕著となり，昭和三一年のローマ会議以降のハンセン病の国際会議においては，ハンセン病に関する特別法の廃止が繰り返し提唱されるまで

に至っていたこと，特に，昭和三三年に東京で開催された第七回国際らい会議では，「政府がいまだに強制的な隔離政策を採用しているところは，その政策を全面的に破棄するように勧奨する」等と決議されていること，さらに，昭和三八年の第八回国際らい会議では，「この病気に直接向けられた特別な法律は破棄されるべきである．一方，法外な法律が未だ廃されていない所では，現行の法律の適用は現在の知識の線に沿ってなされなければならない．（中略）無差別の強制隔離は時代錯誤であり，廃止されなければならない．」とされたこと，同年ころの新法改正運動の際には，全患協が，国会議員や厚生省に対し，改正要請書を提出したり新法改正を求める陳情を行うなどの活動を盛んに行っており，右陳情を受けた国会議員の中には，「政府も早急に法改正に努力しなければならない．」とか，「このような予防法があることは国として恥かしい．」と述べた者もいたほどであり，国会議員としても，このころに新法の隔離規定の適否を判断することは十分に可能であったこと，昭和三九年三月に厚生省公衆衛生局結核予防課がまとめた「らいの現状に対する考え方」（乙一一二．前記第一節第五の三）からしても，新法の隔離規定に合理性がないことが明らかであること，その他，前記第三節第二の一及び二で指摘した事情等を考慮し，新法の隔離規定が存続することによる人権被害の重大性とこれに対する司法的救済の必要性にかんがみれば，<u>他にはおよそ想定し難いような極めて特殊で例外的な場合として，遅くとも昭和四〇年以降に新法の隔離規定を改廃しなかった国会議員の立法上の不作為につき，国家賠償法上の違法性を認めるのが相当である．</u>

そして，前記第三節第二の一及び二で指摘した事情等，新法の隔離規定の違憲性を判断する前提として認定した事実関係については，国会議員が調査すれば容易に知ることができたものであり，また，昭和三八年ころには，全患協による新法改正運動が行われ，国会議員や厚生省に対する陳情等の働き掛けも盛んに行われていたことなどからすれば，国会議員には過失が認められるというべきである．」

考　察

最高裁は以前から，**立法不作為に対する司法判断**を，次のような解釈によって避けてきた：「立法の内容が憲法の一義的な文言に違反しているにもかかわらず国会があえて当該立法を行うというごとき，<u>容易に想定し難いような例外的な場合でない限り</u>，国家賠償法一条一項の規定の適用上，違法の評価を受けない」(1985 (昭和 60) 年 11 月 21 日判決) と．**本熊本地裁判決**は，この最高裁判例のレイシオ＝デシデンダイの射程距離を狭めるために，次のように論理を展開した（本第 14 講との関係では，このうちの第三点が，議会と少数

者との関係を問い直すものとして，重要である）．

　すなわち本判決は，第一に，〈これまでの判例は，立法不作為を違法とする司法判断を全面的に排除しているわけではなく，ただ「立法行為が国家賠償法上違法と評価されるのが，極めて特殊で例外的な場合に限られるべきであることを強調しようとしたにすぎない」〉と解した．本判決はこの立場から，ハンセン病患者の隔離政策は，「他にはおよそ想定し難いような**極めて特殊で例外的な場合**」に属し，上記判例が司法判断を排除していないケースに該当する，とした．

　本判決は言う，1985年の最高裁判決は「もともと立法裁量にゆだねられているところの国会議員の選挙の投票方法に関する」判決なので，司法審査の対象とはならなくて当然と言えるケースに属していた；これに対して今回のケースは，「患者の隔離という他に比類のないような極めて重大な自由の制限を課する新法の隔離規定に関」わり，それゆえ単純に立法裁量に委ねられるべき性質のものではない，と．すなわち熊本地裁は，最高裁判決が前提としている問題と本件とは，「**全く事案を異にする**」と見た．

　第二に，本判決は言う，最高裁判決が立法府に大幅な裁量権（立法裁量）を認める根拠は，「議会制民主主義や多数決原理」が尊重されるべきだという点にある；確かに司法は，議会ほどには民主主義的正統性をもたないから，議会に対して自ずと謙譲的であるべきだ；だが，この点でも今回のケースは最高裁判決が前提にしているものと，ことがらの性質をまったく異にする：「新法の隔離規定は，<u>少数者であるハンセン病患者の犠牲の下に，多数者である一般国民の利益を擁護しようとするものであり，その適否を多数決原理にゆだねることには，もともと少数者の人権保障を脅かしかねない危険性が内在されているのであって</u>，右論拠は，本件に全く同じように妥当するとはいえない」と．

　すなわち本件で問題になるのは，立法機関がその多数決原理によって，ハンセン病患者という**少数者の基本的人権**を蹂躙してきた事実である．ここでは，侵してはならないものが侵されているのだから，〈支持する者が多ければ，内容的にも良いはず〉や，〈多数者が選ぶものが，善である〉，〈最大多数の最大幸福〉は，成り立たない；最高裁が上記1985年11月21日の判決以来とってきたような，民主主義原理だけをモノサシにして問題を考えるや

り方では，本件の正当な扱いは不可能である；少数者の人権保護の点から司法機関のあり方，司法審査の限界問題（立法裁量や行政裁量の問題）を位置づけなければならない，と本熊本地裁判決は説く．本判決はわれわれのことばで言えば，（民主主義原理とは異質の）自由主義原理を前面に押し出し，それゆえ，民主主義原理だけに依拠した立法裁量論は，本件には全面的には妥当しない，としたのである．

　本熊本地裁判決は以上のようなかたちで，最高裁判決のレイシオ＝デシデンダイを縮小解釈（判例の縮小解釈については，本書 6.4 参照）することによってその射影距離を狭め，立法機関の責任を問うたのである．

　本地裁判決に対して国は，控訴を断念した．しかし本地裁判決の上記のような姿勢はその後，**最高裁**が採用するところとはなっていない．最高裁は，本地裁判決後も判例を変えなかった．けれども最高裁で本地裁判決と同様の〈司法による少数者の保護〉の立場をとる者は，少数派ながら存在する．たとえば下記の判決（婚外子による預金返還請求及び預金返還等請求当事者参加事件 最高裁判所第一小法廷 2003（平成 15）年 3 月 31 日判決　LEX/DB-28081128）では，泉徳治判事が反対意見のなかでそれの立場をとっている．

> 「私は，民法 900 条 4 号ただし書前段の規定（以下「本件規定」という．）は，憲法 14 条 1 項に違反して無効であり，原判決は破棄すべきであると考える．
> 　本件規定は，嫡出でない子の相続分を嫡出である子の相続分の 2 分の 1 とすることによって，嫡出でない子を差別するものである．しかも，その差別は，自己の意思によらずに，出生によって決定された嫡出でない子という地位ないし身分によるものであるが，憲法 14 条 1 項は，「社会的身分」を特に掲げて，すべて国民は社会的身分等によって差別されないと規定している．また，かかる差別は，憲法 13 条及び 24 条が掲げる個人としての尊重，個人の尊厳の理念をも後退させる性質のものである．
> 　もとより，憲法 14 条 1 項は合理的理由のない差別を禁止する趣旨のものであって，各人に存する経済的，社会的その他種々の事実関係上の差異を理由としてその法的取扱いに区別を設けることは，その区別が合理性を有する限り，同条項に違反するものではない．本件規定は，法律上の婚姻を尊重し保護するという立法目的に基づくものであって，その目的には正当性が認められるが，本件規定が採用する嫡出でない子の相続分を嫡出である子の相続分の 2 分の 1 とするという

手段が上記立法目的の促進に寄与する程度は低いものと考えられ，上記立法目的達成のため重要な役割を果たしているとは解することができない．したがって，本件規定の持つ合理性は比較的弱いものというほかない．一方，嫡出でない子が被る平等原則，個人としての尊重，個人の尊厳という憲法理念にかかわる犠牲は重大であり，本件規定にこの犠牲を正当化する程の強い合理性を見いだすことは困難である．本件規定は，憲法14条1項に違反するといわざるを得ない．
　本件が提起するような問題は，立法作用によって解決されることが望ましいことはいうまでもない．しかし，多数決原理の民主制の過程において，本件のような少数グループは代表を得ることが困難な立場にあり，司法による救済が求められていると考える．」

14.2　部分社会論をめぐって

　ここで扱うのは，司法による，もう一つの少数者保護の課題，すなわち，近代に入って自由・自治を与えられた団体（部分社会）が，その内部の構成員の自由・権利を否認する時に，国家はどう対処すべきかの問題である．

　先に述べたように（第2講参照），西洋社会では，**中世**においては，教会，貴族の家・荘園，都市やツンフト・ギルド，大学などの各団体が自治権を有していた．自治権の中で重要であったものの一つは，立法権とそれにもとづく裁判権である．それぞれの団体は，自分たちでルールを設定し，その内部ルールに従って紛争を処理した．国王といえども，それらに介入はできなかった．

　近世になって国王たちは，諸団体に対して統制権を強め，武装を解除するとともに直接の課税をおこなった．刑罰権においても，身体刑に関しては国家が独占するようになった．国王は勅任の裁判官を増やすとともに，上級裁判所の設置や国王大権の行使によっても，裁判の管轄権を拡大しもした．近代国家，とくに革命後のフランスは，この国家統合の方向をさらに進めた．

　しかし同時に近世においては，国によって異なるが，諸団体の抵抗は強く，その自由を奪い去ることはできなかった．

　近代に入ると——とくにイギリス・アメリカを中心に——国家からの自由が再重視された．具体的には，

　(a)　伝統的な**諸団体の自由・自治**が（結社の自由，地方自治，大学の自治，

家長権の承認，信教の自由などとして）憲法でも保障された．これらを——個人の基本的人権の保障と並ぶ，団体（部分社会）の自由保障としての——制度体保障と言う[102]．諸団体に自由を認めたところでは，国家の警察権力・行政権力がそれらの団体内部に介入することが制約されるばかりでなく，裁判所もまたそれらの団体内部での紛争に容易には介入できないことになる．

(b) 近代においては，諸個人がその自由の行使にもとづいて形成した諸団体（たとえば政党やその他の非営利的団体）にも，個人の自由尊重の立場から自治がかなり認められるようになった．その結果，それらの団体の内部規律については，裁判所を含む国家の介入がある程度は自粛される．

(c) 近代においてはまた，取引社会を尊重する立場から**私的自治**も重視された．民法91条が，「法律行為の当事者が法令中の公の秩序に関しない規定と異なる意思を表示したときは，その意思に従う．」としているのは，この立場からである．ここでもまた裁判所は，当事者間の紛争を——公序良俗等に反しない限り——かれらの契約にもとづいて処理することになる．

ところが，他方では，これらの団体がその団体自治の下で**構成員の人権**を踏みにじることが，契約当事者中の強い側が私的自治の下で弱い相手方の権利を蹂躙することととともに，頻発するようにもなった．この問題に直面して人びとは，次の3点を再確認するにいたった．すなわち，① 憲法が第一義的に保障しているのは，個人としての人権・自由，および（主権・参政権などの）市民的諸権利であること．すなわち，権利・自由保障の対象者として第一義的に重要なのは個人・市民であり，団体の権利・自由はその個人・市民の権利・自由の派出物・延長物として第二義的に保護される程度である（なぜなら，基本的人権の名宛人は自然人であるからである）こと．そして，② この個人・市民は，憲法32条によって「何人も，裁判所において裁判を受ける権利を奪はれない．」と，裁判を求める権利を保障されていること，である．

こうして，団体の権利の保障と個人の権利の保障との二つの間で，近代の国家は悩むこととなった．この問題に関して日本の裁判所は戦後，どういう姿勢をとってきたか？　その立場は，自由な諸団体内部の紛争は，公序良俗等に反していない限り基本的にその団体の自治に委ねる；しかし団体構成員

---

102) 石川健治『自由と特権の距離——カール・シュミット「制度体保障」論・再考』（日本評論社，1999．増補版，2007）．

を除名したりその名誉を毀損したりする，団体の行為，すなわち団体構成員の利益や権利（とくに人権）に重要な影響を与える事項，については，裁判所が介入することもありうる，というものであった．

たとえば新潟県の一村議会がおこなった出席停止の議員懲罰をめぐる1960（昭和35）年10月19日最高裁判所大法廷判決（LEX/DB-27002388）は，

「司法裁判権が，憲法又は他の法律によってその権限に属するものとされているものの外，一切の法律上の争訟に及ぶことは，裁判所法三条の明定するところであるが，ここに一切の法律上の争訟とはあらゆる法律上の係争という意味ではない．一口に法律上の係争といつても，その範囲は広汎であり，その中には事柄の特質上司法裁判権の対象の外におくを相当とするものがあるのである．けだし，自律的な法規範をもつ社会ないし団体に在つては，当該規範の実現を内部規律の問題として自治の措置に任せ，必ずしも，裁判にまつを適当としないものがあるからである．本件における出席停止の如き懲罰はまさにそれに該当するものと解するを相当とする．(尤も昭和三五年三月九日大法廷判決——民集一四巻三号三五五頁以下——は議員の除名処分を司法裁判の権限内の事項としているが，右は議員の除名処分の如きは，議員の身分の喪失に関する重大事項で，単なる内部規律の問題に止らないからであつて，本件における議員の出席停止の如く議員の権利行使の一時的制限に過ぎないものとは自ら趣を異にしているのである．従つて，前者を司法裁判権に服させても，後者については別途に考慮し，これを司法裁判権の対象から除き，当該自治団体の自治的措置に委ねるを適当とするのである．)」

と判示した[103]．議員に対する，除名のような重い処分と，出席停止・戒告のような軽い処分とを区別し，軽い処分は自治の範囲内だとしたのである．

この判例は，今日でも踏襲されている．たとえば同様の地方議会の議員処分（「無礼な発言」を理由にする戒告処分）についての大阪高等裁判所2001（平成13）年9月21日判決（LEX/DB-28071304）は，次のようにこの見方をとっている：

「自律的な法規範をもつ社会ないし団体にあっては，当該規範の実現を内部規律の問題として自治的措置に任せ，必ずしも裁判にまつを適当としないものがあり，

---

[103] 最高裁はまた，国の立法機関・行政機関に対しては，（三権分立からして司法権にはおのずと制約があるとする）統治行為論によって司法審査を回避してきた．その典型例が，1959（昭和34）年12月16日の砂川事件大法廷判決（LEX/DB-27660683）や，1960（昭和35）年6月8日の苫米地事件大法廷判決（LEX/DB-27002449．拙著『法解釈講義』162頁以下参照）である．

これについては，司法権が及ばないと解するのが相当である（35年判決〔上記1960（昭和35）年10月19日最高裁判所大法廷判決のこと〕）．このような社会ないし団体は「部分社会」と呼ばれることがあるが，その中には，政党，労働組合，宗教団体，学校，地方議会，公益法人等各種各様の団体が存在しており，それぞれ存在理由ないし性格を異にするものであるから，一律に「部分社会」であることをもって司法権が及ばないと解するのは適切でなく，その団体の存在理由ないし性格に即して司法権の及ぶ限界を論ずるべきである」

その際この高裁判決は，
「<u>控訴人は，地方議会の懲罰すべてに司法権の審査を認めないと，議会が自律権の名のもとに特定の議員（少数派）に対し，懲罰権を濫用してその言論を封じ，名誉を侵害するおそれがあると主張する．その主張にはもっともなところがあるというべきである</u>．しかし，それは，自律権を認められた団体全部について多かれ少なかれあてはまることであって，かかる病理現象があることを理由に，<u>懲罰のすべてを司法審査の対象とすることは，懲罰に関する地方議会の自律権を否定するに等しい結果となり</u>，にわかに賛同し難い（国会の議院においても，多数派による懲罰権の濫用の危険は地方議会と同様に存すると考えられるが，だからといって，懲罰権の行使につき司法権の審査を認めるべきだとの解釈論に結びつくものでないことはいうまでもない）．地方議会における多数派の懲罰権行使の濫用を防止し，あるいは牽制するためには，議員の政治活動あるいは選挙権行使をはじめとする住民の議会監視に委ねるほかないと解される．」
と述べている．

これに対しては，次の点が指摘されるべきであろう．すなわち，確かに「地方議会の自律権」は尊重されるべきだが，しかし構成員の人権や市民的諸権利がその属する「部分社会」によって抑圧されてはならない．たとえ軽い処分に関わるケースであっても，議会の多数派と少数派との区別がその内部に制度の必然として発生し，少数派の権利が——手続の無視によって，あるいは内容上——否定される場合には，「部分社会」の自律権は公序良俗違反ないし権利の濫用として，裁判所による制限が欠かせない．裁判所は具体的には，団体が個人ないし市民としての権利を蹂躙するなど公序良俗に反する処分行為に出た場合，① それが団体内のルールに（実体法的・手続法的に）違反していないか，② 処分の前提となる事実の認定やルール解釈に問題がないか，③ 今回のルール適用に内容上問題がないかを，団体自治や信教の

自由や結社の自由を尊重しつつ，検討するべきである．

　個人がその所属する団体の内部で権利を違法に制約・剥奪された場合には，保護を国家，とりわけ裁判所に求めうる．もし憲法が保障している基本的人権を団体がその構成員から剥奪することを裁判所が〈団体の自治〉を理由にして黙認するのであれば，団体の内部ルールを憲法の上にあるものとすることになってしまうからである．

索　引

ア　行

IPアドレス追跡　210
秋田県立農業短期大学事件　196
秋山賢三　214, 217
アクトン卿　310
アファーマティブ=アクション　59
iustitia　239
イェーリング　18, 26, 70, 290
五十嵐清　71, 271
違憲　67, 71
板付基地事件最高裁判決　294
一般条項　147ff.
違法性　51, 149, 246f.
遺留分減殺請求　179ff.
医療過誤訴訟　296
飲酒運転　275f.
Inns of Court　36
instruction　1ff.
インフォームド=コンセント　296f.
ウソも方便　247
疑わしきは被告人の利益に　27, 31, 217, 222, 227
宇奈月温泉事件　291
英米法系　45, 153f.
estoppel　273
education　1ff.
大岡越前守　249
大きな政府　60, 62
大木雅夫　24
大津市の中学生自殺事件　297

カ　行

カーディー裁判　24, 249
懐疑の精神　227
解雇権の濫用　147ff., 184ff., 190ff., 289ff.
拡張解釈　66ff.
過失　247
過失責任主義　55, 58

学校事故訴訟　297f.
可罰的違法性　246
川島武宜　24
川本輝夫　253ff.
勧解　26
慣習　20f.
慣習法　46
間接証拠　195
鑑定　198ff.
危害原理　279
起訴こそ最有力の証拠　226
期待可能性　247
基本的人権　18, 316
客観説（法解釈上の）　67
旧訴訟物理論　146
糾問裁判　23, 27f.
強行規定　47
京都帝国大学　2
教養教育　4
緊急避難　246
近代法　52ff., 62
禁反言の法理　273f.
均分の正義　242f., 250f.
盟神探湯　27
具体的妥当性　241
クリーンハンズの法理　273f., 284
来栖三郎　76
経験則　194, 225
経済法　57f.
形式的真実　194
形式的正義　241
形式的な平等　241
形成権　50
契約はまもられるべし　54, 247, 265, 268
ケータイ（運転中・車両内の）　275, 278
決闘（裁判上の）　20
決闘の復活　27
嫌煙権訴訟　5
研究　2ff.

323

法学講義

現代法　60ff.
限定解釈　105, 170
原発訴訟　210f.
憲法13条　5
　　14条　121, 179ff., 317
　　21条　103ff., 159ff.
　　25条　60
　　28条　58, 176
　　31条　31, 80, 103ff., 159ff., 234
　　32条　299, 319
　　38条　30, 214
　　76条　154, 312
　　78条　312
　　80条　312
　　98条　49f.
権利意識　24
権利主張　25
権利能力　53
権利の分類　50
故意　247
行為基礎論　271
行為規範　48f.
行為能力　53
孔子　280
構成要件　51, 246
公訴権濫用　259ff.
高知鉄道事件　293
幸福追求権　5
公平　241
衡平　247
抗弁権　50
合理的な疑い　27, 31, 196, 222
国際法　49f.
国民主権　310
国家賠償法　112, 165ff., 297, 313ff.
後法は前法を破る　47
婚姻予約　9ff.
コンピュータ遠隔操作冤罪事件　210

　　サ　行

罪刑法定主義　31
債権　146
債権にもとづく妨害排除　146
債権の相対効　146

財産権　50
最大の法は，最悪の法　245
財田川事件　211
齋藤保　214
裁判員　35
裁判官の独立　154, 312
裁判規範　48f.
裁判を受ける権利　299f.
裁量行為論　320
猿払事件最高裁判決　157ff.
参審員　34
三段論法　68, 193
3徴候説　238
サンデル　239
三方一両損　249
シカーネ禁止の法理　290ff.
事実婚(内縁)　9
事情変更の法理　269ff.
自然権　45
自然法　45
自治　19, 21, 25
実質的正義　241
実質的な平等　241
実体の真実　197
実定法　45
私的自治　29, 48f., 54f., 61, 319
私闘　20
老舗　107ff.
支配権　50
自白　30, 198ff., 215ff.
司法書士　39
司法制度改革　38ff.
資本主義的労働の構造図　56
島田事件　211
社会的所有権　60
社会法　57, 62
社会保障法　57
釈明権　30, 194, 267f.
自由主義原理　311ff.
自由心証主義　34
自由放任主義　54
十人の犯人を逃すとも一人の無辜を罰すことな
　　かれ　227
主観説（法解釈上の）　67

索　引

縮小解釈　　66ff.
主張責任　　194f.
受忍限度　　6ff., 293
主要事実　　66, 193
準婚理論　　11
情宜　　23
証拠　　197ff., 223ff.
証拠の優越　　194f.
証拠法定主義　　34
証人　　226
証明責任　　58, 194f.
条理　　10, 46, 52
職権主義　　30
処分権主義　　29
所有　　54
自力救済　　20
自立的権力　　19, 24
事例問題　　12f.
人格　　53ff.
人格権　　5f., 50
真偽不明　　27, 194ff.
信義則（信義誠実の原則）　　113f., 148f., 265, 272f., 284ff.
信玄公旗掛松事件　　293f.
人権宣言（フランス）　　18
人事訴訟法　　30
真実は神のみぞ知る　　197
新自由主義　　60f.
新訴訟物理論　　147
神明裁判　　27
スイス民法2条2文　　291
スウェーデンの離婚制度　　287ff.
末川博　　289, 292
stare decisis　　153
正義の女神　　239ff.
請求権　　50
精神鑑定　　212
正戦　　243
生存権　　59
正当防衛　　13, 246
責任能力・無能力　　122ff., 247
雪冤　　27
選挙　　235, 309ff.
宣言的解釈　　66ff., 268

占有訴権　　6, 146
先例拘束　　153
臓器の移植に関する法律　　236ff.
総合類推　　70
組織規範　　48
訴訟上の和解　　264ff.
訴訟的真実　　197
訴訟能力　　53
ソリシター　　36
尊属殺人罪　　121f., 281

タ　行

体系的解釈　　66ff.
大東水害訴訟最高裁判決　　166ff.
代物弁済　　266ff.
大麻草　　90ff.
大陸法系　　45, 154
多数決原理　　312
タバコ規制枠組条約　　8, 278
たばこ葉一厘事件　　97, 246
弾劾裁判　　29
団体　　318ff.
小さな政府　　61
チッソ（株式会社）　　253ff.
直接証拠　　195
著作権　　276
DNA鑑定　　199ff.
抵当権にもとづく妨害排除　　155f.
適用違憲　　183
寺尾正二　　253
due process of law　　30, 243
東海大学病院安楽死事件　　149
東京帝国大学　　2
盗作　　276
当事者主義　　29, 223
等族　　22
道路交通法規　　275
特別法の優先　　47
独立宣言（アメリカ）　　18
都々逸　　70

ナ　行

中川善之助　　11
なぞかけ遊び　　70

325

二重投稿　276
仁保事件　214f.
日本食塩製造事件最高裁判決　184
日本人の裁判嫌い　24
任意規定　47
脳死　236f.
non liquet　28

ハ 行

ハーバード大学ロースクールの改革　36
陪審員　28, 34
売買関係の重要性　44
売買の構造図　56
配分的正義　242f., 250f.
破綻主義　285, 288
バリスター　36
判決人　19
反制定法解釈　66ff.
ハンセン病　313ff.
反対解釈　66ff.
判例　154ff.
判例法　45, 153f.
ひいき　243
被害者証言　217ff.
被疑者　31, 151, 213ff.,
非嫡出子　179ff., 317f.
人　53
比附　69
秘密の暴露　214
平等　241f.
弘前大学医学部教授夫人殺人事件　210f.
夫婦間の契約　48f., 112f.
フォイエルバッハ　31
福祉国家　60
不告不理の原則　29
不正行為（カンニング）　242
物権的請求権　146
部分権力　19
部分社会　318ff.
不法行為　19, 58
不法原因給付　274
フラストレーションの法理　270
フランス民法典　18
フリーライド　244

分煙　5, 277
踏んだり蹴ったり事件判決　283f.
文理解釈　66ff.
ベッカリーア　31
ベルリン大学　2
弁護士強制主義　30
弁論主義　29
法意適用　66ff., 191, 259
法化　295ff.
　市民的自由のための法化　296
　生活萎縮につながる法化　296
法解釈論争　76
妨害排除請求権　5, 145
法源　45
法諺（法格言）　52
包摂　79, 89f., 111
法曹一元制　36
法的安定性　241
法と法律　51
法の支配　21, 53
法の全体図　45
法の適正手続　30, 243
法は最小限の道徳　278
法律意思解釈　66ff.
法律効果　193
法律婚尊重　179ff.
法律審　193
法律なくして刑罰なし　31
法律の定義　45
法律は家に入らず　49, 131
法律要件　193
法類推　70
傍論　153, 155
本質的類似性　75ff., 142, 229ff.
本人訴訟　29

マ 行

松川事件　223
松山事件　211, 223
未成年者飲酒禁止法　78ff.
三菱樹脂事件最高裁判決　171ff.
水俣病　253ff.
身分権　50
民主主義原理　311ff.

索　引

民法（生活の基本法）　44
民法709条　6, 9, 52, 107ff., 195
民法の構造図　54
無過失責任主義　58
無罪の推定　32, 224, 234
無知の暴露　214
免田事件　223
目撃証言・目撃者　198
目的論的解釈　67, 72ff., 142
黙秘権　214
文字通りの適用　66ff.

ヤ　行

約款　46
有罪率99.9％　216, 226
有罪の推定　226
有責性　247
有責配偶者・有責主義　281ff.
要件事実・要件事実論　193ff.
良き法律家は，悪しき隣人　245

ラ　行

リーガルマインド　15
リーダー養成　2f.
利益衡量（考量）論　76
利益相反（警察の）　213
立憲主義　53
立法者意思解釈　66ff.
立法不作為　313ff.
liberal arts　4
良識　74, 129
類推（類推適用）　66ff.
レイシオ＝デシデンダイ　45, 153f., 317
歴史的解釈　66ff.
Recht　17
連帯　59ff., 250, 283
労働基準法と労働組合法　171ff.
労働契約法16条　190
労働法　57
ロールズ　239
ロメオとジュリエット　20
論理的解釈　66ff.

ワ　行

わいせつ罪　280
ワイマール共和国憲法　60
和解　23ff.
渡部保夫　198, 215

著者略歴
1947 年　兵庫県に生まれる
1970 年　東京大学法学部卒業
現　在　早稲田大学名誉教授
　　　　大阪市立大学名誉教授

主要著書
『近代ドイツの国家と法学』1979 年，東京大学出版会
『丸山眞男論ノート』1988 年，みすず書房
『法の歴史と思想』（共著）1995 年，放送大学教育振興会
『法哲学講義』2002 年，東京大学出版会
『丸山眞男の思想世界』2003 年，みすず書房
『法思想史講義　上・下』2007 年，東京大学出版会
『法解釈講義』2009 年，東京大学出版会
『政治の覚醒』2012 年，東京大学出版会
『法への根源的視座』2017 年，北大路書房
『思想への根源的視座』2017 年，北大路書房

法学講義

2014 年 1 月 24 日　初　版
2022 年 5 月 25 日　第 4 刷

［検印廃止］

著　者　笹倉秀夫

発行所　一般財団法人　東京大学出版会

代表者　吉見俊哉

153-0041　東京都目黒区駒場 4-5-29
電話 03-6407-1069　Fax 03-6407-1991
振替 00160-6-59964

印刷所　株式会社三陽社
製本所　牧製本印刷株式会社

Ⓒ 2014 Hideo Sasakura
ISBN 978-4-13-032371-0　Printed in Japan

JCOPY〈出版者著作権管理機構　委託出版物〉
本書の無断複写は著作権法上での例外を除き禁じられています．複写される場合は，そのつど事前に，出版者著作権管理機構（電話 03-5244-5088，FAX 03-5244-5089, e-mail: info@jcopy.or.jp）の許諾を得てください．

笹倉秀夫 著	法 解 釈 講 義 [オンデマンド版]	3600 円
笹倉秀夫 著	法 哲 学 講 義	4200 円
笹倉秀夫 著	法 思 想 史 講 義 上 古典古代から宗教改革期まで 下 絶対王政期から現代まで	3600 円 3800 円
笹倉秀夫 著	政 治 の 覚 醒	5200 円
村上淳一 著	〈法〉の 歴 史 [新装版]	2800 円
山田 晟 著	法 学 新 版	2500 円
田中英夫 編著	実定法学入門 第 3 版 [オンデマンド版]	2800 円
利谷信義 著	日本の法を考える [新装版]	2800 円
松田浩道 著	リベラルアーツの法学	2400 円

ここに表示された価格は本体価格です．ご購入の際には消費税が加算されますのでご了承下さい．